REVOLUCIÓN CONSERVADORA
Y CONSERVACIÓN REVOLUCIONARIA

PENSAMIENTO CRÍTICO/PENSAMIENTO UTÓPICO

Colección dirigida por José M. Ortega

134

Juan Mayorga

REVOLUCIÓN CONSERVADORA Y CONSERVACIÓN REVOLUCIONARIA

Política y memoria en Walter Benjamin

 UNIVERSIDAD AUTONOMA METROPOLITANA

UNIDAD IZTAPALAPA División de Ciencias Sociales y Humanidades

Revolución conservadora y conservación revolucionaria : Política y
memoria en Walter Benjamin / Juan Mayorga Ruano. — Rubí (Barcelona) :
Anthropos Editorial ; México : UAM-Iztapalapa, 2003
    300 p. ; 20 cm. — (Pensamiento Crítico / Pensamiento Utópico ; 134)

    Bibliografía p. 275-297
    ISBN 84-7658-653-1

    1. Benjamin, Walter - Crítica e interpretación   I. UAM-Iztapalapa (México)
II. Título   III. Colección
    141.8 Ben

Primera edición: 2003

© Juan Mayorga Ruano, 2003
© UAM-Iztapalapa. División de Ciencias Sociales y Humanidades, 2003
© Anthropos Editorial, 2003
Edita: Anthropos Editorial. Rubí (Barcelona)
En coedición con la División de Ciencias Sociales y Humanidades.
    Universidad Autónoma Metropolitana, Iztapalapa, México
ISBN: 84-7658-653-1
Depósito legal: B. 24.477-2003
Diseño, realización y coordinación: Plural, Servicios Editoriales
    (Nariño, S.L.), Rubí. Tel. y fax 93 697 22 96
Impresión: Novagràfik. Vivaldi, 5. Montcada i Reixac

Impreso en España - *Printed in Spain*

A Alfredo, mi padre
A Teresa, mi madre
A Coté, mi mujer

PRÓLOGO

La representación que de la historia se hace una época es la representación más intensa de esa época. *Revolución conservadora y conservación revolucionaria* indaga en algunas representaciones de la historia que compiten en la crisis de la modernidad.[1] Quizá ningún otro tiempo problematice su relación con el pasado tanto como la modernidad en su crisis. Esa problemática relación es aquí abordada desde el texto de Walter Benjamin conocido como *Sobre el concepto de historia*.[2]

Un trabajo académico que parta de la obra benjaminiana ha de tener en cuenta las resistencias que a la misma ha enfrentado la academia. O, desde perspectiva opuesta, la intransigencia de Benjamin frente a las convenciones académicas.[3] En particular, el rechazo del libro sobre el *Trauerspiel* por el establecimiento uni-

---

1. Una versión anterior de este texto fue presentada como tesis doctoral con el título de «La filosofía de la historia de Walter Benjamin», bajo la dirección del profesor Reyes Mate. Éste puso al autor en contacto con el texto de Benjamin *Sobre el concepto de historia* y desde entonces no ha dejado de acompañarle en su meditación.

2. *Über den Begriff der Geschichte* (1940); Benjamin, 1991a (se trata de los *Gesammelte Schriften*; en lo sucesivo: G.S.), I.2, 691-704. El texto se ha difundido también con el título de *Tesis de filosofía de la historia*. Fue publicado por primera vez en 1942, dos años después de la muerte de Benjamin. Hay varias versiones en castellano. En la bibliografía que cierra el trabajo puede encontrarse referencia de las traducciones que de éste y de otros textos han sido tenidas en cuenta.

3. Una mirada irónica al academicismo es visible en el fragmento de *Calle de dirección única* —*Einbahnstrasse* (1926); G.S. IV.1, 83-148— titulado *Principios del mamotreto o el arte de fabricar libros gruesos*; G.S. IV.1, 104-105. La tesis doctoral de Benjamin es su único libro convencionalmente académico: *El concepto de crítica de arte en el romanticismo alemán* —*Der Begriff der Kunstkritik in der deutschen Romantik* (1919); G.S. I.1, 7-122.

versitario, interpela a cualquier aproximación académica a la obra benjaminiana.[4] Benjamin interpreta ese rechazo como prueba de la subordinación de la academia al idealismo burgués.[5]

Por otro lado, la lectura de un texto no debe pasar por alto el modo en que lee el autor de ese texto. Mucho menos cuando se trata de un escritor en cuya obra son constitutivos el comentario y la crítica. De acuerdo con Benjamin, cada lector ha de buscar ante cada texto una estrategia orientada a la desarticulación, despliegue y consumación de dicho texto.[6] Toda la obra de Benjamin —no sólo sus piezas más fragmentarias— está escrita para un lector productivo.

El crítico y comentador Benjamin renuncia a la reconstrucción y a la compenetración, a las que opone la destrucción, la construcción y el uso desestabilizador de la cita. Privilegia lo fronterizo, lo desviado, lo menor, lo dañado, lo raro, frente a lo central, lo mayor, lo entero, lo repetido. Estas opciones son indisociables de una comprensión de la obra en tanto que *Organon* del historiador. Benjamin atiende no sólo al tiempo en que la obra nace, sino también a cada tiempo que la reconoce, y a cada tiempo que la desconoce. En particular, atiende al diálogo —logrado o fallido— entre la obra y el presente. A la restauración de la obra en su origen opone su consideración en la historia. A la búsqueda de lo siempre igual, la atención a lo efímero. A la mitologización de la obra, su crítica desde la actualidad. Crítica tanto más necesaria cuanto menos actual la obra. Porque, para Benjamin, el valor de una obra puede hallarse no sólo en su aporte a una tradición —una continuidad, una cultura—, sino también, y sobre todo, en su incapacidad de hacerse tradición.[7]

---

4. *Ursprung des deutschen Trauerspiels* (1925); G.S. I.1, 203-430. Kraushaar ha caracterizado este libro como un ataque general a la «filosofía de escuelas». Kraushaar, 1998, 203 y 232. En el mismo contexto ha de tenerse en cuenta la no admisión por la Enciclopedia Soviética del artículo de Benjamin sobre Goethe. *Goethe* (1928); G.S. II.2, 705-739. De la decepción de Benjamin hacia el aparato académico soviético da idea su carta a Hofmannsthal de 5 de junio de 1927; Benjamin, 1978*a* —en lo sucesivo, *Briefe*— I, 443-446, 444.

5. A este respecto, véase la carta de Benjamin a Max Rychner de marzo de 1931. *Briefe*, II, 522-524.

6. Benjamin declara que tanto el libro sobre el *Trauerspiel* como el trabajo sobre los pasajes parisinos —*Das Passagen-Werk*; G.S. V.1 y V.2— ponen en marcha su propia epistemología. Acerca de la analogía estructural de ambos trabajos: Benjamin y Scholem, 1987, 178.

7. Benjamin se interesa por toda recepción que haya tenido una obra, sin limitarse a

Nuestro trabajo se reconoce —paradójicamente— benjaminiano en su esfuerzo por evitar la tendencia directriz del lector historicista: identificarse con el texto que lee. Toma en serio aquellas palabras de Gide que Benjamin tiene en cuenta: «En el aprendizaje de una lengua, lo más importante no es la que se aprende; abandonar la propia, eso es lo decisivo».[8] No alberga la pretensión de leer el texto benjaminiano «como realmente fue» escrito; ni siquiera supone que haya llegado la hora de comprender lo fundamental de dicho texto.[9] Acepta que *Sobre el concepto de historia* sólo llegará en un determinado tiempo a legibilidad. Es contradictorio afirmar de él que «la verdad no se nos escapará»,[10] pues tal afirmación encierra la idea de verdad con que Benjamin rompe. De hecho, nuestra exposición privilegia los lugares en que la lectura ha fracasado; aquellos en que la escritura benjaminiana se hace más extraña al lector. Éste no pretende reducir distancias respecto del texto, sino aumentarlas.[11] Por eso, intenta leer sus motivos principales en autores distantes de Benjamin. Es ésta una lectura «a contrapelo»: busca lo otro del texto.

La indagación comienza por considerar la idea de filosofía que atraviesa la obra benjaminiana. Si bien ésta no aspira a construir un sistema, cabe hacer de ella un comentario sistemático a partir de esa idea de filosofía que la recorre.[12] Para Benja-

<hr />

la que le prestaron sus contemporáneos. En este contexto, véase *Historia de la literatura y ciencia de la literatura* —*Literaturgeschichte und Literaturwissenschaft* (1931); G.S. III, 283-290, 290—, así como *Eduard Fuchs, el coleccionista y el historiador* —*Eduard Fuchs, der Sammler und der Historiker* (1937); G.S. II.2, 465-505, 469.

8. *Conversación con André Gide* —*Gespräch mit André Gide* (1928); G.S. IV.1, 502-509, 506.

9. La verdad de un texto tiene hora. Una ilustración de esta idea de Benjamin la ofrece su lectura de *Las afinidades electivas*, donde aspira a descubrir elementos desconocidos para el propio Goethe, sólo desvelados por el tiempo. *Goethes Wahlverwandtschaften* (1922); G.S. I.1, 123-201. Benjamin afirma allí que «la historia de la obra prepara su crítica, y de ahí que la distancia histórica acreciente su poder». *Ibíd.*, 126 s.

10. Son las palabras de Keller de las que se distancia Benjamin en el trabajo sobre los pasajes parisinos. Fragmento N 3a, 1. G.S. V.1, 579. Kraushaar las tiene en cuenta al afirmar que quien presume de haber entendido a Benjamin no lo ha entendido en absoluto. Kraushaar, 1988, 202.

11. De acuerdo con la pretensión que el propio Benjamin alberga sobre Lesskov en *El narrador* —*Der Erzähler. Betrachtungen zum Werk Nikolai Lesskows* (1936); G.S. II.2, 438-465, 438.

12. En este contexto, conviene recordar la afirmación de Benjamin de que lo decisivo no es si los románticos han completado o no un sistema, sino que sobre ellos se pueda hacer un comentario sistemático. Asimismo, Benjamin niega que una escritura

min, el horizonte de la filosofía es un lenguaje que, libre de la violencia del sujeto, sea experiencia inmediata de la realidad. Benjamin se esfuerza por superar el lenguaje actual, dominado por la intención comunicativa. Ese esfuerzo no debe confundirse con voluntad de oscurecimiento.[13] A través de su escritura, Benjamin quiere mostrar un lenguaje «absolutamente otro», inmediato a la cosa, no dominado por sujeto. El anhelo de un lenguaje no subjetivo subyace a su opción de desplegar el pensamiento en el *medium* que le ofrecen las obras de otros autores. De ahí que la actividad crítica benjaminiana no pueda entenderse como retirada de la filosofía, sino todo lo contrario.[14]

La idea de filosofía como lenguaje no dominado por la violencia es en Benjamin indisociable de la búsqueda de una narración no reaccionaria del pasado. En esta búsqueda, Benjamin niega la negación que de las filosofías idealistas de la historia hace el historicismo. La crítica de Benjamin a éste no supone retorno a la posición que el historicista combate. Benjamin se beneficia de las críticas del historicismo al idealismo, pero replantea la relación pasado/actualidad que subyace al primero.

Benjamin reconsidera las críticas del historicismo a la filosofía idealista de la historia desde su propia experiencia histórica, marcada por una violencia radical. Para indagar en dicha experiencia y reivindicar el carácter político de la obra benjaminiana, al tiempo que para explorar otros sentidos de la misma,

---

aforística tenga necesariamente intención asistemática. A este respecto, describe la evolución de Nietzsche hacia el sistema, y encuentra una tendencia sistemática en el pensamiento de Schlegel. En *El concepto de crítica de arte en el romanticismo alemán* —*Der Begriff der Kunstkritik in der deutschen Romantik* (1919); G.S. I.1, 7-201, 41 s. En la obra filosófica del propio Benjamin, Ferrater encuentra, más que un sistema de ideas, una atmósfera. Ferrater, 1982, 312.

13. Si bien Benjamin afirma sobre los autores de los *trauerpiele*: «Sin duda estaban convencidos de la antigua verdad de que la autoridad de una afirmación depende tan poco de su inteligibilidad que hasta puede aumentar si la afirmación es oscura». G.S. I.1, 381. Scholem achaca a su falta de madurez algunas ambigüedades de la escritura de Benjamin. Scholem, 1987, 45. El libro de Scholem acerca de su amistad con Benjamin, que no puede ser considerado como una biografía de éste, aporta testimonios fundamentales sobre su formación intelectual. Para una aproximación biográfica a la obra de Benjamin: Brodersen, 1990; Mayer, 1992; Witte, 1992. Lucas propone una biografía monadológica basada en el personaje infantil del Hombrecillo Jorobado como representación de la mala suerte que acecha continuamente a Benjamin. Lucas, 1995, 50 s.

14. Scholem subraya que Benjamin aspiraba a convertirse en el crítico más importante de Alemania. Scholem, 1987, 166. Para Adorno, la filosofía consiste en Benjamin esencialmente en comentario y crítica. Adorno, 1995, 18.

se la cruza aquí con las de Georges Sorel, Carl Schmitt y Ernst Jünger.

No se pretende presentar a Benjamin como conocedor de esos autores. Ni inventariar citas y críticas, convergencias y divergencias. Tampoco se indaga sobre coincidencias terminológicas. Sino sobre encuentros en el mundo de las ideas. Se propone una investigación eidética sobre la obra de Benjamin en el *medium* de las de Schmitt, Jünger y Sorel. Es ésta una estrategia hermenéutica que intenta leer a Benjamin en negativo: en su complementario.[15]

Ello no significa que se quiera descubrir en la obra de Benjamin la mera inversión marxista de elementos prejuzgados como reaccionarios. Las complejas obras de Jünger, Schmitt y Sorel merecen ser leídas sin apriorismos. Son, cuando menos, documentos mayores de la crisis de cierta conciencia europea y de las ideas de 1789; de la moderna idea de democracia, en particular. Reflejan la quiebra de un sistema internacional que naufraga en la Primera Guerra Mundial y de un orden político y social al que los modelos fascista y comunista presentan alternativas. Ofrecen interpretaciones de la modernidad que, como la benjaminiana, sitúan la violencia en su centro.[16] Junto a este último rasgo, quizá sea su atención preferente al caso extremo lo que, como a Benjamin, les haga a veces merecedores del rótulo «Irracionalistas» —extremistas separados del centro razonable, desviaciones de una razón promedio.[17]

A esta investigación le interesa, primero, la coincidencia de Benjamin con Jünger, Sorel y Schmitt en el esfuerzo descostrador de lenguaje y pensamiento. Frente a una noción de verdad

---

15. Acerca de la noción de complementariedad, véase la carta de Benjamin a Scholem de 12 de junio de 1938. *Briefe*, II, 756-764, 762.

16. Entre otros retóricos de la violencia, Berlin menciona a De Maistre, Maurras, Barrès, Fourier, Proudhon, Bakunin y Drieu la Rochelle. Berlin, 1976, 34.

17. Se les vincula al expresionismo, con el que coinciden en el gesto antiburgués y antiliberal. Spinner entiende el movimiento expresionista —y el dadaísta— como crítica radical a un racionalismo que conduce al individuo a una crisis de sentido. Spinner, 1986, 930. Para una discusión acerca de la ambivalencia política del expresionismo, de su participación en la crítica al liberalismo y de su caracterización por Lukács como precursor del fascismo, véase Kennedy, 1988, así como el debate subsiguiente de Kennedy, Hepp y Wilms en Quaritsch, 1988, 256 ss. Sobre Benjamin y el expresionismo: Scholem, 1987, 31, 62, 76. En cuanto al irracionalismo, conviene recordar la distinción que proponía Freund en 1932 entre dos de sus formas: la histórica conservadora y la futurista revolucionaria. Freund, 1932, 155 s. y 335.

basada en la posesión de conceptos, ellos parecen vincularla a la construcción —intuitiva, artística— de imágenes. Cabe verlos como herederos de tradiciones para las que la verdad del mundo no es accesible en el análisis, sino en una experiencia que se da antes en una imagen que en un concepto. En todo caso, reaparece en sus obras la antigua pregunta por la relación de filosofía y poesía: la pregunta acerca de la poesía como lenguaje conocedor.

Esa pregunta es fundamental a lo largo de este trabajo. Que investiga preferentemente el diagnóstico jüngeriano sobre la «movilización total» y la descripción benjaminiana de la «pérdida de experiencia»; el «estado de excepción» schmittiano y el «verdadero estado de excepción» al que se refiere Benjamin; el «mito social» soreliano y la «imagen dialéctica» de *Sobre el concepto de historia*. Ideas fundamentales de este último texto, como «constelación de la actualidad con un pasado», «interrupción del continuo temporal» o «imagen colectiva de la historia», son desplazadas hacia las obras de esos otros autores. Con ello se pretende esbozar la —digámoslo con una noción del libro sobre el *Trauerspiel*— «historia natural» de cada una de esas ideas: el recorrido por los extremos en que la idea se manifiesta.

A la par que Jünger, Benjamin da testimonio de un cambio epocal. Este cambio llega a ser valorado por ambos como fin del tiempo burgués. El cambio se deja sentir en todo lugar. De modo eminente, en el lenguaje, como ocasión para su renovación más profunda. El lenguaje de la experiencia hacia el que se orienta Benjamin es aparentemente próximo al lenguaje primordial que Jünger se jacta de haber recuperado.[18] En realidad, el lenguaje jüngeriano de la «figura» se contrapone al benjaminiano de la «imagen dialéctica». La escritura de Jünger, pese a presentarse como voz del mundo, es inseparable de su sujeto. A un lenguaje sin sujeto se orienta, por el contrario, la escritura benjaminiana. En la apertura hacia él vislumbra Benjamin una oportunidad revolucionaria. A la que está cerrada, en cambio, la escritura de Jünger.

En la confrontación con Schmitt se hace más nítida la dimensión política de Benjamin, a veces minusvalorada frente a

---

18. Otras coincidencias de Benjamin y Jünger —el uso de las drogas, por ejemplo— pueden ser entendidas desde esta proximidad ante el lenguaje.

otras. Benjamin coincide con Schmitt en la perspectiva metafísica desde la que indaga la estructura política del cambio epocal. Educados en distintas tradiciones teológicas —catolicismo romano y mesianismo judío—, para uno y otro resulta fundamental el problema de la legitimación de la acción —de la violencia— en una época post-teológica. En ese contexto se convierte en central para Schmitt la figura jurídica del «estado de excepción», así como lo es para Benjamin una inversión de dicha figura. Desplegadas, aquella figura y su inversión desbordan el campo de la teoría política y pueden ser entendidas como piezas basales de dos interpretaciones de la crisis de la modernidad.

En la moderna pérdida de la experiencia descubre Benjamin una ocasión revolucionaria. Este descubrimiento puede ser investigado desde el análisis de Sorel sobre la posibilidad de islotes en el océano de la cultura moderna. La construcción de tradiciones heterogéneas a la hegemónica es, en efecto, tema fundamental en Georges Sorel. Éste presenta estrategias de resistencia de la cultura proletaria contra su asimilación por la cultura burguesa. Sorel hace depender dicha resistencia del éxito de un «mito social»: una imagen colectiva espontánea capaz de mantener abierta la diferencia entre el proletario y el burgués. Asimismo colectiva y espontánea es la imagen que Benjamin llama «dialéctica». Es la imagen del pasado fallido, que impulsa la emancipación de lo fallido actual. Pero la imagen dialéctica no es un mito, sino la liquidación del tiempo mítico. Es una excepción en la continuidad histórica del dominio de la violencia. La idea de un estado de excepción contrario al diseñado por Schmitt culmina la lectura metafísica que Benjamin hace de Sorel. A través de esta lectura, la oposición soreliana entre violencia revolucionaria y fuerza estatal se convierte en oposición entre violencia divina y violencia mítica.

Por su anhelo de una brusca interrupción del dominio del mito, se sitúa aquí a Benjamin cerca de otro judío: Kafka. La experiencia que éste hace de la modernidad —su asombro ante la modernidad— fascina a Benjamin porque está mediada por una no menos intensa experiencia de la descomposición de una tradición premoderna. Kafka es un extraño, una excepción en el mundo moderno y, precisamente por eso, desde el punto de vista de Benjamin, su mejor intérprete. Ambos coinciden en una esperanza completamente desligada de la confianza en el progreso. Atendiendo a esa coincidencia, este trabajo busca mostrar cómo la concepción antievolucionista y, sin embargo, abierta, que de la historia sostiene Benjamin, está vinculada a una experiencia judía del tiempo.

Jünger, Sorel y Schmitt de una parte, Benjamin —y, cerca de él, Kafka— de otra, se sitúan en puntos muy alejados, pero que pueden ser vistos como focos de una misma elipse.[19] Todos ellos se distancian de una concepción de la historia como escenario del progreso. En sus obras cabe reconocer, sin embargo, distintos gestos del hombre actual hacia la historia: el que une revolución y reacción y la mirada revolucionaria al pasado fallido. A una revolución conservadora se contrapone una conservación revolucionaria.

Revolución conservadora y conservación revolucionaria

Aunque practican distintos géneros de escritura —la teoría sindicalista, la teoría jurídica, la autobiografía narrativa y ensayística—, hay una conexión profunda entre las obras de Sorel, Schmitt y Jünger. Ello resultaría claro aunque no fuese notoria la influencia del primero sobre los dos últimos o la comunicación entre éstos.[20] En todo caso, serían vinculados como pensadores fundamentales para la llamada revolución conservadora.[21]

A una caracterización de ésta se puede llegar a través de las

---

19. La figura de la elipse es utilizada por Benjamin en su carta a Scholem de 12 de junio de 1938. Benjamin y Scholem, 1987, 246.

20. Respecto de la influencia de Sorel sobre Schmitt: Freund, 1932, 11; Freund, 1975, 66; Steil, 1984, 43 y 57. En lo que se refiere a la de Sorel sobre Jünger: Hietala, 1975, 194 s. Acerca del nietzscheanismo de Sorel y Jünger: Martin, 1948, 25, A los contactos de Schmitt y Jünger en Berlin se refiere Nendursky, 1987, 40. Sobre la cercanía de los análisis epocales de uno y otro: Kennedy, 1988, 235 s. Para una comparación de las posturas de Jünger y Schmitt respecto del autoritarismo y, en particular, respecto del nacionalsocialismo: Petzold, 1988, 215.

21. Acerca del origen de la noción «revolución conservadora»: Sedlacek, 1973, 3. Para un debate sobre sus elementos y afluentes: Maus, 1986, 144; Mohler, 1988, 130. La recepción que Jünger, Schmitt y Sorel han tenido entre relevantes teóricos de la postmodernidad ha sido interpretada por Mohler como supervivencia de la revolución conservadora. Mohler, 1988, 137 ss. La continuidad de la revolución conservadora es rastreada en otros lugares por Maus. Maus, 1986, 160 s. Por otro lado, la expresión «revolución conservadora» ha servido para nombrar fenómenos políticos de los años ochenta y noventa —«thacherismo», «reaganismo»...

siguientes palabras de Jünger en *El trabajador*: «El conservador genuino no quiere conservar este o aquel orden, lo que quiere es restablecer la imagen del ser humano, que es la medida de las cosas». La cita de conservación y revolución se da en ese restablecimiento de la imagen original: «Cuando aumenta el calado se vuelven muy parecidos los conservadores y los revolucionarios, ya que se aproximan necesariamente al mismo fondo. De ahí que sea siempre posible demostrar la existencia de ambas cualidades en los grandes modificadores, en los que no sólo derrocan órdenes, sino que también los fundan».[22]

En 1934, en *Sobre el dolor*, Jünger escribe que, durante más de un siglo, «la "derecha" y la "izquierda" han estado jugando a la pelota con las masas», pero «va quedando cada vez más claramente al descubierto el hecho de la identidad de esos dos adversarios».[23] Ya en 1932, en *El trabajador*, se refiere al debilitamiento de la dicotomía izquierda/derecha: «entre los partidos, especialmente entre los situados en los extremos, se produce un intercambio acelerado de hombres». Jünger observa que «se fusionan de una manera extraña las diferencias entre la reacción y la revolución; emergen teorías en las cuales los conceptos "conservador" y "revolucionario" quedan fatalmente identificados». La unidad subyacente encuentra su marco natural en el Estado de partido único, ya que «"derecha" e "izquierda" son conceptos que se bifurcan a partir de un eje común de simetría y tienen sentido únicamente si se los ve desde él. Tanto si cooperan como si se oponen, tanto si actúan una detrás de otra como si lo hacen al mismo tiempo, la derecha y la izquierda dependen de un cuerpo cuya unidad tiene que hacerse visible cuando un movimiento pasa del marco del movimiento al marco del Estado».[24]

Precisamente una defensa teórica del Estado autoritario lleva a Carl Schmitt a indagar la confluencia de revolución y reacción. La figura «estado de excepción» carga con la tensión de ambos vectores. La herencia donosiana es aquí fundamental. Schmitt descubre en la idea de dictadura de Donoso una ener-

---

22. *El trabajador —Der Arbeiter* (1932). Jünger, 1990, 310. Comentando a Jünger, Mohler caracteriza la revolución conservadora como creación de sustancias que vale la pena conservar: Mohler, 1988, 130.

23. *Sobre el dolor —Über den Schmerz* (1934). Jünger, 1995*b*, 121.

24. *El trabajador*. Jünger, 1990, 327 ss.

gía que «radica en la esfera de un democratismo revolucionario y que, en un sistema de pensamientos y sentimientos conservadores, sólo penetra desde fuera como un cuerpo extraño».[25] Schmitt asocia esa penetración al liberalismo en que Donoso se forma, a través del cual las ideas de la Revolución Francesa se instalan en su teoría del Estado.

Contrariamente, motivos conservadores desplazados al campo revolucionario antiestatalista son el núcleo de reflexión de Georges Sorel: un marxista que, explorando campos desatendidos por la mayoría de las escuelas marxistas, sirve argumentos a la reacción.[26]

En las obras de Sorel, Schmitt y Jünger se han educado conservadores que se reclaman revolucionarios. Uno de cuyos gestos comunes es separar revolución y progreso.[27] La revolución conservadora quiere ser un tercero más allá de las alternativas progresismo/conservadurismo, revolución/restauración. Concibe la revolución como un medio de restaurar, de asegurar el pasado, de regenerar lo ya sido. Alberga la pretensión de ganar, junto al futuro, el pasado. Es una revolución hacia el origen.

Algunos intérpretes han juzgado ilusoria tal pretensión de constituir una tercera vía. Esos intérpretes presentan la revolución conservadora como una pseudorrevolución: un simulacro

---

25. *Interpretación europea de Donoso Cortés —Donoso Cortés in gesamteuropäischer Interpretation. Vier Aufsätze* (1930). Schmitt, 1950b, 121. En la versión pronunciada como conferencia en 1929, Schmitt dice que esa energía «está en la esfera de una democracia revolucionaria y entra desde fuera en un sistema de ideas y de sentimientos conservadores sólo como elemento republicano». Schmitt, 1930, 10. Para el debate sobre la pertenencia de Schmitt a la revolución conservadora, véase Mohler, 1988, y su discusión en Quaritsch, 1988, 153-157. Cf. Maschke, 1988, 216; Römer, 1990, 377.

26. Ya en 1932, Michael Freund titula su libro sobre él *Georges Sorel. Der Revolutionäre Konservatismus*. Steil encuentra en el centro de la obra soreliana la asociación contradictoria de un contenido restaurativo y romántico y una forma revolucionaria. Steil, 1984, 38. Sobre el valor que da Sorel a la tradición y al hecho religioso, véase Jennings, 1985, 36 y 103, respectivamente. Acerca de los contactos de Sorel con los monárquicos en los momentos de formación del fascismo francés: *ibíd.*, 146. Por lo demás, en las *Reflexiones sobre la violencia —Réflexions sur la violence* (1908)—, Sorel maneja —literalmente— una noción de conservación revolucionaria al meditar sobre las transiciones del judaísmo al cristianismo y del capitalismo al socialismo. Sorel, 1950, 112. Asimismo, Sorel recuerda allí la descripción que propone Tocqueville del régimen napoleónico como un enorme experimento que pone en evidencia el elemento conservador de la Revolución. Sorel, 1950, 122 s.

27. Acerca de esa separación en *La montaña mágica* de Thomas Mann: Goisis, 1983, 285. Las *Consideraciones de un apolítico* de Mann han sido interpretadas, por cierto, como una fuente de la revolución conservadora. Bohrer, 1978, 106.

que disuelve la revolución social en la búsqueda de un sentido imaginario con el que superar el sinsentido burgués. En este contexto, el autor revolucionario-conservador es presentado como intelectual orgánico de la clase burguesa. Si es que no se desdeña su obra como bancarrota de la razón, como derrota del espíritu ante la fuerza, como rendición del sabio ante el caudillo. Se le llega a tachar de antienciclopedista, de envenenador de almas.[28]

Estos ataques pueden esconder un reflejo defensivo. Sobre todo, cuando proceden de escuelas que excluyen, *a priori*, que la inteligencia pueda hacer el gesto de la reacción.[29] Lo cierto es que la revolución conservadora dialoga con los discursos filosóficos de la modernidad. Por ejemplo, bajo su crítica al «viejo Estado» opera el argumento —de raíz marxista— de que la estructura política ha de adecuarse a la estructura económica.[30] La revolución conservadora es, además, indisociable del moderno mundo del trabajo. Por un lado, busca la compañía del sindicalismo.[31] Por otro, hace un elogio neorromántico de la técnica: ésta no sólo no atrofia necesariamente la vida, sino que puede animar la expansión vital.[32] En la revolución conservadora se dan cita, en fin, de forma compleja y quizá contradictoria, motivos modernos y premodernos.

Se ha visto en la revolución conservadora el opuesto del llamado «marxismo cálido»: su simétrico respecto del centro polí-

---

28. Steil habla de «fascismo de izquierdas». Steil, 1984, 21 y 46. Korsch utiliza el término «Antienciclopedia» para referirse al *Ensayo* de Donoso. Korsch, 1934, 266.

29. Un talante muy distinto aparece en las palabras de Taubes: «Hay algo que no comprendo del nacionalsocialismo, si no puedo comprender cómo Schmitt y Heidegger han sido cautivados por él». Cit. en Wenzel, 1990, 396. Cf. Kaempfer, 1981, 168; Kennedy, 1986, 382; Jay, 1987, 543.

30. Cf. Maus, 1986, 143 s. y 161; Steil, 1984, 46.

31. Reflexionando sobre Maurras, Sternhell observa que el antiindividualismo de monárquicos y socialistas les hace antiliberales y antiburgueses; la democracia, antinacional para aquéllos, antisocial para éstos, se convierte en enemigo aglutinante de una ideología monárquico-socialista o socialista-monárquica. Sternhell, 1985, 77 s. Salomon alude al Cercle Proudhom como espacio de encuentro de monárquicos y sindicalistas franceses. Salomon, 1928, 12. Para una reflexión amplia sobre la vinculación original del fascismo al sindicalismo: Goisis, 1983, 400 ss.

32. Steil ve el fondo común de las obras de Sorel, Schmitt y Jünger en el doble y contradictorio rostro de la clase burguesa en la crisis de su hegemonía. Dos son las vías —contradictorias— de relegitimación del dominio burgués: el maquiavelismo y el romanticismo político. Steil entiende éste como la superación de las legalidades históricas y sociales en un contramundo estético, y caracteriza la ideología fascista como una lógica de la fuerza en la que la rebelión romántica es integrada. Steil, 1984, 114 s. y 124.

tico —el sentido común burgués—, al que, en el pronóstico weberiano, conduce la racionalización de la sociedad occidental. Desde esta perspectiva, ambos extremismos pueden ser entendidos como desafíos a la previsión de desencantamiento del mundo: fantasmagorías escatológicas cuyo enfrentamiento constituye una versión moderna de las guerras de religión.[33]

La obra de Benjamin y, en particular, su tesis de la pérdida de experiencia, pueden ser situadas en ese contexto, pero no deben ser reducidas a él. Entre Benjamin y la revolución conservadora hay una insalvable distancia. A su escritura es constitutiva la vocación antifascista: se orienta hacia una representación de la historia que evite cualquier complicidad con el fascismo. Sin embargo, Benjamin tiene una rara ubicación dentro de la inteligencia de izquierdas y, a veces, sus escritos parecen menos cercanos a ésta que al pensamiento crítico conservador. Este sesgo no es debilitado, sino reforzado por el creciente compromiso de Benjamin con el materialismo histórico. Entre Benjamin y lo conservador se dan, en fin,[34] encuentros que no pueden ser redu-

---

33. Según Fietkau, la revolución socialista se sublimó en una utopía teológica cuyo complementario es la revolución conservadora: teología de la revolución y teología política son supervivientes de una revolución socialista que nunca tuvo lugar. A su juicio, Lukács, Bloch, Benjamin y Schmitt reteologizan los temas de la sociología weberiana del capitalismo moderno. La revolución se convirtió en una fantasía compensatoria, haciendo cierta la imagen del comunismo como fantasma que recorre Europa. Para Fietkau, al marxismo cálido cabe incluso imputarle haber cooperado a preparar el terreno ideológico del fascismo. Fietkau, 1986, 170 ss. Bolz se sitúa en una perspectiva próxima a la de Fietkau: Bolz, 1989. Taubes señala la influencia weberiana sobre Schmitt, especialmente en *Ex Captivitate Salus* (1950). Taubes, 1987, 13. En este contexto conviene mencionar la distinción que establece Sorel entre pensadores escolásticos y pensadores místicos. Sorel, 1950, 400.

34. Si bien Benjamin lee al burgués Baudelaire contra la burguesía: en una lectura «a contrapelo», se vale de Baudelaire para invertir la autocomprensión burguesa. G.S. I.3, 1.167. Benjamin también lee a Bachofen, Benn, Céline, George, Green, von Hofmanstahl, Jouhandeau, Jung, Klages, Proust... Merece la pena notar que buena parte de los autores mencionados cuentan también entre los favoritos de Jünger. En sus *curricula vitae*, Benjamin destaca algunos de esos nombres como materia básica de su investigación. G.S. VI, 221, 226 s. El libro de Scholem se refiere a varios de ellos, además de al filósofo, luego convertido al nazismo, Hans Heyse. Scholem, 1987, 90 s., 133 s., 167. Sus intereses hacen merecer a Benjamin de Scholem la calificación —que él rechaza— de contrarrevolucionario. Benjamin y Scholem, 1987, 20. Sobre el acercamiento de Benjamin a la escuela de George —probablemente decisiva en su interés por Hölderlin— y su posterior alejamiento de ella: Benjamin y Scholem, 1987, 72; Scholem, 1987, 32, 75 y 134. Acerca de Benn, Céline y Jung: Benjamin y Scholem, 1987, 218. Tras mencionar la influencia ejercida sobre Benjamin por algunos conservadores y reaccionarios, Habermas recuerda que, sin embargo, en tanto que intelectual judío, no podía ignorar dónde estaban sus enemigos. Habermas, 1986, 331. En el

cidos ni al común contexto temporal, ni a retórica, ni a aventuras de exploración en terreno enemigo. En Benjamin, lo revolucionario contiene dialécticamente a lo conservador.[35]

Benjamin no quiere entregar a los conservadores el mundo de la experiencia. Si en 1913 describe ésta críticamente, asociándola a lo burgués y contraponiéndola al valor (*Wert*),[36] en 1929 ya ha hecho de ella el eje de su reflexión y no acepta abandonarla a la burguesía. La indagación sobre la experiencia, apenas ensayada por otros pensadores marxistas, vertebra en Benjamin una crítica de la modernidad. Finalmente, la cita, pero también el hiato, entre Benjamin y los conservadores, se da en la experiencia de la historia. Benjamin no sólo no cede a los conservadores el patrimonio de la experiencia del pasado, sino que convierte ésta en núcleo de su pensamiento político. Para él, salvar la tradición incluye rescatarla de sus presuntos guardianes, los llamados tradicionalistas. En la crisis de Europa, Benjamin sitúa este combate por la tradición en el centro de la lucha con el fascismo. En este contexto afirma que «la voluntad revolucionaria contiene hoy en sí, dialécticamente, a la conservadora».[37] Esa voluntad de conservación revolucionaria empieza por reconocer lo que la tradición tiene de barbarie y por orientarse hacia aquello que no ha llegado a ser tradición. Lo que no ha vuelto. Lo que siempre vuelve, lo que siempre está aquí, es el mito, núcleo de la relación reaccionaria con la historia. Las tradiciones fallidas sirven de base a una política opuesta a la asentada sobre una mitificación del pasado. Por esta vía,

---

mismo sentido puede leerse la advertencia de Jay contra ciertos intentos de asociar a los frankfurtianos con posiciones conservadoras. Jay, 1987, 543.

35. En este contexto, conviene tener en cuenta el fragmento N 1a, 3 del trabajo sobre los pasajes, donde Benjamin propone que el historiador divida cada época en parte positiva y parte negativa, y ésta a su vez en positivo y negativo, y así sucesivamente. G.S. V.1, 573. Habermas afirma que el esfuerzo crítico que Benjamin exige a la mirada histórica es «conservador en sentido eminente», y habla de «la hermenéutica conservadora-revolucionaria de Benjamin». Habermas, 1986, 306.

36. *Erfahrung* (1913); G.S. II.1, 54-56. Es un artículo contra el mundo de los adultos, cuyo escudo es la experiencia. Benjamin escribirá más tarde: «En un ensayo temprano he movilizado todas las fuerzas rebeldes de la juventud contra la palabra «experiencia». Y ahora esta palabra se ha convertido en un elemento fundamental en muchos de mis asuntos. A pesar de ello, me he mantenido fiel a mí mismo». G.S. II.3, 902.

37. G.S. III, 68. Mate hace hincapié en la originalidad de Benjamin al «recurrir a conceptos como pasado o memoria con una intencionalidad crítica cuando estos conceptos fueron la bandera del movimiento restauracionista y antiilustrado del tradicionalismo». Mate, 1991a, 62.

Benjamin hace un replanteamiento político de los viejos temas de la filosofía de la historia.

Sorel, Jünger o Schmitt ven en su tiempo la ocasión de retorno a un mundo premoderno en cuanto que capaz de una moral no individualista (Sorel), en cuanto que espacio de una vida elemental (Jünger) o en cuanto que políticamente homogéneo (Schmitt). La violencia es el vehículo mayor de esos tres retornos. A esas visiones de la violencia como vehículo de regreso a un origen premoderno, se contrapone la idea benjaminiana de una violencia revolucionaria capaz de liberar la historia (*res gestae*) del dominio de la violencia mítica. Al tiempo, aquella violencia libera la verdad de la historia (*res narratae*). Que se da no en un concepto, sino en una imagen espontánea, efímera, cargada de experiencia.

Límites de la investigación

Sobre el concepto de historia es tratado aquí como mónada de la obra benjaminiana. Desde ese texto último —que no conclusivo— se pueden recuperar los motivos principales de la misma y descubrir el aliento político que siempre la anima. Pese a que nuestro trabajo no pretenda ofrecer una presentación global de la obra de Benjamin, toda ella le es relevante, en la medida en que sus asuntos fundamentales son atravesados por el problema de la historia. En particular, dicho problema es indisociable de la labor ejercida por Benjamin como crítico.

Nuestra lectura de los textos benjaminianos tiene siempre en cuenta que son, en buena medida, resultado de difíciles contingencias. Ello es visible en las formas que adoptan [38] También en algunos de sus asuntos, extraños, *a priori*, a los intereses benjaminianos. El trabajo sobre Fuchs es ejemplar en este sentido: un encargo que Benjamin acoge con desagrado, pero que acaba convirtiendo en *medium* para su reflexión más personal. Finalmente, el *Fuchs* que leemos está también cons-

---

38. Benjamin se refiere a «las formas literarias de expresión» que ha debido adoptar frente a «la erosión que continuamente y a consecuencia de las contingencias, amenaza a mi obra». Carta a Scholem de 26 de julio de 1932. *Briefe*, II, 556.

tituido por las tachaduras de su editor y por el desgaste de la negociación.[39]

El intercambio de Benjamin con otros pensadores es siempre relevante, sobre todo cuando aparece el disenso. Sus dificultades de relación con Scholem y con los frankfurtianos señalan en qué zonas de su pensamiento la confluencia de fuentes teológicas y materialistas se vuelve más problemática.[40] Scholem de un lado, Adorno de otro, le hacen más consciente de las tensiones que entraña conectar una teología mesiánica con una comprensión materialista de la historia. La correspondencia con Horkheimer nunca resulta tan fecunda como en el debate acerca de la clausura del pasado. Los intercambios con Brecht —que disgustan a los frankfurtianos— contribuyen a completar la imagen del heterogéneo marxismo de Benjamin.[41]

De la obra jüngeriana se leen aquí preferentemente los ensayos que establecen la secuencia Soldado Desconocido – Trabajador – Emboscado. Los escritos autobiográficos de Jünger informan sobre experiencias de que proceden esas tres figuras.

Desde el tema del mito social puede hacerse una lectura conjunta de la obra de Georges Sorel. Aquí se atiende sobre todo a la reformulación soreliana del marxismo y a la comprensión de la historia que a ella subyace. Nuestra investigación se centra en las *Reflexiones sobre la violencia* porque la obra anterior de Sorel las prepara, así como su obra posterior es un desarrollo de las mismas.[42]

De Carl Schmitt interesan principalmente los textos en que establece su noción de teología política y su concepto de lo político. La obra de Donoso Cortés sirve ante todo para reflexionar sobre el peso que en la de Schmitt puede tener una visión católica de la historia.

---

39. Benjamin y Scholem, 1987, 138, 173, 183, 198 y 214; Scholem, 1987, 207. Véase también el *curriculum vitae* de 1934. G.S., VI.1, 222. Horkheimer escribe a Benjamin, refiriéndose al trabajo sobre Fuchs: «Le ruego me permita hacer tachaduras en el primer capítulo, en el cual se trata de cuestiones fundamentales de la dialéctica histórica, [...] siempre que dichas tachaduras parezcan deseables con vistas a la imagen total que debe presentar nuestra revista». Cit. por Aguirre. Benjamin, 1987*b*, 138.

40. Acerca de la imagen de místico que de Benjamin tienen los miembros del Instituto para la Investigación Social: Benjamin y Scholem, 1987, 236. Por su parte, Scholem llama al Instituto «la secta». *Ibíd.*, 251.

41. Scholem, 1987, 186.

42. En la *Advertencia para la tercera edición francesa*, Sorel manifiesta su fidelidad a las tesis sentadas en las *Reflexiones*. Sorel, 1950, 58. Cf. Stanley, 1981, 219.

En lo que a Franz Kafka se refiere, tanta importancia se da aquí a sus escritos autobiográficos como a los narrativos. Éstos y aquéllos son recorridos por una esperanza tan tenaz como la desconfianza que muestran hacia el progreso. Doble tenacidad que es, por cierto, el secreto del verdadero historiador según Walter Benjamin.

CAPÍTULO I

IDEA DE LA FILOSOFÍA:
UN LENGUAJE ABSOLUTAMENTE OTRO

En la *Carta al padre*, Kafka utiliza la siguiente imagen para dar cuenta de su anhelo de autonomía respecto de la autoridad paterna: «A veces imagino el mapamundi desplegado y a ti extendido transversalmente en él. Entonces me parece que, para vivir yo, sólo puedo contar con las zonas que tú no cubres o que quedan fuera de tu alcance».[1] Kafka aspira a un espacio del que su padre esté ausente: un mundo complementario del paterno, absolutamente otro. Kafkiana, esto es, hiperbólicamente, la *Carta* pone en escritura la frustración de ese anhelo: la escribe un hombre convencido de que ni siquiera un matrimonio —«tener mi propia familia»— le permitiría ser autónomo frente a su padre, sino sólo imitarlo, esto es, recaer en la heteronomía. El anhelo de un espacio libre del dominio del padre se resuelve en vocación literaria. En la escritura halla Franz Kafka refugio frente al cuerpo (la voz) de Hermann Kafka. Refugio, que no autonomía, en la medida en que su obra es una reescritura de la *Carta al padre*, que contiene, más o menos camuflados, los motivos kafkianos fundamentales.

Walter Benjamin utiliza la noción «mundo complementario» para ubicar la escritura de Kafka, según él desplazada a un mundo tal por carriles teológicos.[2] Con la de mundo complementario, Benjamin nos proporciona de paso una noción útil

---

1. Kafka, 1983, I, 614.
2. *Briefe*, II, 762. Benjamin tiene a Kafka por un metafísico o, mejor, por un teólogo negativo del judaísmo. A este respecto, véase el *currículum* III, de 1918. G.S. VI 217-219, 219. La *Carta* fue publicada póstumamente en 1952, doce años después de la muerte de Benjamin.

para hablar del efecto de la teología en su propia escritura. Lo teológico siempre aparece en ella para referirse a algo que se define en negativo respecto del presente: aquello absolutamente otro que sólo es pensable en la suspensión —estado de excepción— de lo actual.

Un mundo absolutamente otro es asunto principal de la obra benjaminiana. Lo es, desde luego, de *El capitalismo como religión*, *Para la crítica de la violencia* o *Sobre el concepto de historia*, que tematizan la posibilidad de que la desesperación extendida por el capitalismo haga crisis en esperanza de una humanidad sin víctimas. El tema de otro lenguaje que sólo aflora en la suspensión del actual es una dimensión —asimismo política— de ese tema mayor de un mundo complementario capaz de formas de vida emancipadas. Benjamin concibe esa suspensión como retorno a un lenguaje original, entendiendo este adjetivo en un sentido teológico —no mítico, tampoco retórico. Si el pensamiento mítico remite cada actualidad al Origen, la teología negativa benjaminiana apunta a un espacio designado como original en tanto que limpio de contaminación mítica. Benjamin ve la historia como escenario del dominio del mito, cuya forma actual es, por antonomasia, el derecho. De ahí el alcance político de esa tarea de limpieza. Un lenguaje libre del mito es el del nuevo humanismo que constituye el ideal político de Benjamin. Pero igual que ese ideal político, su lenguaje nunca se encarna: sólo es experimentable en las interrupciones del lenguaje actual.

En la búsqueda de ese lenguaje absolutamente otro que el actual puede hallarse un hilo común del quehacer filosófico de Benjamin e incluso de las corrientes en que se educa.[3] Su pensamiento concreto, fisionomista y monadológico, entronca con tradiciones que observan los fenómenos como cifras; la natura la y la historia, como textos. Tradiciones que reconocen un núcleo visual en la razón. Benjamin se resiste a la definición conceptual y tiende a la poesía. Atribuye a la imagen, y no al concepto, la capacidad de recoger experiencia. Un lenguaje que sea ex-

---

3. En el *currículum* III, arriba mencionado, Benjamin destaca a Platón, Kant, Husserl y la Escuela de Marburgo como materia básica de sus años de estudio. G.S. VI, 218. Acerca del ambiguo afecto hegeliano y del inequívoco afecto antiheideggeriano, véase *Briefe*, I, 171; II, 514.

periencia inmediata del mundo, tal parece el horizonte de la filosofía benjaminiana. Un lenguaje no dominado por la intención del sujeto ni, en consecuencia, por la función comunicativo-instrumental. Un lenguaje que, despojado de categorías, sea traducción inmediata del lenguaje de las cosas.

El lenguaje de Adán

El ensayo *Sobre el lenguaje en general y sobre el lenguaje de los humanos* [4] contiene elementos fundamentales de la filosofía de la historia del lenguaje y de la política del lenguaje benjaminianas. Este ensayo —que describe un lenguaje previo al tiempo mítico— es ejemplar en el uso que da Benjamin a las categorías teológicas no como fuente de autoridad, sino como expresión negativa de lo actual. La teología le sirve para presentar una ausencia: la de un lenguaje en que la relación de la palabra con la cosa no es de mero signo.

En el Génesis encuentra Benjamin la forma de un lenguaje que, sin identificar místicamente la palabra con la cosa, conoce ésta en su entidad espiritual. Se trata del lenguaje nombrador, que no es medio instrumental —puesto que el nombre es inmediato a la cosa y nada comunica—, sino *medium* del que toda la naturaleza participa.[5] El Génesis atribuye a las cosas un lenguaje propio —aquél en que Dios las hizo— indistinto del lenguaje en que el hombre las conoce —pues, asignando nombre a las cosas, el hombre no hace sino continuar la creación divina. El lenguaje constituye así una comunidad universal de la que no queda fuera el hombre, que da a las cosas el nombre que éstas le proponen.

Entre el lenguaje de las cosas y el de los hombres, el relato bíblico no reconoce otra discontinuidad que la involucrada en

---

4. *Über Sprache überhaupt und über die Sprache des Menschen* (1916); G.S. II.1, 140-157.

5. Acerca de la idea de un lenguaje que no sea mero instrumento, véase también *Problemas de la filosofía del lenguaje —Probleme der Sprachsoziologie. Ein Sammelreferat* (1935); G.S. III, 452-480. En este contexto, merece la pena recordar que Hamman compara el paso de las cosas a los nombres con la traducción de un lenguaje de ángeles a un lenguaje humano. Loose, 1956, 250. Menninghaus ha subrayado la influencia que sobre la teoría benjaminiana del lenguaje ejercen Hamman y los románticos, por encima de las tradiciones cabalísticas. Menninghaus, 1980.

la figura de la traducción: en un solo movimiento, el lenguaje de los hombres traduce el de las cosas y es, a su vez, traducido al lenguaje de Dios. Por esa traducción, el lenguaje de las cosas entra a formar parte del lenguaje del nombre, que es el lenguaje del conocimiento. Se trata de la elevación de un lenguaje imperfecto a uno más perfecto en cuanto que conocedor. El lenguaje del hombre sólo es superior al de las cosas por su capacidad de nombramiento universal, gracias a la cual «sólo el hombre posee el lenguaje perfecto en universalidad e intensidad», pues en el nombre «el lenguaje se comunica absolutamente a sí mismo».[6] De acuerdo con el Génesis, la verdad no puede ser representada, sino que se representa a sí misma y coincide con la esencia espiritual del lenguaje. Se da no «a través» del lenguaje, sino «en» el lenguaje; en el nombre, «lenguaje del lenguaje».[7]

El significado político de la pérdida de los nombres —y de la escritura benjaminiana, que se enfrentará a esa pérdida— puede descubrirse en la interpretación de la figura bíblica del árbol del conocimiento como doble señal del origen mítico del derecho y de la quiebra de la comunidad lingüística.[8] En el —falso— conocimiento de lo bueno y de lo malo, esto es, en el juicio de otros hombres, el hombre abandona el nombre, incurre en la palabra como medio y en la abstracción. La conversión del lenguaje en medio y la abstracción son momentos de la separación entre el hombre y las cosas, que quedan innombradas, es decir, desconocidas. Disociado por el lenguaje humano —que, a su vez, se divide en centenares—, el mundo deja de ser una totalidad individida.

El ensayo *Sobre el lenguaje* puede servir de prólogo a cualquier otro texto de Benjamin. La estrategia fisonomista que paulatinamente gana importancia en su obra —y cuyo resultado extremo es el trabajo sobre los pasajes parisinos— puede entenderse como un esfuerzo de restauración de una comunidad constituida por un lenguaje que conoce las cosas en su nombramiento. Las cosas se expresan en el lenguaje de nombres del hombre o, cuando éste desconoce esos nombres, quedan mudas. En la medida en que la unidad de esa comunidad

---

6. G.S. II.1, 144.
7. *Ibíd.*, 142.
8. *Ibíd.*, 152 ss.

lingüística sólo podría ser asegurada por Dios, tal tarea de restauración se orienta hacia un horizonte mesiánico, nunca alcanzado.

La crítica romántica

La orientación hacia un lenguaje que no sea signo, sino experiencia inmediata de las cosas, y la consiguiente búsqueda de estrategias de descategorización y desubjetivación, subyacen a la tesis doctoral *El concepto de crítica de arte en el romanticismo alemán*. Problemáticamente, a primera vista. Pues si bien el tema de una comunidad lingüística universal no es ajeno a los románticos, el radical subjetivismo de éstos parece casar mal con el proyecto benjaminiano. Los románticos pasan a veces por capitanes del subjetivismo, liquidadores de cualquier conocimiento de la realidad: como para ellos —se dice— cada cosa puede tener cualquier significado, convierten el mundo en meras ocasiones de su subjetividad irresponsable.[9]

Benjamin parece consciente de ello cuando, en un trabajo anterior, distingue entre un «falso romanticismo» que no es sino escapismo esteticista frente al mundo y un «verdadero romanticismo» marcado por una voluntad de belleza, de verdad y de acción.[10] En todo caso, el ocasionalismo subjetivo[11] como enfrentamiento caprichoso con el mundo se contrapone a la comprensión del romanticismo que Benjamin articula en torno al concepto de crítica, en que él ve «el concepto esotérico fundamental de la escuela romántica».[12] Si bien Benjamin no desconoce las dificultades de los románticos para dar cuenta de la relación entre verdad y conciencia reflexiva, en ellos encuentra una noción mesiánica de supervivencia de la obra que puede haber nutrido su propia teoría de la traducción como operación en que emerge otro lenguaje.

---

9. En este sentido se expresa Carl Schmitt en *Romanticismo político* —*Politische Romantik* (1919); Schmitt, 1991. Para Schmitt, el romántico disuelve las contradicciones políticas en el plano estético, convirtiendo el conflicto en pretexto para el poema.

10. En *Romanticismo* —*Romantik. Eine nicht gehaltene Rede an die Schuljugend* (1913); G.S. II.1, 42-47.

11. Kennedy utiliza esta expresión comentando a Schmitt. Kennedy, 1988, 264.

12. G.S. I.1, 50 s.

La importancia que concede Benjamin a la afirmación romántica del crítico de arte frente al juez de arte radica en que la misma supone la supervivencia de la obra respecto del autor. Para los románticos, la crítica no es el juicio sobre la obra, sino el método de su consumación. En vez de evaluar la obra a partir de un patrón, el romántico busca desarrollar su germen crítico, la reflexión a ella inmanente. Así complementa la obra y la rejuvenece. En este sentido, el lector viene a ser —Novalis lo cree— un autor ampliado.[13] Conforme a la definición de Schlegel, el lector constituye una «instancia superior que recibe la materia ya previamente elaborada por la instancia inferior».[14] La crítica así entendida quiere superar la diferencia entre ciencia y poesía. Por un lado, cree evitar la arbitrariedad, puesto que la guían las «intenciones» de la obra. Por otro, debe ser artística, pues sólo la obra mediocre admite la mera caracterización.[15] Se trata de una productividad que no renuncia a ser objetiva; una creatividad prudente.[16] El horizonte de esa experimentación plenificadora de la obra es «su resolución en el absoluto».[17] Sus niveles son infinitos: cada lector constituye un nivel de reflexión en un proceso sin término. A lo largo del cual, la comprensión está «como en suspensión en tanto que es un cometido de la reflexión que se eleva infinitamente, que no se posa permanentemente en ninguna consideración».[18] La crítica constituye una operación filosófica en la medida en que, como quiere Schlegel, se orienta hacia un deslumbramiento, «la idea», que «extingue la pluralidad de las obras».[19]

La supervivencia de la obra como despliegue de sus funciones la asocia Benjamin no a la categoría de progreso, sino a la

---

13. *Ibíd.*, 67. En este contexto, conviene tener en cuenta el prólogo a *Comentario de poemas de Brecht* titulado *Para la forma del comentario*. Allí afirma Benjamin que el comentario no consiste en la apreciación del texto, sino que «sólo se ocupa de la belleza y del contenido positivo» del mismo. *Kommentare zu Gedichten von Brecht* (1939); G.S. II.2, 539-572, 539. El prólogo concluye afirmando que «el comentario se empeña en poner en claro los contenidos políticos de pasajes puramente líricos». *Ibíd.*, 540.

14. G.S. I.1, 68.

15. Según Schlegel, «la poesía puede ser criticada sólo por la poesía. Un juicio artístico que no es él mismo una obra de arte [...] no tiene ningún derecho de ciudadanía en el reino del arte». G.S. I.1, 69.

16. *Ibíd.*, 51.

17. *Ibíd.*, 78.

18. *Ibíd.*, 68.

19. *Ibíd.*, 119.

figura del Mesías. Ello puede aclararse considerando la contraposición que Benjamin establece entre la teoría temprano-romántica del arte y la teoría goetheana de los arquetipos. Los románticos no aceptaban que hubiese arquetipos anteriores a toda obra creada. Puesto que negaban un *a priori* del arte, «no podían reconocer modelos, obras autónomas y cerradas en sí, figuras definitivamente acuñadas».[20] Significativamente, Benjamin afirma que la caracterización goetheana del estilo como arquetipo es, en definitiva, un mito.[21] Frente a esta orientación mítica, se perfila la orientación mesiánica de la crítica romántica como complementación consumadora que justifica su necesidad en la incompletitud de toda obra ante el absoluto del arte y ante su propia idea absoluta.

La crítica plenificadora se orienta a lo no subjetivo de la obra de arte. Supone la muerte del autor en el sentido de que el despliegue de la reflexión inmanente a la obra es tarea que excede la vida de un hombre. Si la crítica así entendida define el antisubjetivismo romántico frente al arte, el antisubjetivismo romántico frente a la naturaleza se rige por el imperativo de la «empiria delicada» (*zarte Empirie*): «No se busque nada tras los fenómenos; ellos mismos son la doctrina».[22] En el postulado de que todo lo fáctico es ya teoría, Benjamin ve coincidir a los románticos con Goethe. Aun cuando la observación goetheana de la naturaleza pretenda hallarse lejos de la romántica, se encuentra con ella en la idea de una empiria que «se hace lo más íntimo con el objeto».[23] Los románticos buscan la «coincidencia del lado objetivo y del subjetivo en el conocimiento».[24] De acuerdo con la formulación de Novalis: el objeto observado es ya una tesis, y el pensamiento sobre él, la misma tesis en mayor grado.[25]

La tendencia antiteórica llegará a ser fundamental en Benjamin. Cuya escritura se propondrá no encostrar el fenómeno categorialmente; no dominarlo conceptualmente. Se orientará no a producir verdad, sino a dejar que las cosas se expresen por sí

---

20. *Ibíd.*, 115 s.

21. *Ibíd.*, 118 s.

22. *Ibíd.*, 59 s.

23. Benjamin vuelve a considerar la definición goetheana de la «empiria delicada» en *Pequeña historia de la fotografía. Kleine Geschichte der Photographie* (1931); G.S. II.1, 368-385, 380.

24. G.S. I.1, 60.

25. *Ibíd.*, 61.

mismas. El propio Benjamin asociará su proceder a la tradición de la empiria delicada —¿o deberíamos llamarla «empiria no violenta»? El lema «no explicar las cosas, mostrarlas», regirá su proyecto de presentar la ciudad de Moscú dejando que todo lo fáctico sea ya teoría; «que lo creado hable».[26] Esta orientación alcanzará su mayor intensidad en el trabajo sobre los pasajes parisinos.

Benjamin observa que los románticos emprendieron un viaje sin retorno, impulsados «por una fe ilimitada en los derechos de la genialidad, a la abolición de toda fundamentación sólida y cualquier criterio para el juicio».[27] Reconoce la imposibilidad de aceptar plenamente su teoría de la crítica. Sin embargo, atribuye a ésta el descubrimiento del «principio cardinal de la actitud crítica posterior»: «la valoración de las obras según criterios inmanentes».[28] Benjamin hará suyo este principio cuando más tarde rechace una crítica que no se haga solidaria «en ningún punto con la verdad que se esconde en la obra».[29] Sólo aprendiendo a ver en el interior de ésta, la crítica dará cuenta de cómo se relacionan su «contenido material» y su «contenido de verdad». Los románticos ofrecen a Benjamin, en fin, elementos fundamentales para su idea de una crítica a la vez objetiva y productiva.

Por otro lado, la búsqueda romántica de aquello que, más allá de las intenciones de su autor, puede ser descubierto en la obra, está muy cerca de la idea benjaminiana de la traducción. De acuerdo con la cual, cada traducción representa un lenguaje conocedor —representa, por tanto, la idea de la filosofía. Por decirlo en el tono de *Sobre el concepto de historia*: cada traducción es la pequeña puerta por la que puede entrar Otro Lenguaje.

---

26. Así lo explica Benjamin a Buber en su carta de 23 de febrero de 1927. *Briefe*, I, 442-443. Cf. Scholem, 1988, 9. Adorno detecta una fuerte influencia romántica en el materialismo antropológico benjaminiano. A este respecto, véase la carta de 10 de noviembre de 1938. *Briefe*, II, 782-790, 786.

27. G.S. I.1, 53. En el libro sobre el *Trauerspiel*, Benjamin se referirá a la romántica como «estética teosófica». G.S. I.1, 337.

28. *Ibíd.*, 72.

29. G.S. VI, 178.

La traducción

Sobre el lenguaje en general y sobre el lenguaje de los humanos se refería a la traducción que liga el lenguaje de las cosas y el lenguaje de nombres del hombre. La objetividad de esta traducción venía garantizada por la continuidad entre esos lenguajes, medios de diferente densidad procedentes de la misma palabra hacedora de Dios. La traducción entre lenguajes humanos —surgidos en la Caída— parece mucho más problemática. *El concepto de crítica de arte en el romanticismo alemán* aludía a «la naturaleza infinitamente enigmática de la traducción».[30] Sin embargo, la solución benjaminiana de ese enigma ya se prefiguraba en dicho ensayo, que emparejaba crítica y traducción como momentos de la supervivencia de la obra. Por fin, *La tarea del traductor*[31] establece que en las traducciones «la vida del original alcanza [...] su expansión póstuma más vasta y siempre renovada».[32] Esta expansión no es arbitraria, puesto que, igual que la obra contiene los elementos para su crítica, en el original está contenida la ley de su traducción.[33]

La reflexión benjaminiana sobre la traducción no se centra en el problema de la reproducción del sentido. Dado que para Benjamin la razón de ser de una obra literaria no es la de comunicar, es mala traducción la que sólo pretende transmitir aquello que el original comunica. En todo caso, la aspiración de semejanza con el original está condenada de antemano, puesto que las lenguas —y, por consiguiente, el original y la versión— sufren una mutación incesante. Lo que sí consigue la traduc-

---

30. G.S. I.1, 70.

31. *Die Aufgabe des Übersetzers* (1921); G.S. IV.1, 9-21. Scholem asegura que en *La tarea del traductor* Benjamin «veía algo así como su credo». Scholem, 1987, 129. Para una deconstrucción de este texto, véase el artículo de Derrida *Des Tours de Babel*. Derrida, 1987. Para una consideración más amplia del problema de la traducción en Benjamin, conviene tener en cuenta su intercambio epistolar con Richard Peters a propósito de la versión alemana que el segundo realiza de los *Pensieri* de Leopardi. G.S. III, 119-122.

32. G.S. IV.1, 11. Hasta donde lo conozco, Benjamin no tematiza en cuanto tal otra forma de supervivencia del texto, distinta de la traducción y la crítica: la puesta en escena del texto teatral.

33. *Ibíd.*, 10 s. La confrontación de los usos de «original» en *La tarea del traductor* y en *La obra de arte en la época de su reproducibilidad técnica* debe dejarse para otra ocasión. *Das Kunstwerk im Zeitalter seiner technischen Reproduzierbarkeit*. Hay tres versiones de este último texto —de 1935, 1936 y 1939—: G.S., I.2, 431-469; VII.1, 350-384; I.2, 471-508.

ción ideal es dejar caer sobre el original aquello que Benjamin llama «el lenguaje puro». En éste puede reconocerse el lenguaje premítico de la leyenda bíblica. La traducción representa «la íntima relación que guardan los idiomas entre sí», haciendo aparecer «el parentesco entre los idiomas».[34] Se refiere Benjamin a que no desde un solo idioma, sino desde la totalidad de ellos, puede emerger la idea del lenguaje puro. Para Benjamin, «tomadas aisladamente, las lenguas son incompletas», pero se encuentran «en una continua transformación, a la espera de aflorar como la pura lengua de la armonía de todos esos modos de significar».[35]

Benjamin define la tarea del traductor como la de «rescatar ese lenguaje puro confinado en el idioma extranjero, para el idioma propio, y liberar el lenguaje preso en la obra».[36] La traducción es para Benjamin no sólo una forma de supervivencia de la obra, sino la representación del infinito desarrollo de los idiomas hacia un horizonte mesiánico: la integración de las lenguas en una sola verdadera. Este ámbito inaccesible es el propio del traductor, y no el de los contenidos transmisibles de una lengua a otra. Para el traductor, lo más importante es aquello imposible de transmitir. Cuando el lenguaje de llegada resulta insuficiente, la fidelidad al original exige la extensión de aquél. En ese momento, fidelidad y libertad coinciden. El caso que aúna, por antonomasia, fidelidad y libertad y, por tanto, «la imagen primigenia o ideal de toda traducción» se lo ofrece a Benjamin la versión interlineal de los textos sagrados.[37] La esperanza de otro lenguaje reside, pues, entre líneas, en el espacio de lo no escrito en ningún idioma. La mejor traducción entre dos idiomas es aquella capaz de hacer que ambos se reconozcan como fragmentos de un lenguaje superior. En este paradójico sentido, el movimiento de las lenguas conoce en la traducción la representación de un lenguaje puro, la lengua de la verdad, el fin mismo de la filosofía.

34. G.S. IV.1, 12 ss.
35. *Ibíd.*, 14.
36. *Ibíd.*, 19.
37. *Ibíd.*, 21.

La mirada barroca

La consideración del lenguaje actual como fragmento, de *La tarea del traductor*, y la noción de crítica plenificadora, que pide a cada lector un esfuerzo infinito, de *El concepto de crítica de arte en el romanticismo alemán*, se proyectan sobre la visión del mundo a que Benjamin dedica *El origen del drama barroco alemán*. El «Prólogo» de este libro, más que una metodología para historiadores de la literatura, ofrece un acceso a la obra benjaminiana en general y a *Sobre el concepto de historia* en particular. Entre otras nociones, aparecen en él la de verdad como muerte de la intención y la de idea como mónada.

En el interés por el fragmento empareja Benjamin al Barroco con el Romanticismo, frente al Clasicismo. Como recuerda Benjamin, Schlegel asimila lo crítico a lo fragmentario: para él, «todo fragmento es crítico».[38] El lema schlegeliano de que «sólo lo incompleto puede ser concebido, puede conducirnos más allá»,[39] podría ser leído como un lema barroco. Si el crítico romántico desarrolla indefinidamente la obra, el alegorista barroco completa —al darle significado— incesantemente la cosa que mira.

Al igual que en su lectura de los críticos románticos, la mayor dificultad que encuentra Benjamin para acercarse a los alegoristas barrocos reside en la aparente incompatibilidad del subjetivismo de éstos con su propio proyecto desubjetivador. Por un lado, en el Barroco encuentra Benjamin esa pieza fundamental para su obra que es la alegoría; por otro, su investigación es dependiente de una noción de verdad de acuerdo con la cual el desvelamiento de la misma exige la renuncia a la intención, esto es, la muerte del sujeto.

La verdad consiste, según Benjamin, «en un ser desprovisto de intención y constituido por ideas». El modo de acceder a la verdad no puede ser, por tanto, «un intencionar conociendo, sino un adentrarse y desaparecer en ella».[40] En un sentido análogo dice Benjamin en otro lugar que «no hay verdad sobre una cosa, sino en ella».[41] Como la verdad no entra en una relación

---

38. G.S. I.1, 51 s.
39. *Ibíd.*, 70.
40. *Ibíd.*, 216.
41. G.S. VI, 50. Cf. Steiner, 1989, 698.

intencional, no debe ser confundida con el objeto de conocimiento, pues éste es determinado por la intención del concepto. El objeto del conocimiento es una posesión de la conciencia, mientras que la verdad no es poseída.[42] No puede ser alcanzada, por tanto, mediante una «integración enciclopédica de los conocimientos».[43] La ciencia no se ocupa, en fin, de la verdad, por lo que sus estrategias resultan inválidas para la filosofía.[44] Por el contrario, según Benjamin, la verdad no puede ser pensada sin «los objetos de la teología».[45] El acceso a la verdad, escribe Benjamin poco después, no es «un desvelamiento que anula el secreto, sino una revelación que le hace justicia».[46]

Para Benjamin, la verdad es una «fuerza que plasma la esencia de la realidad empírica».[47] Puesto que la fuerza sólo reside en el nombre, la verdad sólo se da en la nominación: el lugar de la verdad es el nombre, lenguaje del lenguaje. La filosofía debe restaurar una percepción primordial de las palabras en la que se salve el carácter denominativo de éstas. Su misión es, por tanto, recuperar el lenguaje de nombres. En este sentido llama Benjamin a Adán «padre de la filosofía», al tiempo que subraya el carácter no arbitrario de la imposición adánica de los nombres. El paraíso es el estado en que aún no domina el valor comunicativo de las palabras. En la contemplación filosófica, «desde lo más hondo de la realidad la idea se libera en cuanto palabra que reclama de nuevo su derecho a nombrar». La filosofía es, por tanto, una renovación de esas palabras que se dan inintencionalmente en la nominación. En este sentido ve Benjamin la introducción de nuevas terminologías filosóficas como «intentos fallidos de nominación en los que la intención tiene

---

42. G.S. I.1, 209.

43. *Ibíd.*, 213.

44. Mucho después, en carta a Scholem de 5 de agosto de 1937, con motivo de un congreso de la Escuela de Viena, Benjamin compara a Carnap, Neurath y Reichenbach con los médicos de Molière. Benjamin y Scholem, 1987, 224. En todo caso, a la hora de considerar el rechazo de Benjamin a las escuelas positivistas de su tiempo, conviene tener en cuenta su escasa formación en las llamadas ciencias positivas. Hay diversos testimonios de Scholem al respecto: Benjamin y Scholem, 1987, 91; Scholem, 1987, 27, 42 y 61.

45. G.S. I.1, 208.

46. *Ibíd.*, 211. En este contexto debe mencionarse la afirmación de Adorno de que la escritura de Benjamin parece venir del secreto y, sin embargo, recibe su fuerza de la evidencia. Adorno, 1995, 36.

47. *Ibíd.*, 216.

más peso que el lenguaje». Por el contrario, él ve la filosofía como «una lucha por la exposición de unas pocas palabras, siempre las mismas: las ideas».[48]

Benjamin sitúa al filósofo entre el investigador y el artista, en una posición más alta que ambos. Para el filósofo no es más importante la superación de lo empírico —también buscada por el investigador— que la tarea de la exposición —en la que se reúne con el artista.[49] El problema de la exposición de la verdad atraviesa la obra de Benjamin, quien en *Calle de dirección única* afirma que «nada hay más pobre que una verdad expresada tal como se pensó».[50] En el mismo contexto puede entenderse la preocupación con que Benjamin toma la «decisión sobre la forma literaria».[51] En el libro sobre el *Trauerspiel* afirma que es en la exposición de las ideas donde la verdad se manifiesta. La filosofía, a la que compete la descripción del mundo de las ideas, ha de empezar por ser fiel a la discontinuidad constitutiva de ese mundo: cada idea es autónoma respecto de las otras. Esta fidelidad que Benjamin reclama está en la base de su rechazo de los procedimientos deductivos, que, a su juicio, proyectan las ideas en un *continuum* pseudológico. Las ideas son una multiplicidad concreta irreducible. Su descripción no puede desplegarse a través de una deducción ininterrumpida. Ha de comenzar con cada idea, que es, en tal sentido, originaria.[52]

En este contexto presta Benjamin atención al tratado, cuyo método de exposición consiste en el rodeo y en la «renuncia al curso ininterrumpido de la intención». En el tratado, el pensamiento vuelve a comenzar una y otra vez, siguiendo «las distintas gradaciones de sentido en la observación de un solo y mismo objeto». En el tratado halla asimismo Benjamin la renuncia al acceso directo al sentido y sensibilidad para la polisemia, así como el uso de la cita, del fragmento y de —como

---

48. *Ibíd.*, 217.
49. *Ibíd.*, 207 ss.
50. G.S. IV.1, 138.
51. Carta a Scholem de 9 de agosto de 1935. Benjamin y Scholem, 1987, 184.
52. G.S. I.1, 209, 212, 217 s., 225 ss. Benjamin presenta la opción por la interrupción frente a la deducción como uno de los postulados del concepto de estilo filosófico. G.S. I.1, 212. Por otro lado, relaciona su punto de vista con la crítica de Croce a la deducción del concepto de género en la filosofía del arte. G.S. I.1, 223.

en un mosaico— la yuxtaposición de «elementos aislados y heterogéneos».[53]

Se anuncia aquí lo que será un rasgo mayor de la obra benjaminiana: la verdad no se vincula al discurso, sino a su interrupción. Benjamin se orienta a lo discontinuo, y quiere hacer justicia a éste en su escritura. La cual parece regirse por el lema de «detenerse y comenzar desde el principio a cada frase».[54] Benjamin otorgará a este principio un alcance político en el siglo XX. Si «lo decisivo no es la prosecución de conocimiento a conocimiento, sino el salto en cada uno de ellos», para Benjamin ese salto llegará a ser «la marca de autenticidad que los distingue de las mercancías en serie».[55] De ahí su interés por el teatro brechtiano, que, basándose en la interrupción, hace del público un crítico.[56] Que lo propio del pensar no es sólo el movimiento, sino también, y especialmente, su detención, será por último principio nuclear de *Sobre el concepto de historia*. Aquí, la tradición cultural será presentada como costra a través de cuyas grietas se vislumbra la verdad de la historia. La verdad no está en la continuidad de la cultura, sino en su interrupción.

El libro sobre el *Trauerspiel*, frente a los procedimientos deductivos, postula para la historia de la literatura una orientación platónica. El historiador del *Trauerspiel* ha de ocuparse no de establecer reglas o tendencias, sino de «la metafísica de tal forma, aprehendida en su plenitud y de manera concreta».[57] Aclara Benjamin que la idea del *Trauerspiel*, como cualquier otra, es independiente de los fenómenos, en la medida en que,

---

53. *Ibíd.*, 208.

54. *Ibíd.*, 209.

55. Así se expresa en el fragmento *Secreto signo* de *Sombras breves —Kurze Schatten I* (1929); G.S. IV.1, 368-373; *Kurze Schatten II* (1933)¡ G.S. IV.1, 425-428—, comentando la frase de Schiller de que todo conocimiento debe contener «un poquito de contrasentido». G.S. IV.1, 425.

56. En este contexto conviene recordar la afirmación que, según Benjamin, hace Brecht en junio de 1938, en Svendborg, de que es bueno que a una posición extrema suceda una reacción para llegar así a un punto intermedio. G.S. VI, 535. Por lo demás, Benjamin encuentra en Brecht la fuerza de un pensamiento concreto. Refiriéndose al dramaturgo, afirma que «una idea debe ser tosca para que cobre en la acción su derecho». G.S. III, 446. Téngase esto en cuenta a la hora de leer el ensayo *El autor como productor*, en que Benjamin reflexiona sobre las dificultades de un arte revolucionario. *Der Autor als Produzent* (1934); G.S. II.2, 683-701.

57. G.S. I.1, 228. Benjamin comprende sus propias investigaciones sobre obras literarias como indagaciones metafísicas. Esta autocomprensión se hace explícita en sus *curricula*. Véase, por ejemplo, G.S. VI, 219.

aun cuando no hubiera una sola pieza «en estado puro capaz de justificar el nombre de estas ideas, ellas podrían seguir existiendo».[58] Pues la idea «constituye el extremo de una forma o género que, en cuanto tal, no tiene cabida en la historia de la literatura».[59] En este sentido, el origen de la idea abarca su prehistoria y su posthistoria, sin que por ello la de origen deje de ser una categoría plenamente histórica. Benjamin la distingue de la categoría de génesis, así como la contrapone al hegeliano «tanto peor para los hechos».[60] A su juicio, un hecho se revela como origen cuando su estructura se manifiesta con un carácter esencial. El acto de reconocer consiste, ante todo, en ese descubrir en un fenómeno la marca del origen.[61]

Sólo su consideración «en términos de la filosofía de la historia» permite captar «el contenido integral de verdad» de una forma.[62] Tal consideración consiste en su presentación en una época que la hace necesaria y sin la que no es pensable. En este sentido lamenta Benjamin que la filosofía de la tragedia se haya desarrollado «al margen de los contenidos históricos reales».[63] A su juicio, cada forma lingüística es un documento de la vida del lenguaje y de sus posibilidades «en un momento dado», al tiempo que como forma artística contiene «(de un modo mucho más auténtico que en cualquier otra forma individual) el índice de una determinada estructuración del arte, objetivamente necesaria».[64] Estas palabras del libro sobre el *Trauerspiel* podrían servir de prólogo a trabajos en que Benjamin ensayará una consideración materialista del arte, como *Pequeña historia de la fotografía* o *Fuchs*.

El tiempo del que el libro sobre el *Trauerspiel* ofrece una representación es el Barroco. Investigando el contenido filosófico de la alegoría quiere desentrañar Benjamin «la antropología política» implícita en esa forma.[65] La búsqueda del contenido filosófico de obras y formas artísticas es constitutiva del

58. G.S. I.1, 224.
59. *Ibíd.*, 218.
60. *Ibíd.*, 226.
61. *Ibíd.*, 227.
62. *Ibíd.*, 283.
63. *Ibíd.*, 279. Véase también G.S. I.1, 283 ss.
64. *Ibíd.*, 230.
65. *Ibíd.*, 278.

trabajo benjaminiano. Su pensamiento se despliega desde la escritura de Proust (al que, como a Kafka o Joyce, tiene por metafísico) o desde la pintura de Klee. La filosofía es para Benjamin, en tanto que exploración eidética de los fenómenos, transversal a los géneros artísticos y a los campos de investigación. La obra de arte concreta es entendida por él como expresión integral de las tendencias —religiosas, metafísicas, políticas, económicas...— de una época.[66] Lo concreto lleva la marca del tiempo: está marcado por su tiempo. Esa misma convicción atraviesa *Calle de dirección única* o el trabajo sobre los pasajes parisinos, donde se intenta, siguiendo a los surrealistas, desde la «concreción más extrema» —un edificio, un juego infantil...—, ganar una época.[67] Benjamin querrá ver en el marxismo esta misma orientación. En tal sentido interpretará el rechazo de Engels a cualquier presentación de una obra desligada de sus efectos sobre los hombres y del proceso espiritual y material de su producción.

El «Prólogo» al libro sobre el *Trauerspiel* resulta asimismo anticipador cuando señala lo extremo como lugar desde el que la empiria es penetrable. Los fenómenos se manifiestan, según Benjamin, más claramente en los extremos. De éstos parten los conceptos.[68] Pero es en cuanto idea como lo extremo «alcanza su síntesis».[69] A juicio de Benjamin, en cuanto ideas, y no en cuanto conceptos, resultan eficaces nombres como «Renacimiento» o «Barroco». Lo peor que puede decirse de la inducción —como de la deducción— es precisamente que «rebaja las ideas a conceptos».[70] Según Benjamin, no es en el concepto, sino en la idea,

---

66. Véase G.S. VI, 218 s. Este *currículum* de 1928 informa de las correspondencias que reconoce Benjamin entre su trabajo y el de Carl Schmitt, y advierte contra la separación entre un Benjamin teórico del arte y un Benjamin metafísico. También en el ensayo sobre Fuchs, Benjamin - apoyándose en Engels— desarrolla un trabajo que es transversal a diversos campos. G.S. II.2, 467. En el mismo contexto pueden considerarse las contraposiciones Bachofen/Mommsen y Nietzsche/Willamowitz-Möllendorf —esta última, referida a la polémica en torno a *El nacimiento de la tragedia*. Benjamin subraya el desprecio de Bachofen a las demarcaciones convencionales establecidas entre las ciencias, y afirma que «Bachofen ha sido vengado sobre la ciencia por Nietzsche». Bachofen recela de una ciencia en la que «se pretende profundizar las investigaciones limitándolas». *Johan Jakob Bachofen* (1935); G.S. II.1, 219-233, 225.
67. Carta a Scholem de 15 de marzo de 1929. Briefe II, 491.
68. G.S. I.1, 215 y 238.
69. *Ibíd.*, 221.
70. *Ibíd.*, 223.

donde se da lo general, que no es algo de un simple valor medio. Él describe la idea como «la configuración de la correlación de lo extremo y único con su semejante».[71] Las ideas, representantes de los fenómenos y sus interpretaciones objetivas, «sólo cobran vida cuando los extremos se agrupan a su alrededor».[72] La historia filosófica, «en cuanto ciencia del origen», expone la idea en un recorrido por su «historia natural», que consiste en el «círculo de los extremos en ella posible».[73] En este sentido llama Benjamin a Cronos «dios de los extremos».[74]

Benjamin puede haber descubierto la dialéctica en esa noción de historia natural de la idea entendida como recorrido por los extremos de ésta. En su ensayo sobre el coleccionista Fuchs, afirmará que lo que la dialéctica busca en la obra de arte es su contenido histórico.[75] En el impulso de Gide hacia los extremos —en su negarse al «centro dorado»— querrá Benjamin ver «la más alta comprensión dialéctica», «pasión dialéctica».[76] En tal sentido interpretará las siguientes palabras del escritor francés, quien, a su juicio, no evita las contradicciones: «En cada dirección que haya empezado una vez he ido hacia el extremo, para poder después con igual decisión volverme a la contraria».[77] En el trabajo sobre los pasajes, Benjamin se referirá a los contrastes dialécticos como fuentes de renovación.[78] El índice político que les adjudica quedará al descubierto cuando vea en el surrealismo la posibilidad de «transformación de una actitud contemplativa extrema en una oposición revolucionaria».[79] Finalmente, en *Sobre el concepto de historia*, el extremo

---

71. *Ibíd.*, 215.
72. *Ibíd.*, 216.
73. Se establece así, según Benjamin, «el devenir de los fenómenos en su ser». G.S. I.1, 228. Según Uwe Steiner, la ciencia del origen descubre los extremos de la idea en lo más singular del fenómeno, en lo impotente y en lo enorme. Steiner, 1989, 676.
74. G.S. I.1, 327.
75. G.S. II.1, 469.
76. G.S. IV.1, 508. En el contexto de esta investigación, conviene considerar las opiniones de Benjamin sobre Gide junto al escrito de Jünger de 1951 *Nachruf auf André Gide*. Jünger, 1978, VIII, 499-502.
77. En *Sobre la presente situación social del escritor francés. Zum gegenwärtigen gesellschaftlichen Standort des französischen Schriftstellers* (1934); G.S. II.2, 776-803, 795.
78. Fragmento N 1a, 4. G.S. V.1, 573.
79. *El surrealismo. La última instantánea de la inteligencia europea. Der Surrealismus. Die letzte Momentaufnahme der europäischen Intelligenz* (1929); G.S. II.1, 295-310, 303. Según Benjamin, es la oposición de la burguesía a la libertad radical lo que empuja al surrealismo hacia la izquierda.

oscurecimiento fascista se-le aparecerá como ocasión de una inversión absoluta en que se revele la verdad de la historia.

Benjamin asociará su opción por el marxismo al desarrollo «extremo» de los momentos políticos y actuales de su pensamiento.[80] Pero la búsqueda de posiciones extremas regirá incluso lo que llama «la economía de su ser». Atendiendo a ésta explica su tendencia a establecer relaciones que suscitan protestas de sus amigos y que él defiende como un riesgo fructífero. Semejante tendencia es coherente con la discontinuidad radical de un pensamiento-mosaico que aproxima piezas aparentemente incompatibles. Ésta es precisamente la marca de lo que Benjamin llama «carácter destructivo»: no continúa, sino que va de un extremo a otro. Una y otra vez, Benjamin parece ver en el caso extremo el más significativo. En *Para la crítica de la violencia* trata el castigo extremo como lugar en que se revela «el derecho mismo en su origen». En la pena de muerte se le aparece «aterradoramente» el origen del orden jurídico: la violencia coronada por el destino, que tiene poder sobre la vida.[81] «Lo que para otros son desviaciones son para mí los datos que determinan mi rumbo», anota en el trabajo sobre los pasajes.[82] Su atención se dirige preferentemente hacia lo mínimo y lo excesivo, hacia lo excepcional. Parece siempre persuadido de que, como descubrió después de haberse inyectado veinte gramos de mescalina, «los flecos son importantes. En los flecos se conoce el tejido».[83] De ahí que encuentre un igual en Fuchs, que merodea donde las normas estéticas se debilitan y la concepción clásica del arte se quiebra, en «terrenos límite —la caricatura, la representación pornográfica».[84] «La verdad está en el extremo» es una sentencia de Fuchs adjudicable a Benjamin.[85]

Lo excéntrico muestra la forma: esa confianza es ya visible

---

80. En carta a Scholem de 22 de diciembre de 1924, en la que también informa de su proyecto de revista *Angelus Novus*, concebida con semejante vocación «polar». *Briefe*, I, 365-370, 367 s. Kraushaar asocia la querencia de Benjamin por los extremos al consejo de Friedrich Schlegel de unir los extremos para alcanzar el medio. Kraushaar, 1988, 213.

81. *Zur Kritik der Gewalt* (1921); G.S. II.1, 179-203, 188.

82. Fragmento N 1, 2. G.S. V.1, 570.

83. Anotado por Fritz Fränkel en el protocolo del intento con mescalina de 22 de mayo de 1934. *Protokolle zu Drogenversuchen* (1934); G.S. VI, 558-618, 614.

84. G.S. II.2, 478. Según Fuchs, «lo grotesco es la cúspide máxima de lo sensiblemente representable». G.S. II.2, 483.

85. G.S. II.2, 483.

en la selección de materiales para el libro sobre el *Trauerspiel*. Benjamin orienta su investigación no a las obras importantes, que se hallan «fuera de los límites del género en la medida en que el género se manifiesta en ellas [...] como ideal»,[86] sino «a los escritores menores, cuyas obras ofrecen con frecuencia lo más extravagante». A juicio de Benjamin, la forma literaria «salta a la vista precisamente en el cuerpo flaco de la obra deficiente como si fuera su esqueleto».[87] Por otro lado, el Barroco tiende, de suyo, a la excentricidad. En la violencia de su movimiento descubre Benjamin el opuesto del clasicismo, cuya marca es el carecer de elementos contrarios. Una apoteosis dialéctica —en la que los extremos cambian bruscamente—: eso es el Barroco para Benjamin.[88]

En la medida en que «la idea asume la serie de las manifestaciones históricas»,[89] su estructura es monadológica. Más aún: «La idea es mónada —lo que, brevemente, quiere decir: cada idea contiene la imagen del mundo».[90] La solución monadológica aparece así como tercera vía entre la idealista y la historicista. Lo concreto no es suprimido por mor de lo general, sino que coincide con lo absoluto, se constituye en lugar de la verdad. «La verdad es concreta», leerá Benjamin junto al escritorio de Brecht.[91] A esa filosofía de lo concreto ya apunta el libro sobre el *Trauerspiel*, cuyo «Prólogo» comienza citando la afirmación goetheana de que la ciencia «debería mostrarse siempre por entero en cada objeto individual estudiado».[92]

La representación de lo general por lo particular es precisamente la clave del procedimiento alegórico. Refiriéndose a éste, Benjamin recuerda la afirmación de Goethe: «quien capta vivo algo particular, obtiene con ello al mismo tiempo lo general».[93]

---

86. G.S. I.1, 225.
87. G.S. I.1, 238.
88. G.S. I.1, 239 y 337.
89. G.S. I.1, 227. Añade Benjamin: «Pero no para construir una unidad a partir de ellas, ni mucho menos para extraer de ellas algo común». Lucas interpreta que «origen, idea y mónada son lo mismo para Benjamin», y entiende la noción de historia natural como historia de los fenómenos contemplada desde el punto de vista del origen. Lucas, 1995, 67 ss., 72.
90. G.S. I.1, 228.
91. Según anota el 24 de julio de 1934, en Svenborg. G.S. VI, 526.
92. G.S. I.1, 207. En este contexto, conviene anticipar que, entre otros antecedentes de la imagen dialéctica, Benjamin se refiere al *Urphänomen* goetheano. G.S. V.1, 592.
93. G.S. I.1, 338.

Benjamin descubre que el *Trauerspiel* está concebido, en el espíritu de la alegoría, como fragmento, como ruina. Pues las alegorías son «en el reino de los pensamientos lo que las ruinas en el de las cosas», es decir, están marcadas por la huella del tiempo.[94] Según Benjamin, los *trauerspiele* estaban predispuestos «a esa desarticulación crítica que ejerció sobre ellos el transcurso del tiempo». De ahí que su crítica —la desvelación de sus contenidos de verdad— no pueda ejercerse al modo romántico, como consumación, sino como mortificación. No se trata de «un despertar en la conciencia» en obras vivas, sino de un asentamiento del saber en obras «muertas».[95]

El proyecto filosófico de retornar al fenómeno y salvar éste en una idea-nombre tiene un momento fundamental en el hallazgo de la alegoría —que Benjamin verá reaparecer, siglos más tarde, en la poesía de Baudelaire. Cierto que ante el alegorista el objeto tiene el significado que aquél le adjudica. Pero si es muy problemático el hipersubjetivismo del alegorista, el impulso hacia la expresión que éste da a las cosas se presenta a Benjamin lleno de promesas. El *Trauerspiel* barroco empieza a interesarle porque en él, como decía el alegorista Jakob Böhme, «cada cosa dispone de su boca para poder revelar».[96] El ímpetu expresivo de la visión alegórica se asocia, además, a ese gesto destructivo cuya paradójica positividad ya anunciaba *La tarea del traductor*. Aquí, el reconocimiento del lenguaje actual como fragmento del lenguaje puro era la única representación posible de éste. Ocurre

---

94. G.S. I.1, 354. Aquí radica su diferencia fundamental respecto del símbolo. Poco antes, Benjamin escribe: «La relación entre el símbolo y la alegoría se puede definir y formular persuasivamente a la luz de la decisiva categoría de tiempo [...]. Mientras que en el símbolo, con la transfiguración de la decadencia, el rostro transformado de la naturaleza se revela fugazmente a la luz de la redención, en la alegoría la *facies hippo cratica* de la historia se ofrece a los ojos del observador como paisaje primordial petrificado», G.S. I.1, 342 s. Lucas ve en el símbolo una superación en el sentido hegeliano, pues transforma «un elemento natural en algo espiritual, algo caduco en algo eterno», mientras que la alegoría «no produce una transmutación salvadora». Lucas, 1992, 194. En la misma dirección apunta Habermas, cuyo artículo *El idealismo alemán de los filósofos judíos* reconoce en la alegoría «el concepto polarmente opuesto al de símbolo». A su juicio, «Benjamin nos advierte que todo lo que la historia tiene desde el principio de prematuro, de sufriente y de malogrado, se resiste a quedar expresado en el símbolo y se cierra a la armonía de la forma clásica. Presentar la historia universal como historia del sufrimiento es algo que sólo puede lograrlo la exposición alegórica». Habermas, 1986, 48.
95. G.S. I.1, 357.
96. *Ibíd.*, 377.

que precisamente en el Barroco alcanza su apoteosis el arte del fragmento: la desintegración del lenguaje conforme al «principio atomizador y disociativo característico de la visión alegórica». En el *Trauerspiel* «el lenguaje es desintegrado para que se preste en sus fragmentos a una expresión renovada y más intensa». Puesto que «reducido a escombros, el lenguaje en sus pedazos ha dejado de servir como mero medio de comunicación», el *Trauerspiel* consigue representar «la naturaleza del lenguaje».[97]

Benjamin encuentra en el lenguaje barroco, «atestado de materia», un antecedente fundamental para su propio trabajo. Si el fragmento es el material del Barroco, que levanta sus construcciones con ruinas de la Antigüedad, Benjamin hará de la cita —en que el texto original se fragmenta, se arruina— elemento básico en su representación de un lenguaje absolutamente otro. En el montaje benjaminiano, las citas no actúan como refuerzo del lenguaje actual, sino como su puesta en peligro. Aparecen a contrapelo: «Como salteadores de caminos que irrumpen armados y despojan de su convicción al ocioso paseante».[98] En la insaciable búsqueda de fragmentos ajenos para construir un texto sin autor, Benjamin repite el gesto acumulador de los escritores barrocos a la espera de que, como un milagro, aparezca la obra.[99] Así como hereda la melancolía que ante la caducidad de las cosas marca a la mirada alegórica. La alegoría, lugar de cita de naturaleza e historia, que «arraiga con más fuerza allí donde la caducidad y la eternidad entran más de cerca en conflicto»,[100] se convierte en esencial para este filósofo de la historia en la crisis de Europa.

Sin embargo, Benjamin descarta la alegoría barroca como vía de conocimiento. No es, según él, un conocer, sino un juzgar. El alegorista se pone a la sombra del árbol del falso conocimiento. Aun cuando crea disolverse en la objetividad asegurada por Dios, su quehacer se enraíza en aquella misma subjetividad que condujo a la pérdida del lenguaje de nombres. Su arbitrariedad le arrastra a un lenguaje juzgador dominado por elementos abstractos: a las palabras «bien» y «mal».[101]

---

97. *Ibíd.*, 383 s.
98. En *Calle de dirección única*; G.S. IV.1, 138.
99. G.S. I.1, 354.
100. *Ibíd.*, 397.
101. *Ibíd.*, 406 ss.

El autor sin intención

El talante contrario, antisubjetivo, lo descubre Benjamin en escritores como Robert Walser. De él dice que «al escribir, se ausenta»,[102] e interpreta su «nunca mejorar lo escrito» como prueba de una firme falta de propósitos. Un antisubjetivismo más complejo atrae a Benjamin hacia Kraus.[103] La obra de éste se orienta hacia su propia muerte como autor. Consiste, en buena medida, en un collage de artículos periodísticos, discursos, anuncios publicitarios, canciones... Kraus quiere citarlo todo, todas las voces, poner su época entre comillas.[104]

La cita con que Benjamin abre su estudio sobre Kraus remite ya a una experiencia lingüística radical: «¡Qué sonoro es todo!». Kraus —como cumpliendo el mandamiento de la «empiria delicada»: «Sólo mostrar»— hace que los hechos tomen la palabra. Se convierte, a ojos de Benjamin, en el negativo del periodista, al que las cosas no interesan si no forman parte de acontecimientos. La oposición de Kraus al periodismo lo es al lenguaje convertido en mera comunicación abocada a la arbitrariedad. La prensa maneja un concepto de actualidad que domina sobre las cosas y cuya perversión mágica hace que los hechos no existen si no son comunicados. Esa prensa es el agente mayor de la instrumentalización del lenguaje por el mercado. Kraus desenmascara ese periodismo como «expresión de la función alterada del lenguaje en el mundo del alto capitalismo» y su fraseología como «signo mercantil que hace posible el comercio con el pensamiento».[105] Las sátiras krausianas se orientan contra el dominio de la frase vacua sobre la realidad,

---

102. *Robert Walser* (1929); G.S. II.1, 324-328, 325.

103. *Karl Kraus* (1931), G.S. II.1, 334-367. Scholem presenta el ensayo sobre Kraus como ejemplo del enmascaramiento a que Benjamin somete su metafísica por medio de confusa fraseología comunista. Según Scholem, ésta pone en peligro una metafísica del lenguaje que él sitúa en la tradición de Hamann y Humboldt. Scholem, 1987, 233. Más adelante, Scholem habla de un disfraz materialista en que Benjamin pierde lo mejor de sí mismo. *Ibíd.*, 237.

104. Canetti lo expresa muy bien al reconocer su deuda hacia Kraus: «Desde que lo escuché, no me ha sido posible no escuchar. [...] Gracias a él comencé a entender que cada ser humano posee una fisonomía lingüística que lo diferencia de todos los demás». Canetti, 1982, 63 s. Echevarría afirma que «Kraus no tiene voz: él es la *pantalla acústica* en la que rebotan todas las voces», y alude a la segunda parte de *Bouvard et Pécuchet* como antecedente del intento krausiano. Echevarría, 1990, 11 ss.

105. G.S. II.1, 337.

dominio que —es el tema de *Los últimos días*— acaba resultando catastrófico.[106]

Pero el ataque de Kraus a la prensa del capitalismo sólo puede hacerse desde una prensa absolutamente otra. Por decirlo con palabras de Benjamin: «Quien descarta no sólo los fines del alto capitalismo, sino también sus medios, no puede realizar un florecimiento de una humanidad universal paradisíaca frente a un poder que lo combate».[107] A diferencia del periodista del capitalismo, que presume de ser objetivo, Kraus no oculta su personalidad. Es haciéndose eco de todas las voces como él busca la objetividad. En general, Benjamin halla en Kraus la inversión de ideales básicos de la modernidad capitalista. En *Sobre el concepto de historia* el propio Benjamin interpretará la «actualidad», único tiempo con valor en el capitalismo, como un «ahora» cargado de memoria y potencialmente revolucionario.[108] Pero mientras que Benjamin se reclama marxista, Kraus desconoce el objetivo de una naturaleza revolucionariamente modificada. Su horizonte es la defensa del niño frente a la arbitrariedad lingüística. Plantea su lucha como purificación; la autenticidad es el origen que Kraus busca.[109]

Benjamin interpreta la búsqueda por Kraus de tal autenticidad dentro de la comprensión judía del lenguaje como lugar de santificación del nombre.[110] El esfuerzo de lenguaje de Kraus, como el benjaminiano, tiene una pieza básica en la cita.[111] Se-

---

106. Esa tesis subyace al homenaje que dedica Benjamin a Kraus en *Calle de dirección única* titulado *Monumento a los combatientes. Kriegerdenkmal*; G.S. IV.1, 121. Benjamin presenta allí a Kraus como guardián del mausoleo de la lengua alemana. Cf. Canetti, 1982, 65 y 351. Reflexionando sobre el esfuerzo krausiano, Canetti medita sobre la siguiente frase anónima, fechada una semana antes del comienzo de la Segunda Guerra Mundial: «Ya no hay nada que hacer. Pero si de verdad fuera escritor, debería poder impedir la guerra».

107. G.S. II.1, 344.

108. En *El país en el que no se permite nombrar al proletariado*, Benjamin compara la obra de Brecht *Terror y miseria del Tercer Reich* con *Los últimos días de la humanidad*, y afirma que «quizá sólo a ese drama le esté dado acoger en sí la ardiente actualidad de tal modo que llegue a la posteridad como un testimonio en bronce». *Das Land, in dem das Proletariat nicht genannt werden darf. Zur Uraufführung von acht Einaktern Brechts* (1938); G.S. II.2, 514-518, 518.

109. G.S. II.1, 353 s.

110. *Ibíd.*, 359. Benjamin encuentra en Kraus «la fuerza vital del gran pensamiento, que lleva la sangre de la lengua, a través de las venas sintácticas, hasta los miembros más remotos». G.S. II.1, 346.

111. Benjamin entiende la citación en Kraus como estrategia para la eliminación de la inautenticidad. G.S. II.1, 347.

gún Benjamin, «citar una palabra quiere decir convocarla con su nombre».[112] Desplazando la palabra de su contexto circunstancial, se la lleva a su origen, se la convierte en nombre. En el gesto destructor —y no conservador— de arrancar de su contexto un texto, éste es purificado. En tal sentido, también en la cita —como en la traducción y en la crítica— se representa un lenguaje absolutamente otro.

La cita de destrucción, construcción y origen se encarna en la figura del satírico. En las sátiras de Kraus encuentra Benjamin una crítica radical de las nociones burguesas de educación, libertad, derechos humanos, unidad social, progreso. Según Benjamin, la actualidad del satírico procede de que «nunca tiene suelo más firme que en una especie que trepa a tanques y se coloca máscaras de gas; una humanidad cuyas lágrimas se han agotado, pero no las carcajadas».[113] La escritura de ese Kraus que «nada tiene ya en común con los hombres, ni quiere tenerlo»,[114] se erige así en «prosa política».[115] El carácter político de los proyectos de renovación lingüística de Kraus y Benjamin tiene su fundamento último en una común comprensión de la relación entre lenguaje y derecho. Esa relación, que conecta ensayos benjaminianos en apariencia distantes como *Sobre el lenguaje* y *Para la crítica de la violencia*, también resulta central en Kraus. Desde el punto de vista de Kraus, según Benjamin, «todo sin excepción, lenguaje y cosas, se mueve en el terreno del derecho». Cómo comprende la relación entre justicia y lenguaje es, cree Benjamin, lo propiamente judío de Kraus, pues es judío «adorar la imagen de la justicia divina como lenguaje». Frente a un lenguaje que, purificado de elementos míticos, coincide con la justicia, el derecho se erige como mito. Objetivo último de Kraus es «poner en el banquillo de los acusados al ordenamiento jurídico mismo».[116] Su escritura se orienta hacia una justicia más allá del derecho, aquélla cuyo anhelo tematiza Benjamin en *Para la crítica de la violencia*.

La benjaminiana filosofía de la historia del lenguaje concluye así en una política del lenguaje. Ésta se orienta contra el

---

112. *Ibíd.*, 362.
113. *Ibíd.*, 355.
114. *Ibíd.*, 357.
115. *Ibíd.*, 355.
116. *Ibíd.*, 349.

mito, dentro de cuyo dominio ve Benjamin el derecho. Las oposiciones derecho/justicia, mito/teología articulan el discurso político benjaminiano. La conexión entre ambas oposiciones puede entenderse a partir del ensayo sobre el relato de Goethe *Las afinidades electivas*.[117] El tema del ensayo es la fuerza del destino que emerge al decaer el amor en el matrimonio. En esa decadencia, lo jurídico se impone, y el matrimonio se transforma en sino. Cabe decir que en el matrimonio sin amor halla Benjamin un paradigma de las formas de vida dominadas por el mito. La raíz de éste brota del miedo a una naturaleza cargada de fuerzas sobrehumanas, de la que el hombre sólo sabe protegerse por medio del «acatamiento rígido de un ritual».[118] La vitalización de la naturaleza corre paralela a la naturalización del hombre, ante quien el destino aparece como una culpa que se transmite con la vida, natural.[119] Un eterno retorno de lo mismo es el signo de ese destino, que Benjamin define como «el sistema de culpas entre vivientes».[120]

En su estudio sobre el relato de Goethe, Benjamin caracteriza el mundo pagano por la primacía del culto sobre la vida. El hecho fundamental de dicha primacía, el sacrificio de los inocentes, está en el centro del ensayo político *Para la crítica de la violencia*. Benjamin se plantea aquí la posibilidad de una violencia destructora de derecho que sea «letal sin derramar sangre», esto es, que no exija el sacrificio de inocentes culpabilizados en su nacimiento. La teología marca, de nuevo, un espacio absolutamente otro: «Así como en todos los campos Dios se opone al mito, de igual modo a la violencia mítica se opone la divina».[121]

---

117. Según Benjamin, «lo mítico es el tema de este libro». G.S. I.1, 140. Véase también: *ibíd.*, 143. En este contexto, merece la pena recordar el título del prefacio de *El campesino de París*, de Aragon, que tanto influye en la concepción del trabajo sobre los pasajes: «Prefacio a una mitología moderna». Aragon, 1979, 7.

118. G.S. I.1, 132. Acerca de la experiencia que el propio Benjamin hace del matrimonio: Sontag, 1981, 126.

119. Algunas descripciones goetheanas en que la naturaleza aparece como un ser monstruoso pueden entenderse como exacerbaciones de la «empiria delicada». Así, por ejemplo, afirma Goethe: «No he hablado de ella; no, puesto que todo lo que es verdadero, y todo lo que es falso, todo lo ha dicho ella. Todo es atribuible a su culpa, todo es otorgado por ella». G.S. I.1, 149. Según Benjamin, Goethe rinde tributo al mito con «el rechazo de toda crítica y la idolatría de la naturaleza»; ante esa naturaleza mítica sólo cabe el miedo. *Ibíd.*, 149 ss.

120. *Ibíd.*, 138.

121. G.S. II.1, 199.

La violencia divina nunca se encarna. No cobra cuerpo en institución alguna. Pero aparece representada en la simpatía de la multitud por el gran delincuente, que burla el derecho, o en el entusiasmo por la huelga general proletaria, que desconoce otro objetivo que la suspensión del Estado.

Se desvela así la orientación práctica del proyecto benjaminiano. La verdad es lo absolutamente otro del mito —en cuanto que la relación entre éste y aquélla, como entre Dios y el mito, es «de exclusión recíproca»[122]. Puesto que la verdad ha de ser descubierta en el lenguaje, la filosofía no es sino la búsqueda de un lenguaje liberado del mito. El derecho, palabra mítica, aparece como ruptura de aquella comunidad en que hombre y naturaleza hablaban un mismo lenguaje. Éste dejó de ser un ámbito separado de la violencia para estar penetrado en su centro por la violencia del derecho.[123] Frente al veredicto como caso extremo de la palabra abstracta, la filosofía —palabra concreta, conocedora, actual— señala un mundo absolutamente otro, capaz de formas de vida emancipadas.

La pérdida de la experiencia

La caída del lenguaje en la palabra subjetiva se acelera, cree Benjamin, en el tiempo en que él vive. Benjamin presenta como un rasgo moderno la creciente incapacidad de hacer experiencias. El principal escenario de esa pérdida es, a su juicio, el lenguaje. Como el horizonte de la filosofía es en Benjamin un lenguaje de la experiencia, cabe decir que, para él, la pérdida de ésta pone en peligro a aquélla.

Benjamin cree urgente rescatar un lenguaje de la experiencia. De la amplitud de la noción de experiencia que maneja da idea que incluso pretenda abarcar con ella las artes adivinato-

---

122. Así se afirma en el ensayo sobre *Las afinidades electivas*; G.S. I.1, 162.

123. G.S. II.1, 192. En este contexto relaciona Söllner a Benjamin con la filosofía habermasiana del lenguaje. Söllner, 1986, 507. Sin embargo, el propio Habermas piensa que Benjamin estuvo «muy cerca de la respuesta idealista; pues una teoría de la experiencia que se basa en una teoría mimética del lenguaje no permite ninguna otra. Pero a esto se oponían las convicciones políticas de Benjamin». A juicio de Habermas, fue la coyuntura política lo que llevó a Benjamin a una respuesta materialista. Habermas, 1986, 318 ss.

rias o las alteraciones de conciencia provocadas por la droga. En este ámbito puede situarse también su reflexión sobre la lectura más antigua, anterior a toda lengua: la interpretación de vísceras o estrellas, lectura de «lo que nunca fue escrito».[124] *Sobre el programa de la filosofía futura,*[125] *Experiencia y pobreza, El narrador* y *Sobre algunos motivos en Baudelaire,* tienen en la experiencia su asunto fundamental. Otros textos, entre los que se encuentra *Sobre el concepto de historia,* no son inteligibles sin él.

Sobre la percepción, un pequeño estudio preliminar al primero de los escritos citados, interesa tanto porque anticipa líneas de investigación luego confirmadas como porque descubre otras que Benjamin no desarrollará más tarde.[126] Benjamin hace una crítica de la teoría kantiana de la experiencia. Dicha teoría se asienta, según él, sobre la confusión entre «experiencia» y «conocimiento de la experiencia». Esa confusión lleva a que «experiencia» acabe por significar sólo «experiencia científica». Se refleja aquí, según Benjamin, el empobrecimiento de la experiencia en la Ilustración, tiempo de la «experiencia vacía sin Dios». Por su parte, Benjamin quiere situar la reflexión sobre la experiencia en el centro del hacer filosófico y afirma el lenguaje como su ámbito: «Filosofía es absoluta experiencia deducida en relación sistemática simbólica como lenguaje».[127] O, dicho de otro modo: «La experiencia absoluta es, para la contemplación de la filosofía, lenguaje».[128] El pequeño estudio preliminar resulta ser, por tanto, un programa filosófico con importantes tesis acerca de la experiencia: ésta es irreducible a su conocimiento y más amplia que la experiencia científica; la secularización coincidió con su encogimiento; el lenguaje es su espacio.

En *Sobre el programa de la filosofía futura,* Benjamin lleva la palabra «experiencia» al núcleo de su proyecto. El sesgo pole-

---

124. *Sobre la capacidad mimética* (1933); G.S. II.1, 210-213, 213. «Leer lo que nunca fue escrito» podría ser, desde el punto de vista benjaminiano, el lema del historiador. G.S. I.3, 1.238.

125. *Über das Programm der kommenden Philosophie* (1918); G.S. II.1, 157-171.

126. *Über die Wahrnehmung;* G.S. VI, 33-38. Acerca del carácter preparatorio de este texto, véase G.S. VI, 657.

127. *Ibíd.,* 37.

128. *Ibíd.,* 38.

mista del texto no debe oscurecer que es en suelo kantiano donde Benjamin pretende construir una noción de experiencia con que entender la conexión espiritual y psicológica del hombre con el mundo. Para Benjamin, la teoría kantiana sacrifica la dignidad de la experiencia a la seguridad del conocimiento. Ello se debe, según él, a que Kant no conoce otra experiencia que la muy reducida de los hombres de la Ilustración. Con su propio programa, Benjamin quiere superar el programa ilustrado, desconocedor de enormes regiones de la realidad. La miseria de la experiencia ilustrada culmina, en su opinión, en una «ceguera religiosa e histórica».[129] La revisión del programa kantiano debe posibilitar la experiencia en un ámbito mayor que el de la experiencia científica.[130] «Posibilitar» en sentido kantiano, esto es, asegurar las condiciones de su posibilidad dentro de una teoría del conocimiento. En el fondo, lo que así reaparece es el tema kantiano de la posibilitación de la metafísica. Si en el tiempo de Kant las pretensiones de ésta no podían ser sino negadas, la filosofía debe ahora, según Benjamin, hacerse cargo de aquellas pretensiones a través de una noción de experiencia que amplíe la tipología kantiana.[131]

La pregunta por la posibilidad de un conocimiento científico del mundo se amplía a la pregunta por la posibilidad de una experiencia del mundo a través de la cual alcanzar un conocimiento quizá menos estable, pero también menos reducido:

---

129. G.S. II.1, 159. En este punto, cabe situar a Benjamin cerca de los historicistas críticos de la Ilustración. Por otro lado, la imagen de la «Ilustración ciega» del *Programa* de 1917 puede dar pie a una lectura del noveno fragmento de *Sobre el concepto de historia* de 1940: el avance de la Ilustración trae aparejado el desconocimiento de una zona de la realidad; en vano vuelve el ángel la cabeza para mirar esa zona de la que el viento del progreso lo aleja. G.S. I.2, 697 s.

130. G.S. II.1, 163. Una comunicación de Scholem informa de la hondura de esta voluntad Se refiere a una conversación en 1918 acerca del *Programa*: «Benjamin me explicó el alcance de la noción de experiencia tal como se concebía en dicho escrito, que comprendía, según me dijo, la vinculación espiritual y psicológica del hombre con el mundo, y que se cumpliría en un ámbito aún no penetrado por el conocimiento. Al argüir, por mi parte, que sería entonces legítimo incluir las disciplinas mánticas en este concepto de experiencia, Benjamin respondió con una formulación extrema: "Una filosofía que no es capaz de incluir y explicar la posibilidad de adivinar el futuro a partir de los posos de café, no puede ser una filosofía auténtica"». Scholem, 1987, 70 s. Los contactos de Benjamin con el hachís tienen, según Scholem, el mismo objetivo: indagar en distintas formas de experiencia. Yvars y Jarque han interpretado la búsqueda por Benjamin de una experiencia más amplia que la kantiana como un retorno al romanticismo. Yvars y Jarque, 1988, 18.

131. G.S. II.1, 160.

«La experiencia es la pluralidad unitaria y continua del conocimiento».[132] Esa pregunta atañe a la religión. Atañe sobre todo a la religión, pues de acuerdo con el *Suplemento* del *Programa*, existe «una unidad de la experiencia que en ningún caso puede ser comprendida como suma de experiencias». La religión es «esta concreta totalidad de la experiencia».[133] De este modo responde Benjamin a la vieja pregunta acerca de la relación entre teología y filosofía. Esa pregunta le acompañará hasta *Sobre el concepto de historia*, cuyo asunto es el peligro que, más que a cualquier otra, amenaza a la experiencia del pasado.

Así pues, en su discusión con Kant, Benjamin toma distancia respecto de la Ilustración y, sobre todo, respecto de uno de sus precipitados, el cientificismo. Asocia la Ilustración a un empobrecimiento de la experiencia que reduce ésta al mundo de los objetos y de la física matemática. Vincula la posibilidad de una experiencia más amplia a la de un lenguaje —más amplio que el científico— capaz de recogerla.

La crisis de la narración oral hace evidente la resistencia que un lenguaje así encuentra en la modernidad.[134] El viejo narrador oral recogía y transmitía experiencia que el oyente ganaba para su vida y desplazaba a su vez a otras vidas. Benjamin interpreta la decadencia de la narración oral como reflejo de la creciente pobreza experiencial de la humanidad. Llama la atención de Benjamin que los soldados de la Primera Guerra Mundial vuelvan sin nada que narrar como si no hubiesen hecho experiencia alguna en el campo de batalla. Sin embargo, Benjamin observa ese empobrecimiento enmudecedor con paradójico optimismo. Porque el enmudecimiento es la condición de posibilidad de un lenguaje nuevo.

A juicio de Benjamin, es asimismo la pobreza en experiencia lo que hace tan extraño el lenguaje de los personajes de Franz Kafka: en las palabras de éstos no se expresa sabiduría, sino «los restos de su descomposición», «el rumor de las cosas verdaderas (una especie de período de cuchicheos teológicos que trata de lo

---

132. *Ibíd.*, 168.

133. *Ibíd.*, 170. Esa declaración debería ser suficiente para desautorizar cualquier intento de reducir las figuras teológicas benjaminianas a meros recursos retóricos.

134. El gran trabajo de Benjamin al respecto es *El narrador*. Palanca de la reflexión benjaminiana es aquí la obra del narrador ruso Leskov. Dos buenos ejemplos de ella son *Lady Macbeth de Mtsensk* (Leskov, 1984) y *El zurdo* (Leskov, 1987).

desacreditado y obsoleto)».[135] Benjamin se fija también en el lenguaje deshumanizado, inorgánico, artificial, de los personajes del futurista Paul Scheerbart. Los nombres propios de esos personajes parecen referirse más a máquinas que a seres humanos.[136] El futuro imaginado por Scheerbart lo ve Benjamin prefigurándose en el presente: la tecnificación de la Unión Soviética ha alcanzado a los nombres propios. Benjamin describe la deshumanización de los nombres soviéticos como parte del proceso de extensión de la técnica: el lenguaje se moviliza en servicio del trabajo; no describe la realidad, la modifica.[137]

La imagen dialéctica

El propio Benjamin participa en la construcción de un nuevo lenguaje. Busca una escritura que no sea «artesanía pequeño-burguesa», sino palabra capaz de «cepillar la realidad a contrapelo».[138] Ese esfuerzo nunca llega tan lejos como en la investigación sobre los pasajes parisinos, su trabajo más personal al tiempo que menos subjetivo. Ningún otro texto benjaminiano es tan consecuente con la definición de la verdad como muerte de la intención o con la máxima de no buscar nada detrás de los fenómenos. El collage berlinés *Calle de dirección única* o el proyecto de escribir una síntesis de Moscú «fraccionada en notas especialmente pequeñas y dispares», de modo que dependiese «del propio lector el poderle sacar el mayor partido»,[139] valen como antecedentes de este enorme esfuerzo de mirada en que Benjamin se convierte en un filósofo paseante.[140] Sus adelantados son Poe, «el primer fisonomista del inte-

---

135. *TI IV/1*, 11, 163.

136. En *Experiencia y pobreza. Erfahrung und Armut* (1933); G.S. II.1, 213-219, 216.

137. G.S. II.1, 216 s. Este diagnóstico se halla cerca de algunos presentados por Jünger en *El trabajador*.

138. G.S. III, 154.

139. Así se expresa en una carta a Siegfrid Kracauer de 23 de febrero de 1927. G.S. VI. 780-781, 781.

140. Hay una íntima conexión entre el proyecto de los pasajes y *El campesino de Paris* de Aragon (Aragon, 1979). Éste describe los pasajes como «el paisaje fantasmal de los placeres y las profesiones malditas, incomprensibles ayer y que el mañana no conocerá jamás». El libro de Aragon está poblado de «poseídos que se sienten agarrados por su obsesión, la calle; solamente allí experimentan el poder de su naturaleza». Aragon, 1979, 19 y 55.

rior»,[141] y, desde luego, Baudelaire, que «va a hacer botánica al asfalto».[142] En el trabajo sobre los pasajes, la filosofía toma la forma de un montaje, esto es, aúna los gestos destructivo y constructivo. Benjamin asocia expresamente la práctica del montaje a la máxima «No decir, sólo mostrar».[143] Los materiales se presentan sin interpretación, libres de sujeto que les dé intención. Lo que llega al ojo no es la mera acumulación de los fragmentos, sino el efecto que cada uno produce en los demás.[144]

El método del montaje es ganado por Benjamin para la filosofía a los surrealistas.[145] Es la forma de exposición adecuada a una época en la que la realidad se ha vuelto discontinua e inabarcable y sólo se deja expresar en montajes de restos. En la imaginación surrealista ve Benjamin libertad no arbitraria capaz de alcanzar una iluminación profana. Más aún, ve en ella la ocasión de «ganar las fuerzas de la ebriedad para la revolución».[146] Con los surrealistas coincide Benjamin en que la emancipación sólo puede venir de los márgenes. En el trabajo sobre los pasajes se propone «tanto la explotación filosófica del surrealismo —y con ello su anulación— como el intento de retener la imagen de la historia en las más insignificantes fijaciones de la existencia, en sus desperdicios, por así decirlo».[147] En la atención a los desechos reconocemos hasta qué punto la retirada que Benjamin se impone difiere de la del historiador historicista. Éste, aunque pretenda mirar los hechos pasados «como realmente han sido» y no como su subjetividad se los muestra, tiende a despreciar lo menor como insignificante. Esa diferen-

---

141. En *Paris, die Hauptstadt des XIX. Jahrhunderts* (1935); G.S. V.1, 45-59, 53.

142. *Das Paris des Second Empire bei Baudelaire* (1938); G.S. I.2, 511-604, 538.

143. Fragmento N 1a, 8. G.S. V.1, 574.

144. Fragmento H 1a, 5. G.S. V.1, 272. Benjamin compara su quehacer con el del coleccionista.

145. Véase a este respecto la carta a Scholem de 30 de octubre de 1928. *Briefe*, I, 482-484, 483.

146. G.S. II.1, 308 s. Benjamin afirma que «el lector, el pensador, el que espera, el paseante son tipos de iluminados en la misma medida que el comedor de opio, el soñador, el embriagado. Y son profanos». Ídem. En el mismo contexto ha de situarse la afirmación, incluida en el trabajo sobre los pasajes, de que las cosas tienen, en el momento del despertar —que en Benjamin coincide con el momento del conocer— «su verdadero —surrealista— rostro». Fragmento N 3a, 3. G.S. V.1, 579. Cf. Scholem, 1987, 142.

147. Así afirma en carta a Scholem de 9 de agosto de 1935. *Briefe*, II, 683-685, 685.

cia es políticamente tan decisiva como aquella otra que separa a Benjamin del historicismo: la firmeza con que la actualidad orienta su mirada.

Se descubre aquí la continuidad entre el Benjamin que ejerce la crítica y el historiador. La crítica, como la historia, ha de escribirse a contrapelo. En un tenso diálogo entre el pasado y la actualidad. En el tratamiento de textos literarios distingue Benjamin un momento que llama filológico, que informa sobre el pasado, de otro propiamente crítico, que interviene sobre la actualidad y que es, de hecho, filosofía.[148] Puede decirse que, para Benjamin, la filosofía aparece como crítica de la filología. A su juicio, el tratamiento filológico de la obra como un *factum* la reviste de rigidez mítica. A ese tratamiento se contrapone la construcción de la obra «en la perspectiva histórica», que le da vida.[149] Para Benjamin, la crítica de una obra de arte consiste en su actualización, que es lo contrario de su mitificación. En este contexto se entiende que busque en el materialismo dialéctico la alternativa a una filología positivista que él asocia a la magia.[150] Benjamin quiere apartarse de un concepto de cultura que lleva a una observación fetichista de la obra como esencia desgajada del tiempo en que sobrevive.[151] De acuerdo con Benjamin, la obra ha de ser expuesta en el tiempo de su nacimiento, pero también en su vida posterior —su aceptación, su fama, sus efectos, sus traducciones...— hasta su actualidad. Se convierte así en mónada, y la literatura, en *Organon* de la historia.[152]

La crítica ha de orientarse a la abolición del mito: un espacio ocupado por él ha de ser ganado para la verdad.[153] Esa oposición crítica/mito, explícita en el ensayo sobre *Las afinidades electivas*, es una constante implícita del trabajo benjaminiano. La obra de arte es transformada en ámbito filosófico por la

---

148. Véase *Historia de la literatura y ciencia de la literatura*. En particular G.S. III, 288 ss.

149. En carta a Adorno de 9 de diciembre de 1938. *Briefe*, II, 790-799, 794.

150. *Ibíd.*, 793.

151. Además del mencionado *Historia de la literatura y ciencia de la literatura*, esa inquietud atraviesa el libro sobre el *Trauerspiel* (G.S. I.1, 280) y el ensayo sobre Fuchs (G.S. II.2, 477).

152. G.S. III, 290.

153. En el ensayo sobre *Las afinidades electivas*, Benjamin iguala el abandono de la crítica y la idolatría de la naturaleza. G.S. I.1, 149.

crítica. Ésta se ocupa del más alto problema filosófico en la medida en que, buscando la legalidad inmanente a la obra, revela el contenido de verdad de la misma.[154] Que no ha de ser entendido como una suerte de moraleja dejada allí por su autor. En el libro sobre el *Trauerspiel*, Benjamin rechaza que se atienda en el arte «a lo en él representado y no a la representación misma».[155] En el ensayo sobre la novela de Goethe, afirma que ocuparse de su contenido de verdad no consiste en extraer una enseñanza formulable, sino en desplegar la obra en el comentario y en la crítica.[156] Según Benjamin, a través de la crítica —y no a través de la acuñación de moralejas— puede hacer el arte alguna contribución a la moral.[157]

Desde el punto de vista de Benjamin, la crítica es actual o no es. A su trabajo es constitutivo el rechazo de una noción atemporal de verdad: tanto lo conocido como el cognoscente están en el tiempo.[158] Como la imagen dialéctica de *Sobre el concepto de historia*, un texto sólo llega a ser legible en una determinada actualidad. Porque su verdad se da en el discontinuo tiempo de la historia y nunca está asegurada. En todo caso, la vía de acceso a ella es imprevisible, distinta para cada texto. «Quiero hacer mis cosas en toda circunstancia, pero esta cosa no es la misma bajo toda circunstancia, es más bien la correspondiente»,[159] escribe Benjamin. La crítica —y, por tanto, la filosofía— no es reducible a un algoritmo; cada objeto exige distinto acerca-

---

154. G.S. I.1, 173. Meditando sobre la novela de Goethe, Benjamin plantea nítidamente la opción por «la filosofía, en lugar del mito» como vía de la crítica. La expresión «transformación de la obra de arte en un nuevo ámbito, filosófico», es utilizada por Benjamin en referencia al trabajo sobre el *Trauerspiel*; G.S. I, 3, 919 s.

155. G.S. I.1, 284.

156. De nuevo conviene tener en cuenta *Sobre la forma del comentario*, prólogo de *Comentarios a poemas de Brecht*. Benjamin afirma allí que «el comentario se empeña en poner en claro los contenidos políticos de pasajes puramente líricos». G.S. II.2, 539 s.

157. En este contexto ha de releerse el provocativo escrito *La técnica del crítico en trece tesis*, incluido en *Calle de dirección única*; G.S. IV.1, 108-109. Allí afirma Benjamin que la crítica «es una cosa moral» —tesis VI—, así como que constituye una operación no neutral y decididamente política —tesis II: «Quien no puede tomar partido, debe callar»; tesis V: «Siempre debe ser sacrificada la objetividad al espíritu del partido, si la cosa por la que se lucha lo merece». La tesis I define al crítico como «estratega en la lucha por la literatura»; la IX apunta a la asociación de destrucción y construcción, recurrente en la obra de Benjamin: «Sólo quien pueda destruir, puede criticar».

158. Fragmento N 3, 2 del trabajo sobre los pasajes. G.S. V.1, 478.

159. Carta a Scholem de 17 de abril de 1931. *Briefe*, II, 530. Yvars y Jarque hablan de hacer «de cada objeto una única e irrepetible experiencia filosófica». En Scholem, 1987, 11.

miento. No puede ser, por tanto, sino creadora: «El crítico debe hablar en el lenguaje de los artistas».[160]

Todo ello ha de ser tenido en cuenta al ponderar la elección que hace Benjamin de la obra de otros autores como *medium* de su propio pensamiento. Su filosofía se despliega en el comentario, en el rejuvenecimiento de obras ajenas.[161] De este modo, su idea de la filosofía se encuentra con la pasión judía por la interpretación. Benjamin se parece al lector de la Torá, cuyas lecturas se agregan al texto formando un tejido infinito. También en el alegorista barroco tiene un antecedente: Benjamin quiere que la mirada del lector sea asociativa, creadora.[162] Que busque pasadizos entre las palabras, como hacen los niños en sus juegos. Según él, más allá de las palabras, «el sentido sólo es el trasfondo sobre el que reposa la sombra que ellas arrojan como figuras de un relieve».[163] Benjamin es un lector a contrapelo cuya atención se dirige a los otros sentidos del texto. Reconoce que el significado es inagotable; que nunca se alcanza la interpretación definitiva. No hay un significado último, reducible a contenido informativo, sino múltiples dimensiones de significación: «Un lugar no se conoce hasta haberlo vivido en el mayor número posible de dimensiones. Para poseer un sitio hay que haber entrado en él desde los cuatro puntos cardinales, e incluso haberlo abandonado en esas mismas direcciones».[164]

La pasión interpretadora puede ser vista incluso en la base del acercamiento de Benjamin a la droga, con la que consigue captar en una misma circunstancia distintos «lados, contenidos, significaciones».[165] Radicalmente en el trabajo sobre los

---

160. Se trata de la tesis IV de *La técnica del crítico*; G.S. IV.1, 108.

161. A este respecto, Scholem sitúa en el ensayo sobre *Las afinidades electivas* una inflexión del trabajo de Benjamin. Scholem nos informa además sobre el interés de Benjamin por la tradición interpretativa judía. Scholem, 1987, 8, 115, 121, 143, 145. «El atractivo de trabajar en la interpretación rigurosa de un texto es incomparable», escribirá el propio Scholem a Benjamin. Benjamin y Scholem, 1987, 94.

162. Scholem se refiere a un interés no psicológico, sino metafísico, de Benjamin por las imágenes asociativas de los libros infantiles, de los enfermos mentales y de la emblemática del XVI y XVII, y presenta a su amigo como un rastreador de asociaciones fiel a la enseñanza talmúdica de que una imagen «es un espejo oscuro». Scholem, 1987, 77 s.

163. En el fragmento *Rosquilla, pluma, pausa, queja, fruslería* de *Cuadros de un pensamiento. Denkbilder* (1933); G.S. IV.1, 305-438, 432 s.

164. Se trata de una anotación de 15 de diciembre de 1926 en el *Diario de Moscú. Moskauer Tagebuch* (1927); G.S. V, 292-409, 306. Cf. Scholem, 1987, 71.

165. G.S. VI, 604. Allí mismo encontramos una declaración que revela la raíz del

pasajes, pero en general en toda su obra, Benjamin parece ver la realidad como un espacio legible.[166] El mundo es un texto y Benjamin su comentador, su crítico. Cabe decir que el horizonte de Benjamin es leer lo que nunca fue leído, e incluso —por utilizar sus propias palabras sobre la capacidad mimética— lo que nunca fue escrito. Y hacerlo ahora, con la urgencia de quien teme que acaso mañana esa lectura ya no sea posible.

La memoria es esencial a esta operación. Según Benjamin, el recuerdo, «como rayos ultravioletas», muestra en el libro de la vida «una escritura que, invisible, como profecía, glosaba el texto».[167] Benjamin orienta su lectura memoriosa a lo que apenas ha dejado huella; no a la continuidad hermenéutica, sino a la falla en que se rompe el continuo del comprender. En este sentido, asocia la crítica no a la apología, sino a la salvación.[168] Están en juego tanto lo fallido del pasado como lo fallido de la actualidad. Pues el peligro amenaza tanto a la tradición como a quien podría recibirla.[169]

Sólo un ojo amenazado puede ver realmente la vida amenazada. Esa cita de peligros es el núcleo de la imagen dialéctica, en la que reconocemos la herencia de un surrealismo políticamente interpretado. La imagen dialéctica constituye la respuesta última de Benjamin a la pregunta por la exposición de la verdad, el límite de su impulso antiteórico y monadológico y el

---

interés de Benjamin por la droga: «No hay legitimación más eficaz del *crock* que la conciencia de que con su ayuda nos adentramos de repente en este mundo superficial, encubierto y, en general, inaccesible, que representa el ornamento». En el mismo contexto conviene recordar que, después de un intento de Benjamin con hachís, un observador anota que «lo que se expresa como por derribo puede que resulte mucho más profundo y notable que lo que correspondería a lo que "se piensa"». G.S. VI, 601. También conviene considerar la siguiente declaración de *Calle de dirección única*: «La relación del mundo antiguo con el cosmos se desarrollaba en otro plano: el de embriaguez. Y, de hecho, la embriaguez es la única experiencia en la que nos aseguramos de lo más próximo y de lo más remoto, y nunca de lo uno sin lo otro. Pero esto significa que, desde la embriaguez, el hombre sólo puede comunicar con el cosmos en comunidad». G.S. IV.1, 146 s. La última frase descubre el fondo político que siempre subyace a las reflexiones benjaminianas. Cf. Scholem, 1987, 182 s.

166. En el fragmento N 4, 2 del trabajo sobre los pasajes Benjamin se refiere a la posibilidad de leer la realidad como un texto y confiesa que tal cosa pretende él con el siglo XIX. G.S. V.1, 580.

167. En *Calle de dirección única*; G.S. IV.1, 142.

168. Benjamin ve salvación y no apología en el centro del materialismo dialéctico, así como en sus propios trabajos sobre Baudelaire y Fuchs. Léase a este respecto su carta a Horkheimer de 16 de abril de 1938. *Briefe*, II, 750-754, 751.

169. Ése es el tema del fragmento V de *Sobre el concepto de historia*; G.S. I.2, 695.

horizonte de su búsqueda de un lenguaje-experiencia.[170] Es una efímera iluminación en que el pensamiento no se estabiliza, no se hace teoría. Aparece, sin que ninguna intención la reclame —esto es, en la muerte del sujeto— precisamente cuando todo conocimiento está en peligro.

La imagen dialéctica es la forma del verdadero conocimiento histórico; la del verdadero conocimiento, en la medida en que, para Benjamin, éste sólo puede ser histórico. Si los conceptos son las velas del pensar, lo importante para Benjamin es cómo se orienten respecto del viento de la historia.[171] Lo importante es lo que el concepto no puede recoger. La experiencia y el tiempo; la experiencia del tiempo. De ahí la enorme paradoja que encierra el título *Sobre el concepto de historia*. Pues la historia es precisamente lo que no cabe en el concepto.

Este afirmar que la verdad está cargada de tiempo es lo contrario que someterla a una relativización historicista —que, en el fondo, constituye su absolutización en la medida en que la hace inaccesible para la actualidad. En Benjamin, los caracteres temporal e inintencional de la verdad son indisociables. En el tiempo se desvela lo no subjetivo; allí muere la intención. El estallido de la carga temporal de la verdad es la muerte de la intención, muerte que coincide con el «auténtico» tiempo histórico: el «tiempo de la verdad».[172] Se trata de un tiempo no homogéneo: el tiempo de la experiencia, que se contrae o se expande. En él aparece la imagen dialéctica: una verdad que se expresa no dominada por ninguna intención y precisamente cuando la continuidad del conocimiento está más amenazada. En la interrupción del conocimiento. En la tensión del silencio. No en la obra de Benjamin, sino en su horizonte: los muertos del discurso; lo que no ha llegado a escritura; el exterior del texto.

El viaje hacia un lenguaje de la experiencia, compartido por el hombre y las cosas, portador de verdad y libre de toda violen-

---

170. La imagen dialéctica puede ser entendida como una «iluminación profana de inspiración materialista, antropológica». Pero ésta es precisamente, según Benjamin, la proeza de los surrealistas. En *El surrealismo*; G.S. II.1, 297.

171. G.S. V.1, 592. Frente a una filosofía regida por el lema hegeliano de «mostrar la "Idea" en el concepto lógico», Mate ve una alternativa en Rosenzweig, Benjamin y Adorno, representantes de una filosofía interesada por el saber que queda «fuera del concepto». Mate, 1994, 94.

172. Fragmento N 3, 1, que conviene leer junto a N 3, 2 y N 3 a, 1. G.S. V.1, 577 ss.

cia, depende finalmente de un gesto decisivo: aquella orientación de las velas. Tal gesto es un gesto político. Es el que parece frustrarse en las alas del *Angelus Novus* en *Sobre el concepto de historia*.

Este texto, que puede valer como introducción metodológica al trabajo sobre los pasajes, es indisociable de la experiencia que Benjamin hace de la historia como catástrofe. El *Angelus Novus* es la alegoría no de una idea filosófica, sino de la filosofía. Esto es, del pensamiento crítico. El *Angelus Novus* es al tiempo creador y destructor, como aquellos nuevos bárbaros en que Benjamin vislumbraba una superación del viejo humanismo. Su palabra tiene la misma forma que la de Karl Kraus. En su ensayo sobre éste, al presentar al nuevo humanismo, Benjamin se refería no a «un hombre nuevo», sino a «un inhumano; o un nuevo ángel».[173] Al caracterizar el lenguaje krausiano, Benjamin aludía a «uno de esos ángeles que, según el Talmud, son creados a cada instante en innumerables cantidades, para, luego de haber elevado también su voz ante Dios, cesar de ser y desaparecer en la nada».[174] Este lenguaje pleno y actual es el del *Angelus Novus*.[175] Si Kraus reducía «la totalidad de la historia mundial al escorzo de una sola noticia local, de una sola frase, de una breve nota»,[176] el *Angelus Novus* ejecuta una enorme abreviatura, al poner en constelación las víctimas del pasado con las del presente. Hacia allí debe orientar sus alas el ángel —y el escritor, su escritura—: hacia las víctimas de la historia. Sólo reconociéndose en ellas en el momento de peligro, las víctimas del presente —que nunca escriben la historia— son capaces de resumir la historia en una imagen dialéctica —no subjetiva, inintencional, efímera.

En la búsqueda de un lenguaje libre del mito está en juego la historia entera. Historia y mito se excluyen; éste invade todo espacio que aquélla deja libre. El mito es la victoria del miedo a una naturaleza que hace parecer inútil cualquier acción humana: es la victoria de la naturaleza sobre la historia, el fin de la historia. El tiempo mítico, que desconoce la actualidad, con-

---

173. G.S. II.1, 367.
174. Ídem.
175. G.S. I.2, 701. Por cierto, el mensajero de cabellos desgreñados y voceador de catástrofes de la *Antorcha* de Kraus recuerda al *Angelus Novus*; G.S. II.1, 334.
176. *Ibíd.*, 348.

vierte la historia en naturaleza. En él vivían los personajes del relato de Goethe, para los que no había salvación. Se le opone un tiempo histórico plenamente actual, cuya forma es la del instante en que irrumpe el Mesías. A este tiempo apunta la esperanza que sostienen el relator de *Las afinidades electivas* o el escritor de *Sobre el concepto de historia*, pero cuya fuente no son ni Goethe ni Benjamin. Y es que, si bien el autor «puede revelar el sentido de los acontecimientos participando de la esperanza», ésta sólo nos ha sido dada «por mor de los desesperados».[177]

Fuera del lenguaje no puede haber un tiempo pleno, no mítico, un tiempo de verdadero conocimiento. Y quizá el ser humano no sea nunca capaz de un lenguaje pleno, no mítico, conocedor. Acaso el hombre esté tan preso del lenguaje impuro como Kafka de la voz de su padre, al que estaba ligado por un sentido «absolutamente negativo, consistente en la íntima separación (que naturalmente nunca se consumaba)».[178] Si la humanidad salvada sólo se vislumbra en momentos efímeros en que la imagen dialéctica desaloja de la historia al mito, quizá tampoco quepan sino efímeras representaciones de una palabra no abstracta, no subjetiva. Pero incluso esas pequeñas victorias de un lenguaje no intencional exigen un enorme esfuerzo. Tan tenaz como la mirada romántica en la crítica infinita, o la del alegorista en la búsqueda de significados. Igual que ellas, la mirada judía contempla el mundo como un fragmento. Pues lo judío no es menos la promesa del Mesías que su ausencia. Esa mirada se vuelve política en el mandato de que nada —ni siquiera los muertos— quede sin voz. Tal como expresa, paradójicamente, el *Angelus Novus*, mudo ante la catástrofe de la historia. Su silencio es el mensaje. Representa un lenguaje absolutamente otro.[179]

---

177. G.S. I.1, 201.
178. Kafka, 1983, I, 596.
179. El *Fragmento teológico-político* —*Theologisch-politisches Fragment* (1921); G.S. II.1, 203-204— concibe la búsqueda de una sociedad emancipada como un proyecto profano cuyo fin coincide con un ideal religioso. Se puede tener en cuenta este esquema para reflexionar acerca de la búsqueda de un lenguaje emancipado. En este sentido, cabe atribuir un ideal religioso a las escrituras de la deconstrucción, si su fin es la emergencia de nuevos lenguajes. Derrida, 1988, 38. Ese ideal también puede ser atribuido al *Esperando a Godot* de Beckett, donde un nuevo lenguaje —¿un lenguaje de esperanza?— parece levantarse a partir de la desintegración del viejo.

CAPÍTULO II

EXPERIENCIA DE LA HISTORIA:
NI CONCEPTO DE HISTORIA NI HISTORICISMO

¿Puede el historiador presumir de otra verdad que la de los datos empíricos que maneja? El conocimiento histórico parece encerrar una problematicidad especial. No es exterior al sujeto conocedor —asimismo histórico— en la misma medida que en las llamadas ciencias positivas. Sus constructos —la idea de progreso, por ejemplo— tampoco son abstractos en el mismo sentido en que lo son los de estas ciencias. Ni entre lo singular y lo general se da en la narración histórica la misma relación que en ellas. ¿Cabe, con todo, hablar en algún sentido de «ciencia de la historia»? ¿Qué relación puede establecer con la historia una conciencia histórica finita? ¿Está cada hombre, en tanto que ligado a su situación histórica, aislado de cualquier otro ante el pasado? ¿Tiene el presente alguna responsabilidad para con éste?

En torno a los problemas de la exposición de los hechos del pasado ha crecido la llamada «filosofía de la historia». Ésta no se reduce a una reflexión sobre el método historiográfico, sino que está íntimamente vinculada a la filosofía práctica. En la medida en que el conocimiento histórico es autoconocimiento humano, interviene en la actualidad. La comprensión de la historia —es decir, de la intervención de los hombres en ella— afecta a la interpretación, la legitimación y la motivación de la praxis actual.[1]

En las modernas filosofías de la historia es fundamental el debate acerca del modelo de progreso. Cuya justificación exige

---

1. Cf. Schnädelbach, 1980, 10 s., 32, 52, 59, 93.

la de valores universales desde los que establecer comparación. Ambos intentos de justificación son interpelados por la experiencia del siglo XX, que realizó el sueño tecnológico del XIX, pero también la pesadilla de miles de víctimas de proyectos universales.

Por otro lado, la consideración moderna de la historia parece indisociable de la experiencia del mal. A este respecto es reveladora la autocomprensión de la filosofía hegeliana de la historia universal como «verdadera teodicea». Se ha dicho que en las modernas filosofías de la historia reaparece el esquema judicial de la teodicea: la historia es acusada de consentir el mal, y defendida por la filosofía con el argumento de que permite el mal para conseguir lo mejor posible.[2] El modelo de progreso vincula ese mejor posible a un proceso que atraviesa el presente y se extiende en el futuro. La creencia en el modelo es reforzada en la modernidad por el encuentro de Europa con culturas que ella juzga inferiores, y por cambios tecnológicos, políticos y sociales que abren un enorme hiato entre lo ya vivido y lo que cabe esperar del futuro.[3]

Las reflexiones de Benjamin conocidas como *Sobre el concepto de historia* intervienen en los debates —epistemológicos, pero también metafísicos— acerca de la posibilidad del conocimiento histórico y acerca del modelo de progreso. Aunque presentan como su adversario fundamental a la tradición historicista, se articulan en torno al conjunto de preguntas planteadas por esa tradición. Las posiciones centrales de Benjamin están construidas críticamente sobre las del historicismo, las

---

2. Como recuerda Marquard, el terremoto de Lisboa de 1765 es determinante en la consideración volteareana de la historia. Frente a Taubes (que entiendo la filosofía de la historia como continuación de la gnosis con medios modernos) y Blumenberg (que ve en los tiempos modernos una superación de la gnosis), Marquard presenta la filosofía de la historia como teodicea radicalizada por la muerte de Dios. A su juicio, en la medida en que la filosofía de la historia recupera el esquema maniqueo y tiende a la gnosis, no es la culminación de la modernidad, sino su fracaso. Marquard, 1987, 160 ss.

3. Para una historia del modelo de progreso: Nisbet, 1976. Mate reflexiona sobre la raíz teológica del modelo. Observa una coincidencia profunda entre la teoría del progreso y la agustiniana de las dos ciudades. A la doctrina pagana de un eterno retorno opone Agustín la promesa de liberación mesiánica, que romperá el ciclo mítico. Pero el tiempo es entendido por Agustín como un *continuum* hacia la patria celestial, que no está propiamente en la historia. Ese progreso del hombre hacia su *telos* se realiza por la gracia divina. Mate, 1991*b*, 203. Un tratamiento literario del modelo de progreso lo ofrece Joseph Conrad en el relato *Una avanzada del progreso*. Conrad, 1993.

cuales, a su vez, surgen como problematización de los supuestos y consecuencias de la filosofía idealista de la historia. Pero la experiencia que Benjamin hace de su propia actualidad le lleva a replantear radicalmente las preguntas del historicismo e incluso a volverlas contra éste. Desde tal experiencia, y problematizando a ambos contendientes del combate filosofía idealista de la historia / historicismo, Benjamin hace una crítica del concepto «historia».

Filosofía de la historia / historicismo

La búsqueda de un sustrato filosófico que sustente la observación sistemática de los acontecimientos históricos vertebra la investigación kantiana sobre una «historia universal». En el programa kantiano ese sustrato filosófico ha de ser compatible con una teoría general de la racionalidad. De otra parte, Kant reconoce que el interés por la historia tiene carácter práctico. Su indagación empieza por la hipótesis de que hay una intención de la naturaleza debajo de la «disparatada marcha de las cosas humanas». Schnädelbach —a quien seguiré en buena parte de esta sección— ha mostrado cómo esa hipótesis deriva hacia una sistematización teleológica de la historia. A «la desesperante casualidad» se opone la afirmación de la modernidad: la libertad conducirá a la Ilustración. El «deber ser» es un horizonte que tensiona la comprensión de la historia, convirtiéndola en escenario de la evolución y perfección del ser moral. La historia puede así reescribirse conforme al ideal de la modernidad, y el filósofo, que empieza buscando en ella un hilo de racionalidad, acaba por erigirse en su guionista.[4]

Hegel desarrolla el esquema teleológico hasta convertirlo en teleología absoluta de la razón. Las «descripciones minucio-

---

4. En la sistematización teleológica de la historia, Schnädelbach ve una secularización del modelo «historia universal como modelo de la redención». Schnädelbach, 1980, 17 s. y 42. Sevilla subraya el índice político de la teoría kantiana de la historia. Sevilla, 1989, 246 s. y 260 ss. La caracterización del filósofo de la historia como guionista la plantea Rodríguez Aramayo en su reflexión acerca de las consecuencias éticas de la filosofía kantiana de la historia. Rodríguez Aramayo, 1989, 235 s. Flórez Miguel conecta la sistematización teleológica con la figura de la «mano invisible» de Adam Smith y sitúa la filosofía kantiana de la historia como epílogo de la *Fundamentación de la metafísica de las costumbres*. Flórez Miguel, 1989, 213 ss.

sas» sólo le sirven de material a partir del cual desentrañar la relación profunda entre lo particular y lo universal.[5] No dejándose «seducir por los historiadores de oficio», presenta su propia «ciencia de la historia universal», con la que descubre la razón a través de y en el fin de la historia.[6] La filosofía de la historia, «consideración pensante de la historia», purifica lo real, lo reconcilia con lo racional y remedia la injusticia.[7] En este sentido es «la verdadera teodicea», pues asume y resuelve el trabajo de hacer comprensible el mal.[8] Gracias a la filosofía se puede apreciar la denostada realidad: afirmar el presente y justificar el pasado.

Tal apreciación exige un nuevo punto de vista, desde el que desaparezca «la ilusión de que el mundo sea una loca e insensata cadena de sucesos».[9] Hegel gana «el punto de vista universal de la historia universal filosófica», que «no es de una universalidad abstracta, sino concreta y absolutamente presente. Es el espíritu, eternamente en sí, y para quien no existe ningún pasado».[10] Desde ese punto de vista, «la historia universal es el progreso en la conciencia de la libertad —un progreso que debemos conocer en su necesidad».[11] Se descubre así que «el cambiante aspecto en que el espíritu se ofrece» es «esencialmente un progreso».[12] Mientras que la naturaleza varía en círculo, «el hombre tiene una facultad real de variación» que «camina hacia algo mejor y más perfecto; obedece a un impulso de perfectibilidad».[13] El fin a alcanzar coincide con el concepto de espíritu, en el que «toda transformación es progreso».[14] La historia universal aparece como «el desenvolvimiento, la explicitación del espíritu en el tiempo».[15] El progreso no es entendido como «indefinido en lo infinito», sino como el fin de la vuelta del espí-

---

5. Hegel, 1974, 157 y 159

6. *Ibíd.*, 45. Acerca de la noción «historia universal», véase también 130 y 139. Sobre la noción de ciencia manejada por Hegel: Schnädelbach, 1980, 19; Sevilla, 1989, 246.

7. Hegel, 1974, 78.

8. *Ibíd.*, 701.

9. *Ibíd.*, 78.

10. *Ibíd.*, 137.

11. *Ibíd.*, 67.

12. *Ibíd.*, 73. Más adelante se afirma que «el curso del espíritu constituye un progreso». *Ibíd.*, 127.

13. *Ibíd.*, 127.

14. *Ibíd.*, 130.

15. Ídem.

ritu sobre sí mismo.[16] Ese fin de la historia universal consiste en que «el espíritu dé de sí una naturaleza, un mundo, que le sea adecuado, de suerte que el sujeto encuentre su concepto del espíritu en esa segunda naturaleza, en esa realidad creada por el concepto del espíritu y tenga en esa objetividad la conciencia de su libertad y de su racionalidad subjetivas. Éste es el progreso de la idea en general, y este punto de vista ha de ser para nosotros lo último en la historia».[17]

En el Estado se cumple el fin de «que el espíritu llegue a saber lo que es verdaderamente y haga objetivo este saber, lo realice en un mundo presente, se produzca a sí mismo objetivamente».[18] La concepción de la historia universal como «la realización del espíritu y por ende la evolución del concepto de la libertad» es así dependiente de la del «Estado como realización temporal de la libertad».[19] Pero si el Estado ofrece a la historia una perspectiva desde la que salvarse, también precisa de ella, pues su existencia externa «es un presente imperfecto, incompleto, cuya inteligencia necesita, para integrarse, la conciencia del pasado». Al Estado no le valen ya mandatos subjetivos y coyunturales, sino decisiones generales. De ahí su interés por «los hechos y acontecimientos inteligibles, determinados y perdurables en sus resultados». El recuerdo sirve «para perpetuar el fin de la forma y estructura presentes del Estado». Se resuelve así la equivocidad de la palabra «historia», que reúne «el sentido objetivo y el subjetivo: significa tanto historia *rerum gestarum* como las *res gestas* mismas, tanto la narración histórica como los hechos y acontecimientos». Para Hegel, esta doble significación es fruto de que «la narración histórica aparece simultáneamente con los hechos y acontecimientos propiamente históricos», es decir, con el Estado. Éste es «el que por primera vez da un contenido que no sólo es apropiado a la prosa de la historia, sino que la engendra».[20]

Como el sistema hegeliano en su conjunto, la sistematización hegeliana de la historia se articula sobre la relación dialéctica entre lo estático y lo dinámico. Así como los procesos

---

16. *Ibíd.*, 148.
17. *Ibíd.*, 211.
18. *Ibíd.*, 76.
19. *Ibíd.*, 700.
20. *Ibíd.*, 137.

de la conciencia, los del espíritu histórico acontecen no continuamente sino en pasos críticos. Semejante articulación es recogida por Marx, quien se fija en la dialéctica entre fuerzas y relaciones de producción y presenta la historia como una secuencia de revoluciones. Pese a tratarse de una interpretación materialista del esquema hegeliano, esta comprensión de la historia, no en menor medida que la de Hegel, puede ser vista como reformulación del problema y de la solución de la teodicea. También en el marxismo puede rastrearse la convicción de que el sacrificio particular se supera en la historia del genero humano: hay que asumir lo acontecido como necesario para la historia universal.

El texto de Benjamin *Sobre el concepto de historia*, que se reclama marxista, se articula no sobre el esquema hegeliano, sino en la polémica frente al llamado «historicismo». Aun cuando en éste sean detectables rasgos hegelianos, el historicismo se desarrolla fundamentalmente a partir de la crisis de la filosofía de la historia después de Hegel. Las críticas a la hegeliana ciencia de la historia universal impulsan la puesta en cuestión de toda consideración filosófica de la historia. De entre los principios generales utilizados por los filósofos de la historia para reconstruir la historia de la humanidad, el de progreso —vinculado a un universalismo que desatiende lo particular— es el más atacado por los historicistas.[21]

El gesto antihegeliano es ejemplificable en Ranke, para quien no hay una tercera vía entre el conocimiento de lo individual, propio de la historia, y la abstracción, propia de la filosofía. Según Ranke, la realidad es falseada ideológicamente por la llamada filosofía de la historia, que consiste en seleccionar de la historia del mundo algunos hechos con los que confirmar ideas formadas *a priori*. La idea de progreso aplicada al desarrollo de la humanidad es, según Ranke, el ejemplo mayor de tal falseamiento.[22] Contra ella se dirige la formulación de que «cada época tiene una relación inmediata con Dios y su valor no reside en aquello que de ella surge sino en su existencia misma».[23] Ranke rechaza la idea de progreso tanto en el sentido de que una vo-

21. Cf. Schnädelbach, 1980, 20.
22. *Ibíd.*, 38, 46 s.
23. En *Sobre la época de la nueva historia*. Cit. en Schnädelbach, 1980, 44.

luntad rectora promueva el desarrollo del género humano como en el de que la naturaleza espiritual de la humanidad la impulse a un fin determinado. Para él, estas formulaciones, indefendibles tanto histórica como filosóficamente, o deifican la humanidad o conciben la historia como un proceso teleológico natural —con lo que anulan la libertad humana. Ranke subraya además que la idea de progreso incurre en etnocentrismo. La idea de progreso —por ejemplo, moral— exige la extensión de un patrón por medio del que establecer comparaciones. Los que la sostienen identifican su propia historia con la historia del progreso de la humanidad, negando al otro como ser humano. La idea de progreso conlleva la eliminación de culturas y épocas enteras. Ranke apuesta por la consideración «de la vida individual en la historia», pues «cada época debe ser considerada como válida en sí misma».[24]

Aun cuando el debate posthegeliano sobre el lugar de la historia entre las disciplinas científicas también pone en discusión a la teleología kantiana, no deja de basarse —especialmente desde Dilthey— en la teoría kantiana del conocimiento. Pero el diálogo acerca de la razón histórica no puede ser reducido a una revisión del concepto kantiano de ciencia. Se trata de una amplia reflexión que nutre algunas de las tendencias filosóficas más importantes del siglo XX.[25] La de historicismo es una noción compleja que puede aludir, entre otros, al positivismo aplicado a la investigación histórica, a la historización de la historia o al relativismo respecto de la historia.[26]

En esos tres sentidos, la conciencia historicista es una conciencia ilustrada. Sin embargo, el historicismo fue presentado —en Meinecke, por ejemplo— como rival de la Ilustración. Al

24. Ídem. A este respecto, véase Schnädelbach, 1980, 39 y 43 s. Ranke parece aceptar que hay progreso en el conocimiento y en el dominio de la naturaleza, pero no en lo moral. En este sentido, Schnädelbach ve en Ranke una anticipación de posiciones weberianas y frankfurtianas.

25. Alimenta, entre otros, el pensamiento de Heidegger y, muy firmemente, el de Gadamer. Por otra parte, argumentos historicistas reaparecen en el debate sobre la condición postmoderna. Cf. Schnädelbach, 1980, 12 s. y 175.

26. Schnädelbach distingue tres formas de historicismo: a) el positivismo práctico de las ciencias del espíritu en la investigación histórica; b) el relativismo histórico, escepticismo o agnosticismo con respecto a la historia; c) la Ilustración histórica, que desemboca a veces en una historización de la historia. Schnädelbach, 1980, 22 ss. Sonnermann ha caracterizado el historicismo como una absolutización de la retrospección. Sonnermann, 1975, 249.

criticar su concepto abstracto de hombre, el historicismo descubre rasgos irracionales en el racionalismo ilustrado, esto es, dirige la crítica ilustrada contra la Ilustración. Achaca a ésta la concepción de una naturaleza humana cuyas características fundamentales son constantes a través del devenir histórico. Ello lleva al ilustrado a tratar la historia conforme al modelo de las ciencias naturales, al que el historicista opone la historización de la historia. Un ejemplo de ésta es la consideración herderiana de la historia como secuencia de espíritus de pueblos y de naciones en que el hombre se realiza de manera siempre única.[27]

En su rechazo —en que coincide con los románticos— de que haya una naturaleza universal del hombre, la crítica antiilustrada historicista proporciona un fundamento teórico a la Restauración. Ese rechazo sirve para alegar peculiaridades individuales —singularidades históricas de las formas de vida— contra la introducción de nuevos códigos. Vertebra la resistencia al derecho francés después de la dominación napoleónica. Pero el argumento historicista golpea más allá del código napoleónico, pues alcanza a su base teórica, la noción de derecho natural, esto es, de un derecho inmutable e inalienable del ser humano.[28] En general, se rechaza un pensamiento universalista que, saltando sobre las diferencias, acaba por no referirse a nada existente: su referencia es un universo vacío. Una caricatura de este universalismo vacío lo ofrece en 1796 de Maistre cuando en sus *Consideraciones sobre Francia* argumenta contra las asambleas constituyentes que intentan redactar leyes «para el hombre»: «La constitución de 1795, de igual manera que las anteriores, está hecha para el *hombre*. Ahora bien, no hay *hombres* en el mundo. Durante mi vida, he visto franceses, italianos, rusos, etc.; sé incluso, gracias a Montesquieu, *que se puede ser persa*; pero en cuanto al *hombre*, declaro no haberlo encontrado en mi vida; si existe, es en mi total ignorancia». Y poco después añade que «una constitución que está hecha para todas las nacio-

---

27. La posición ilustrada puede ejemplificarse en el *Ensayo sobre las costumbres y el espíritu de las naciones*, de Voltaire, y en el *Esbozo de un cuadro histórico del progreso del espíritu humano*, de Condorcet. Cf. Schnädelbach, 1980, 24 s. y 27.

28. Schnädelbach ejemplifica esta posición en el libro de Savigny de 1814 *De la vocación de nuestro tiempo para la legislación y la jurisprudencia*. Schnädelbach, 1980, 28 s.

nes no está hecha para ninguna, es una pura abstracción, una obra escolástica hecha para ejercitar el espíritu según una hipótesis ideal» y sólo aplicable en los «espacios imaginarios donde el *hombre* habite».[29]

El ataque contra principios abstractos, ahistóricos, plantea el problema de cómo sistematizar la historia. Ranke, eligiendo la crítica de las fuentes como base de un modelo inductivo, no consigue solventar ese problema. Pues, ¿cómo tratar lo particular sin conceptos generales? El modelo rankeano, deficitario en lo teórico, se orienta a un *telos* teológico: la totalidad de la historia acontecida y narrada coincidiría con la visión divina de la historia. Ésta viene a ocupar en su esquema el lugar de lo absoluto en el esquema hegeliano.[30]

Burckhardt, por su parte, renuncia a la coordinación por medio de ideas histórico-universales. La filosofía de la historia es, para él, una contradicción, en la medida en que el coordinar es, precisamente, la no-historia. En lugar de presentar una historia universal, se conforma con realizar «cortes transversales en la historia, en el mayor número de direcciones posible».[31] Lo decisivo es que, mientras «los filósofos de la historia consideran lo pasado como oposición y estadio previo a nosotros, que seríamos lo ya desarrollado», Burckhardt investiga «lo que se repite, lo constante, lo típico, como algo que resuena en nosotros y que nos es comprensible».[32] El conocimiento histórico es posible a partir de aquello común a los hechos históricos y al historiador; ciertas constantes antropológicas se convierten en base de la sistematización histórica. Esa presencia permanente desde la que se considera la historia es el espíritu humano, creador de cultura, «aquello que nos vincula con la historia y en lo cual [...] se basa todo conocimiento de la historia».[33] En este sentido, también en el trabajo de Burckhardt cabe ver una reaparición

---

29. Maistre, 1990, 66 s. Sorel tiene en cuenta estas palabras en sus *Reflexiones sobre la violencia*. Sorel, 1950, 402.

30. Schnädelbach habla de fundación teológica del modelo rankeano. Schnädelbach, 1980, 48 s.

31. En *Consideraciones sobre la historia universal*. Cit. en Schnädelbach, 1980, 55.

32. *Ibíd.*, 58. Según Schnädelbach, aunque Burckhardt no parta de un preconcepto de historia —como, por ejemplo, el de progreso—, sí parte de un preconcepto de lo histórico. Schnädelbach ve en la teoría burckhardtiana de la continuidad histórica un antecedente de la hermenéutica gadameriana. *Ibíd.*, 57.

33. *Ibíd.*, 61.

del esquema hegeliano, que hace del espíritu agente y sustrato de la historia universal.[34]

Por ser la de Burckhardt una teoría de la continuidad histórica, no puede eludir una reflexión sobre aquellos lugares en que dicha continuidad parece quebrarse. Burckhardt llama crisis a esas excepciones en la continuidad. Las crisis son descritas por él como las fases más productivas, y en este sentido ocupan en el desarrollo histórico un papel análogo al de las revoluciones en Marx. Sin embargo, Burckhardt incluye bajo ese rótulo a las revoluciones frustradas, y subraya lo que las crisis tienen de mera apariencia de novedad. Aunque anticipe el giro benjaminiano hacia lo excepcional —lo irregular, lo no esperado—, en Burckhardt más tenaz que el impulso revolucionario es el impulso de restauración, que una y otra vez vuelve a imponerse.[35]

En la medida en que para Burckhardt el conocimiento histórico es autoconocimiento y la ahistoricidad es barbarie, la historia es un deber para con nosotros mismos. Burckhardt liga así al interés humano el conocimiento histórico en tanto que observación de la continuidad del espíritu humano. Con ello, prepara la convicción central que sobre la historia sostiene la filosofía de la vida, y que repercutirá en Benjamin: la conciencia histórica tiene un carácter fundamentalmente práctico. El problema de la historia va a ser planteado como problema de la vida, y sólo en segundo lugar como problema cognoscitivo sujeto al ideal de objetividad científica. Schopenhauer, para quien la razón es fenómeno e instrumento de la voluntad, interviene decisivamente en este desplazamiento del campo del conocimiento al de la vida. Entiende la historia no como ciencia, sino como saber; no como conocimiento de lo singular por medio de lo general, sino como experiencia de lo concreto. Así, la historia deja de ser fundamentalmente un conocimiento para ser en primer lugar una experiencia.[36]

El giro hacia una comprensión de la historia como saber práctico y no como mero conocimiento se ratifica en la ética

---

34. *Ibíd.*, 62 s. Acerca de la recuperación en Burckhardt del tema hegeliano de los grandes hombres y de la noción de astucia de la razón: *ibíd.*, 78.

35. Cf. Schnädelbach, 1980, 42 y 77.

36. Cf. Schnädelbach, 1980, 82 ss.

nietzscheana de afirmación de la vida, que desemboca en una metafísica de la voluntad de poder. Nietzsche reflexiona «acerca de la utilidad e inconvenientes de la historia para la vida» y concluye que «sólo en la medida en que la historia sirva a la vida hemos de servirle».[37] Al convertirse la vida en criterio de evaluación de la historia, ésta deja de ser el lugar de autoconocimiento del espíritu humano. De hecho, Nietzsche afirma que «un conocimiento que destruyera la vida se destruiría también a sí mismo».[38] La conciencia histórica no es ya la forma suprema del espíritu humano, sino que puede ser criticada a partir de las ventajas y desventajas que ofrece a la vida; es un problema de la vida, y debe ser subordinada a ésta.[39]

Coherentemente, los tipos de historia entre los que Nietzsche distingue no son sino tratamientos del pasado regidos por intereses actuales. Nietzsche señala tres formas de pertenencia de la historia a la vida: como elemento activo, como elemento conservador y como elemento liberador. A estas tres formas de relación corresponden tres tipos de historia: monumentalista (que recuerda lo que fue grande, y estimula la grandeza), anticuaria (que preserva la continuidad) y crítica (que, juzgando el pasado, ayuda a liberarse de un mal presente).[40]

Nietzsche cree que debe emerger una historia atravesada de actualidad, pues «sólo a partir de la fuerza suprema del presente» se puede interpretar el pasado.[41] El ideal de objetividad científica perece en favor de los intereses de la vida. Pero Nietzsche concibe «una historiografía que no contenga en sí misma ni un ápice de la verdad empírica común y que, sin embargo, pudiera pretender en alto grado el predicado de objetividad».[42] Esta objetividad de la historia no es la de la ciencia, sino la del arte: la historia es *poiesis* y potencia artística. Al mismo tiempo, Nietzsche defiende lo ahistórico y lo suprahistórico contra el sofocamiento de la vida por la historia. Según él, existe «un grado de insomnio, de rumiar, de sentido histórico, que perjudica al ser viviente y termina por destrozarlo, se trate de una persona, de

37. En *Consideraciones intempestivas*. Cit. en Schnädelbach, 1980, 84.
38. *Ibíd.*, 94.
39. Cf. Schnädelbach, 1980, 84 ss.
40. Cf. Schnädelbach, 1980, 89.
41. En *Consideraciones intempestivas*. Cit. en Schnädelbach, 1980, 93.
42. Ídem.

un pueblo o de una cultura».[43] En Nietzsche cobra así valor el olvido, que permite al hombre recomenzar, frente al exceso de historia. Pero en él también se prefigura la concepción constructiva y actual de historia defendida por Benjamin.

Después de Nietzsche, la problematicidad de la historia como ciencia vuelve a ocupar un lugar central en lo que constituye un retorno a la reflexión kantiana sobre el conocimiento. En este retorno aparece la búsqueda por Droysen de un *Organon* de la investigación histórica. Pero la pretensión de obtener una teoría científica de la historia acaba derivando en una solución menos cercana al kantismo que a la hermenéutica romántica. Droysen entiende el método histórico como comprensión capaz de análisis y de síntesis, de inducción y de deducción, de aprehensión de lo total y de lo singular.[44] Lo decisivo es que, para Droysen, la estructuración hermenéutica de la historia abarca al sujeto y al objeto del saber histórico. La historia es «un saber de lo acontecido y de lo acontecido así sabido».[45] Como lo acontecido sólo existe a través de la memoria, el historiador no trabaja sobre el pasado, sino sobre lo que de él trasciende. En este contexto hay que entender la idea de que «la historia es el saber que la humanidad tiene de sí misma, es su autocerteza».[46] Con lo que la caracterización droyseniana de la historia como comprensión no sólo no resuelve el problema de su cientificidad, sino que se hace merecedora de la sospecha de relativismo. Si la historia es un *continuum* que incluye al sujeto y al objeto del conocimiento histórico, éste es relativo a la historia, y no puede ser identificado con la verdad de la misma.

Con su *Crítica de la razón histórica*, Dilthey intenta responder al déficit gnoseológico del programa de Droysen. Dilthey reduce el problema de la sistematización de la historia al de la

---

43. *Ibíd.*, 86. El arte y la religión constituyen, según Nietzsche, lo eterno suprahistórico.

44. Schnädelbach niega que la de Droysen sea una teoría de la ciencia en sentido moderno, pues no se funda en criterios formales de cientificidad. A su juicio, «comprensión» ha de entenderse en Droysen en analogía a «comprensión lingüística». Schnädelbach, 1980, 111 ss.

45. En *Compendio de la historia*. Cit. en Schnädelbach, 1980, 100.

46. *Ibíd.*, 118. Acerca de la no exterioridad entre objeto del conocimiento histórico y sujeto cognoscente —aquél está constituido por hechos que el cognoscente reconoce, pero tal reconocimiento involucra una compleción y un autoconocimiento—: Lueken, 1984, 423.

cientificidad del conocimiento histórico, y orienta su intento de fundamentación hacia la satisfacción de las exigencias kantianas. Sin embargo, de hecho, las preocupaciones historicistas y las contribuciones de la filosofía de la vida le son fundamentales. Dilthey se sirve de una noción de vivencia como hecho de la conciencia. A través de dicha noción, presenta las ciencias del espíritu como autoconocimiento de la vida: la humanidad se expresa en manifestaciones vitales y las ciencias del espíritu deben comprender esas expresiones. El ser humano comprende la historia porque es un ser histórico, y está con ella en una relación hermenéutica permanente: comprende el pasado por medio de lo que en su presente le rodea. La única condición de una adecuada comprensión histórica es que lo aportado por el sujeto para realizarla sea intemporal y de universal validez. La comprensión como autoesclarecimiento de la vida asegura la unidad del mundo histórico: el conocimiento histórico es posible porque la historia abarca al sujeto cognoscente y a su objeto. Así, el intento diltheyano de fundamentar la lógica del conocimiento histórico concluye en una disolución hermenéutica de lo particular y lo general. Disolución que puede entenderse como un acoplamiento de la filosofía de la vida al esquema hegeliano.[47]

Siguiendo la senda marcada por Dilthey, los intentos neokantianos de investigar las condiciones de posibilidad del conocimiento histórico desplazan el debate hacia una filosofía formal —es decir, hacia una lógica de la ciencia— de la historia. Para el positivismo lógico, el problema de la historia se reduce a la búsqueda de un método. El pasado es descrito con un lenguaje científico, y pensado con las categorías de la historia natural —de la que la historia humana sería una parte. La discusión parece derivar, en fin, hacia una naturalización del pasado.[48]

---

47. Cf. Schnädelbach, 1980, 125 ss y 141 ss. La teoría diltheyana es vista por Schnädelbach como una construcción metafísica distinguible de la teoría hegeliana en que introduce el concepto de espíritu desde la teoría de la vida, mientras que para Hegel la vida es una forma deficiente del espíritu. Lo que para Hegel es objetivación del espíritu absoluto, es para Dilthey objetivación de la vida en los fenómenos históricos. Por otro lado, el concepto diltheyano de vivencia repercute, a juicio de Schnädelbach, en Husserl y Heidegger.

48. Cf. Schnädelbach, 1980, 171.

Una experiencia universal de la historia

La exposición precedente no agota el debate generado por el historicismo, pero sirve para aproximarse al estado de la cuestión a partir del que reflexiona Benjamin. Éste se hace cargo de la importancia teórica y práctica de dicho debate, pero desde su propia experiencia histórica —marcada por el fascismo— y desde la tradición judía a la que pertenece. También desde un materialismo histórico que no es una reconstrucción materialista de la sistematización histórica hegeliana.[49] Cabe ver en *Sobre el concepto de historia* una alternativa tanto al particularismo historicista como al universalismo idealista. Es un texto encuadrable en el campo de la filosofía de la historia entendida en el sentido voltaireano: como un tratamiento filosófico —no mítico— de la historia. En cambio, se contrapone a la filosofía de la historia entendida como sistematización de ésta —cosa que la fragmentariedad del texto hace inmediatamente visible.

Para Benjamin, la verdad del pasado no está al alcance de una supuesta ciencia histórica, sino que sólo puede darse en la experiencia que los impotentes hacen de su propia actualidad, experiencia en la que recogen la de los impotentes del pasado. Los poderosos dan a éste el orden que en cada momento les es más útil, así como a partir de los mismos cristales la mano que sostiene el caleidoscopio puede formar figuras a su capricho.[50] Benjamin opone a estas arbitrarias construcciones aquella imagen —asimismo una construcción— que los impo-

---

49. Cf. Schnädelbach, 1980, 34. Schnädelbach atribuye a *Historia y conciencia de clase* de Lukács una reapertura de la discusión marxista sobre los problemas de la historia. Lukács —influido por el descubrimiento de los escritos de juventud de Marx— se aparta del dogmatismo kautskyano e inaugura una concepción según la cual el materialismo histórico proporciona una teoría de base en que están solucionados los problemas que plantea el historicismo. Schnädelbach, 1980, 176. Debe recordarse, por otro lado, que la filosofía de la historia de Hegel no influye tanto como su fenomenología sobre la comprensión marxiana —y sobre la marxista— de la historia. Cf. Sonnemann, 1975, 247.

50. En *Zentralpark* (1939); G.S. I.2, 655-690, 660. Para Benjamin, «los conceptos de los dominantes fueron siempre los espejos gracias a los cuales se formó la imagen de un "orden"», por lo que «el caleidoscopio debe ser destruido». Esto es: el concepto —el fundamento de un orden en que hay dominadores y dominados— debe ser destruido. Acerca de la figura del caleidoscoipo, véase también *Sobre algunos temas en Baudelaire*; G.S. I.2, 630.

tentes se hacen de la historia. Esta imagen no es atemporal en el sentido en que pretenden serlo los enunciados de las ciencias positivas. Tiene hora.

¿En qué hora se escribe *Sobre el concepto de historia*?[51] Si Benjamin tiene razón, una verdadera representación de su vida no consistiría en un *continuum* biográfico, sino en una imagen que, monadológicamente, se hiciese cargo de su experiencia. Por otro lado, si Benjamin tiene razón, de su texto es posible hacer saltar su vida y su época.[52] De hecho, su obra y la imagen de la historia que la atraviesa son indisociables de su experiencia de la catástrofe europea.[53] Benjamin no combate en la Primera Guerra Mundial, pero es arrollado por el proceso que culmina en la Segunda. Cuando todavía puede escapar del desastre, permanece en Europa declarando que en ella aún tiene posiciones que defender.[54] La violencia le lleva a esconderse bajo un nombre que no lo identifique como judío, al exilio y al suicidio.[55]

Sobre el concepto de historia expresa una experiencia de la modernidad en su crisis. Sin embargo, la contextualización de un texto siempre ha de ser acompañada de la pregunta por su actualidad. La indudable repercusión del fascismo sobre la última escritura benjaminiana plantea la pregunta de si *Sobre el concepto de historia* es un texto agotado en una coyuntura singular, en su hora irrepetible.[56]

La hora de Benjamin le lleva a contemplar la historia políti-

---

51. Como ya se ha dicho, se trata de un texto de 1940, es decir, del año de la muerte de Benjamin.

52. De acuerdo con el fragmento XVII de *Sobre el concepto de historia*. G.S. II.1, 703.

53. Vale la pena recordar, sin embargo, que en su libro sobre el Barroco Benjamin se distancia de quienes pretenden explicar los excesos de los *trauerspiele* por la atmósfera de guerra de la época. G.S I.1, 233. Para una discusión sobre Benjamin como visionario y, en particular, como anticipador de Auschwitz: Kraushaar, 1988; Mate y Mayorga, 2002; Wohlfarth, 1986, 16.

54. Declaración que suelen olvidar quienes hacen lecturas apolíticas de Benjamin.

55. Ese tenaz acoso ha animado la angelización de Benjamin. De hecho, al referirse a la estancia de éste en un campo de concentración, Sahl habla de «un santo en su cueva, guardado por un ángel». Sahl, 1972, 80.

56. Reflexionando sobre la Guerra del Golfo, Lucas propone una actualización del texto benjaminiano. A su juicio, Benjamin «con toda seguridad se inspiró para la concepción de sus "Tesis" en el "Apocalipsis" de san Juan, al que utilizó de forma emblemática para adecuarlo a los problemas político-histórico-sociales de su época». Lucas interpreta *Sobre el concepto de historia* como el «nuevo "Apocalipsis" del siglo XX». Lucas, 1995, 20 ss., 26.

camente y a contrapelo: desde una perspectiva contraria a la que la ve como escenario del progreso de la humanidad y que él cree desmentida por el fascismo.[57] Benjamin se aparta de las optimistas filosofías de la historia que descubren una meta capaz de justificar el dolor pasado y presente. Pero la suya no es tampoco una imagen pesimista de la historia. En la narración del pasado encuentra una —pequeña— posibilidad para la emancipación: el recuerdo del pasado fallido es fuente de esperanza para la actualidad. Esa esperanza es el asunto de *Sobre el concepto de historia*: la memoria de lo fallido como factor de liberación en el presente.

En la crisis de la modernidad, la experiencia de la historia se presenta discontinuamente, en astillas. Como otros trabajos benjaminianos (el libro sobre Fuchs, el proyecto sobre los pasajes parisinos...),[58] *Sobre el concepto de historia* se pregunta por la recomposición de esa experiencia en torno del materialismo histórico. Pero su tema nuclear no es el materialismo histórico, como tampoco lo es el método historiográfico, sino el sentido de la historia. Las fuentes de sentido son descubiertas por Benjamin en las fallas del pasado.

El carácter fragmentario del texto es coherente con esa paradójica contemplación de las ruinas. Incurre en contradicción el intento de darle continuidad discursiva, porque viola la opción de Benjamin por el fragmento como forma de exposición filosófica. *Sobre el concepto de historia* se ajusta al principio atomizador y disociativo característico de la visión alegórica, descubierto por Benjamin en el lenguaje barroco: «Reducido a escombros, el lenguaje ha dejado de servir como mero medio de comunicación».[59]

El prólogo al libro sobre el *Trauerspiel* —donde Benjamin lleva al centro de la preocupación filosófica la pregunta por la forma de la exposición— contiene, por otro lado, reflexiones preciosas para entender la escritura de *Sobre el concepto de historia*. El gesto de «detenerse y comenzar desde el principio a cada frase» y la —tensa— relación entre palabra e imagen son

---

57. Para una revisión del análisis benjaminiano del fascismo: Hillach, 1985.

58. Scholem sitúa en el trabajo sobre los pasajes un giro en los intereses de Benjamin del campo de la filosofía del lenguaje al de la filosofía de la historia. Scholem, 1987, 202.

59. G.S. I.1, 382.

allí tratadas.[60] El «Prólogo» puede servir además de advertencia contra una tentación del lector de *Sobre el concepto de historia*: la de desmontar sus imágenes dialécticas, bien por la identificación de los contrarios, bien por la ruptura de equilibrio entre éstos. Esa tentación es especialmente fuerte ante los fragmentos I y IX, que se articulan sobre la unión de opuestos: salvación y catástrofe, el IX; materialismo histórico y teología, el I. Ni en uno ni en otro cabe cerrar la interpretación. Porque ambos se sostienen no sobre símbolos, sino sobre alegorías.

La lectura del primer fragmento[61] condiciona la de los siguientes, pues determina a qué teología y a qué materialismo histórico va a referirse Benjamin. Más aún: decidir si es la teología la que «utiliza» al materialismo histórico o si ocurre lo contrario implica que en el último Benjamin primen los intereses teológicos o los políticos.

La figura de la muñeca manejada por el enano ajedrecista[62] puede ser entendida como una propuesta de instrumentacion de la teología por la política.[63] Conforme a tal lectura, el fragmento renueva la promesa de victoria del materialismo histórico condicionándola a que éste se apropie de experiencias tradicionalmente abandonadas a la teología.[64] Esta interpretación puede encontrar en el fragmento I una transferencia de vocabulario teológico secularizado a un lenguaje racionalista —el marxismo— y una suerte de reparto de la historia en que se asigna al teólogo el pasado y al materialista histórico el presente.[65]

---

60. *Ibíd.*, 209 y 377. Acerca de la tensión entre significante y significado, véase *Trauerspiel y tragedia. Trauerspiel und Tragödie* (1916); G.S. II.1, 133-137, 136.

61. G.S. I.2, 693.

62. La figura del enano que, escondido, maneja la muñeca, procede probablemente de Poe. Cf. Tiedemann, 1975, 96 y 118. A Benjamin le fascina el mundo de las marionetas. A este respecto, véase *El teatro de marionetas en Berlín. Berliner Puppentheater*, en *Rundfunkgeschiten für Kinder*; G.S. VII.1, 80-86.

63. Wohlfarth habla de «alianza» entre materialismo histórico y teología, y contrapone la propuesta de Benjamin a las «falsas teologías políticas de su tiempo». Wohlfarth, 1986, 6 ss. A juicio de Lucas, Benjamin adapta —no sin dificultades teóricas— la terminología teológica al materialismo histórico para hacer revivir sus contenidos utópicos y revolucionarios después de que socialdemocracia y stalinismo lo hubiesen convertido en dogmático y conformista. Lucas, 1995, 134 ss.

64. En una variante del fragmento I, Benjamin se refiere con menos seguridad a la victoria del materialismo histórico. En lugar de «siempre debe ganar la muñeca a la que se llama "materialismo histórico"», escribe: «Siempre debe ganar, si es conforme a mi parecer, la muñeca turca que entre los filósofos se llama materialismo». G.S. I.3, 1.247.

65. Para una interpretación de *Sobre el concepto de historia* desde el marxismo

En la imagen descrita por el fragmento también puede verse a la teología haciendo uso del materialismo histórico —como disfraz, para participar en la lucha por el presente. Sin embargo, con frecuencia se atribuye a lo teológico del fragmento I —y de la obra benjaminiana, en general— un valor meramente retórico. Pero ese tipo de comprensiones de un texto siempre resultan insuficientes si no se acompañan de una explicación de por qué su autor utiliza tales elementos retóricos. Que tantos oculten la teología en *Sobre el concepto de historia* es una confirmación del juicio de Benjamin de que la teología parece hoy «pequeña y desagradable».[66]

Lo cierto es que, aunque suela ser interpretado desde el materialismo histórico y no desde la teología, el fragmento I habla con menos ambigüedad de ésta que de aquél. Esa ambigüedad respecto del materialismo histórico aparece en otros textos de Benjamin, así como en otros momentos de su vida. Determinados encuentros biográficos —Wyneken, Lacis, Brecht, Adorno— parecen haber sido fundamentales en una evolución política discontinua y paradójica. El marxismo benjaminiano —que no se asienta sobre un profundo conocimiento del cuerpo teórico de esta escuela—,[67] deudor de los frankfurtianos, de Lukács

---

militante: Kittsteiner, 1975. Para un intento de leer ese texto como fuente de renovación de un marxismo no determinista: Bensäid, 1990. Habermas —quien señala que lo fundamental de la visión benjaminiana de la historia ya se encuentra en el texto *La vida de los estudiantes*— hace una lectura de *Sobre el concepto de historia* que ilustra la distancia que va desde la teoría marxista de la emancipación a la teoría de la acción comunicativa. A su juicio, «Benjamin asoció motivos dispares que en realidad no logró unificar» e interpretó «el sistema económico y el sistema político con conceptos que sólo se ajustan en realidad a los procesos culturales». Habermas, 1986, 299 y 329. Habermas reprocha a Benjamin haber acoplado al materialismo histórico, «cual cogulla monacal», una concepción antievolucionista de la historia. Desde el punto de vista de Habermas, Benjamin no es capaz de «conciliar Ilustración y mística», porque no consigue «poner la teoría mesiánica de la experiencia al servicio del materialista histórico». *Ibíd.*, 321. Habermas concede que la teoría benjaminiana de la experiencia, frente a una contrailustración apoyada en antropologías pesimistas y una teoría dialéctica del progreso, si se convirtiese «no en cogulla, sino en núcleo del materialismo histórico, podría oponer a la primera posición una esperanza fundada y a la segunda una duda profiláctica». *Ibíd.*, 331. En *El discurso filosófico de la Modernidad*, Habermas reconoce que la propuesta de Benjamin puede corregir «el secreto narcisismo de la conciencia histórica». Habermas, 1989, 27. Para una crítica a Habermas desde el campo benjaminiano: Mate, 1991a, 67 ss.

66. Habermas cree que el tipo de teología que tiene Benjamin en la cabeza en el fragmento I es la mística de Böhme. Habermas, 1986, 53. Para una lectura de *Sobre el concepto de historia* desde la teología católica: John, 1978; John, 1988.

67. Como implícitamente parece reprocharle Adorno en carta de 10 de noviembre

y de Brecht,[68] recibe su sesgo fundamental de un no marxista: Scholem.[69]

La discusión con Scholem constituye un comentario anticipado del fragmento I. Scholem observa en la obra benjaminiana una creciente —y siempre contradictoria— imbricación entre dos modos de pensar: el teológico-metafísico y el marxista. Desde su perspectiva, el primer modo todavía domina en los textos del período 1928-1930 (*El surrealismo*, *Para una imagen de Proust*, los artículos sobre Julien Green...), pero luego (en los comentarios sobre Brecht y Kraus, por ejemplo) se impone el segundo.[70] Éste es un credo que pretende suplantar al discurso natural benjaminiano, al que *Sobre el concepto de historia* supone, según Scholem, una suerte de retorno final. El texto sobre Fuchs marca la inflexión —lo que significa, desde el punto de vista de Scholem, un alejamiento del judaísmo. Scholem ve en esa inflexión una autonegación y una subordinación al punto de vista marxiano que, sin embargo, no alcanza el terreno práctico. Según Scholem, Benjamin permanece luego en una indecisión entre metafísica y materialismo, que sólo por una identifi-

---

de 1938. Adorno descalifica allí el uso que hace Benjamin de la categoría de fetiche de la mercancía como burda aplicación del materialismo histórico. *Briefe*, II, 782-790. Cf. *Briefe*, II, 800; Scholem, 1987, 130, 135 y 189. El propio Scholem califica de inmaduro el marxismo de Benjamin. Scholem, 1987, 143 y 146. Para una discusión sobre las críticas de Adorno a Benjamin: Habermas, 1986, 322. Para una contextualización de los desacuerdos de Benjamin con Adorno en el marco de sus relaciones con el Instituto: Jay, 1974, 322-347. En este contexto, conviene recordar que, en un *currículum* de 1934, Benjamin se presenta como «disidente y no perteneciente a ningún partido». G.S. VI, 220.

68. Entre los mentores marxistas de Benjamin cita Scholem a Sternberg, Korsch, Lacis y Brecht por un lado, Adorno y Horkheimer por otro. Scholem, 1987, 125 y 165. Para un juicio de la relación Benjamin-Brecht, desde el punto de vista de Scholem: *ibíd.*, 180 s. A juicio de Lucas, Benjamin conserva lo fundamental del análisis marxista de la sociedad capitalista moderna. Lucas, 1992, 144. Lucas subraya la influencia de *Historia y conciencia de clase* de Lukács en los trabajos del último período de Benjamin. Según Lucas, Benjamin debe a Lukács lo principal de los conceptos de cosificación y fantasmagoría. *Ibíd.*, 139 ss., 140. Lucas ha mostrado asimismo la influencia de Lukács en la visión benjaminiana del arte. Ídem, 156 ss.

69. El pensamiento de Benjamin sobre la religión puede haber sido fecundado no sólo por Scholem, sino también por Fritz Lieb. Scholem parece ver en éste una mejor conciliación del mundo de la fe y la militancia comunista que la alcanzada por Benjamin. Scholem, 1987, 211. Acerca de la relación Benjamin-Lieb: Kambas, 1986, 95 ss. Entre las personalidades judías con que Benjamin entra en contacto destaca Scholem a Agnon. Scholem, 1987, 125. El propio Scholem se atribuye haber introducido a Benjamin en la lectura de las revistas de izquierda. *Ibíd.*, 26 y 30.

70. Según Scholem, la religión —ligada al concepto de tradición— ocupa entre 1915 y 1927 un lugar central en el interés de Benjamin. Scholem, 1987, 67, 152 y 169.

cación meramente abstracta no llegan a chocar. A su juicio, Benjamin no sigue un método materialista, sino que se limita a enmascarar ideas importantes —por ejemplo, de metafísica del lenguaje— con confusa fraseología comunista. La relación teología / materialismo histórico en la escritura benjaminiana es vista por Scholem, en fin, como una proyección en terminología materialista de conocimientos obtenidos con el procedimiento teológico-metafísico, sin que esa proyección entregue a ninguno de los dos campos otra cosa que confusión.[71]

Benjamin reconoce ante Scholem el fondo contradictorio de que emerge su pensamiento, pero le hace notar su escasa propensión a abrazar credos, y subraya la libertad que le ofrece el marco teórico marxista. Califica su marxismo como no dogmático, sino heurístico, experimental, y compatible con el espíritu metafísico.[72] Lo ve como un mal menor en medio de las formas económicas dominantes, que excluyen cualquier otro espacio

---

71. Véase a este respecto la carta de Scholem a Benjamin de noviembre de 1937. Véase también: Scholem, 1987, 124, 131, 135 y 174. Scholem repudia que Benjamin perjudique sus opiniones echándoselas «a los cerdos dialécticos», y se preocupa por la «sana moralidad de las ideas» de su amigo, a quien caracteriza como una víctima de la confusión entre religión y política. La carta de 25 de marzo de 1938 es asimismo útil para entender la imagen que de Benjamin se hacen los frankfurtianos: según Scholem, Horkheimer tiene a Benjamin por un místico. Benjamin y Scholem, 1987, 236-238, 237. En este contexto, véase también la carta de Scholem de noviembre de 1938. Benjamin y Scholem, 1987, 256-262, 260. Scholem cree que la línea teológica es fuente de malentendidos para los lectores marxistas de Benjamin. Scholem, 1987, 211. En lo que a *Sobre el concepto de historia* se refiere: *ibíd.*, 225. Acerca del reproche de Brecht a la «tendencia a judaizar» de Benjamin: *ibíd.*, 181. Es sintomático que Brecht caracterice *Sobre el concepto de historia* como un texto claro «a pesar de toda su metafórica y judaísmos». G.S. I.3, 1.228.

72. Cf. Scholem, 1987, 169 y 211. En este punto, merece la pena recordar que en el prólogo a *Comentarios de poemas de Brecht*, Benjamin afirma que la lectura de dichos poemas puede servir de enseñanza «a gentes para las que el comunismo comporta el estigma de la unilateralidad». G.S. II.3, 540. En el contexto de esta discusión, un documento excepcional lo constituye la carta de 7 de marzo de 1931, dirigida a Max Rychner. Allí afirma Benjamin no ser un representante del materialismo dialéctico «como un dogma», sino un investigador al que la «*actitud* de los materialistas le parece, científica y humanamente, más fructífera que la idealista». Benjamin añade: «Nunca he podido investigar y pensar en otro sentido que, si así puedo decirlo, en uno teológico —es decir, conforme a la doctrina talmúdica de los cuarenta y nueve niveles de significado de cada pasaje de la Thora. Ahora bien: mayor *jerarquía de significado* tiene, de acuerdo con mi experiencia, la más manoseada banalidad comunista que la más corriente profundidad burguesa, que tanto tiene siempre de apologética». *Briefe*, II, 522-524, 523. Así pues, Benjamin se reconoce en una tradición teológica basada en la interpretación plural, adogmática. Pero la realización actual de esa tarea interpretadora ha de hacerse a través del marxismo antes que a través de un pensamiento acrítico que él llama burgués.

para su pensamiento. En palabras de Benjamin, el marxismo «representa para el que ha sido despojado parcial o totalmente de los modos de producción el intento más próximo y racional de proclamar en su pensamiento y en su vida el derecho a ellos».[73] Justificando su relación con el comunismo, se describe como una identidad «en paradójicas transformaciones de lo uno a lo otro (siempre en cualquier dirección)». Según él, «la tarea no es decidir aquí de una vez por todas, sino decidirse en cada momento. Pero decidir». Benjamin hace depender su decisión de ingresar o no en el Partido Comunista Alemán «de un último impulso de la casualidad». Se declara convencido de que «en las cosas más importantes» hay que conducirse de modo «siempre radical, nunca consecuente».[74] Parece ver el marxismo como el pensamiento crítico extremo exigido por una actualidad asimismo extrema.

En efecto, el acercamiento de Benjamin al materialismo histórico es dependiente del ascenso fascista. En el ensayo sobre la obra de arte, se propone escribir de modo que su escritura no pueda ser usada por el fascismo.[75] Después de presenciar la escalada nazi en Alemania, es sobre todo en el exilio francés donde hace experiencia de los conflictos de clase, en los que la amenaza fascista está siempre latente.[76] La realidad soviética juega un papel de atracción mucho menos evidente: si menciona como su guía a la revolucionaria rusa Asia Lacis, el viaje a Moscú de 1927 parece haber precipitado su decisión de no ingresar en el Partido Comunista.[77]

En todo caso, la obra de Benjamin no anticipa la forma de

---

73. Se trata de una carta de 6 de mayo de 1934. Benjamin y Scholem, 1987, 126-130, 127. Cf. Scholem, 1987, 237 s.

74. Carta a Scholem de 29 de mayo de 1926. *Briefe* I, 425-430, 425. Hay una coherencia entre el peligro en que se desarrollan los últimos años de Benjamin y esta radicalización de su escritura. Se trata de una coherencia semejante a la que el propio Benjamin ve en los surrealistas o en Baudelaire. Según Benjamin, el grupo de los surrealistas «ha empujado la "vida literaria" hasta los límites extremos de lo posible». G.S. II.1, 296. Sobre Baudelaire afirma que «en todas sus emociones estaba Baudelaire expuesto a un cambio súbito, cambio a manera de *shock*», y se refiere a su querencia por «vivir en los extremos». G.S. I.2, 598.

75. G.S. I.2, 435.

76. Acerca del exilio francés de Benjamin, véase Kambas, 1986, 87-98. Allí puede encontrarse el testimonio de Dora Benjamin, quien en 1943 escribe a Lieb que a Benjamin le afectó más el colapso de Francia que el de Alemania. *Ibíd.*, 95.

77. En la dedicatoria de *Calle de dirección única* Benjamin nombra a Asia Lacis como su guía: «Esta calle se llama Asia Lacis, nombre de aquélla que como ingeniero

la sociedad emancipada por la revolución.[78] Tampoco describe los pasos conducentes desde el capitalismo hasta esa sociedad. Benjamin parece más bien concebir una súbita transformación del individualismo extremo en comunismo.[79] Por otro lado, en *Sobre el concepto de historia* resuenan el gesto anarquista de un Benjamin más joven y el impulso antiburgués de quien fue militante del Movimiento Juvenil —Jugendbewegung.[80] La política parece determinada para él por la sola idea de la abolición de la injusticia, en lo que recuerda a Blanqui. La actividad de éste, afirma Benjamin, «no presupone de ningún modo la fe en el progreso sino, en primer lugar, la decisión de erradicar la injusticia existente. Esa decisión de arrancar en el último minuto a la humanidad de la catástrofe que la amenaza fue lo fundamental para Blanqui», quien «siempre se negó a diseñar planes para lo que vendría "más adelante"».[81]

Por lo demás, posiciones fundamentales de *Sobre el concepto de historia* son anticipadas en textos no marxistas de Benjamin. En el tratamiento que el libro sobre el *Trauerspiel* hace del problema de la exposición filosófica ya son centrales las nociones de construcción, interrupción, mónada y extremo. A este respecto, está llena de significado la afirmación retrospectiva de Benjamin de que, cuando escribió el libro sobre el *Trauerspiel*, aún no pensaba de forma materialista, pero sí ya de forma dialéctica.[82] Cabe decir que, frente a la estática objetividad historicista, Benjamin descubre en los modelos teológicos barroco y judío un tratamiento dialéctico, actual, del pasado. Frente a la

---

la abrió en el autor». G.S. IV.1, 83. Acerca de la importancia del viaje de Benjamin y Lacis a Capri para la inflexión marxista de aquél: Scholem, 1987, 130 s.

78. Benjamin reconoce que su ensayo *La obra de arte en la época de su reproducibilidad técnica* se refiere menos al arte del proletariado después de su toma del poder que a las tendencias de desarrollo del arte bajo las actuales condiciones de producción. G.S. I.2, 473. Cf. Greffrath, 1981, 85. También conviene recordar que, en *Experiencia y pobreza*, Benjamin recoge la afirmación de Brecht de que «el comunismo no es un justo reparto de la riqueza, sino de la pobreza». G.S. II.1, 216.

79. En *Sobre la presente situación social del escritor francés*, comentando a Gide. G.S. II.2, 797.

80. Acerca de la influencia de Wyneken, líder del Jugendbewegung, sobre el ideal benjaminiano de juventud y, en general, acerca de la primera orientación política de Benjamin: Lucas, 1993, 19 ss.

81. En *Parque Central*. G.S. I.2, 687.

82. Como ya se ha indicado, Benjamin ve entre el proyecto sobre los pasajes y el libro sobre el Barroco una afinidad de método y construcción. Véase a este respecto la carta a Scholem de 20 de mayo de 1935. *Briefe*, II, 653-656, 654.

asimismo estática visión de la historia como progreso (o como decadencia, asentada sobre la misma noción de tiempo), Benjamin encuentra en esos modelos teológicos la visión de la historia como continuidad negativa, abierta sin embargo a la esperanza. En este sentido, los temas de la catástrofe y de la salvación de *Sobre el concepto de historia* son indisociables de la ruina barroca y del Mesías judío.

Todo lo antedicho hace muy discutible la pretensión de ver dos fases —premarxista y marxista— en la obra benjaminiana.[83] El último Benjamin es consciente de su heterodoxia dentro del campo marxista, como lo prueba su previsión de que ninguna escuela se apresuraría a reclamar aquella obra llamada a contener, según sus propias palabras, «las más importantes orientaciones, si no para los demás, sí al menos para mí»: el trabajo sobre los pasajes parisinos.[84] Dada su conexión con dicho trabajo, cabe extender tal previsión a *Sobre el concepto de historia*.

En la obra benjaminiana, el análisis del caso político es siempre un análisis metafísico. *Sobre el concepto de historia* es una interpretación metafísica de la ocasión revolucionaria. Tal interpretación relaciona una teología mesiánica con una comprensión materialista de la historia. El fragmento I niega que esa relación sea de identidad: no permite ni comprender la concepción histórica del judaísmo como núcleo del marxismo ni entender éste como una secularización del mesianismo judío. Es tensión y no identificación lo que Benjamin expresa. El fragmento muestra la contradicción; su texto invierte la imagen que invoca. Si en la imagen el enano toma a la muñeca a su servicio, en el texto sucede lo contrario. Sólo de una lectura dominada por la lógica de la imagen o por la del texto resulta que el materialismo se subordine a la teología o viceversa.[85] El fragmento I prohíbe leer los otros desatendiendo cualquiera de los

---

83. Cf. Scholem, 1987, 143 y 211.

84. En la carta antes citada, así como en Scholem, 1987, 187.

85. Respecto de las interferencias entre imagen y texto en el fragmento: Engelhardt, 1975, 297; Kaiser, 1972, 585 s.; Wohlfarth, 1986, 9. Contra una lectura identificadora, véase Greffrath, 1981, 146. Desde luego, una consideración de la dialéctica entre dominio y servidumbre puede servir para complejizar cualquier lectura del fragmento I del tipo «la teología sirve al materialismo histórico» o «el materialismo histórico sirve a la teología».

términos de la contradicción. Especial esfuerzo requiere no desatender a la teología, que, disfrazada, resulta casi siempre difícil de reconocer. En Benjamin suele aparecer ligada a la palabra «experiencia» —y no a «fe» o a «creencia».

No hay en la obra de Benjamin un tronco del que pueda desprenderse como hojarasca la teología. Pero ésta no es en él reducible a teologuemas: «Mi pensamiento se relaciona con la teología como el papel secante con la tinta. Está empapado de ella. Pero si se examinase el papel secante, no se encontraría nada de lo que fue escrito».[86] En particular, la relación que Benjamin establece entre teología y marxismo no puede entenderse ni como una teología de la historia ni como una filosofía de la religión. Tampoco como la búsqueda de un lugar para la experiencia religiosa en el sistema marxista.[87] Se trata de una tensa vinculación cuyo espacio común es la experiencia negativa de la actualidad histórica. Benjamin opone al historicismo el materialismo histórico, pero desoye el consejo dado por Marx a los revolucionarios de dejar a los muertos enterrados.[88] Si bien el fragmento I no menciona la palabra «historia», otros fragmentos defienden la necesidad de liberar al materialismo histórico de una fe en el progreso a la que oponen la experiencia, tradi-

---

86. G.S. V.I, 588. En este contexto, conviene tener en cuenta la carta de 25 de abril de 1930, donde Benjamin escribe a Scholem: «Judaísmo vivo no he conocido en ninguna otra forma que en ti. La pregunta acerca de cómo me sitúo respecto del judaísmo es siempre la pregunta acerca de cómo [...] me conduzco respecto de las fuerzas con que tú me has puesto en contacto». *Briefe*, II, 512-514, 513. Scholem se refiere en su libro a esa carta. Scholem, 1987, 167.

87. Recuérdese la caracterización que propone Habermas de Benjamin como aporético conector del materialismo histórico progresista con una concepción antievolucionista de la historia y como autor de una teoría de la experiencia que convierte al proletariado en sujeto en que se funden, contradictoriamente, místico e ilustración. Habermas, 1986.

88. En el primer capítulo de *El dieciocho Brumario de Luis Bonaparte*, Marx escribe: «La tradición de todas las generaciones muertas oprime como una pesadilla el cerebro de los vivos». Y algo más adelante: «La revolución social del siglo XIX no puede sacar su poesía del pasado, sino solamente del porvenir. No puede comenzar su propia tarea antes de despojarse de toda veneración supersticiosa por el pasado. Las anteriores revoluciones necesitaban remontarse a los recuerdos de la historia universal para aturdirse acerca de su propio contenido. La revolución del siglo XIX debe dejar que los muertos entierren a sus muertos, para cobrar conciencia de su propio contenido». Marx, 1982, 11 y 15. En este contexto, no está de más recordar que en sus *Lecciones sobre Filosofía de la Historia Universal*, Hegel cita las palabras de Cristo a un hombre que quiere sepultar a su padre: «Deja a los muertos enterrar a sus muertos, y sígueme». Hegel, 1974, 557.

cionalmente abandonada a la teología, de traer al presente el pasado. «En el "traer al presente" hacemos una experiencia que nos prohíbe concebir la historia fundamentalmente como ateológica, así como intentar escribirla en conceptos teológicos», dirá Benjamin en otro lugar.[89]

Aunque menos explícitamente, la conexión de teología e historia también vertebra el fragmento II. Junto al III, desarrolla el tema de la salvación del pasado.[90] Benjamin empieza aquí por pensar la experiencia colectiva de la historia desde la experiencia que el individuo hace de su biografía.

En *Infancia en Berlín hacia 1900*, Benjamin habla de «sucesos que nos afectan como el eco, cuya resonancia [...] parece haber surgido, en algún momento de la sombra de la vida pasada»; también se refiere al «choque con el que un instante entra en nuestra conciencia como algo ya vivido».[91] Por un lado, afirma que quizás sea mejor que jamás podamos rescatar todo lo olvidado, pues esa recuperación sería un choque destructor; por otro, reconoce un malestar en la memoria por saberse fragmentaria: lo olvidado es «molesto y grávido». Benjamin aclara que «lo olvidado nos parece pesar por toda la vida vivida que nos promete».[92] *Infancia en Berlín* tiene un indudable sesgo proustiano a la hora de abordar la intervención del pasado en el presente y la imposibilidad de su íntegra restitución.[93] En su reflexión sobre el eterno retorno a la infancia opera el modelo —monadológico— de un Proust que, según Benjamin, «saca a la luz lo pretérito, saturándolo de todas las reminiscencias que le han entrado por los poros mientras permanecía en lo inconscien-

---

89. Se trata del fragmento N 8, 1 del trabajo sobre los pasajes. G.S. V.1, 589. Por lo demás, ninguna palabra española —«recuerdo», «conmemoración»...— parece recoger toda la carga de la palabra alemana *Eingedenken*, con la que Benjamin nombra ese hacer presente un pasado.

90. Habermas reduce esta salvación a un rescate de potenciales semánticos del pasado. Habermas, 1986. Para una crítica de la interpretación de Habermas: Zons, 1980, 370.

91. *Berliner Kindheit um Neunzehnhundert* (1938); G.S. IV.1, 235-304, 236 s. Benjamin habla también allí del «futuro que se quedó olvidado en nuestra casa». Según Scholem, los textos reunidos en *Infancia en Berlín* «en absoluto constituyen una crónica, sino que representan aisladas expediciones a las profundidades de la memoria». Scholem, 1987, 195.

92. De nuevo en *Infancia en Berlín*. G.S. IV.1, 267.

93. «Lo que busco realmente es [...] toda la infancia», escribe Benjamin. *Ibíd.*, 267. Y poco más adelante: «Hace tiempo que el eterno retorno de todas las cosas se ha convertido en sabiduría infantil». *Ibíd.*, 268.

te».[94] En Benjamin conviven el anhelo de recuperar todas las experiencias y la constante amenaza de la desmemoria. Una alegoría de ésta puede ser el personaje infantil del Hombrecillo Jorobado: un genio que sólo interviene para recaudar de las cosas «el tributo del olvido».[95] Cuyo coste es, desde el punto de vista de Benjamin, enorme, puesto que el pasado ofrece, según él, un espacio desde el que reconocer la verdad actual. Interpretando a Kafka, escribe: «Que aquél para el cual, como para los antiguos, se haya la vida transformado en texto, lea dicho texto hacia atrás. Sólo así se encontrará consigo mismo, y sólo así —huyendo del presente— podrá entenderlo».[96]

En *Sobre el concepto de historia* el tema de la memoria incompleta se refiere a la humanidad en su conjunto. No se trata de recuperar zonas sumergidas del pasado individual, sino de rescatar extensiones condenadas al olvido bajo la tradición hegemónica. De hecho, la obra de Benjamin incluye esfuerzos de salvación del pasado colectivo. *Alemanes*[97] ilustra bien el carácter político que asigna a tal salvación. Benjamin ve este libro como un «arca construida a partir de un modelo judío» concebida «cuando el diluvio fascista comenzaba a arreciar».[98] La convicción que subyace a éste y a otros esfuerzos de Benjamin se desvela en el fragmento II: igual que la imagen que el indivi-

---

94. En *Sobre algunos temas en Baudelaire. Über einige Motive bei Baudelaire* (1939); G.S. I.2, 605-653, 637. Lucas reflexiona sobre la medida en que Benjamin adapta la memoria involuntaria proustiana al análisis de la historia. Lucas, 1995, 89 y 108. Gurméndez pone en relación el recuerdo en Benjamin, Dieste, Foucault, Proust y Santayana: Gurméndez, 1996.

95. Este personaje aparece en el último fragmento de *Infancia en Berlín*. G.S. IV.1, 302-304, 303. La posibilidad de salvar toda una experiencia en un solo verso es sugerida poco antes en el mismo texto: *Ibíd.*, 302. Al personaje del jorobado atiende Hannah Arendt en su ensayo sobre Benjamin recogido en *Hombres en tiempos de oscuridad*. Arendt, 1990, 139-191, especialmente 139-157.

96. Se trata de una interpretación del cuento *La aldea más cercana*, que Benjamin expone en una discusión con Brecht. G.S. VI, 529 s.

97. *Alemanes. Una serie de cartas. Deutsche Menschen. Eine Folge von Briefen* (1936); G.S. IV.1, 149-233. Acerca de este trabajo de Benjamin: Valverde, 1995, 11-18.

98. Con esas palabras envía el libro a Scholem. Scholem, 1987, 207. Pero el mejor ejemplo de historia a contrapelo que ofrece la obra de Benjamin es el trabajo sobre los pasajes parisinos: una desfetichización del siglo XIX. Sobre su intento de comprender el siglo XIX desde Baudelaire, véase la carta a Scholem de 14 de abril de 1938. *Briefe*, II, 748-749. También debe leerse el *currículum* de 1940, en que interpreta *Sobre algunos motivos en Baudelaire* como parte de un conjunto de investigaciones encaminadas a hacer de la poesía del siglo XIX un *medium* de su conocimiento crítico. G.S. VI, 225-228, 228.

duo se hace de la felicidad, la imagen de la felicidad colectiva se construye con el pasado fallido.

El tema de la salvación del pasado aparece también en el fragmento III. La revolución es felicidad para el presente, pero qué sea esa felicidad, sólo lo sabemos mirando al pasado fallido. En este sentido, en cada instante, el pasado nos ofrece fuerza para la salvación. La revolución podría definirse como la redención de toda la humanidad, pasada y presente. La humanidad emancipada sería aquélla que consiguiese derrotar al olvido. Sólo ella conocería un verdadero Juicio Final.[99]

También a la mirada del presente hacia el pasado se refiere el fragmento IV. Benjamin lo abre citando aquellas palabras de Hegel según las cuales el hallazgo de vestido y alimento asegura la venida del Reino de Dios.[100] Esa cita prepara el gesto crítico respecto de ideologías que todo lo fían al progreso material. En tensión con tales ideologías hay que valorar el subrayado que hace Benjamin de factores espirituales en ese combate por lo material que es la lucha de clases. Entre esos factores, Benjamin se fija en los que se vinculan a la mirada hacia el pasado.

El fragmento V inicia el debate con el historicismo, contrincante teórico fundamental de Benjamin en *Sobre el concepto de historia*.[101] Cuando Benjamin utiliza declaraciones de un Fustel

---

99. El fragmento III de *Sobre el concepto de historia* puede ser leído junto al N 1 a,3 del trabajo sobre los pasajes, que introduce la figura de la apocatástasis, la *restitutio universalis*. Benjamin afirma allí que es posible dividir cada época histórica en una parte positiva, llena de futuro, y en otra negativa, carente de él. Propone incluir en esta segunda parte aquello sin lo que la parte positiva no podría ser reconocido. «Y así sucesivamente hasta el infinito, hasta que todo el pasado sea recuperado en el presente en una apocatástasis histórica». G.S. V.1, 573. Por otro lado, conviene tener en cuenta la consideración que hace Benjamin de la visión kafkiana del Juicio Final como ley marcial. G.S. I.3, 1.245. También la figura del tribunal mundial que Benjamin maneja en una carta a Werner Kraft de 28 de octubre de 1935. *Briefe*, II, 697-699, 698. La clausura del pasado es el tema de la carta que Horkheimer dirige a Benjamin el 16 de marzo de 1937, y sobre la que Benjamin reflexiona en el fragmento N 8,1 del trabajo sobre los pasajes. Según Horkheimer, sólo desde el idealismo se puede decir que la historia no está cerrada: «La injusticia pasada ha ocurrido y está concluida». Horkheimer cree que pensar en una apertura del pasado lleva a creer en el Juicio Final. Benjamin basa su réplica en el hecho de que la historia es, no menos que una ciencia, una forma del *Eingedenken*. A su juicio, «lo que la ciencia ha constatado, puede ser modificado por el *Eingedenken*. Éste puede abrir lo cerrado o cerrar lo abierto». G.S. V.1, 588 s. Véase también: G.S. II.3, 1.332 s.

100. Hegel, 1974, 557.

101. Mate encuentra una continuidad entre lo que Benjamin llama «historicismo»

o de un Ranke, lo hace para distinguirse no tanto de una corriente historiográfica como de cierta conciencia del tiempo y
de la historia a la que tampoco los educados en Marx son inmu-
nes. Decisivo es —como la cita de Fustel en el fragmento VII se
encarga luego de subrayar— el desinterés del historicista por el
presente. El historiador benjaminiano dirige al pasado una mirada actual.[102] Salvar el pasado consiste en hacer que el presente se reconozca mentado en él. Benjamin anota en el trabajo
sobre los pasajes que «cada presente es determinado a través de
aquellas imágenes que son sincrónicas con él; cada ahora es el
ahora de una determinada reconocibilidad».[103] Y en el trabajo
sobre Fuchs concibe «una ciencia histórica cuyo objeto no esté
formado por un ovillo de puras facticidades, sino por el grupo
contado de hilos que representan la inclusión de un pasado en
el tejido del presente».[104] Para esta ciencia, cada actualidad puede estar ciega ante la verdad del pasado o revelarla, de modo
que haya «hilos perdidos durante siglos que el actual decurso
de la historia vuelve a coger de súbito».[105]

Debe subrayarse que, si en el fragmento II Benjamin habla
de representación (*Vorstellung*) del pasado, en el V habla de su
imagen (*Bild*).[106] Mientras que el historicista asegura que la
verdad no se le escapará, el historiador benjaminiano tiene
miedo de perder cada imagen del pasado.[107] Sabe que ésta es

---

y posiciones conservadoras teóricas —en el llamado «debate de los historiadores»— y
prácticas —en la política de reunificación de Kohl— en la República Federal Alemana:
a través de una lectura del pasado que se pretende objetiva y científica, el nazismo es
explicado, comparado a otros fenómenos históricos y, en definitiva, exculpado. La
reunificación alemana se sigue como consecuencia necesaria de esa exculpación. A
juicio de Mate, los historiadores revisionistas aceptan el mandato de Nietzsche de
olvidar para vivir, liquidan el sentido de responsabilidad histórica —los hijos no son
herederos de la culpa— y disuelven el nazismo en una continuidad histórica de la que
los alemanes pueden estar orgullosos. Mate, 1991b, 179 ss.

102. Benjamin cree que la concepción de su trabajo sobre los pasajes parisinos
coincide con «los intereses decisivos» de su generación. Así lo afirma en carta a Scholem de 9 de agosto de 1933. *Briefe*, II, 683-685, 684.

103. Fragmento N 3,1. G.S. V.1, 578.

104. G.S. II.2, 479.

105. Ídem.

106. Leyendo a Proust habla Benjamin de un recuerdo sin imagen. Se refiere a
aquellos momentos del recuerdo que, sin imagen ni forma, «nos dan noticias de un
todo como el peso de la red se la da al pescador respecto de su pesca». *Para una
imagen de Proust. Zum Bilde Prousts* (1929); G.S. II.1, 310-324, 323.

107. La frase de Keller «La verdad no se nos escapará» ocupa a Benjamin en el
ensayo sobre Fuchs y en el trabajo sobre los pasajes. G.S. II.2, 468 y G.S. V.1, 579

fugaz. Como un relámpago. Esta figura, antes que en *Sobre el concepto de historia*, es utilizada por Benjamin para referirse al recuerdo privado. Leyendo a Kafka, afirma: «La verdadera medida de la vida es el recuerdo. Atraviesa la vida, retrospectivamente, como un relámpago».[108] Y de Proust dice Benjamin que logra una concentración rejuvenecedora «en la cual se consume como un relámpago lo que de otro modo sólo se mustiaría y aletargaría».[109]

El fragmento VI caracteriza la imagen del pasado como difícil. Pero cuanto más difícil es ver un pasado, más precioso resulta para la actualidad. El fragmento define como verdadera articulación histórica del pasado la contemplación de éste en su peligro. Se trata de una definición antihistoricista de la tarea del historiador. Si Ranke habla de conocer el pasado tal como fue, Benjamin habla de conocerlo tal como aparece a una actualidad en que peligra.[110] La oportunidad de salvar un pasado se da precisamente en su mayor peligro: esa afirmación tiene la misma forma que la unión de desesperación y esperanza tematizada por Benjamin en su ensayo sobre *Las afinidades electivas* de Goethe. Benjamin podría haber recuperado el cierre de ese ensayo —«Sólo por mor de los desesperados nos es dada la esperanza»— en *Sobre el concepto de historia*, pues también aquí la esperanza reside en los que ya no pueden tener ninguna. La esperanza que ofrecen los muertos tiene el tamaño de la memoria de los vivos.

Se trata de una pequeña esperanza. En *Sobre el concepto de historia* no hay lugar para la certeza de la victoria del socialismo. El fragmento VI no duda, sin embargo, del significado histórico de esa victoria: recuerda que el Mesías es «también» el vencedor del Anticristo. La visión de la historia como espacio

---

(Fragmento N 3 a, 1). Kaiser distingue entre un historicismo clásico (Ranke) y un historicismo moderno (Dilthey-Gadamer) al que, a su juicio, no se refiere aquí Benjamin, y que, a diferencia del primero, reconoce la parcialidad del historiador y acepta la pluralidad de perspectivas. Kaiser, 1972, 591 ss. Conviene aquí recordar que en *Imágenes del pensamiento* Benjamin plantea la oposición entre el mundo de las imágenes y el de la ciencia. A este respecto, pone el ejemplo de quien se entrega a las imágenes de las nubes, que ha de olvidarse del proceso de formación material de éstas. G.S. IV.1, 427.

108. En la antes reseñada discusión con Brecht acerca del cuento de Kafka *La aldea más cercana*. G.S. VI, 529 s.

109. G.S. II.1, 320.

110. También en el trabajo sobre Fuchs se ocupa Benjamin del lema rankeano de conocer el pasado «como realmente ha sido». G.S. II.2, 469.

de la lucha contra el Enemigo aleja a Benjamin de la órbita de Hegel y lo acerca a la de Blanqui.[111]

La pereza como señal del historicismo es el tema del fragmento VII. Si en el quinto y en el sexto fragmentos son respectivamente Keller y Ranke los contrapuntos de Benjamin, el escogido aquí es Fustel de Coulanges. En la recomendación fusteliana de olvidar lo sucedido entre el pasado a revivir y el presente, Benjamin detecta la pereza que los teólogos medievales asocian con la acedía, pecado del triste. Por así decirlo, el historiador cientificista desearía volcar los acontecimientos en un sistema de ejes cartesianos —donde la vertical representaría el tiempo y la horizontal el espacio. Así, la retirada del observador sería máxima y el pasado se mostraría tal cual fue. Benjamin entiende, por el contrario, que de la difícil imagen del pasado sólo puede hacerse cargo una mirada creadora, constructiva.

Merece la pena cotejar las afirmaciones antihistoricistas del fragmento VII con el «Prólogo» del libro sobre el *Trauerspiel*, donde Benjamin se propone seguir un método «exactamente opuesto» al empático. Por tal entiende un procedimiento basado en «la intuición de los estados subjetivos del receptor proyectados en la obra».[112] En el mismo contexto señala que también el contenido de las fuentes suele estar determinado «por intereses actuales, más que por ideas historiográficas».[113] Además de calificar la empatía como «fatídica impersonalidad patológica, en virtud de la cual el historiador trata de deslizarse por "sustitución" hasta la posición del creador», Benjamin denuncia que el presente eche «mano de las manifestaciones de culturas remotas en el tiempo o en el espacio para arrebatárselas e incorporarlas friamente a sus fantasías egocéntricas».[114]

---

111. Para Lucas, el mesianismo que Benjamin invoca es el militar surgido en la época del segundo Templo y resurgido con la revuelta de los Macabeos y con la aparición de la secta de los Celotas. A juicio de Lucas, ese mesianismo benjaminiano es un ropaje teológico para hablar de la revolución marxista. Lucas, 1995, 79 s. Kaiser esboza una vinculación entre la figura del Mesías y la teoría benjaminiana de la verdad: con el Mesías adviene el Reino de la no intencionalidad. Kaiser, 1972, 594 ss.

112. G.S. I.1, 222. En *Historia de la literatura y ciencia de la literatura*, Benjamin sitúa la empatía entre las siete cabezas de la hidra de la estética escolástica. G.S. III, 286. En *Diario de Moscú*, manifiesta su impresión de que el término «empatía» es erróneo «incluso lingüísticamente». G.S. VI, 325.

113. G.S. I.1, 221.

114. *Ibíd.*, 234.

Benjamin duda que la pregunta «¿cómo fue realmente?» sea científicamente formulable.[115] A su juicio, la época barroca sólo puede ser visualizada desde el presente si éste renuncia «desde el principio a la visión de la totalidad».[116]

En *Sobre el concepto de historia*, Benjamin defiende que una historia no constructiva nunca es neutral: siempre se pone al servicio de la tradición hegemónica. Él toma en serio la advertencia de Goethe de que nada que haya causado efecto puede ser juzgado —ya que nada puede juzgarse a sí mismo.[117] Por tanto, ganar una distancia respecto de la tradición exige un esfuerzo mucho mayor que el ofrecido por el historicista. La empatía de éste con el pasado legitima lo sucedido, que es refrendado como necesario. El historicista se compenetra con los vencedores, cuya voz es la cultura; Benjamin propone escuchar el silencio de los vencidos, sin los que esa cultura no habría sido posible. Problematiza así la conservación del pasado, para el que quiere un trato no apologético, sino crítico.[118]

Frente a la pereza historicista, la figura del cepillado a contrapelo reclama un esfuerzo crítico y constructivo. Benjamin utiliza la misma figura en otro lugar para contraponer arte a artesanía pequeño-burguesa: «Arte significa cepillar la realidad a contrapelo. Darle brillo, pulimentar, es trabajo del tapicero. Cómo una cosa "se desarrolla desde otra en una seriación lógica"; cómo describir a los hombres "plásticamente, en la verdad de la vida": artesanía pequeño-burguesa». A ella opone Benjamin un arte «duro» que «no quiere desarrollar "una cosa de la otra", sino lo mucho de lo poco», es decir, un arte monadológi-

---

115. *Ibíd.*, 222.

116. *Ibíd.*, 237. Conviene tener en cuenta la carta a Werner Kraft de —probablemente— julio de 1934, en que Benjamin reflexiona sobre la compatibilidad de un compromiso con el comunismo y la renuncia «a la inmodesta perspectiva de un sistema "total"». *Briefe*, II, 615-616, 616.

117. Benjamin cita esa advertencia —en que Goethe se refiere a Shakespeare— en el ensayo sobre Fuchs. G.S. II.2, 467. Dicho ensayo anticipa —incluso literalmente— posiciones fundamentales del fragmento VII. Acerca de la dialéctica entre cultura y barbarie, véase también los fragmentos N 5 a,7 y N 6,1 del trabajo sobre los pasajes. G.S. V.1, 584. En este contexto debe ser leído asimismo el final de *Experiencia y pobreza*, donde Benjamin habla de una nueva humanidad formada por hombres capaces de «sobrevivir a la cultura». G.S. II.1, 219.

118. Scholem da testimonio del interés de Benjamin por el sacerdote Bernardino de Sahagún, que ayudó a preservar las tradiciones mayas y aztecas. Scholem, 1987, 47. Acerca del par salvación/apología, véase G.S. I, 1.150. Para una comparación de las visiones benjaminiana y marcuseana de la cultura: Habermas, 1986, 306.

co.[119] La historia a contrapelo se interesa por aquello que no ha causado efecto, por lo que no ha sobrevivido. Por eso quiere Benjamin que el historiador materialista revele el negativo de la tradición burguesa. Su proceder ha de ser análogo al del aparato fotográfico, que convierte luces en sombras y sombras en luces.

Benjamin repudia una mirada que, pretendiéndose apolítica, refuerza el estado de las cosas insertándolo en una tradición ascendente. Los surrealistas le han convencido de la posibilidad de «permutar la mirada histórica sobre lo que ya ha sido por la política».[120] Esa pretensión concuerda con la máxima brechtiana de «no conectar con el buen tiempo pasado, sino con el mal tiempo presente».[121] Precisamente a Brecht pertenece la cita que abre el fragmento. En ella se recupera el tema —barroco— del mundo como valle de lágrimas. Así, frente a la triste indolencia de un historiador que no afronta la difícil tarea de —resistiéndose a la imagen en curso— buscar la verdadera imagen de la historia, Benjamin señala otra tristeza: la melancolía que brota de la contemplación de la historia del mundo.[122]

La fe en el progreso y la amenaza fascista aparecen al mismo tiempo en *Sobre el concepto de historia*. La figura de «estado de excepción» sirve en el fragmento VIII para vincularlas.[123] Hay quien interpreta el fascismo como un bache raro en la bien asfaltada autopista del progreso; Benjamin, en cambio, juzga la fe en éste desmentida por el triunfo fascista. En lugar de ajustar el fascismo a un modelo de progreso, entendiéndolo como excepción que no invalida la regla, Benjamin niega ésta por aquél. Se trata de una invalidación absoluta: que hubo fascismo siempre será un argumento contra la fe en el progreso. Más aún: en el fascismo la historia se expresa como catástrofe.[124]

---

119. En una inversión de 1928 de la novela de Julien Green *Adrienne Mesurat*. G.S. III, 153-156, 154.

120. G.S. II.1, 300.

121. Benjamin la anota el 25 de agosto de 1938. G.S. VI, 539.

122. Sontag ve en su melancolía el rasgo fundamental de Benjamin. Sontag, 1981.

123. Benjamin utiliza la misma figura en una carta a Scholem de 4 de febrero de 1939, en la que se refiere a la necesidad de imponer un estado de excepción a su correspondencia. *Briefe*, II, 800-804, 800. Acerca de la inversión en Benjamin de palabras acuñadas por Carl Schmitt, véase Taubes, 1987, 28. Por otro lado, conviene tener en cuenta la hipótesis de Spinner de que Brecht transforma en *La medida —Die Maßnahme*; Brecht, 1978, 255-268— la excepción schmittiana en categoría estética. En Quaritsch, 1988, 226.

124. En este contexto conviene considerar la carta a Adorno de 9 de diciembre de

Es importante liberar este argumento de la calificación de pesimista. Benjamin reclama organización frente a un optimismo que —como el abonado por la Segunda Internacional— él juzga funesto. Esa organización empieza por la construcción de una imagen antifascista de la historia. En el trabajo sobre los pasajes parisinos, se propone lograr una distancia respecto del pensamiento burgués enfrentando al concepto de progreso el de actualización.[125] Un texto preparatorio de *Sobre el concepto de historia* aclara en qué sentido reconoce Benjamin el pesimismo activo como matriz de su obra: «Organizar el pesimismo significa descubrir en el espacio de la acción política el espacio de la imagen. [...] Este espacio de imagen buscado (es) el mundo de universal e integral actualidad».[126]

La organización del pesimismo puede comenzar por el fragmento IX, que recupera temas de fragmentos anteriores y plantea la pregunta por la continuidad de la historia, clave de los fragmentos siguientes. Aquí, como en el I, Benjamin medita a partir de una imagen. Se trata esta vez del *Angelus Novus* de Paul Klee. Al igual que en el I, la tensión entre imagen y texto alimenta la proliferación de interpretaciones. El fragmento presenta un naufragio con espectador. Sus intérpretes quieren responder a la pregunta acerca de qué se esconde bajo ese ángel testigo: la impotente conciencia histórica; el historiador, incapaz de presentar un relato único del pasado; el hombre contemporáneo, ante el que se desintegra la cultura, antes unitaria...[127]

1938, en que Benjamin presenta reservas hacia el concepto de progreso (*Briefe*, II, 790-799, 798). También la dirigida a Horkheimer el 24 de enero de 1939, en que vincula dicho concepto —que declara haber rastreado desde Turgot— a la representación de la cultura como continuo (G.S. I.3, 1.225).

125. Fragmento N 2, 2. G.S. V.1, 574.

126. G.S. I.3, 1.234.

127. Benjamin compra la acuarela *Angelus Novus* en 1921. A este respecto, véase Scholem, 1987, 109; Werckmeister, 1981, 98. Werckmeister interpreta el ángel como metáfora múltiple de la situación histórica vivida por Benjamin, del historiador benjaminiano y de la conciencia humana, para acabar entendiéndolo como imagen dialéctica de la subjetividad. Werckmeister, 1981, 109 ss. y 120. Para una interpretación onírica, véase Kaiser, 1972, 597 s. En este punto conviene recordar que el fragmento IX no es producto del sueño o de la embriaguez, sino, igual que los demás, de reflexiones tan largas como la vida intelectual de Benjamin. Buci-Glucksmann acude a un deconstruccionista juego de palabras (*étrange = être-ange*) para presentar al ángel como alegoría de lo extraño. Buci-Glucksmann, 1984, 43. Niethammer ve en el ángel una representación del historiador profesional. Niethammer, 1989, 129. La controversia acerca del texto de Benjamin sorprende menos cuando se conoce la que suscita el cuadro que

La biografía de Benjamin empuja a asociarlo con el ángel de Klee.[128] El Benjamin que escribe el fragmento IX es un hombre amenazado, y el *Angelus Novus* puede valer como alegoría de la esperanza de salvación del perseguido. También puede representar una fuga hacia la religión. O, contrariamente, representar la nostalgia de una salvación trascendente que en la modernidad es impensable. Conforme a esta última interpretación, el incapaz de acción no es tanto Benjamin como el ángel, cuya debilidad es la de la tradición religiosa: la razón ilustrada trae el llamado progreso, que conlleva la explotación de la naturaleza y del hombre; la secularización ha vuelto impotente al ángel, que ya no puede prometer el retorno al Paraíso. De modo que el ángel puede representar el retorno a la religión de una humanidad amenazada, pero también su irreversible alejamiento del Paraíso.[129]

El tema del ángel es recurrente en la obra de Benjamin.[130] La leyenda talmúdica de los ángeles que, «creados cada momento en innumerables multitudes, después de haber cantado su himno ante Dios, desaparecen en la nada», le vale para caracterizar lo que él llama «tiempo pleno».[131] Lo hace al proyectar la revista de título *Angelus Novus*, intentando explicar en qué sentido debe

___

describe. En éste, si no hay suelo bajo el ángel, tampoco son alas lo que extiende, sino brazos de los que acaso salen cuerdas y que concluyen en manos de cinco dedos. Puede recordar a un hombre con alas mecánicas. Werckmeister, 1981, 121. La semejanza ángel/aviador ha hecho pensar en la coincidente actitud crítica de Benjamin y Klee ante la Primera Guerra Mundial. A este respecto, Werckmeister se fija en un texto escrito por Klee en 1915 cuyo tema es el recuerdo y cuya imagen central es el vuelo sobre las ruinas. Aun cuando, al parecer, Benjamin no conocía el texto de Klee, Werckmeister conecta las posiciones de ambos. *Ibíd.*, 98 ss., sobre todo 117 ss.

128. Conviene aquí tener en cuenta la carta a Scholem de 26 de julio de 1932, en la que Benjamin se describe como escritor rodeado de planes irrealizados, cercado de escombros. *Briefe*, II, 555-556, 556, Cf. Scholem 1972, 100 ss.

129. El ángel es para Lucas promesa de felicidad y redención. Lucas, 1995, 179 ss. Contrariamente, Villacañas ve en él una alegoría de la desesperación absoluta. Villacañas, 1997, 339 ss. Kaiser niega que el ángel sea una alegoría de la historia, pues viene de fuera de ésta, del paraíso. Kaiser, 1972, 597 s. Werckmeister interpreta el ángel como expresión de la imposibilidad de una comprensión metafísica de la historia. Werckmeister, 1981, 118. Niethammer parte del doble significado de *ruah* —viento y espíritu— para distinguir entre progreso y razón ilustrada. Niethammer, 1989, 129 ss.

130. Scholem recorre el tema en su artículo *Walter Benjamin y su ángel*. Scholem, 1972.

131. Cerrando *Ankündigung der Zeitschrift: Angelus Novus*; G.S. II.1, 241-246, 246. Werckmeister olvida la importancia que el concepto de actualidad tiene en *Sobre el concepto de historia*, pues afirma que en este texto apenas queda nada de los ángeles de la leyenda talmúdica. *Op. cit.*, 114.

ser «actual». La efímera voz de los ángeles de la leyenda le sirve, años más tarde, para representar la escritura de Kraus.[132] Aquí liga la leyenda al ángel de Klee, convertido en alegoría de un nuevo humanismo. Descubre en el *Angelus Novus* una doble naturaleza: es devorador de hombres, pero también niño; es destrucción y origen. Un monstruo que libera devorando es la alegoría de la nueva humanidad que nace en la destrucción del viejo humanismo.[133] En este punto, Benjamin parece dialogar con el Nietzsche que concibe una superación de la humanidad. Con la figura del niño funde Benjamin la del comedor de hombres; uno y otro laten en el ángel. La destrucción no es origen de un superhombre, sino de un inhumano. Al tiempo feliz y desdichado, como los ángeles de la leyenda, de los que, finalmente, no se sabe si alaban jubilosos o se lamentan.

En *Agesilaus Santander*, Benjamin describe el *Angelus Novus* con rasgos monstruosos: tiene garras afiladas y sus alas parecen cuchillos. Esta bestia viene del futuro y nunca gira la cabeza hacia atrás, porque sus ojos están fijos en la presa escogida. En el fragmento IX, el ángel mira hacia el pasado y da la espalda al futuro. La orientación de la mirada es, de hecho, tema central en *Sobre el concepto de historia*. En un esbozo del texto, Benjamin glosa la concepción romántica del historiador como profeta del revés: al contemplar el pasado del género humano, el historiador parece dar la espalda a su propio tiempo; pero éste le es menos desconocido que a sus contemporáneos desinteresados por la historia.[134] En otro esbozo, Benjamin vincula esa concepción romántica al historiador marxista, cuyo trabajo está determinado por la situación social de su propio tiem-

---

132. Cerrando el ensayo de 1931 sobre Kraus. G.S. II.1, 367.

133. La noción de belleza en Baudelaire, antiplatónica en tanto que asociada a la carencia y al mal, está a juicio de Lucas en la base del ángel monstruo benjaminiano. Lucas, 1992, 45 ss. y 179 ss. En este contexto, conviene atender a la consideración que da Carl Schmitt al satanismo como uno de los principios intelectuales del XIX. Según Schmitt, la expresión literaria de ese principio se encuentra precisamente en la poesía de Baudelaire, que entroniza a Satán y al fratricida Caín frente a Abel, el burgués. Véase *Teología política* (Schmitt, 1975, 90 ss.) e *Interpretación europea de Donoso Cortés* (Schmitt, 1963, 88 ss.). Hay una interesante correspondencia entre estas consideraciones de Schmitt y la lectura que hace Benjamin de Baudelaire. La poesía baudelaireana lleva a Benjamin a descubrir la raza que procede de Caín en «aquellos que no poseen otra mercancía que su propia fuerza de trabajo» e incluso a vincular a Blanqui con Satán. En *El París del Segundo Imperio en Baudelaire*. G.S. I.2, 523 s.

134. G.S. I.3, 1.237.

po.[135] En un tercer esbozo explica que el historiador, si ve su tiempo en el *medium* de las fatalidades pasadas, se convierte en un profeta invertido. Dicho de otro modo: la mirada que se tensa hacia el pasado fallido es la más apta para contemplar la actualidad.[136]

En lugar de destructor, el *Angelus Novus* de *Sobre el concepto de historia* es espectador impotente de una destrucción que sólo a él no alcanza. La destrucción es, por cierto, el objeto preferido por la mirada barroca. A diferencia de la mirada del clasicismo, la barroca centra su atención sobre «la falta de libertad y el carácter inacabado y roto de la bella *physis* sensible».[137] Investigando los *trauerspiele* encontró Benjamin esa mirada sensible al carácter fragmentario del mundo: «La historia en todo lo que tiene de anacrónico, desgraciado y fallido desde el principio se expresa [...] en una calavera... Éste es el núcleo de la contemplación alegórica, de la exposición barroca, profana, de la historia como historia de las penas del mundo».[138] Es a lo fallido —y no, como en el modelo del progreso, a lo logrado— a lo que atiende esta visión de la historia.

Pero aunque el ángel sólo vea mortandad, sólo anhela salvar lo muerto. Benjamin escribe: «Tan fuerte como el impulso destructivo es, para la verdadera escritura de la historia, el impulso de salvación».[139] Salvación que no puede consistir en una reconstrucción a partir de las ruinas, sino en una construcción desde ellas. El horizonte de esa construcción es político. Así viene a indicarlo aquella otra descripción que hace Benjamin de este ángel que, en vez de volar, es arrastrado por el viento: «Las alas son las velas. El viento, que sopla desde el paraíso, está en ellas. —La sociedad sin clases como tope».[140]

Finalmente, lo que el fragmento IX expresa no es la superioridad de la mirada barroca sobre la ilustrada, sino la tensión

135. *Ibíd.*, 1.245.

136. *Ibíd.*, 1.250. Estos esbozos han servido para apoyar la interpretación del Angelus Novus como alegoría del historiador.

137. G.S. I.1, 352.

138. *Ibíd.*, 343. Interpretando *Cien años de soledad*, Wahnón afirma que la visión última que de la historia de su familia alcanza Aureliano coincide con la de Benjamin en *Sobre el concepto de historia*. Wahnón ve en la novela de García Márquez «una concepción materialista de la historia que pone a la teología a su servicio», y en Aureliano «la imagen misma del ángel de la historia», en la medida que «la historia se le aparece, como al ángel de Benjamin, como una catástrofe única». Wahnón, 1995, 121.

139. G.S. I.3, 1.242.

140. *Ibíd.*, 1.244.

entre ambas. De un lado, la ruina gigantesca; de otro, el viento irresistible. Entre la ruina y el viento, el ángel. Dos construcciones de la historia —la historia como catástrofe; la historia como progreso— son puestas en constelación dialéctica.

A la artificialidad de la historia ya se refería aquella figura de un caleidoscopio que, en cada giro, daba una nueva organización al material. El carácter político de la opción entre modelos de historia es el tema de los fragmentos X y XI. Recusan a una política que ha sido incapaz de detener al fascismo.[141] Leído junto al VII, el X sirve para contraponer dos actitudes frente al mundo: si el infectado de acedía lo contempla con pereza, el monje que medita logra separarse de su monótono decurso. Benjamin asocia la primera actitud a los creyentes en el progreso. No sólo en el fragmento X, sino también en el XI, deja claro que entre tales creyentes ubica a los socialdemócratas, educados en la moral protestante del trabajo. La perversidad política del modelo de progreso se expresa alegóricamente en el fragmento X: un niño —la política mundial— atrapado en una red. Se alude aquí a una naturalización de la historia cuyo correlato político es la no decisión. La fe en el progreso condena a la humanidad a vivir en el mundo mítico, al retorno de lo siempre igual, que sólo una decisión podría interrumpir.

La decisión es tema del fragmento XII. Éste contrapone dos interpretaciones del papel histórico del proletariado: una —propia de la socialdemocracia— lo ve como la clase redentora del futuro; otra —que Benjamin hace proceder de Marx y a la que son fieles el grupo Spartacus o Blanqui— como la clase vengadora del pasado.[142] Lo que singulariza ante Benjamin a espartaquistas y *communards* es la fidelidad a ciertas «virtudes revolucionarias». Benjamin sitúa el odio entre esas virtudes. No concibe el origen de un nuevo humanismo sin destrucción. En todo caso, como adelantaba el fragmento II, la fuerza que procede de ese odio es débil.[143]

---

141. Probablemente, Benjamin tiene en cuenta aquí la crisis del Frente Popular y el pacto Hitler-Stalin. Scholem lee *Sobre el concepto de historia* como una reacción de Benjamin contra el mencionado pacto. *Ibíd.*, 225. Acerca de la posición previa de Benjamin respecto de Stalin: *ibíd.*, 169.

142. En *El Paris del Segundo Imperio en Baudelaire*, Benjamin afirma que éste «reconoce en el proletario al gladiador esclavo». G.S. I.2, 577.

143. En este contexto, conviene tener en cuenta las reflexiones del ensayo sobre

Si los fragmentos XI y XII describen los daños causados por el modelo de progreso, el XIII encuentra base común a las diversas formulaciones del mismo: un tiempo homogéneo. De un tiempo absolutamente heterogéneo, el «tiempo-ahora», se ocupa el fragmento XIV. La cita de Kraus que lo abre ya alude a una extrema abreviación del tiempo y al carácter reversible de la flecha temporal: «El origen es la meta».[144] La coincidencia de origen y meta es el caso extremo de constelación de dos momentos. El fragmento XIV menciona otras constelaciones: la Revolución Francesa proclamándose Roma, la moda recuperando una prenda antigua. Benjamin defiende una noción de tiempo que permita semejantes constelaciones, que en un tiempo homogéneo no pueden pensarse. La idea de dos tiempos que entran en constelación es abiertamente antihistoricista. El historicismo ve la historia como una secuencia continua de iguales; no concibe que un pasado remoto pueda vincularse inmediatamente a la actualidad.[145]

El fragmento XV reflexiona sobre el calendario como tratamiento no historicista del tiempo. En las fiestas conmemorativas destacadas por el calendario, un pasado heterogéneo al continuo viene a fundirse con el presente, nutriendo a éste. En lo fundamental, se trata del mismo fenómeno al que se refiere Benjamin cuando, en otro lugar, reflexionando sobre la futurología, habla de que «el destino se para como un corazón» y «sentimos ascender en nosotros las sombras de vidas que no hemos vivido jamás».[146] También ahí se alude a una grieta del continuo temporal por la que se cuela un tiempo no presente.

Lo decisivo en *Sobre el concepto de historia* es que se otorga la mayor importancia política a esa conciencia monadológica capaz de construir constelaciones de la actualidad con el pasado. La actualidad no tiene su superación en el fin de la historia

Fuchs acerca de la incapacidad del arte para intervenir en la liberación del proletariado. G.S. II.2, 481 s.

144. Sobre la noción de tiempo-ahora (*Jetztzeit*): Lucas, 1995, 72-104. Lucas señala diversas corrientes que confluyen en dicha noción: el mesianismo judío, el misticismo alemán, el movimiento revolucionario, el decisionismo schmittiano, el romanticismo alemán y la literatura proustiana. Acerca del interés de Benjamin por el tema de la direccionalidad del tiempo: Scholem, 1987, 45.

145. Cf. Schnädelbach, 1980, 27.

146. Se trata del fragmento de *Imágenes del pensamiento* titulado *Sobre la fe en las cosas que nos vaticinan*. G.S. IV.1, 373.

(conforme al modelo hegeliano o de extensión del Reino de Dios); tampoco tiene el valor siempre igual de cualquier otro tiempo (conforme al modelo historicista, para el que cada instante está ligado a Dios, que sólo se da a lo largo de toda la historia). La actualidad es en Benjamin ocasión de traer al presente un ayer dañado (conforme al modelo mesiánico).

El fragmento XVI debe leerse desde la tesis de la pérdida de experiencia. Si, como quiere el fragmento, la historia es una experiencia del pasado, la moderna crisis de la capacidad de hacer experiencias pone en peligro la historia. De hecho, en *Experiencia y pobreza* liga Benjamin la pérdida de experiencia a una pérdida del pasado: habrá que partir «de cero» —dice—, dado que «hemos ido entregando una porción tras otra de la herencia de la humanidad, con frecuencia teniendo que dejarla en la casa de empeño por cien veces menos de su valor para que nos adelanten la pequeña moneda de lo "actual"».[147]

La noción «experiencia del pasado» ha de entenderse frente al modelo historicista de conocimiento acumulativo. Al retirarse por mor de la objetividad, el historicista vacía el presente, convirtiéndolo en un momento más en la cadena homogénea del tiempo. Construir una constelación de un pasado con el presente, llenando éste de aquél, es la tarea que Benjamin asigna al materialista histórico. Pero la noción benjaminiana de actualización del pasado parece educada menos en Marx que en Proust.[148] Lo que encuentra Benjamin en la escritura proustiana es precisamente una constelación de la actualidad y el pasado. No la vida como fue, ni tampoco como la recuerda quien la ha vivido, sino «la tejedura de su recuerdo» entre el pasado y el presente.[149] En el mismo contexto puede entenderse la preferencia de Benjamin por Green frente a Zola. Según Benjamin, mientras el naturalismo de Zola «describe hombres y circunstancias como sólo los contemporáneos podían verlos», el de Green «los presentiza como jamás un contemporáneo se los hubiese podido representar».[150] En Green o en Proust, la actualidad, al citar un pasado, se cita con él.

---

147. G.S. II.1, 219.
148. Si bien Benjamin escribe sobre un marxista: «Avizorando desde su trabajo, mira al pasado sobre el presente». Se refiere a Brecht. En *Comentarios a poemas de Brecht*. G.S. II.2, 562.
149. G.S. II.1, 311. Benjamin habla del «trabajo de Penélope» del recuerdo.
150. Ídem.

Ese ayer es citado por una actualidad y no por otra. En este sentido, la historia —cada momento del pasado— tiene hora. Ya en su tesis doctoral reflexionaba Benjamin sobre la afirmación de Novalis de que cada tiempo construye su Antigüedad.[151] Benjamin interpretaba la posición de Novalis contra Goethe como una defensa de que «sólo ahora comienza a nacer la Antigüedad», que no ha sido dada, sino que debe ser producida en cada momento, pues «existe sólo allí donde un espíritu creador la reconoce; no es ningún *factum*».[152]

Benjamin recoge esta visión no estática, no mítica, de la historia. El historicista, en cambio, pretende presentar del pasado una imagen eterna, desligada de su propio mundo experiencial. Esa imagen eterna no puede intervenir en el presente. Mientras que el historiador benjaminiano ve el presente como el tiempo en que él hace experiencia de una historia en la que él puede actuar, el historicista lo contempla como transición dentro de un continuo al que él no afecta. Por esta vía, el fragmento XVI, como el XVII y el XVIII, convierte la crítica metodológica en política: según Benjamin, el historicista no sólo se compenetra con la violencia que dominó en el pasado, sino con la violencia hoy dominante. A ésta le tranquiliza la comprensión de la historia como continuo en que se sumerge el presente.

El fragmento XVII resume la crítica de Benjamin al historicismo. El horizonte de éste es una Historia Universal entendida como acumulación exhaustiva de los hechos del pasado, que se vuelcan en la vaciedad del tiempo sin que nada se construya con ellos. A esa indolente acumulación opone Benjamin la activa construcción del pasado, que interviene en el presente.

El rechazo del historicismo por su carencia de armadura teórica no contradice la retirada de la teoría que tantas veces pregona Benjamin. Por el contrario, Benjamin ha señalado el fragmento XVII como clave para comprender la conexión entre *Sobre el concepto de historia* y la matriz metodológica de su obra en general.[153] Lo que Benjamin denuncia es la pereza del

151. Ese tema también aparece en *El París del Segundo Imperio en Baudelaire*, donde se subraya que, desde el punto de vista de Baudelaire, la obra de Hugo «sacaba a la luz una nueva Antigüedad». G.S. I.2, 586. Según Benjamin, el propio Baudelaire «quiere ser leído como un antiguo». *Ibíd.*, 593.

152. G.S. I.1, 116.

153. G.S. I.3, 1.226.

historicismo, que se limita a acumular sucesos en el infinito tiempo vacío. El materialismo histórico al que Benjamin lo contrapone no consiste en un entramado categorial, sino en la construcción de una experiencia actual del pasado fallido.

La superioridad que otorga Benjamin a la construcción sobre la reproducción historicista puede entenderse a partir de sus observaciones acerca de la técnica cinematográfica del montaje. Está de acuerdo con Brecht en que una réplica nada dice de la realidad;[154] en cambio, el montaje cinematográfico constituye una penetración mecánica en ella.[155] En ese sentido compara Benjamin al cámara con el cirujano. El procedimiento cinematográfico —y radiofónico— del montaje, conforme al cual «lo montado interrumpe la continuidad en la cual es montado»,[156] lo gana Brecht para el teatro. Benjamin subraya que, mientras que el teatro naturalista —burgués— imita la realidad, el teatro épico es constitutivamente artificial, constructivo.

Según Benjamin, la construcción presupone la destrucción.[157] La asociación de los momentos destructivo y constructivo es fundamental para entender a Benjamin como conservador «a contrapelo»: «El carácter destructivo milita en el frente de los tradicionalistas. Algunos transmiten las cosas en tanto que las hacen intocables y las conservan; otros, las situaciones en tanto que las hacen manejables y las liquidan».[158] A éstos llama Benjamin destructivos. Según Benjamin, el carácter destructivo no necesita saber «qué es lo que va a ocupar el

---

154. En *Pequeña historia de la fotografía*. G.S. II.1, 383 s.

155. En *La obra de arte en la época de su reproducibilidad técnica*. G.S. I.2, 495 s. Debe mencionarse aquí la atención que Benjamin dedica en su trabajo doctoral a la correspondencia establecida por Schlegel entre el artista y el fabricante industrial. G.S. I.1, 105 s.

156. En *El autor como productor*. G.S. II.2, 697 s. Según Lucas, «el gesto que pone en escena el teatro épico es la aplicación teatral y artística de la dialéctica». Lucas, 1995, 98 ss., 99. Acerca de las lecturas que hace Benjamin del gesto en Brecht y en Kafka: ídem, 103 s.

157. En el fragmento N 7, 6 del trabajo sobre los pasajes. G.S. V.1, 587. Conviene tener en cuenta que en el ensayo sobre Fuchs Benjamin reprocha a los socialdemócratas desconocer el lado destructivo de la dialéctica, lo que les vuelve ciegos ante el carácter destructivo del desarrollo. G.S. II.2, 474 s. Acerca de la noción constructiva de la historia en Simmel: Lucas, 1995, 172 s. Lucas ha subrayado la influencia que sobre la obra de Benjamin ejerce la *Filosofía del dinero* de Simmel: Lucas, 1992, 149-154. También Habermas ha señalado el antecedente simmeliano. Habermas, 1986, 50.

158. En *El carácter destructivo*. *Der destruktive Charakter* (1931); G.S. IV.1, 396-398, 398.

lugar de lo destruido».[159] No tiene imagen del futuro, porque «como por todas partes ve caminos, está siempre en la encrucijada. En ningún instante es capaz de saber lo que traerá consigo el próximo».[160]

El par dialéctico destrucción/construcción del pasado puede abordarse a partir de la oposición entre coleccionismo y museísmo. Benjamin describe éste con rasgos muy semejantes al historicismo. El museo da relieve a piezas consideradas importantes que, como observa Fuchs, ofrecen «imágenes de la cultura del pasado muy incompletas. La vemos... en sus suntuosos ropajes de los días de fiesta, y sólo muy pocas veces en un traje, generalmente raído, de las jornadas de trabajo».[161] Todo lo contrario que en la colección del propio Fuchs, empeñado en desfetichizar la obra de arte que encuentra en el mercado. Según Benjamin, Fuchs indaga en creaciones artísticas donde «concurren las fuerzas de producción y las masas para formar las imágenes del hombre histórico».[162]

El coleccionismo no es mera conservación, sino ordenación que destruye/renueva lo antiguo. Se trata de una conservación guiada por los propios objetos, a diferencia del museo, que parte del espacio que albergará los objetos.[163] Si el museísta acumula piezas disolviendo la singularidad de cada una en un inventario, al coleccionista, dice Benjamin, se le hace presente el mundo en cada objeto.[164] Así es como las piezas singulares son salvadas en el artificio llamado «colección».[165]

Al coleccionista debe parecerse el historiador benjaminiano. El propio Benjamin se esfuerza en el trabajo sobre los pasajes parisinos por mostrar el siglo XIX como en manos de un colec-

---

159. *Ibíd.*, 397.
160. *Ibíd.*, 390.
161. G.S. II.2, 502.
162. *Ibíd.*, 505. Benjamin comienza su ensayo caracterizando a Fuchs como «pionero de la consideración materialista del arte». *Ibíd.*, 466.
163. *Ibíd.*, 502.
164. En los fragmentos H 2,7 y H 2 a,1 del trabajo sobre los pasajes. G.S. V.1, 274 s.
165. Fragmento H 1 a, 2. *Ibíd.*, 271. En el mismo contexto conviene considerar el fragmento *Armarios*, de *Infancia en Berlín hacia 1900*. Benjamin afirma que con su propia colección pensaba «renovar lo antiguo» haciéndolo suyo, y aclara que «"ordenar" hubiese significado "destruir"». G.S.IV.1, 283-287, 286. Para una más extensa consideración del tema, véase la sección H del trabajo sobre los pasajes. G.S. V.1, 269-280. Véase también *Empaqueto mi biblioteca. Ich packe meine Bibliotheke aus. Eine Rede über das Sammeln* (1931); G.S. IV.1, 388-396.

cionista. Nunca ha sido tan notorio su esfuerzo por desfetichizar la historia. De hecho, Benjamin declara que su trabajo ha de encargarse respecto del siglo XIX de la tarea que la razón debería realizar en todos los campos: liberarlos del dominio del mito.[166] Igual que un coleccionista, Benjamin aproxima elementos muy alejados, recorriendo un París en el que cada detalle se convierte en representación monadológica del XIX. El teórico es desplazado por el montador de hechos particulares, de cuyo mosaico resulta la imagen de una época.

No hay verdadera conservación sin destrucción. Así lo subraya el final del fragmento XVII: una obra —un pedazo de vida— conserva una vida; una vida —un pedazo de época— conserva una época; una época —un pedazo de la historia— conserva la historia. Lo que subyace a esa cadena de destrucciones y conservaciones es la idea límite de mónada.[167] Benjamin se acerca a ella en su tesis doctoral. Se fija en que, según los románticos, el artista y el filósofo buscan «una figura infinitamente individual, universalmente conformadora —una idea rica en ideas».[168] Schlegel —anota Benjamin— ve en el arte la posibilidad de expresar la suprema universalidad como individualidad; esa posibilidad se basa en que «toda poesía, toda obra debe significar el todo».[169] Schlegel concibe un espíritu que contenga en sí un entero sistema de personas, y en cuyo interior haya madurado el universo.[170]

En Benjamin, la opción monadológica es una opción política: «No toda historia universal tiene por qué ser reaccionaria. La historia universal sin principio constructivo lo es. El principio constructivo de la historia universal permite representarla

---

166. Fragmento N 1,4. G.S.V.1, 570 s. Esa declaración ilumina retrospectivamente el libro sobre el Trauerspiel, habida cuenta de que, según Benjamin, viene a ser al siglo XVII lo que el trabajo sobre los pasajes al XIX. Así lo declara en el fragmento N 1 a, 2 de este último. G.S. V.1, 573. Así lo manifiesta también a Scholem en la carta de 20 de mayo de 1935. *Briefe*, II, 653-656, 654. Acerca de la génesis, concepto y formato del trabajo sobre París, véase Scholem, 1987, 142.

167. Esta idea atraviesa *Alemanes*. Desde cada una de las cartas reunidas en ese libro intenta Benjamin ascender a la vida de su autor, a la época romántica... Véase a este respecto su prólogo: G.S. IV.1, 151.

168. G.S. I.1, 89. Lucas ha puesto en relación la mónada benjaminiana con el Aleph borgesiano. Lucas, 1992, 102.

169. *Ibíd.*, 115. En el mismo contexto puede entenderse el calificativo de «adivinatoria» que Schlegel adjudica a la crítica. *Ibíd.*, 89.

170. G.S. I.1, 116. Véase también: *ibíd.*, 89.

en lo parcial. Es, con otras palabras, monadológica. Existe en la historia sagrada».[171] A la acumulación historicista opone el propio Benjamin una experiencia monadológica: la construcción de una imagen que recoja lo fallido de la historia.

La capacidad de cobijar la experiencia monadológica es lo que diferencia al tiempo pleno del tiempo vacío. Éste es el que maneja el historicista: una magnitud que, análogamente al espacio físico, se compone de unidades homogéneas. Benjamin presta atención a experiencias de las que no puede hacerse cargo ese tiempo entendido como *res extensa*; experiencias que colman el instante, volviendo éste heterogéneo a cualquier otro; experiencias que quiebran la continuidad temporal.

El fragmento B alude a una de esas experiencias: la adivinación. Ya en *Calle de dirección única* afirmaba Benjamin que el adivino transforma la amenaza de futuro en un ahora pleno.[172] El fragmento B también podría haberse referido a la contemplación de una fotografía, puesto que, según Benjamin, «el espectador se siente irremisiblemente forzado a buscar en la fotografía la chispita minúscula [...] de aquí y ahora, [...] a encontrar el lugar inaparente en el cual, en una determinada manera de ser de ese minuto que pasó hace ya tiempo, anida hoy el futuro y tan elocuentemente que, mirando hacia atrás, podremos descubrirlo».[173] La experiencia del fumador de droga es asimismo monadológica, pues «experimenta la fuerza de la mirada chupando cien lugares en un solo sitio».[174] Gracias a la droga, la actualidad es desbordada: «Se percibe simultáneamente la posibilidad de todas las cosas potencialmente sucedidas en este espacio».[175] La experiencia monadológica puede darse también en la contemplación de un cuadro, ya que «el espacio se expande primariamente en algunos puntos concretos y diferentes, abriéndosenos en ángulos y rincones donde cree-

---

171. Se trata de un texto preparatorio del fragmento IX. G.S. I,3, 1.234. Una oposición entre lo constructivo y lo orgánico puede reconocerse en *Experiencia y pobreza*. G.S. II.1, 216 s.

172. G.S. IV.1, 142.

173. G.S. II.1, 371.

174. G.S. VI, 603-607, 607. Para considerar la importancia que Benjamin otorga a su libro sobre la droga, véase la carta a Scholem de 26 de julio de 1932. *Briefe*, II, 555-556, 556.

175. Se trata de una anotación correspondiente al intento con hachís de 15 de enero de 1928. G.S. VI, 564.

mos poder localizar importantes experiencias del pasado; en esos puntos hay algo inexplicablemente conocido».[176]

También es monadológica la experiencia proustiana de una eternidad no reducible a sucesión infinita de fracciones iguales de la magnitud mecánica "tiempo": «La eternidad de la que Proust abre aspectos no es el tiempo ilimitado, sino el tiempo entrecruzado».[177] En Proust, un pasado renovado colma el presente. La física carece de jurisdicción sobre el tiempo proustiano: Proust consigue «que en un instante envejezca el mundo entero la edad de la vida de un hombre».[178] Al tiempo vacío de la descripción acumulativa se opone este tiempo pleno, que también logra construir Julien Green al presentar sus personajes «en momentos llenos de destino».[179]

La experiencia monadológica constituye una detención del pensamiento. Para entender la naturaleza de esta detención es útil tener en cuenta el esfuerzo de Bertolt Brecht por interrumpir la compenetración del espectador con los personajes de sus piezas teatrales. Según Benjamin, «el arte del teatro épico consiste en provocar el asombro en lugar de la compenetración [...]. En lugar de compenetrarse con el héroe, debe el público aprender el asombro acerca de las circunstancias en que aquél se mueve».[180] En la dramaturgia de Brecht, la función primordial del texto es dejar en suspenso la acción, de modo «que los gestos puedan ser citados».[181] La interrupción brechtiana «detiene la acción en su curso y obliga así al espectador a tomar postura ante el suceso y a que el actor la tome respecto de su papel».[182] Interrumpe el curso del pensamiento del público y lo

---

176. En *Diario de Moscú*. G.S. VI, 325.

177. En *Para una imagen de Proust*. G.S. II.1, 320.

178. Ídem. Siempre comentando a Proust, Benjamin añade: «Donde lo que ha sido se refleja en el "instante" fresco como el rocío, se acumula también, irreteniblemente, un doloroso choque de rejuvenecimiento».

179. En *Julien Green* (1929); G.S. II.1, 328-334, 331.

180. En la segunda versión de *¿Qué es el teatro épico? Was ist das epische Theater?* (1939); G.S. II.2, 532-539, 535. Véase también: *ibíd.*: 535 s. Habermas cree que Benjamin descubre en Brecht «la relación entre arte y praxis política preferentemente desde el punto de vista de la utilización organizativa y propagandística del arte para la lucha de clases». Habermas, 1986, 327.

181. G.S. II.2, 536. Acerca de la interrupción brechtiana, véase también *Estudios sobre la teoría del teatro épico*, un texto preparatorio a *¿Qué es el teatro épico?* G.S. II.3, 1.380-1.382, 1.381.

182. En *El autor como productor. Der Autor als Produzent* (1934); G.S. II.2, 683-701, 698.

desvía en otra dirección. Deteniendo el curso de los hechos, «no reproduce situaciones, más bien las descubre».[183] Abre «intervalos que más bien perjudican la ilusión del público. Dichos intervalos están reservados para su toma de posición crítica, para su meditación».[184]

En el fragmento VI se habla de la imagen en peligro del pasado; en el VII, de una auténtica imagen del pasado, que relampaguea un instante; en el XVI, de una experiencia del pasado opuesta a la imagen eterna a que aspira el historicismo. En el XVII, de una construcción monadológica en que se detiene el *continuum* del pensar. Esta construcción en que se encuentra el presente con el pasado es la imagen dialéctica. Es una experiencia intensa y concentrada como un *shock*. Al concebirla, Benjamin debe mucho a los surrealistas, para los que todos los tiempos se funden en las imágenes del sueño.

También para leer el fragmento XVIII sirve de antecedente la experiencia proustiana. El tema del fragmento es la tensión entre la larga vida del mundo natural y la breve historia de la humanidad, comprimible en el ahora de un hombre. Frente al tiempo de la ciencia, que no distingue entre el antes y el después de la aparición del ser humano sobre la tierra, Benjamin caracteriza la imagen dialéctica como una experiencia capaz de hacerse cargo, en un instante, de la historia de la humanidad.[185]

Los fragmentos XVIII, A y B investigan el trasfondo teológico de esa imagen. Benjamin se fija en la experiencia judía del tiempo, cargada de memoria y de esperanza, como experiencia no historicista. Modelo de tiempo pleno —opuesto al historicista, que no puede cobijar constelaciones— no es ya aquí la efímera entrada en la historia de una legión de ángeles, sino la interrupción de la misma por el Mesías. Tal interrupción es redentora. De ahí que el momento de la irrupción mesiánica, al ser el que da sentido a los demás momentos, sea el único verdaderamente pleno.

Ningún hecho es histórico por ser causa, escribe Benjamin

---

183. Ídem.

184. En *El país en el que no se permite nombrar al proletariado. Ibíd.*, 515 s.

185. En el fragmento N 13 a,1, Benjamin se sirve de una elocuente imagen para referirse a la capacidad humana de hacer una experiencia monadológica de la historia: «Nuestra vida es [...] un músculo con fuerza suficiente para contraer la totalidad del tiempo histórico». G.S. V.1, 600.

en el fragmento A. Esa afirmación, como la idea límite de tiempo mesiánico de los fragmentos A y B, puede entenderse a partir del breve texto *Trauerspiel y tragedia*. Benjamin establece allí una oposición entre los tiempos mecánico e histórico. El tiempo mecánico, el de las manecillas del reloj, mide los cambios espaciales de los objetos. Del tiempo histórico da Benjamin una caracterización negativa, como tiempo de ausencia del Mesías: es el tiempo que permanece incumplido en cada uno de sus momentos. El tiempo histórico cumplido, dice Benjamin, es lo que en la Biblia se llama tiempo mesiánico.[186]

Una actualidad plena es aquélla capaz de hacer una experiencia auténticamente universal, que no deje nada fuera de la historia. Pero una experiencia así sólo puede darse en la historia. El Mesías está fuera de la historia, pero el ángel es de la historia. El ángel es la idea de un hombre absolutamente otro.

---

186. *Trauerspiel und Tragödie*; G.S. II.1, 133-137. De hecho, Benjamin distingue entre tres tiempos: el mecánico, el trágico (individualmente cumplido) y el mesiánico (divinamente cumplido).

CAPÍTULO III

EXPERIENCIA DE LA PÉRDIDA: IDEA DE OTRO HUMANISMO

Alrededor de la tesis de la pérdida de la experiencia pueden reunirse los rasgos fundamentales de la visión que tiene Benjamin de su tiempo. Para delimitar dicha visión, es útil conocer la de Ernst Jünger, con la que comparte fuentes y diagnósticos, y que, sin embargo, corresponde a una comprensión del lenguaje y del tiempo muy apartada de la benjaminiana.

La lectura que aquí se inicia no está libre del recelo que la obra y la biografía de Ernst Jünger despiertan en muchos.[1] Jünger ha descrito como típica de una generación su propia vivencia. Ésta consiste, ante todo, en la pérdida de seguridad vivida por millones de hombres, caracterizada por Benjamin como puesta en peligro general y saludada por Jünger como irrupción de lo elemental, como apertura de la jaula burguesa.[2] La guerra se le presenta como estado de excepción que interrumpe la con-

---

1. Para una consideración de las relaciones de Jünger con el nazismo: Woods, 1982, 233 ss. Azúa rechaza la acusación de nazismo y arguye que ésta no debería, en todo caso, impedir leer «una de las voces más claras y contundentes, más informativas y ricas de la modernidad». Azúa considera que las predicciones de Jünger han sido confirmadas y, a la altura de Tocqueville respecto del siglo XIX, sitúa a Jünger como profeta del XXI. Azúa, 1995. Sánchez Pascual lo califica como autor absolutamente singular, maestro de la «metapolítica». Sánchez, 1988, 12. Sánchez Pascual dirigió un curso dedicado a la obra de Ernst Jünger en el que dio a éste el rango de «conciencia de un siglo» —*La conciencia de un siglo: Ernst Jünger*. Curso de verano de la Universidad Complutense. El Escorial, 3 a 7 de julio de 1995.
2. Sobre el abandono del adolescente Jünger de los estudios a favor de la aventura y la vida militar y, en general, sobre su antiescolasticismo y desclasamiento: Bohrer, 1978, 127 y 132 s.; Molinuevo, 1996, 33 ss.; Steil, 1984, 72 s. y 81. Molinuevo encuentra en *El corazón aventurero* «la clave hermenéutica del estilo de una obra y de una vida». Molinuevo, 1996, 51.

tinuidad de la norma. La figura del hombre de acción zambu-
lléndose, jubilosa y fatalmente, en lo elemental, quiere fundirse
con la del contemplativo. Jünger ha negado responsabilidad a
ambas figuras. Se ha autointerpretado como espectador tan
poco responsable de la crisis por él registrada como el sismó-
grafo del terremoto que detecta.[3] Sin embargo, independientemente de su intención, su obra cuenta entre los aportes intelectuales de esa crisis.[4] Más aún: los ambiguos rasgos del Soldado
Desconocido, del Trabajador y del Emboscado permiten ver en
ellos no sólo momentos sucesivos de una reconstrucción epocal, sino también modelos reaccionarios en tres coyunturas del
siglo: tiempo de formación - tiempo de dominio - tiempo de
repliegue.[5]

Ello no debe ser obstáculo para reconocer, primero, la aparente afinidad de Jünger y Benjamin a la hora de plantear la
relación entre las palabras y las cosas.[6] Tampoco en Jünger

---

3. Acerca de la interpretación que hace Gottfried Benn de sí mismo y de Jünger
como hombres atravesados por el espíritu del siglo: Kaiser, 1972, 5. Publicado en la
República Democrática Alemana, el libro de Kaiser es caracterizado por sus editores
como una contribución «en la lucha contra los enemigos de la nación alemana». Kaiser, 1972, 371.

4. Para una discusión sobre el papel de la obra jüngeriana en esa crisis: Manthey,
1990, 45; Martin, 1948, 15; Matz, 1990, 77 s.; Paetel, 1949, 86; Sedlacek, 1973, 10; Steil,
1984, 73 s. Parte de este debate se ha centrado en la recuperación por Jünger de una
metafórica del deber y del peligro de probable raíz nietzscheana: Gerber, 1965, 11;
Loose, 1957, 139; Schwarz, 1962, 43.

5. La novela *Sobre los acantilados de mármol* permite completar la siguiente reconstrucción: la Primera Guerra liquida el mundo burgués (*Tempestades de acero —In Stahlgewittern* [1920]—) y modela un nuevo orden (*El trabajador —Der Arbeiter* [1932]—) del
que el Tercer Reich sólo es una burda realización (*En los acantilados de mármol —Auf
den Marmorklippen* [1939]—); para hombres como Jünger, la derrota de Alemania convierte el mundo en un purgatorio en que sólo cabe esperar una segunda crisis del resta-
blecido orden burgués (*La emboscadura —Der Waldgang* [1951]—). Por su parte, Moli
nuevo propone la siguiente reconstrucción: El Soldado Desconocido de la Primera Guerra es traicionado por la burguesía, a la que es preciso destruir. De esta destrucción
emerge una nueva fuerza elemental, el Trabajador. Está en camino de imponer sus
valores y una estética que se anuncia en la técnica, pero en ese movimiento acelerado
crecen nuevos desiertos. Las figuras del Emboscado y del Anarca son márgenes estre-
chos de una estética de la resistencia. Molinuevo, 1996, 12. Molinuevo advierte que el
referente del nazismo no debe oscurecer la lectura de *Sobre los acantilados de mármol*,
cuya preocupación mayor es, a su juicio, «el modo ideal de existencia del individuo
singular». Para Molinuevo, la estética del anarca ya se inicia en esa novela. Molinuevo,
1996, 116 ss., 116. En este contexto, no está de más recordar que en *Ex Captivitate Salus*
Carl Schmitt se refiere a *Sobre los acantilados de mármol* como «un libro que describe
con gran audacia los abismos que se esconden tras las máscaras del orden del nihilismo». Schmitt, 1960, 26. Más adelante, Schmitt elogia a Jünger. *Ibíd.* 41.

6. En *La emboscadura* Jünger distingue entre el mundo del lenguaje y el mundo de

cabe distinguir el momento filosófico del momento poético. También su escritura se orienta hacia «otro» lenguaje apenas vislumbrable en las fronteras del lenguaje convencional;[7] un lenguaje «concreto» en que desaparezca toda distancia entre filosofía y mundo.[8] En tal sentido, también él puede reclamarse continuador del viejo proyecto de presentar el fenómeno en su desnudez preteórica.

Como la benjaminiana, la escritura jüngeriana es fisonomista y monadológica. Si Benjamin ve la modernidad en la Prostituta y el Paseante —*Flaneur*—, Jünger contempla su época en el Soldado Desconocido, el Trabajador y el Emboscado.[9] Ambos escritores parecen hallarse ante el mundo como ante un libro cuya exterioridad —sus cifras— da acceso al sentido.[10] La palabra es llave del mundo y herramienta para su domino, pero la verdad de aquél se da en imágenes inefables; incluso en una sola imagen. Como la imagen dialéctica benjaminiana, la figura jüngeriana se resiste a ser acotada (definida) por el lenguaje convencional: es «una ventana que el lenguaje sólo puede enmarcar».[11] En la figura, como en la imagen dialéctica, debe expresarse un conocimiento no subjetivo del que el lenguaje convencional no puede dar cuenta.[12] Esta búsqueda de la verdad en

---

las cosas. Jünger, 1988, 171. Poco antes afirma que «la ley y el dominio en los reinos visibles y aún en los invisibles comienzan con el poner nombre a las cosas». Ídem, 170.

7. Benjamin podría haber escrito que «en los residuos es donde hoy en día se encuentran las cosas insospechadas». *La emboscadura*. Jünger, 1988, 27.

8. En *Sobre los acantilados de mármol* describe a Braqumart como un hombre que «quería que su pensamiento se dibujara según la realidad, y sostenía que el pensamiento debe poder mostrar dientes y garras». Sin embargo, añade Jünger, «sus teorías eran semejantes a un producto destilado que no hubiera conservado la verdadera fuerza vital». Jünger, 1962, 128.

9. En la aspiración a concentrar una época en torno de una figura ejemplar, se ha querido ver a Spengler como un precursor de Jünger. Prümm, 1974, 156.

10. Conviene tener en cuenta la crítica de Schnädelbach al intento de Dilthey de fundamentar las ciencias del espíritu. Este intento es ante todo una indagación sobre la relación de lo externo y lo interno. Para Dilthey, la humanidad no es sólo un hecho físico accesible al conocimiento científico-natural, sino también un objeto de las ciencias del espíritu, ya que se expresa en manifestaciones vitales comprensibles. Según Schnädelbach, dichas ciencias, tal como Dilthey las entiende, son «la autoconciencia científica de la vida, es decir, el autoconocimiento de la humanidad». A su juicio, el modelo diltheyano es tan especulativo como el hegeliano. Schnädelbach, 1980, 136 ss.

11. *El trabajador*. Jünger, 1990, 86. En esta resistencia al lenguaje convencional ambas imágenes coinciden con aquella sobre la que Georges Sorel centra su reflexión: el mito social.

12. Droste ha presentado un catálogo —no exhaustivo— de interpretaciones de la figura jüngeriana. Droste, 1981, 13 ss.

imágenes emancipadas de toda subjetividad puede rastrearse incluso en los experimentos de Jünger con las drogas, asimismo comparables a los de Benjamin.

Tal relación de afinidades no debe ocultar, sin embargo, el hiato que separa la imagen dialéctica benjaminiana de la figura jüngeriana. La una es a la historia lo que la otra a la naturaleza. Si la fisonomía benjaminiana es dialéctica, la jüngeriana es estática. Aquélla se orienta a la interrupción de todo dominio; ésta expresa el principio que domina una época. Si Benjamin quiere que en su tiempo resuenen las palabras olvidadas, Jünger cree estar pronunciando la palabra original, la palabra que se dice más allá del tiempo.[13]

La Primera Guerra, la crisis económica, el fracaso de Weimar, la revolución soviética y el auge fascista se reflejan en las obras de Benjamin y Jünger como factores de una crisis histórica. En ambos es intensa la conciencia de un corte epocal que interpretan como acabamiento del mundo liberal burgués e incluso como fin del humanismo. Las presentaciones del trabajador jüngeriano y del nuevo bárbaro benjaminiano pueden leerse, de hecho, como actas de defunción del viejo hombre humanista. 1914 vale como fecha de esa defunción, cuya causa primera es la configuración tecnológica del moderno mundo del trabajo. La nota más característica de éste, tanto para Benjamin como para Jünger, es su universalidad: en un mundo dominado por la técnica, todo el tiempo es tiempo de trabajo. Para Benjamin, la experiencia es liquidada en la inmersión del hombre moderno en un continuo de *shocks*. Benjamin describe ese *continuum* con rasgos muy semejantes a los que constituyen la descripción jüngeriana del dominio del trabajador.

Sin embargo, la figura y la imagen dialéctica, a las que se orientan las respectivas escrituras, acaban por regir descripciones epocales opuestas. Sobre las nociones de experiencia y vivencia se articulan diagnósticos que corresponden a distintas comprensiones de la actualidad y de la historia. Benjamin y Jünger coinciden en describir la rápida transformación del mundo en un *continuum* de vivencia sin experiencia; pero en Jünger el horizonte es un mundo ahistórico, mítico, en tanto

---

13. Aquella Palabra que, según Jünger, el pensador ha de encontrar debajo de las palabras. *La emboscadura*. Jünger, 1988, 168 ss.

que Benjamin todavía vislumbra una ocasión para la política, esto es, para la apertura de la historia.[14] Si Jünger estabiliza el presente, poniéndolo en constelación con un Origen perfecto e inmutable, Benjamin da una imagen dinámica de la actualidad, a la que el pasado fallido puede inducir a la acción. El *Angelus Novus*, ese observador que quisiera salvar a las víctimas de la historia, es la contrafigura del distante espectador Ernst Jünger.

La figura: ¿un lenguaje absolutamente otro?

La orientación fisonomista domina la escritura jüngeriana desde sus primeros balbuceos. Así lo revela el fragmento autobiográfico *El estallido de la guerra de 1914*. Jünger marcha a la guerra con una libreta para sus diarias anotaciones: «Tendía, por mi propia manera de ser, a observar las cosas; desde muy pronto sentí predilección por los telescopios y los microscopios, instrumentos con los que se ve lo grande y lo pequeño. Y entre los escritores admiraba desde siempre a los que, además de poseer unos ojos agudos para todo lo visible, se hallaban dotados también de un instinto para lo invisible».[15]

Sólo una mirada tan perspicaz —y no un nuevo marco categorial— permite captar la verdad de la época. De hecho, el asunto de *El trabajador* «no es tanto un pensamiento nuevo o un sistema nuevo cuanto una realidad nueva» que exige «unos ojos dotados de una capacidad visual plena y, además, no cohibida por nada».[16] Esos ojos han de ver «entre dos lu-

---

14. En este contexto conviene tener en cuenta *Mirada retrospectiva a Stefan George* —*Rückblickend auf Stefan George* (1933). Allí, Benjamin rastrea cierta idolatría de la naturaleza en el círculo de George. G.S. III, 392-401, 396 ss.

15. *El estallido de la guerra de 1914* —*Kriegssausbruch 1914*. Jünger, 1987, 448. Entre las corrientes del pensamiento de que puede haberse nutrido —panteístas, neoplatónicas, hegelianas, vitalistas...—, la influencia menos discutible en la obra de Jünger parece la nietzscheana. También hay que atender a las vinculaciones y distancias entre Jünger y Heidegger, que pueden empezar a abordarse desde el texto de Jünger *Sobre la línea* (Jünger, 1994) y el de Heidegger, respuesta al anterior, *Hacia la pregunta del ser* (Heidegger, 1994). Acerca de este debate: Molinuevo, 1996, 153-180. En este contexto, véase también *La emboscadura* (Jünger, 1988, 102) y *Máximas-Mínimas* —*Máxima-Mínima* (1964)— (Jünger, 1990, 347). En torno a otros antecedentes literarios y filosóficos: Bohrer, 1978, 11 ss., 120, 124, 130 s.; Loose, 1957, 82 s.; Prümm, 1974, 113 y 190.

16. En el prólogo a la primera edición de *El trabajador*. Jünger, 1990, 15. El narrador de *Sobre los acantilados de mármol* concibe la posibilidad de una mirada que

ces» un objeto en que «las modificaciones visibles van precedidas de modificaciones menos visibles y éstas, de modificaciones invisibles».[17]

Agudeza para lo visible e instinto para lo invisible. Sólo el concurso de ambas cualidades permite captar las figuras, «magnitudes que se ofrecen a unos ojos que captan que el mundo articula su estructura de acuerdo con una ley más decisiva que la ley de la causa y del efecto».[18] Sobre la figura «descansa el todo, un todo que abarca más que la suma de sus partes».[19] El ojo ha de captar la unidad real del mundo que subyace a la aparente pluralidad. Lo que ha de ver no son las limaduras, sino «el campo magnético que determina con su realidad electiva el orden de las limaduras».[20] Las máscaras deben ser atravesadas «a fin de adivinar la figura, la metafísica que las mueve».[21]

La figura satisface así un proyecto de integración multidisciplinar tan ambicioso como el benjaminiano. Todos los planos de un tiempo —económico, social, político...— son expresiones de la figura que domina ese tiempo. Jünger ofrece no un análisis de las relaciones materiales en y entre esos planos, sino una visión global del ser de la época, que atraviesa los fenómenos particulares. Para ello ha de buscar un punto desde el que sea posible «captar los acontecimientos en su carácter plural y antitético».[22] La realidad sólo es visible para una mirada superadora de las contradicciones aparentes.

Pero, ¿qué ojos pueden soportar la tensión de semejante mirada? Jünger no señala claramente cuál es el sujeto en la relación ojo/figura. ¿Se trata de ojos que ven la figura o de ojos en que la figura se hace visible? Jünger afirma que «los tiempos

_____

contemplo las cosas como son: «Existe una gran fuerza en la mirada que se dirige hacia las cosas con plena conciencia de sí misma y limpia de toda bajeza que pueda oscurecerla. Esa mirada se nutre a su manera de la creación, y en ello estriba precisamente el poder de la ciencia». Jünger, 1962, 118.

17. *Máximas-Mínimas*. Jünger, 1990, 283.

18. *El trabajador*. Jünger, 1990, 38. De acuerdo con las versiones de Sánchez Pascual y de Molinuevo, traduzco *Gestalt* por «figura». Sin embargo, la palabra castellana «forma» podría recoger otros aspectos de aquella polisémica palabra alemana.

19. Ídem. Véase también *ibíd.*, 279.

20. *Ibíd.*, 85.

21. *Ibíd.*, 124 s.

22. Así caracteriza Jünger en el prólogo de 1963 la perspectiva desde la que había escrito *El trabajador. Ibíd.*, 11.

que están surgiendo tienen como característica el que en ellos se verá, sentirá y actuará bajo el imperio de figuras»; sin embargo, parece distinguir una aristocracia cuyo rango viene determinado por el grado en que en sus ojos «se hace visible el influjo de figuras».[23] Si la imagen dialéctica benjaminiana es privilegio de las víctimas en el peligro, conocedores de la figura no pueden ser sino los hombres ejemplares con que Jünger se identifica.[24] La figura está asociada a una vivencia singular y ejemplar. El de colectiva es atributo que le resulta inapropiado en la medida en que detrás de la figura siempre está Jünger. La imagen dialéctica aparece en la retirada de toda subjetividad; Jünger, en cambio, jamás se retira. Tanto como Benjamin tiende a retirarse de sus textos, está Jünger omnipresente en los suyos. Que se alejan del horizonte de un pensamiento concreto, de cosas, pues el escritor inunda éstas e identifica su propia subjetividad con el espíritu del mundo.[25]

Si Benjamin sostiene a lo largo de su obra un inconsumable esfuerzo de despojamiento teórico, Jünger presume de estar más allá de las teorías, de no deber nada a ninguna.[26] Su renun-

---

23. *Ibíd.*, 38. En este contexto, conviene tener en cuenta la siguiente declaración de *Radiaciones*: «Lo que yo espero de la egiptología es sobre todo que aclare el paso de las imágenes a las letras —ahí es donde está el eje de la diferencia entre el viejo y el nuevo mundo». Jünger, 1995a, 81. Cabe decir que Jünger descubre en su tiempo un retorno a las imágenes.

24. Así como Benjamin, Jünger asocia la verdad a la imagen de un relámpago que ilumina el momento de peligro. Recordando el momento en que fue herido en el campo de batalla, afirma que entonces captó «la estructura interna de la vida, como si un relámpago la iluminase». En *Tempestades de acero*. Jünger, 1987, 299. Sin embargo, la verdad que se revela a Jünger es protohistórica, al margen del tiempo, en tanto que la que Benjamin descubre no es sino histórica, atravesada por el tiempo.

25. Molinuevo adscribe la escritura jüngeriana a lo que él llama «estética de lo originario», consistente en una «memoria del origen intemporal de las cosas y de los hombres» (Molinuevo, 1996, 16 ss.). En esa estética se funden «todos los géneros de literatura, historia, arte, filosofía, teología» (*ibíd.*, 118). Según Molinuevo, la escritura de Jünger es simultáneamente concreta y abstracta (*ibíd.*, 23 s. y 28). Sus imágenes son «visiones intuitivas en las que se percibe de manera simultánea y unitaria lo que en la lógica sólo aparece de modo sucesivo» (*ibíd.*, 135 s.). Esas imágenes representan «la intersección de lo invisible en lo visible». En este contexto habla Molinuevo de un realismo mágico en que la realidad es expuesta después de un proceso de desrealización (*ibíd.*, 39 y 62). Pero, finalmente, a lo que dan acceso las imágenes es «al propio pecho» (*ibíd.*, 123); esto es: no al mundo, sino a Jünger. Molinuevo señala a Vico como antecedente mayor del estilo jüngeriano (*ibíd.*, 137).

26. En el prólogo a la primera edición de *El trabajador*, Jünger afirma que su propósito es «hacer visible, allende las teorías, allende las parcialidades, allende los prejuicios, la figura del trabajador». Jünger, 1990, 15. La misma aspiración a recuperar una mirada original, preteórica, aparece en *Radiaciones*: «Agua, Luz y Tierra viven

cia a la teoría puede resumirse en un lema: la vivencia es la tesis. La teoría deja el campo libre a los sentidos, que leen directamente el libro del mundo. Ritmos, texturas o gamas de colores se convierten, inmediatamente, en diagnosis —y no en meros elementos para la misma. Sin embargo, esta retirada de la teoría no es, como en Benjamin, un movimiento hacia la muerte del sujeto. Rememorando su vivencia de la guerra, Jünger escribe: «La conciencia, que se esforzaba en absorber y ordenar las impresiones, comienza a fallar, empieza a diluirse en ese estrépito que la envuelve y que se parece a una esfera en que no existieran ni un arriba ni un abajo. Se ha llegado a ese punto en que uno se coloca en un rincón y se pone a mirar absorto delante de sí, o se mueve de otra manera, con una despreocupada seguridad».[27] El interior, desbordado por el exterior, responde ensimismándose.

Dos orientaciones entran en tensión en la escritura de Jünger: una quiere acceder al mundo sin categorías intermedias; otra rompe puentes con él. Esa tensión debe resolverse en aquello que desaloja a la teoría: la figura.[28] Ella supera las oposiciones subjetivo/objetivo, interior/exterior. Permite así la convergencia del yo ensimismado y el yo que se vuelca en el mundo. Por eso, según Jünger, «el mejor ángulo de visión es el del *outsider*. Quien realiza una descripción ha de estar simultáneamente dentro y fuera».[29] No hay fractura entre la vivencia interior y los hechos exteriores: la figura absorbe a ambos. En ella se funden la conciencia y el mundo.[30] Cada dato del espíritu personal lo es

---

llenos de frescor y sin dolor alguno en tales imágenes, como ocurría en los viejos tiempos heroicos; entonces estaba el aedo las veía de manera directa, inmediata, y sin que estuvieran enturbiadas por los conceptos». Jünger, 1995a, 69.

27. *El Bosquecillo 125.* Jünger, 1987, 419.

28. Conviene mencionar que, en *Sobre los acantilados de mármol*, Jünger se refiere a luchas «entre imágenes y pensamientos, entre los ídolos y el espíritu». Jünger, 1962, 42.

29. Según Jünger, esa duplicidad es posible gracias a «las diferencias de nivel basadas en la procedencia o en las razas y también en los siglos». En *Máximas Mínimas.* Jünger, 1990, 284. Desde esa doble posición escribe Jünger *Radiaciones* «como alguien que viviera en otros mundos y, sin embargo, no fuera ajeno a éste». Jünger, 1995a, 31.

30. De acuerdo con Jünger, «a partir del instante en que tenemos nuestras vivencias en figura, todas las cosas devienen figura». En *El trabajador.* Jünger, 1990, 39. La idea de una fusión de la conciencia y el mundo se refleja en el expresivo título *La guerra como vivencia interior* —*Der Kampf als inneres Erlebnis* (1922). Para entender la productividad del concepto de vivencia en Jünger conviene tener en cuenta las reflexiones de Schnädelbach sobre el uso de dicho concepto por Dilthey. En éste, el con-

al tiempo del espíritu mundial. El ser del observador se identifica con el de la época. La vida se cosmologiza.

De ahí que la vida humana sea afectada por el revestimiento aurático con que la figura cubre la época. La figura es fuente de sentido para el mundo y para cada individuo. Lo particular sólo cobra sentido en referencia a ella: «Los fenómenos son significativos en cuanto símbolos, representantes, acuñaciones de esa realidad».[31] Los fenómenos son las cifras de la figura, una «fuerza formadora de tipos» que Jünger ha querido relacionar con la protoplanta goetheana.[32]

La búsqueda de un pensamiento concreto, de cosas y hechos, concluye así en armonización y reencantamiento. Principio organizador de fenómenos dispares, la figura es una imagen que absorbe las diferencias. Si la mónada benjaminiana dialectiza lo idéntico, la jüngeriana armoniza los diferentes; si la imagen dialéctica dinamiza, la figura estabiliza. Igual que la imagen dialéctica, la figura presume de ser superior que los conceptos en el combate político, pero en el paisaje jüngeriano no hay lugar para la política.[33] Los fenómenos sociales son cifras que el ojo debe desentrañar, no espacios donde la acción humana pueda intervenir.

La figura no deja lugar a la historia.[34] Jünger escribe que

---

cepto de vivencia traspasa los dualismos psíquico/físico, interno/externo, subjetivo/objetivo. Schnädelbach llama la atención sobre la productividad que la palabra «vivencia» tiene también en el lenguaje ordinario, donde abarca tanto aspectos subjetivos como objetivos. Schnädelbach, 1980, 131 ss. Según Molinuevo, en Jünger «la captación de la vida tiene que ser a través de ella misma y eso es cabalmente lo que expresa la palabra "vivencia"», que se refiere a «la experiencia única en una situación límite». Molinuevo, 1996, 59 s.

31. *El trabajador*. Jünger, 1990, 276. Jünger describe allí la figura como «una realidad suprema y otorgadora de sentido» (*ibíd.*, 276) y declara estar buscando los «símbolos propios de una edad técnica» (*ibíd.*, 107).

32. *Máximas-Mínimas*. Jünger, 1988, 344 y 348. Además de la protoplanta goetheana, Jünger menciona la mónada leibnitziana como antecedente de la figura.

33. A menos que se quiera ver un ideal político en las siguientes palabras de *El bosquecillo 125*: «El rango de un sistema es proporcional a la cantidad de energía elemental que es capaz de acoger y emplear». Jünger, 1987, 395. En *El trabajador* se afirma que «en la política todo depende de que al combate acudamos con figuras y no con conceptos, ideas o meros fenómenos». Jünger, 1987, 39. Como se verá en el quinto capítulo de este trabajo, Georges Sorel podría haber firmado esa frase cambiando «figuras» por «mitos sociales».

34. Jünger afirma que «la historia es figura, de igual modo que tiene como contenido propio el destino de figuras». En *El trabajador*. Jünger, 1990, 40. En este contexto hay que atender a la noción de historia primordial o protohistoria. Como expone Jünger en *Radiaciones*, mientras que la historia describe la vida en su decurso tempo-

«una figura *es*, y ninguna evolución la acrecienta o la amino-ra».[35] La figura, insiste, es un «ser no sometido al tiempo».[36] Está al margen del tiempo: es origen eterno. Naturaliza a la historia y a sus víctimas.[37] Aniquila el tiempo. Al contrario que la imagen dialéctica, que reintroduce el tiempo en un espacio dominado por el mito.

El fin del humanismo, según Jünger

En *El trabajador* y en otros textos cronológicamente cerca-nos es fundamental la conciencia que su autor tiene de vivir un cambio epocal.[38] Jünger caracteriza su tiempo como entreacto

ral, la protohistoria la expone en su significado intemporal: es la historia del ser huma-no en sí. Jünger, 1995*a*, 88. Según Molinuevo, el tiempo de la protohistoria jüngeriana es «el tiempo que no pasa» (Molinuevo, 1996, 58); en ella, «el hecho no significa nada por sí mismo», sino «sólo en cuanto tiene un valor simbólico e iniciático» (*ibíd.* 25 ss. y 29). En este sentido, Martin Venator —el protagonista de la novela *Eumeswill*— no es un historiador, sino un protohistoriador.

35. *El trabajador*. Jünger, 1990, 83.

36. *Ibíd.*, 117.

37. Refiriéndose al carácter antiético de la obra de Jünger, Bohrer ha aludido a Wilde, a Barrès, a D'Annuzio y, desde luego, a Nietzsche. Bohrer vincula a Jünger con la fórmula nietzscheana de que «sólo como fenómeno estético está justificada la exis-tencia del mundo». Bohrer, 1978, 117 ss. En *André Gide y su nuevo enemigo*, Benjamin caracteriza a Wilde como un precursor con doble rostro: el despreciador de la socie-dad, que anticipa a Gide; y el esteta, que prefigura el esteticismo fascista. *Pariser Brief. André Gide und sein neure Gegner* (1936); G.S. III, 482-495, 487.

38. Mucho más tarde, Jünger escribirá que el tiempo había confirmado los diagnós-ticos de *El trabajador*. A este respecto, véase el prólogo de 1963 (Jünger, 1990, 12) y *Máximas-Mínimas* (Jünger, 1990, 347). Los intérpretes no se han puesto de acuerdo acerca del carácter de *El trabajador* (apología, programa, mito político, utopía social, tratado metafísico, autopresentación...) ni sobre su afecto (nacionalbolchevique, impe-rialista, fascista, pesimista, militarista, tecnocratista, alemanista, antihumanista, anti-marxista, capitalista...). Véase por ejemplo: Droste, 1981, 121 ss. y 131; Kaiser, 1972, 99 y 117 s., Sedlacek, 1973, 3. Si en *El trabajador* Jünger señala el nacionalismo y el socialis-mo como los afluentes fundamentales de la nueva política (Jünger, 1990, 226), en 1963 descarta que su libro haya ejercido influencia sobre el nacionalsocialismo, y más tarde insistirá en su no ubicación ni a favor ni en contra de ese movimiento, ni a la derecha ni a la izquierda, y se reafirmará en su vieja opinión de que la figura del trabajador no está limitada ni nacional ni socialmente, sino que tiene rango planetario. En *Máximas-Míni-mas*, defiende su libro frente a la acusación de ser «la Biblia del totalitarismo y de la violencia», y sitúa el objetivo político del mismo en la superación del mundo burgués de 1789. Aun cuando en el prólogo de 1963 había declarado no sobrevalorar «el influjo de los libros sobre la acción» (*ibíd.*, 11), aquí afirma que *El trabajador* pretendía acometer una empresa de mayor alcance y hondura que la soviética (*ibíd.*, 304). Además, recuerda que «ni los nacionalsocialistas ni sus adversarios supieron qué hacer» con su libro, al que separa de la posición antimarxista, según él superada (*ibíd.*, 343).

o *interregnum* y se tiene por testigo de una transición entre mundos. Habida cuenta de «la impotencia de las viejas formaciones»,[39] le parece inevitable el alzamiento de un tiempo nuevo que devore al anterior.[40] Presenta una Europa en que la burguesía y las formas de vida del XIX han sido liquidadas, si bien en ella no dominan aún las nuevas fuerzas. Jünger liga éstas a la vivencia que el hombre del siglo XX hace de la técnica.

Las afirmaciones jüngerianas deben ser leídas en el contexto de un debate típico del período de entreguerras. Analistas diversos coinciden entonces en un diagnóstico: el mundo burgués del XIX (y con él, el parlamentarismo, el Estado liberal de derecho e incluso cierta idea de la razón) ha muerto en la Primera Guerra. Ésta ha consagrado el dominio de la técnica, cuyo destino es colonizar el mundo de la vida. En ciertas interpretaciones, lo que se da por liquidado es el mundo humanista. La descripción jüngeriana del dominio del trabajador también establece la muerte de una vieja idea de humanidad. Jünger afirma la absoluta novedad de ese dominio —«una situación tal que la historia no tiene ningún otro ejemplo con que compararla».[41] Lo remite, sin embargo, a un origen ahistórico.

Jünger utiliza la figura del trabajador como mónada del cambio epocal. Hace saltar los límites de la palabra «trabajador» de modo que sea posible «reconocer en ella y detrás de ella la mutación que están sufriendo muchos conceptos e instituciones del siglo XIX», por heterogéneas que puedan parecer tales mutaciones.[42] En su despliegue, la figura del trabajador

---

39. *El trabajador*. Jünger, 1990,155. En *Sobre el dolor* aparece el mismo diagnóstico: «Realmente el éxito no habría sido más claro si todas las formaciones espirituales y materiales no pertenecientes a la civilización que, rebasando el final del siglo XIX, han llegado hasta nuestros días, hubieran sido reunidas en un espacio reducido y se hubiese abierto fuego contra ellas con todos los cañones del mundo». Jünger, 1995*b*, 119.

40. *El trabajador*. Jünger, 1990, 149.

41. *Ibíd.*, 159.

42. *Máximas-Mínimas*. Jünger, 1990, 328. Por lo demás, el dominio del trabajador resulta difícilmente distinguible de la llamada «movilización total», que Jünger describe como el proceso puesto en marcha por aquél. La movilización total es «un acto mediante el cual una única maniobra ejecutada en el cuadro de distribución de la energía conecta la red de la corriente de la vida moderna [...] a la gran corriente de la energía bélica». En *La movilización total*. Jünger, 1995*b*, 98. Según Jünger, en la fase final de la Primera Guerra «no se efectúa ningún movimiento —ni siquiera el de una trabajadora doméstica en su máquina de coser— que no encierre una aportación bélica al menos indirecta». Ello hace de esa guerra «un fenómeno histórico de significado superior al de la Revolución francesa». *Ibíd.*, 97. *La movilización total —Die Totale Mobil-*

intenta alcanzar «proximidades y lejanías no vistas antes por ningún ojo» e «impartir órdenes a unas energías que hasta ese momento nadie había desencadenado».[43] El enorme campo semántico abarcado por la palabra «trabajador» no es acotable por el de la palabra «trabajo». Jünger abarca con ésta múltiples referencias: «Trabajo es el *tempo* de los puños, de los pensamientos y del corazón; trabajo es la vida de día y de noche; trabajo es la ciencia, el amor, el arte, la fe, el culto, la guerra; trabajo es la vibración del átomo y trabajo es la fuerza que mueve las estrellas y los sistemas solares».[44] El dominio de la figura del trabajador impone, según Jünger, un nuevo lenguaje, superador de los viejos conceptos, incapaces de dar cuenta del nuevo valor del trabajo.

En particular, esta palabra no designa para Jünger una mera categoría económica.[45] El trabajador jüngeriano resulta más bien del desplazamiento al espacio económico de una categoría no económica. Sus rasgos se apuntan en el soldado desconocido y se consolidan en el emboscado. En el soldado desconocido, el trabajador y el emboscado, la imaginería jüngeriana ha condensado el siglo XX.[46] Corresponden a tres etapas biográficas de Jünger. De ellas, la fundamental es la primera. En efecto, las observaciones de guerra de Jünger forjan una matriz del conjunto de su obra. El tema mayor de ésta es la ocupación técnica de la experiencia humana. En la guerra, Jünger es testigo de esa ocupación.[47] Conoce al trabajador en el campo de

---

machung (1930)— se publicó en el colectivo *Guerra y guerreros* del que nos ocuparemos más adelante.

43. *La emboscadura.* Jünger, 1988, 59.

44. *El trabajador.* Jünger, 1990, 69 s. Dicha ambigüedad no es precisamente despejada por declaraciones como ésta: «A todos los instintos auténticos se los reconoce en que ellos sí se dan cuenta de que las cosas de que en el fondo aquí se trata no pueden ser ni unos conocimientos nuevos ni unas finalidades nuevas, y de que lo que aquí están en juego en todas las esferas de la vida es la cuestión de un dominio nuevo». *Ibíd.*, 76.

45. *Máximas-Mínimas.* Jünger, 1990, 348.

46. Hay una cuarta figura, el anarca, no siempre distinguible del emboscado. Molinuevo ve en el anarca y el emboscado dos caras de la misma figura, aunque la primera sea una forma de vida durante la catástrofe y la segunda lo sea después de la catástrofe, y si bien el emboscado aún tiene cierta capacidad de sacrificio por ideales y algún afán de cambio. Molinuevo, 1996, 11, 144 y 149.

47. Echevarría contrasta las visiones de la técnica que sostienen Jünger y Kraus, dependientes del despliegue de la misma en la Primera Guerra Mundial, y califica de mitológica la del primero, de apocalíptica la del segundo. Según Echevarría, estos dos autores —oráculo y profeta, respectivamente, conforme a sus respectivas tradiciones

batalla, y en él reconoce el anuncio de una nueva humanidad. En la paz ve la confirmación de ese anuncio, la continuación de un proceso universal. El trabajador es el soldado desconocido en tiempo de paz: «Cada uno posee hoy su puesto sin palabrería y solo, tanto si está detrás de una planta de calderas como si interviene en la zona responsable del pensamiento (tanto en la esfera ejecutivo-maquinal como en la dispositivo-mental, es decir, en las más diferentes zonas del hacer humano, en el humano "modo de ser en el trabajo" en general)».[48] Cuando la evolución de la vida civil lo haga anacrónico, el trabajador-soldado se agazapará con la mentalidad de un guerrillero a la espera de una nueva oportunidad. Se convertirá en el emboscado, que hereda del soldado desconocido una «relación originaria con la libertad».[49]

Observando la soldadización del mundo civil, Jünger extrae dos consecuencias opuestas sobre el hombre nuevo. Por un lado, prevé para él una relación con la técnica tan esencial como la que liga al soldado con el armamento. Por otro, lo remite a viejas sociedades soldadizadas. Así, en la figura del trabajador quieren conciliarse un vector que señala el futuro del progreso técnico y otro que apunta a un pasado original.[50] De este modo se construye una constelación que nunca deja de operar en la escritura jüngeriana: la del tipo —soldado, trabajador o emboscado— con el héroe mítico. Si bien Jünger niega que haya repeticiones en el proceso histórico, en su obra siempre aparece la constelación del presente con ese origen mítico.[51]

---

intelectuales— comparten una comprensión de la guerra moderna como «democracia de la muerte». Echevarría, 1992, 15.

48. *El corazón aventurero*. Jünger, 1978, VII, 226.

49. *La emboscadura*. Jünger, 1988, 59 s. Emboscado, Jünger recuerda al soldado desconocido como la víctima que, con su sacrificio, unificó pueblos. Ídem.

50. En *La movilización total* Jünger define el progreso como «la gran Iglesia popular del siglo XIX». Jünger, 1995*b*, 90 ss., 93. Molinuevo habla de una noción de progreso sin *telos*, no lineal sino «de la profundidad», que Jünger sí aceptaría. Molinuevo, 1996, 81 s. y 104.

51. Esta constelación no es la que Jünger critica —con palabras que recuerdan al Marx de *El dieciocho Brumario*— al afirmar que Alemania ha utilizado a veces la Revolución francesa como disfraz. Según Jünger, cuando en Alemania se creía estar efectuando un trabajo revolucionario, «lo que estaba haciéndose era representar la mera comedia de aquella Revolución». *El trabajador*. Jünger, 1990, 24. La constelación que sí puede encontrarse en Jünger es la de quien mira unas encinas y ve en ellas «los últimos árboles del dios germánico Donar». Jünger añade: «A menudo es como si me

Es así como la guerra, que Benjamin considera lugar de una pérdida, es para Jünger espacio de una recuperación. En ella, la humanidad reconquista una vivencia infinitamente remota. «La guerra —afirma Jünger— es uno de los ámbitos en que uno redescubre los sonidos primordiales».[52] En la guerra es recobrado lo primordial: la unidad del hombre con la naturaleza. El soldado desconocido, cuya individualidad la técnica aniquila, entra en constelación con un superindividuo que reside fuera de la historia, en el tiempo mítico.

Esta constelación ayuda a Jünger a mantener una importante ambigüedad respecto del corte epocal: la de si los hombres son su sujeto o su objeto. Aunque Jünger a veces parezca referirse a un grupo humano como agente del cambio,[53] el verdadero sujeto de la «modificación decisiva del mundo» no es sino el trabajo.[54] Jünger habla de la voluntad de poder de una nueva generación, pero describe esa voluntad como necesidad. Atribuye a sus contemporáneos una misión sacrificial: «¿Es que acaso no somos una generación plutónica que, cerrada a todos los goces del ser, está trabajando en una subterránea fragua del futuro?».[55] Y se refiere a «la clase activa —activa en el sentido más hondo de la palabra—, que actúa por propia voluntad en aquellos sitios donde todos los demás parecen hallarse afectados por la irrupción de una catástrofe natural», y que se orienta «a un presente, se dirige a un "aquí y ahora" indubitable».[56] Sin embargo, esta clase no es un grupo social capaz de intervenir revolucionariamente sobre el estado de las cosas.[57] La extensión de la técnica rompe las fronteras entre estamentos, superados por el nuevo tipo humano. El obrero industrial o el agricultor son «representantes» de la figura del

---

cayeran escamas de los ojos; entonces las granjas de los campesinos se hallan allí abiertas, en su antiguo esplendor pagano». En *Radiaciones*. Jünger, 1995a, 40.

52. *El Bosquecillo 125 —Das Wäldchen 125* (1925). Jünger, 1987, 395.

53. Según Jünger, «sólo una fuerte conciencia de sí, encarnada en una capa dirigente joven y desconsiderada, puede trazar con la agudeza necesaria un corte que sea lo suficientemente profundo como para librarnos de los viejos cordones umbilicales». En *El trabajador*. Jünger, 1990, 195 s.

54. *Ibíd.*, 89.

55. *El Bosquecillo 125*. Jünger, 1987, 375.

56. *El trabajador*. Jünger, 1990, 58.

57. Según Jünger, en *El trabajador* intenta «recobrar las esencias que Marx había destilado de Hegel y ver, en lugar de un personaje económico, una figura, más o menos en el sentido de la protoplanta». En *Máximas-Mínimas*. Jünger, 1990, 345.

trabajador.[58] No sujetos revolucionarios, sino portadores —a veces inconscientes— del cambio epocal.[59]

Según Jünger, nadie puede decidir ser o no representante de la figura del trabajador. Todos están llamados a movilizarse. La movilización total puede comprenderse a partir de las siguientes palabras: «En la misma proporción en que se disuelve la individualidad, en esa misma proporción disminuye la resistencia que la persona singular es capaz de oponer a su movilización». Esta homogeneización total sigue la corriente establecida por la Primera Guerra, en la que «entre los combatientes y los no-combatientes no hay diferencias».[60] En efecto, la del 14 no es sólo la primera guerra en la era del trabajador, sino la cuna de éste. Paradójicamente, en ella el soldado desaparece —hasta ese punto es desconocido—, al tiempo que todos los hombres son convertidos en objetivos militares. Siendo su capacidad de aniquilación superior que la de cualquier guerra anterior, ésta es la primera cuyo fin es la aniquilación total del enemigo, constituido por la entera población. Según Jünger, la movilización total «se extiende hasta el niño que yace en la cuna. Ese niño está amenazado como todas las demás personas, incluso más que ellas».[61]

Se trata de una integración real, a diferencia de la «integración teórica en los derechos universales».[62] En este sentido, la técnica es tanto el uniforme del trabajador como «el medio más eficaz de la revolución total».[63] Detrás de «los procesos superficiales de las modificaciones técnicas» se vislumbran «tanto una destrucción amplísima cuanto una construcción diferente del mundo».[64]

La técnica pone fin a la pluralidad de formas de vida del

---

58. *El trabajador.* Jünger, 1990, 78.

59. Jünger se refiere a «representantes del trabajador que ya lo son sin saberlo», así como a «otros que creen ser trabajadores sin que quepa ya calificarlos de tales». En *El trabajador.* Jünger, 1990, 92.

60. *El trabajador.* Jünger, 1990, 142.

61. *La movilización total.* Jünger, 1995*b*, 100 s. Jünger escribe allí también que «la mortífera nube de gas es algo que se propaga cual un elemento sobre todos los seres vivos». En *La movilización total* y en *Fuego y movimiento* —*Feuer und Bewegung* (1930)—, Jünger observa los rasgos de la guerra moderna desde una distancia que todavía no ha ganado en *Tempestades de acero*.

62. *El trabajador.* Jünger, 1990, 142.

63. *Ibíd.*, 159.

64. *Ibíd.*, 148.

siglo XIX y reviste el futuro de unidad.[65] Cierto que el mundo parece móvil «tanto en los sitios donde los seres humanos piensan y actúan como en los sitios donde combaten y donde se divierten».[66] Sin embargo, según Jünger, «detrás de los excesos dinámicos de nuestro tiempo hay un centro inmóvil».[67] Ese fundamento que subyace al movimiento superficial es la figura del trabajador. Con ella, el ojo ordena, concilia tensiones, hace cosmos del caos.[68]

Al ser visto el movimiento como lenguaje, cada diferencia queda integrada. Voces dispares se funden en el monólogo del trabajador: «El tableteo de los telares de Manchester, el crepitar de las ametralladoras de Langemarck —esas cosas son los signos, son las palabras y frases de una prosa que desea que nosotros la interpretemos y dominemos».[69] Trasladándose «a todas las cosas que pueden ser pensadas, sentidas, queridas»,[70] el lenguaje de la figura absorbe cada diferencia. Incluso la diferencia entre lo mecánico y lo orgánico. Que ni siquiera tiene ya validez en el cuerpo humano.

La muerte del individuo se exterioriza en la homogeneización de los rostros. Las máscaras asociadas a procesos de trabajo —entre los que Jünger incluye el deporte— son pruebas de «degradación de la fisonomía individual» y de agonía de un tiempo en que podía encontrarse «un carácter individual mucho más denso y compacto».[71] A los fuertemente individualiza-

---

65. En este sentido puede entenderse la afirmación de que «la guerra del catorce trazó la raya que puso fin al siglo XIX». *Ibíd.*, 227.

66. *Ibíd.*, 98.

67. *Ibíd.*, 187.

68. Cf. Loose, 1957, 83. Loose ubica a Jünger dentro de un neoplatonismo pantefúla en que también inscribe a Görres, Schelling, von Baader y Novalis. *Ibíd.*, 83, 210 y 251.

69. *El trabajador.* Jünger, 1990, 130.

70. *Ibíd.*, 99.

71. *Ibíd.*, 124. En *Sobre el dolor* Jünger señala como expresión mayor del corte epocal un rostro en que libertad individual y sentimentalidad son sustituidas por disciplina. Jünger, 1995*h*, 45. En ese mismo libro, Jünger hace notar que el «nuevo» rostro de los deportistas «es un rostro carente de alma, trabajado como en metal, o tallado en maderas especiales, y posee sin la menor duda una auténtica relación con la fotografía. Es uno de los rostros en que se expresa el tipo, o sea, la raza del trabajador». Id, 78. Si bien Jünger declara en *El trabajador* estar buscando «detrás de las máscaras de nuestro tiempo algo más que la muerte del individuo» (Jünger, 1990, 131), lo cierto es que parece observar los rostros con ojos de entomólogo. La obra de Levinas ofrece elementos para extraer consecuencias éticas de la tesis jüngeriana de la moderna pérdida del rostro.

dos rostros del burgués decimonónico se contraponen los de los hombres nuevos, metalizados y galvanizados, vinculados a los nuevos medios. Según Jünger, «ni el individuo ni las masas son capaces de sostenerse en el mundo de los elementos, un mundo en que hemos entrado a partir de 1914». Aclara que ello no significa la desaparición «como persona singular y como hombre libre» del ser humano, pues éste «habrá de sondear profundidades que quedan muy por debajo de su superficie individual». Afirma que el ser humano saldrá de esta aventura «adornado con una libertad nueva».[72]

La noción de libertad manejada por Jünger permite ver la guerra como expresión de «una anarquía jovial, la cual coincide a la vez con un orden rigurosísimo».[73] Esta libertad sólo es comprensible en el contexto de la cosmologización de la vida humana obrada por la hipertrofia referencial de la palabra «trabajo». El del trabajo es el ámbito superior que engloba lo mecánico y lo orgánico y que también incluye al hombre.[74] Éste pierde su viejo rostro individual y su viejo lenguaje y acepta, «queriéndolo o sin quererlo»,[75] el lenguaje, dominado por la técnica, del trabajo.[76] Desde esta perspectiva resultan indistinguibles la exteriorización mecánica de la vida y el dominio de lo mecánico sobre lo vivo.

La cosmologización de la vida humana tiene pues como corolario una noción de libertad de hondas consecuencias políticas. Jünger contempla cómo, «para que pueda darse la orden de hacer lo necesario», los pueblos se imponen unas dictaduras que coinciden en «un riguroso y sobrio estilo de trabajo». La noción

---

72. *La emboscadura*. Jünger, 1988, 155 s.

73. *El trabajador*. Jünger, 1990, 41. En *Radiaciones*, Jünger compara la relación libertad/destino en el ser humano con el juego de compensación entre la fuerza centrífuga y la gravitación en la órbita de los planetas. Jünger, 1995a, 65 s. Molinuevo entiende la libertad jüngeriana como «la espontaneidad de lo elemental», que no da lugar a una ética, pues «no existe ni la libertad del ser ni la libertad de acción». Molinuevo, 1996, 40, 94, 102 ss.

74. Según Jünger, «las modificaciones del conjunto mecánico y del orgánico están concentradas dentro de un espacio perteneciente a un orden superior, y es desde ese espacio desde el que se determina la causalidad de los procesos singulares». En *El trabajador*. Jünger, 1990, 124.

75. *El trabajador*. Jünger, 1990, 159.

76. Jünger se refiere en *El trabajador* a «una manera diferente de entenderse, una manera diferente de leer» y a «ese lenguaje preciso, unívoco, ese estilo matemático de hechos, que resulta adecuado al siglo XX». Jünger, 1990, 248 y 252.

de trabajo como fenómeno total sirve de base a una interpretación de la dictadura en el marco de «la ofensiva del tipo contra las valoraciones propias de la masa y del individuo».[77]

Al presenciar «formaciones mínimas y formaciones máximas, tales como la célula y los planetas»,[78] pero también al observar las sociedades humanas, Jünger descubre la unidad que subyace a la diversidad. Esta armonía cosmológica hace inútil la política; convierte la diferencia —y, por tanto, la crisis y el conflicto— en apariencia. El trabajo «determina las únicas formas de confrontación que son posibles en nuestro tiempo», «instala la única plataforma en la que posee sentido tener encuentros», y provee «los medios» y «los métodos» para tales confrontaciones y encuentros. Su carácter total no deja lugar ni al conflicto entre clases ni a cualquier otro. El trabajo, que «tiene como objeto la superficie entera de la tierra y que sólo en contacto con la multiplicidad de ella cobra valor y adquiere diferencias», absorbe todas las disputas y todas las alianzas. Políticamente, la movilización total constituye una estabilización total.[79]

Si bien la transformación del mundo por el trabajo hace decaer la vieja libertad individual, esta pérdida tiene contrapartida. La penetración de la figura del trabajador a través de la extensión del trabajo constituye una donación de sentido al hombre y al mundo. Según Jünger, la decisiva modificación a la que se encuentra sometido el hombre «porta en sí su sentido propio».[80] Participar en la extensión del trabajo permite escapar desde cualquier negatividad del mundo real —incluso desde el absoluto negativo que es la guerra— a la positividad aurática del mundo movilizado.

Al desencantamiento del mundo, previsto por Weber como fase final de la racionalización capitalista, contesta este encantamiento global. Cuyo epicentro es la vivencia de guerra desde la que Jünger escribe su propia biografía.[81] Insatisfecho ante un

---

77. *Ibíd.*, 243.
78. *Ibíd.*, 99.
79. *Ibíd.*, 89. Aunque en *Tempestades de acero* vincula la destrucción a las concepciones económicas de la época, Jünger no avanza allí en la crítica de tales concepciones. Jünger, 1987, 134.
80. *El trabajador*. Jünger, 1990, 89.
81. Steil ha escrito que Jünger levanta catedrales de su personalidad. Steil, 1984, 75 y 123.

mundo desencantado, Jünger busca en el campo de batalla ocasiones de vida desregularizada. Encuentra no al héroe de las viejas batallas, sino al soldado desconocido, precursor del trabajador. La movilización a la que se adhiere constituye un proceso de reencantamiento total. La clase activa a la que pertenece, si no capacidad de decisión política, sí tiene capacidad de dar sentido.

Es así como la crisis de la modernidad se refleja en la obra de Jünger con otro aspecto que en la de Benjamin. También Jünger observa la crisis como quiebra de una forma de vida y como ocasión de su superación, pero él remite ésta a un origen al que se retorna. Del mundo, según Jünger, «se ha apoderado un aflujo nuevo y todavía indomeñado de fuerzas elementales».[82] No el viejo individuo, sino el nuevo tipo humano está en condiciones de hacerse cargo de ese aflujo. La guerra y el automatismo, «que imprimen el sello de lo absurdo a la existencia del individuo», en cambio al tipo se le brindan «como manantiales de fuerza para una acción más intensa».[83] La figura sirve así a una reauratización que parece contrariar el diagnóstico de Benjamin. La ocupación de la experiencia humana por la técnica no es liquidadora de sentido; al contrario, la técnica vehicula la extensión del trabajo, en cuyo carácter total reside un sentido del que cada hombre puede participar. De este modo, el irresistible avance de la técnica constituye una total ocupación aurática.[84]

Es precisamente en el sometimiento a la técnica, y sólo allí, donde es posible el sentido. En la cosmologización por la técnica reside un nuevo sentido, a cambio del cual el hombre pierde la historia. En efecto, si entre lo planetario y lo microscópico hay un continuo que incluye a lo humano, la naturaleza no deja

---

82. *El trabajador*. Jünger, 1990, 61.

83. *Ibíd.*, 244.

84. Cabría hablar de romantización del mundo si el romanticismo no apareciera ambiguamente en la obra de Jünger. Jünger afirma que «el lugar del espacio romántico aparece como el pasado y, además, como un pasado coloreado por el sentimiento reflejo (el re-sentimiento) contra la situación concreta de cada momento». *El trabajador*. Jünger, 1990, 56. Por un lado, Jünger habla de ese espacio romántico como sede de lo elemental y opuesto al espacio burgués; por otro, constata que el número de los paisajes románticos decrece «en proporción a la marcha triunfal de la técnica». *Ibíd.*, 56 s. En *Sobre el dolor* Jünger se refiere a la «literatura tardorromántica» que el siglo XX ha producido a partir del recuerdo del XIX. Jünger, 1995*b*, 26.

lugar a la historia. A este respecto, tan significativo como el uso benjaminiano de la imagen de la ruina histórica, lo es el uso jüngeriano de la imagen de la catástrofe natural. Jünger la utiliza para subrayar que el dominio de la técnica ha de ser aceptado sin que la acción humana pueda intervenir sobre él: «Estamos asistiendo al espectáculo de un hundimiento que no admite otro parangón que el de las catástrofes geológicas. Sería perder el tiempo el compartir el pesimismo de los destruidos o el optimismo superficial de los destructores».[85]

El dominio del trabajador es un eterno presente. En su tiempo no hay historia, sino sólo naturaleza; es el tiempo que Benjamin llama vacío. Si Benjamin caracteriza la modernidad como la época en que la vivencia del *shock* derroca a la experiencia, la jüngeriana edad del trabajador puede ser interpretada como su coronación. Proyectada por vectores ahistóricos hacia un origen mítico y hacia una utopía tecnológica, la actualidad es estabilizada en la paz universal de la figura y transformada en destino.[86]

Ni siquiera la guerra es un suceso histórico, sino más bien biológico, a observar con científica frialdad.[87] En la medida en que también ella cobra esplendor aurático, puede ser contemplada como desde el palco de un teatro. Jünger es capaz de describir las víctimas de la guerra como si de piezas escultóricas se tratara.[88] Desde su perspectiva, incluso las víctimas resultan naturalizadas y auratizadas. Para Benjamin, en cambio, sólo ellas pueden romper el eterno presente, el tiempo mítico.

En ese tiempo vive Jünger, el ojo del mundo.[89] Ser el único no idéntico le permite reconocer la unidad bajo el movimiento ficticio del mundo, esa «identidad de los procesos» que «sólo

---

85. *El trabajador.* Jünger, 1990, 79.

86. *La emboscadura.* Jünger, 1988, 59 s. Martin interpreta la figura como una imagen original que trasciende al tiempo, y el tiempo jüngeriano como un movimiento aparente al que subyace un ser en reposo. Martin, 1948, 250 s.

87. Bohrer cita como fuentes de la biologización jüngeriana motivos vitalistas, nietzscheanos, bergsonianos y, especialmente, spenglerianos. La visión de Spengler de un batallón de soldados como una suerte de organismo pluricelular recuerda, desde luego, a la presentación por Jünger de la guerra no como suceso históricamente interpretable, sino como fenómeno vital. Bohrer, 1978, 124 s.

88. *Tempestades de acero.* Jünger, 1987, 285.

89. Acerca de la visión de Schopenhauer del genio como ojo del mundo: Steiner, 1989, 448.

puede ser captada en toda su amplitud por los ojos de un extraño».[90] Pero mantenerse al margen de la movilización total, ¿no exige de ese observador un esfuerzo sobrehumano? ¿Quién es ese espectador a salvo del naufragio, el único al que la tormenta no arrastra? ¿Un ángel?

El trabajador fascista: la peor pesadilla de Walter Benjamin

Una confrontación de Benjamin y Jünger bien puede empezar por la lectura de *Teorías del fascismo alemán*, comentario del primero sobre la obra colectiva *Guerra y guerreros* editada por el segundo en 1930.[91] Este texto pone de relieve elementos fundamentales para una lectura política de la obra jüngeriana. Además, muestra hasta qué punto el gesto antifascista es central en la opción de Benjamin por el marxismo, y denota una preocupación por la suerte de su país tan intensa como la que impulsa el libro *Alemanes*.[92]

A juicio de Benjamin, los autores de lo que él llama «círculo de Jünger» no han sabido hacer de su derrota algo presente. A diferencia de los rusos, que han transferido el combate a la esfera revolucionaria, estos alemanes han intentado, sucesivamente, convertir la derrota en victoria interior, olvidarla y, final-

---

90. *El trabajador.* Jünger, 1990, 102.

91. *Teorías del fascismo alemán* —*Theorien des deutschen Faschismus* (1930); G.S. III, 238-250. Para una contextualización de este escrito: Scholem, 1987, 167. Un comentario extenso de esta confrontación se ofrece en Molinuevo, 1996, 83 ss. Según Molinuevo, la politización del arte propuesta por Benjamin es lo que intenta Jünger en *El trabajador. Ibíd.*, 85. Molinuevo propone una lectura comparativa de esta obra de Jünger y la primera parte de *Estética de la resistencia* de Weiss, a quien ve en la estela de Benjamin. *Ibíd.*, 89 ss.

92. Resulta tentador contrastar la idea de Alemania que subyace a ese libro con la que presenta Jünger en textos como *El estallido de la guerra de 1914*. O en *Sobre el dolor*, donde describe así a sus compatriotas derrotados: «Y, sin embargo, ese sordo fervor que en ellos ardía por una Alemania inexplicable e invisible fue suficiente para efectuar un esfuerzo tal que hizo temblar a los pueblos hasta en su tuétano. ¿Qué no habría conseguido si hubiera poseído ya una dirección, una consciencia, una figura?». Jünger, 1995*b*, 112. La Alemania que ama Jünger es la Alemania elemental —atravesada por la técnica, que es para Jünger una fuerza elemental— que conoció en el frente. Una Alemania africana, si aceptamos que para Jünger, como dice Molinuevo, «África es la metáfora del espacio de lo originario». *Ibíd.*, 56. Acerca de la visión que de una Alemania integrada en Europa sostiene Jünger después de la Segunda Guerra: *ibíd.*, 128 ss.

mente, fundar sobre ella un culto de la guerra. En las batallas de material han vivido la liquidación del viejo heroísmo aristocrático. La moderna guerra de material es para ellos un «sinsentido mecánico»[93] que elimina la distinción entre civiles y combatientes. Intentando compensar esa pérdida de sentido, han desplazado a la guerra la teoría decadente de «el arte por el arte» y la han envuelto con un charloteo sobre «lo eterno y primitivo».[94] Según Benjamin, Jünger imita a los «diletantes del siglo XVII que veían en el alemán una lengua primordial».[95] Benjamin detecta en los escritos de estos ex combatientes una noción de guerra eterna cargada de elementos propios de sociedades teocráticas. A su juicio, es necesario esclarecer la relación entre esta guerra eterna, cúltica, y la Primera Guerra, técnica.[96]

Benjamin teme el papel que hombres como los autores de *Guerra y guerreros* puedan tener en el futuro de Alemania. Se trata de hombres que no conocen nada sino la guerra. A ellos opone la figura de un Christian Rang «cuya vida rezuma más germanidad que las de numerosas huestes guerreras de desesperados».[97] Benjamin suscribe la visión que Rang tiene de estos ex combatientes como creyentes de una demoníaca fe en el destino al que la vida ha de ser sacrificada. Reaparece aquí un tema benjaminiano fundamental: la oposición entre mito y vida. A juicio de Benjamin, la literatura ejemplificada por *Guerra y guerreros*, sembrada de palabras como «Héroe» y «Desti-

---

93. G.S. II.1, 247. En *Sobre el dolor*, Jünger reconoce que al «ánimo heroico» le causa una penosa impresión la guerra de material, un monótono espectáculo «que hace pensar en el funcionamiento exacto de una turbina alimentada con sangre». Jünger, 1995*b*, 102.

94. G.S. III, 240 s.

95. *Ibíd.*, 245.

96. Benjamin ve la otra cara de este misticismo en ciertos pacifismos idealistas. G.S. III, 239 ss. Para considerar la posición de Benjamin respecto del pacifismo, conviene tener en cuenta las siguientes palabras de Trotski, tachadas en el manuscrito de *El autor como productor*: «Cuando los pacifistas ilustrados intentan abolir la guerra por medio de argumentos racionalistas, resultan simplemente ridículos. Pero cuando las masas armadas comienzan a aducir contra la guerra los argumentos de la razón, entonces sí que la guerra se acaba». G.S. II.3, 1464. También deben ser recordadas las siguientes palabras de *Calle de dirección única*: «En las noches de exterminio de la última guerra, una sensación similar a la felicidad de los epilépticos sacudía los miembros de la humanidad. Y las rebeliones que siguieron luego constituyeron la primera tentativa por hacerse con el control del nuevo cuerpo. El poder del proletariado es la escala que mide su convalecencia. Si la disciplina de éste no logra penetrarlo hasta la médula, no lo salvará ningún razonamiento pacifista». G.S. IV.1, 148.

97. G.S. III, 243.

no», causa víctimas en el pensamiento y entre las personas. En el heroísmo «tenebroso, fatal y metálico» de la tropa se forman, según Benjamin, los ejecutores de la posguerra.[98] El superviviente de la Guerra Mundial no defiende Alemania, sino otra patria: el paisaje del frente. Es el combatiente de clases fascista.

A Benjamin le preocupa el encuentro de estos hombres con los capitalistas —«capitanes financieros de la inflación»—, cuyas posesiones defenderían como modernos *condottieri*.[99] Pretextando defender a la nación, defenderían a la clase dominante. Premonitoriamente, Benjamin escribe en este año de 1930: «Si Alemania no logra evadirse de esas maniobras de medusa que la están envolviendo, sacrificará su porvenir».[100] Teme Benjamin que el Estado llegue a expresar «las fuerzas mágicas que en tiempo de guerra debe movilizar para sí». Pues «en el paralelogramo de fuerzas determinado por "nación" y "naturaleza", la diagonal es la guerra».[101]

En último término, la discusión de Benjamin con Jünger es una discusión acerca de la técnica.[102] En su artículo de 1934 sobre Kafka, Benjamin lamentará que el desarrollo técnico no haya traído consigo una mejoría social: una época que ha inventado el cine y el gramófono es también la época del «extremo distanciamiento mutuo de los seres humanos».[103] En la reseña sobre *Guerra y guerreros* argumenta que, no hallándose la sociedad preparada para integrar como órgano a la técnica, ésta ha forzado, para justificarse, la guerra. Que ha puesto en evidencia el abismo «entre los inmensos medios de la técnica y la ínfima clarificación moral que aportan».[104] Benjamin descubre en la «vivencia primordial» del círculo de Jünger «la mística de la muerte del mundo», a la que él quiere oponer «la claridad

---

98. *Ibíd.*, 244. Benjamin pone como ejemplo que los ex combatientes hablen del tránsito de los caídos «de una realidad incompleta a una realidad plena; de la Alemania temporal a la Alemania eterna». G.S. III, 245.

99. *Ibíd.*, 248. Es interesante contrastar este vocabulario con la novela alegórica de Jünger *En los acantilados de mármol*, por la que circulan reyezuelos, capitanes de fortuna, mercenarios...

100. *Ibíd.*, 249.

101. *Ibíd.*, 248.

102. De hecho, Benjamin comienza comentando la afirmación de Léon Daudet de que «el automóvil es la guerra». *Ibíd.*, 238.

103. En *Franz Kafka* (1934); G.S. II.2, 409-438, 436.

104. G.S. III, 238.

que el lenguaje y la razón aún proyectan».[105] Esta claridad basta para comprender que la abstracción metafísica de la guerra es un intento de resolución mística, en el ámbito de la técnica, del «secreto de una naturaleza comprendida desde una perspectiva idealista».[106] Frente a este intento, Benjamin propone evaluar las posibilidades de interacción armónica con la técnica en orden a mejorar la vida comunitaria. En la técnica no ha de verse «un fetiche del hundimiento, sino una llave para la felicidad».[107] Los pueblos han de ordenar sus relaciones de modo que puedan reinsertarse en la naturaleza a través de la técnica. De lo contrario, «millones de cuerpos humanos serán corroídos y destrozados a gas y hierro».[108]

Si en *Sobre el concepto de historia* Benjamin dirá que la catástrofe es la norma, en este texto declara que en la guerra futura debe verse «la imagen de lo cotidiano». También anticipa aquí la designación del marxismo como único movimiento capaz de construir una alternativa al fascismo: el «artificio marxista» es «lo único que puede medirse con ese oscuro embrujo rúnico».[109] Sólo el marxismo, cree Benjamin entonces, puede transformar la guerra futura de mágico-destructiva en revolucionaria. En todo caso, Benjamin nunca pensará que el fascismo sea el inevitable destino de la época. No perderá la esperanza de que el horno de fundición pueda ser la cuna de un nuevo humanismo.[110]

---

105. *Ibíd.*, 249.
106. *Ibíd.*, 247.
107. *Ibíd.*, 250.
108. *Ibíd.*, 249.
109. *Ibíd.*, 250. Benjamin adjudica al marxismo la tarea de transformar la próxima guerra en «guerra civil». Al comienzo del artículo, ha escrito: «Toda guerra venidera será a la vez una rebelión de esclavos de la técnica». *Ibíd.*, 238. En este contexto, vale la pena recordar que Hitler eligió como día de su partido el 1 de mayo. Por otro lado, conviene mencionar el juicio de Benjamin de que en Fichte se forma «la larva del espíritu revolucionario de la burguesía alemana, larva de la que luego escaparía la mariposa de cabeza de muerto del nacionalsocialismo». Scholem, 1987, 75.
110. Véase a este respecto el ensayo sobre Kraus, donde Benjamin se refiere a la incapacidad del «europeo medio» para unir su vida a la técnica. G.S. II.1, 367.

El fin del humanismo, según Benjamin

Si en un principio minusvalora las experiencias de los mayores frente a los ideales juveniles, Benjamin acabará llevando al centro de su reflexión la pérdida de la capacidad de hacer experiencias y transmitirlas. Un tiempo en que la única experiencia posible es la de la imposibilidad de hacer experiencias: así es como Benjamin caracteriza su época. Esta caracterización —desarrollada, entre otros lugares, en *Experiencia y pobreza* y en *El narrador*—, encierra un gesto ambivalente. Por un lado, Benjamin describe con rasgos negativos la pérdida de la experiencia; por otro, descubre en ella la ocasión de que se abra un nuevo tiempo humano.

Benjamin considera la experiencia en su historia. Es la marca del tiempo lo que rastrea en ella. De entre sus notas, se fija especialmente en una: su comunicabilidad; de la experiencia se hace comunidad. Ahí radica la importancia política que concede a la decadencia, en la modernidad, del arte de narrar. La crisis de la narración constituye además una crisis de la memoria. Pues la narración es un *medium* de la tradición colectiva.[111]

Al considerar históricamente la narración, Benjamin no se ocupa tanto de un género literario como de momentos por los que ha pasado la experiencia humana. Lo que hace más interesante a sus ojos la figura del narrador oral es que éste recoge, crea y transmite experiencia: aquello que narra procede de la experiencia, que él convierte en experiencia de sus oyentes. La decadencia de la capacidad de narrar es causa y efecto de la crisis de la experiencia. En *El narrador*, Benjamin trae a colación formas laborales premodernas, en las que la narración estaba viva, para mostrar cómo esa moderna pérdida de experiencia se deja sentir, sobre todo, en el mundo del trabajo.[112]

También en *Sobre algunos temas en Baudelaire* se ocupa Benjamin de las modificaciones sufridas por la experiencia «en su estructura». Benjamin dice moverse aquí cerca de la llamada

---

111. En la medida en que la judía es una comunidad de generaciones constituida a través de la narración, cabe interpretar *El narrador* como un trabajo muy marcado por el judaísmo. Kraushaar ha señalado en este texto como típicamente judías la valoración de la tradición oral y la apertura de lo narrado a múltiples interpretaciones. Kraushaar, 1988, 220 ss.

112. Kraushaar habla de «pérdida de sentido» del trabajo. Kraushaar, 1988, 220.

filosofía de la vida, entendiendo por tal un conjunto de tentativas hechas desde finales del XIX «para apoderarse de la experiencia "verdadera"», en contraposición a la «existencia normatizada, desnaturalizada de las masas civilizadas».[113] Entre esas tentativas ubica Benjamin la filosofía de Bergson. Para éste, tanto las experiencias privadas como las colectivas se forman a partir de datos, muchas veces no conscientes, que confluyen en la memoria. Bergson se pone así en camino de conectar las estructuras de la experiencia y de la memoria. Lo que es fundamental para una consideración histórica de aquélla; esto es: para reconocer la experiencia en cada tiempo y el núcleo temporal de la experiencia en general. Sin embargo, según Benjamin, la filosofía bergsoniana no llega a especificar históricamente la memoria, desatiende la determinación histórica de la experiencia y está ciega para la experiencia «inhospitalaria» de la época de la gran industria.[114]

Pese a ello, Bergson acierta al ver en el poeta, en tanto que experto en la «duración», un experto en experiencia. Benjamin se acerca a ese punto de vista cuando lee a Proust y a Baudelaire. El primero le sirve para reflexionar sobre las dificultades de una restauración de la figura del narrador. Leyéndolo, se hace Benjamin más consciente de cuán difícil se ha vuelto hacer experiencia. En *Para una imagen de Proust*, se pregunta: «¿No es la quintaesencia de la experiencia: experimentar lo sumamente difícil que resulta experimentar mucho de lo que aparentemente podría decirse en pocas palabras?».[115] En el ensayo sobre Baudelaire, Benjamin caracteriza *A la búsqueda del tiempo perdido* como un intento de elaborar, bajo las condiciones sociales del momento, la experiencia tal y como la concibe Bergson. Sobre la oposición entre memoria involuntaria (correspondiente a la memoria pura bergsoniana) y voluntaria construye Proust su obra maestra, que se guía por el principio de que el pasado no puede ser conjurado ni por la voluntad ni por la inteligencia. La interpretación que hace Benjamin de las memorias privada y colectiva proustianas prefigura la consideración

113. G.S. I.2, 608. Benjamin añade: «Sólo en excepciones conserva la poesía lírica el contacto con la experiencia de los lectores».

114. *Ibíd.*, 608 s.

115. G.S. II.1, 317.

política del recuerdo que vertebra *Sobre el concepto de historia*. Según Benjamin, allí donde domina la experiencia, «ciertos contenidos del pasado individual coinciden en la memoria con otros del colectivo».[116] A este respecto menciona las fiestas y las ceremonias de culto, en que ambos contenidos se dan cita. Benjamin presenta a Proust como un observador de la atrofia de la experiencia colectiva. La imposibilidad de redención colectiva es el corolario político que se deduce de dicha atrofia. De hecho, Benjamin deriva de Proust la advertencia de que la redención se ha vuelto un asunto privado.[117]

El viaje a través de la escritura de Bergson y Proust prepara el acceso a la de Baudelaire. En *Sobre algunos temas en Baudelaire*, Benjamin muestra que, al igual que la narración, tampoco la poesía lírica atraviesa intacta la pérdida: para sobrevivir en la modernidad, ha de refundarse en la vivencia del *shock*.[118] En la obra de Baudelaire, Benjamin evalúa el precario lugar de la experiencia en una época cuyo horizonte es un continuo de *shocks*. El poeta camina envuelto por una multitud que no es ni una clase ni un colectivo estructurado y cuyo comportamiento se reduce a reaccionar a *shocks* o a desencadenarlos. Benjamin caracteriza a Baudelaire como «un hombre estafado en su experiencia, un moderno».[119] Pero el más consciente de los modernos: el más consciente de que la suya es una vivencia sin rastro de experiencia; el testigo de la cesura entre las edades de la experiencia y del *shock*. Benjamin asocia vivencia y *shock* frente a experiencia conforme al siguiente argumento: cuanto más *shock* contiene una impresión, tanto más se protege de ella la conciencia; esta protección impide que la impresión se convierta en experiencia y la reduce a mera vivencia.[120] Se incorpora así el tema freudiano de la defensa ante el estímulo a la línea

---

116. G.S. I.2, 611.

117. *Ibíd.*, 643.

118. *Ibíd.*, 614. En el prólogo a *Comentario a poemas de Brecht*, Benjamin se refiere asimismo a lo difícil que se ha vuelto escribir —así como leer— poesía lírica. G.S. II.2, 540.

119. *Ibíd.*, 636.

120. *Ibíd.*, 615. La oposición vivencia/experiencia es planteada por Benjamin en *Experiencia* —*Erfharung* (1913); G.S. II.1, 54-56. También aparece en el ensayo sobre *Las afinidades electivas* de Goethe. Allí se afirma que una decisión no ha de fundarse en una vivencia, sino en una experiencia, que es única (*einmalig*) y singular (*einzigartig*); G.S. I.1, 190.

argumental tramada desde los materiales de Bergson y Proust, para concluir que el *shock* no deja huella, no se hace experiencia, es vivencia fugaz.

En el jugador, cuya experiencia se disuelve en la repetición del *shock*, señala Benjamin el paradigma del hombre moderno. Benjamin llama la atención sobre la correspondencia entre el mecanismo reflejo que desata el juego de azar en el ocioso baudelaireano y el que la máquina impone al obrero.[121] Los tiempos de ocio y de trabajo son un solo tiempo en el continuo del *shock*. Benjamin ha presentado diversos ejemplos que nutren esta tesis, que comparte con Jünger. Al analizar el fenómeno del cinematógrafo, comprueba que el ritmo de la película coincide con el ritmo de la producción: ambos están determinados por una banda continua. Asimismo observa que «a la vivencia del *shock* que tiene el transeúnte en la multitud corresponde la del obrero en la maquinaria».[122] También el tráfico automovilístico provoca en el peatón una cadena de *shocks*. Con palabras que Jünger podría hacer suyas, Benjamin describe a quien atraviesa los cruces de la gran ciudad como sacudido por una rápida sucesión de inervaciones.[123] Benjamin llega a hablar de «galvanización» en lo que recuerda a la visión jüngeriana del trabajador como robot eléctrico.[124] El paralelismo va más allá. Benjamin se fija en la homogeneización facial de los hombres modernos. Recuerda que ya Poe describió las uniformidades a las que la muchedumbre urbana se somete: «Uniformidad en el vestir y en el comportarse y no en último término uniformidades en la expresión del rostro». Esta uniformidad la interpreta Benjamin como respuesta al *shock*. En particular, la sonrisa es un «amortiguador mímico» de *shocks*.[125]

Benjamin observa, en fin, que el individuo moderno se co-

---

121. A la pérdida de la historia que sufre el jugador apunta esta observación de *París, la capital del siglo XIX*: «A las fantasmagorías del espacio, a las que se entrega el *flaneur*, corresponden las fantasmagorías del tiempo de las cuales se deja llevar el jugador. El juego transforma el tiempo en un estupefaciente». G.S. V.1, 57.

122. G.S. I.2, 632.

123. *Ibíd.*, 630.

124. En *Experiencia y pobreza*, Benjamin interpreta la proliferación de sectas que se da en su tiempo como una galvanización. G.S. II.1, 214 s. En *La emboscadura*, Jünger reflexiona acerca del auge «de los gnósticos, de los fundadores de sectas, de los apóstoles, los cuales pasan a desempeñar con mayor o menor éxito la función que antes representaban las iglesias». Jünger, 1988, 116.

125. G.S. I.2, 631.

necta íntimamente al proceso productivo. A aquél que pierde la experiencia sólo le queda adecuarse al *shock*. La pérdida alcanza a quien la observa. Tan impotente como el *Angelus Novus*, el testigo Baudelaire no puede resistirse a ella. También él es parte de la multitud. La experiencia del poeta no es más sólida que la de los seres sobre los que escribe; sólo se diferencia de ellos en que no camufla su déficit de experiencia con la máscara del *shock*. En palabras de Benjamin, el poeta «desdeña el estupefaciente con que los jugadores procuran acallar la consciencia que les ha abandonado».[126] Sin embargo, con un esfuerzo que recuerda al del ángel nuevo intentando juntar astillas mesiánicas, al poeta aún le cabe sostener algunos fragmentos de la vieja experiencia. A juicio de Benjamin, Baudelaire hace un intento por salvar la experiencia. Pero semejante salvación sólo es ya posible en el terreno de lo cúltico, en el que la experiencia se presenta como lo bello.[127]

La transición de que Benjamin pone por testigo a Baudelaire afecta al modo en que el hombre se sitúa ante la historia. Ello puede entenderse a partir de las nociones de esplín e ideal que dan título al primer libro de *Las flores del mal*.[128] Se refieren, respectivamente, a la melancolía que por la vaciedad de su presente siente quien «no puede hacer más experiencias»,[129] y a un tiempo lleno hacia el que ese presente debe mirar para colmarse. El esplín «expone la vivencia en su desnudez».[130] Es el estado de una conciencia siempre preparada para reaccionar ante el *shock*. Tal disposición hace que la percepción del tiempo esté en él muy agudizada. Pero el tiempo del *shock* carece de historia: en el esplín «el tiempo está cosificado»; es un tiempo «ahistórico».[131] Sin embargo, a ese hombre «al que se le pierde la experiencia» aún le queda el calendario. Éste es todavía sensible a diferencias cualitativas entre cantidades iguales; contiene «fragmentos incomparables, sobresalientes», los días festi-

---

126. *Ibíd.*, 636.
127. *Ibíd.*, 638.
128. Baudelaire, 1990, 15-110.
129. G.S. I.2, 642. Según interpreta Lucas, la incapacidad de integrar en una experiencia la miríada de vivencias es lo que produce la melancolía del sujeto moderno, que se ve como un extraño en el mundo. Lucas, 1992, 186 ss., 189.
130. G.S. I.2, 643.
131. *Ibíd.*, 642.

vos, que vienen a señalar «los lugares de la rememoración».[132] Según Benjamin, «lo que hace a los días de fiesta grandes e importantes es el encuentro con una vida anterior».[133] Se trata de días del tiempo pleno que «no están en asociación con el resto, más bien se disocian del tiempo».[134] Esos días importantes del presente revelan la insignificancia del resto de los días del hombre moderno, su pobreza en experiencia. En ese sentido afirma Benjamin que Baudelaire sostuvo en el esplín y en la «vida anterior» «los fragmentos enfrentados de la dinamitación de una experiencia histórica auténtica».[135]

Benjamin afirma que «el ideal da la fuerza de la rememoración; el esplín, por el contrario, moviliza el enjambre de los segundos».[136] La imagen de un enjambre de segundos hace pensar en los momentos vacíos e iguales propios de la concepción del tiempo cuya crítica ocupa el centro de *Sobre el concepto de historia*. Es contraria a la imagen de la legión de ángeles con que, en otro lugar, Benjamin señala el tiempo pleno. El tiempo cosificado del esplín y esos días de rememoración que se levantan del calendario se asemejan, respectivamente, a aquellos momentos que en *Sobre el concepto de historia* constituyen el continuo temporal o lo interrumpen en una constelación con el pasado. De hecho, los días festivos aparecen en el fragmento XV como restos de una conciencia histórica perdida por Europa durante el siglo XIX. Es patente, en fin, la relación entre las categorías baudelaireanas de esplín e ideal y las benjaminianas de tiempo vacío y tiempo pleno. La lectura de *Sobre el concepto de historia* ha de beneficiarse de las conexiones que el ensayo sobre Baudelaire establece entre vivencia y continuidad del tiempo vacío, ahistórico, por un lado, y experiencia e interrupción del continuo temporal en momentos plenos, que remiten al pasado, por otro.

En fin, Benjamin rastrea en la duración bergsoniana, la memoria involuntaria proustiana y el esplín baudelaireano la crisis de la experiencia, que modifica la relación del hombre con el

---

132. *Ibíd.*, 643.
133. *Ibíd.*, 638 s.
134. *Ibíd.*, 637. Greffrath caracteriza el esplín como tiempo sin contenido, y el ideal como contenido fuera del tiempo. Greffrath, 1981, 49.
135. G.S. I.2, 643.
136. *Ibíd.*, 641.

tiempo y con la historia. Mientras que en la duración la vivencia todavía «se pavonea con el traje prestado de la experiencia», el esplín ya «expone la vivencia en su desnudez».[137] El ensayo sobre Baudelaire califica como vacío el tiempo del hombre moderno, y lo vincula a la destrucción de toda huella aurática. Más tarde, *Sobre el concepto de historia* juzgará el tiempo vacío como inválido para una experiencia del pasado. En la edad de la pérdida, agoniza la tradición, se deshistoriza el mundo.

Para Benjamin, el rasgo decisivo de la modernidad es el reemplazamiento de la experiencia por la vivencia del *shock*. Mientras que la experiencia remite a una tradición y a una comunidad, la vivencia se encierra en el aquí y el ahora del individuo aislado. Benjamin ve la Primera Guerra como el umbral mayor de ese reemplazamiento. Si para Jünger la Primera Guerra revela el nuevo dominio del trabajador, para Benjamin acelera la liquidación de un mundo en que los hombres se transmitían experiencia: «Las gentes volvían mudas del campo de batalla. No enriquecidas, sino más pobres en cuanto a experiencia comunicable». Benjamin hace notar que esto es paradójico, pues «la cotización de la experiencia ha caído precisamente en una generación que en 1914-1918 ha hecho una de las más enormes experiencias de la historia universal». En el fondo, la guerra de material no es para el soldado una gran experiencia que pueda comunicar a otros, sino una vivencia que lo enmudece. La literatura de guerra generada por los ex combatientes no contradice este enmudecimiento, pues no constituye transmisión de experiencia: «Lo que diez años después se derramó en la avalancha de libros sobre la guerra era todo menos experiencia que mana de boca a oído».[138]

El empobrecimiento en experiencia es indisociable del desarrollo técnico. Una guerra dominada por la técnica es la hora cero de un mundo en que el *shock* se hace norma. Benjamin coincide con Jünger en la observación de que la discontinuidad entre guerra y paz, como la discontinuidad entre trabajo y ocio,

---

137. *Ibíd.*, 643.
138. G.S. II.1, 214. En este contexto, merecería la pena comparar los escritos de guerra de Jünger con la novela de Erich Maria Remarke *Sin novedad en el frente —Im Westen nichts neues*; Remarque, 1929. Por otro lado, no está de más recordar que Benjamin afronta la guerra con un talante muy distinto que Jünger: se finge enfermo para no ser reclutado.

pierde vigencia. Igual que el soldado en la guerra de material, el ciudadano en la urbe se halla expuesto al continuo de *shocks* que caracteriza el dominio de la técnica. El soldado desconocido tiende a ser la norma; aparece en la vida civil como trabajador, como peatón o como consumidor de la industria del llamado tiempo libre. *Experiencia y pobreza*, puede ser leído como el corolario de *Sobre algunos temas en Baudelaire*. Benjamin observa que, en la guerra, una generación «se encontró indefensa en un paisaje en el que todo menos las nubes había cambiado, y en cuyo centro, en un campo de fuerzas de explosiones y corrientes destructoras, estaba el mínimo, quebradizo cuerpo humano».[139] Pero la guerra sólo es el primer escenario del acoso global sufrido por la experiencia. A ojos de Benjamin, lo decisivo es el abandono del hombre a una inseguridad general.

No sólo en el campo de batalla la realidad ha dejado de ser experimentable. Un físico como Eddington o un escritor como Kafka constatan, según Benjamin, que la realidad «apenas es ya experimentable por el individuo».[140] El pintor Klee refleja el mismo descubrimiento cuando reconoce que casi todas las verdades del mundo son ahora invisibles. Klee, un pintor con ojos de ingeniero, es el retratista del hombre sin experiencia. Merece la pena comparar lo que Benjamin ve en las criaturas kleeanas con los rasgos maquinistas que Jünger observa en el trabajador. Según Benjamin, la expresión de las figuras de Klee obedece a su interior análogamente a como la carrocería de un automóvil obedece a las necesidades de su motor.[141]

También el escritor Scheerbart refleja una gran metamorfosis.[142] Benjamin se fija en que, a diferencia de Verne, este autor de ciencia ficción no tiene por protagonistas a burgueses. Según Benjamin, Scheerbart se hace una pregunta que Verne desconoce: los aviones, los cohetes, ¿qué clase de nuevas criaturas generarán a partir de los hombres antiguos? Lo sustancial de las futurizaciones de Scheerbart no son los artefactos, sino el cambio antropológico provocado por la técnica. La lectura que propone Benjamin de Scheerbart nos devuelve a temas jünge-

---

139. G.S. II.1, 214. Los mismos argumentos e imágenes aparecen, casi literalmente, al comienzo de *El narrador*. G.S II.2, 439.
140. En la carta a Scholem de 12 de junio de 1938. *Briefe*, II, 756-764, 762.
141. G.S. II.1, 216.
142. Ídem.

rianos centrales. Si las sociedades dominadas por la figura del trabajador pueden recordar a comunidades de insectos, los personajes de Scheerbart son menos «hombres» que «gente»; si el trabajador no conoce la dualidad orgánico/artificial, Scheerbart encuentra en la superación de la misma la diferencia fundamental entre el hombre viejo y el hombre futuro.

Finalmente, es Kafka el mayor testigo de cómo la realidad se ha vuelto no experimentable. Sus personajes no viven como hombres, sino como ángeles. Benjamin ve la obra de Kafka determinada tanto por la experiencia (vacía) de la gran urbe como por la experiencia (vaciada) de la tradición. Los personajes kafkianos no sólo no pueden hacer experiencia de su presente, sino tampoco de su tradición. Los restos de la cual sienten, sin embargo, a su alrededor: el moderno no sólo hace la experiencia de no poder hacer experiencia, sino también la experiencia de haberla perdido.

La descripción benjaminiana de la pérdida de experiencia no debe ser entendida como nostálgica de un mundo poblado de narradores orales, anterior al dominio de la técnica. El más pesimista diagnóstico (la depauperación de almas y de cuerpos) prepara un paradójico optimismo. Al cerrar *Experiencia y pobreza*, Benjamin describe un presente marcado por la crisis económica y los presagios de guerra. La pérdida de experiencia que Kafka describe en el hombre privado está alcanzando a las masas. La época «se dispone a aniquilar a los habitantes de este planeta en masas considerables».[143] Benjamin, según el cual la paz del capitalismo siempre prepara una nueva guerra, hace notar que el tiempo de formación del obrero se está acortando en la misma medida en que se alarga el del militar. Interpreta este hecho como una preparación hacia la guerra total, que culminará el proceso desde la praxis de la producción hasta la praxis de la destrucción.[144] Pero, finalmente, Benjamin contempla tanta miseria externa e interna con un extraño optimismo que le lleva a poner en circulación «un concepto nuevo, positivo, de barbarie».[145]

---

143. En la carta a Scholem arriba mencionada. *Briefe*, II, 762.

144. Así lo afirma en un pie de página de *Sobre algunos temas en Baudelaire*. G.S. I.2, 632. Que una afirmación así aparezca en semejante trabajo muestra hasta qué punto son indisociables en Benjamin el crítico literario y el observador político.

145. En *Experiencia y pobreza*. G.S. II.1, 215.

La pérdida de experiencia tiene hondos efectos políticos, en la medida en que implica la disolución de tradiciones y comunidades de experiencia. La pérdida afecta no sólo a los individuos, sino a la humanidad en su conjunto, a la que disgrega. Si Jünger ve en el dominio de la técnica un retorno a lo elemental, Benjamin vislumbra en él el naufragio del humanismo. Es un tiempo de barbarie el que se abre, pues ninguna experiencia liga ya a los hombres y a la cultura: «¿Para qué valen los bienes de la educación si no nos une a ellos la experiencia?».[146] La vida transcurre con «tristeza y desánimo» que sólo encuentran compensación en el mundo de los sueños.[147] De ahí que sea tan importante la producción industrial de éstos. Con el cine, la técnica compensa déficits que ella misma origina. Sólo en el maleable mundo de los dibujos animados, técnica y naturaleza, reconciliadas, se someten a los deseos humanos.[148] Benjamin describe su época como un naufragio de la cultura humanista. En *Dirección única*, la caracteriza como «la antítesis del Renacimiento» y la contrapone «al momento histórico en que se inventó el arte de la imprenta».[149]

¿Cómo ver con optimismo el fin del humanismo, de la tradición, de la cultura?

Benjamin sostiene una esperanza paradójica en *El capitalismo como religión*: una esperanza que resulta de la desesperación extendida por el mercado. También es paradójica la esperanza de *Sobre el concepto de historia*. En este texto, la historia de la humanidad es tanto el *medium* de la tradición como el lugar de sacrificio de muchas víctimas. Cultura y sacrificio están unidos. En *Experiencia y pobreza*, y en otros textos, Benjamin concibe que el empobrecimiento de cuerpos y de almas puede traer un nuevo bárbaro. Éste no surgirá de entre «los pocos poderosos», que son «más bárbaros, pero no de la buena forma». Sólo de los desposeídos cabe esperar una auténtica rehumanización. Un inhumano devorador de hombres puede

---

146. *Ibíd.*, 214.
147. *Ibíd.*, 218. Ese estado de ánimo no es distante de aquél al que se refiere Benjamin en *Sobre el concepto de historia* cuando describe a los creyentes en el progreso.
148. *Ibíd.*, 218 s. La creciente importancia de los llamados efectos especiales hace útil este análisis de Benjamin a la hora de considerar el cine en general, y no sólo el de dibujos animados.
149. En el fragmento *Censor jurado de libros*. G.S. IV.1, 102-104, 102.

muy bien ser su alegoría: «Lo han "devorado" todo, "la cultura" y los "hombres" y han quedado saciados y cansados».[150]

Es ante un horizonte de superación del tiempo mítico donde ha de comprenderse la esperanza con que Benjamin despide el viejo humanismo. Comparten esa esperanza aquellos que, en lugar de adorar el mito humanista de Humanidad, dedican todo su esfuerzo al hombre actual. Scheerbart rechaza «la semejanza entre los hombres —principio fundamental del humanismo—»;[151] Klee y Loos se apartan de las tradicionales «imágenes de los hombres, adornadas con todos los sacrificios del pasado, para dedicarse al contemporáneo desnudo, que, gritando como un recién nacido, yace en los pañales sucios de esta época»;[152] los surrealistas aparecen en plena crisis «del concepto humanista de libertad».[153] Todos ellos son heraldos de una nueva humanidad que ha de aprender a sobrevivir a la cultura. Pues ésta, herencia de la vieja humanidad, ha perdido toda importancia frente lo actual, único valor vigente. No teniendo ya la historia para cobijarse ni la cultura para abrigarse, los nuevos bárbaros nacen a la intemperie. Sólo cuentan con la actualidad: empiezan siempre de nuevo como quien también mañana carecerá de historia. Como en una moderna casa de cristal, viven en un mundo en el ya no se puede dejar huellas.[154] Son los hijos de Baudelaire. En la obra de éste ya se reconocían los efectos devastadores del esplín sobre el pasado: «El melancólico ve con terror que la tierra recae en un estado meramente natural. No exhala ningún hálito de historia anterior. Ningún aura».[155]

---

150. G.S. II.1, 218 s. El enfrentamiento de los pocos viejos bárbaros a los muchos nuevos bárbaros puede ser leído como reescritura del tema marxiano de la concentración del capital, del que queda excluido un proletariado cada vez más extenso.
151. *Ibíd.*, 216.
152. Ídem.
153. En *El surrealismo. Ibíd.*, 295. El subtítulo del ensayo debe ser tenido en cuenta: *La última instantánea de la inteligencia europea.*
154. *Ibíd.*, 217. «Las cosas de vidrio no tienen aura», escribe Benjamin.
155. G.S. I.2, 643 s.

Extensión/desmoronamiento del aura

El narrador no es el único texto en que Benjamin considera cambios en las formas artísticas.[156] *La obra de arte en la época de su reproducibilidad técnica* —como también *Pequeña historia de la fotografía*— analiza la transformación de la obra de arte en el capitalismo, prestando atención especial a las modernas técnicas reproductivas.[157] Su análisis atiende a los tres flujos que, según Benjamin, confluyen en cada nueva forma artística: el trabajo preparatorio realizado por formas tradicionales, la incidencia de la técnica y las modificaciones sociales que propician la recepción de la nueva forma. Benjamin propone un diagnóstico epocal bajo el rótulo de «desmoronamiento del aura».[158]

Al igual que la crisis de la experiencia, la crisis del aura está ligada a la extensión de la técnica. En su ensayo sobre Baudelaire, Benjamin afirma que el poeta mostró el precio «al que es posible la sensación de lo moderno: la destrucción del aura en la vivencia de *shock*».[159] En *La obra de arte*, escribe: «En la época de la reproducción técnica de la obra de arte lo que se atrofia es el aura de ésta».[160] Es el aura lo que se escapa cuando el original es copiado.

Según Benjamin, la doctrina de «el arte por el arte» es una reacción contra la crisis del aura. Él interpreta esa doctrina como una teologización cuyo horizonte es la idea de un arte puro no determinado ni por función social ni por contendido objetual.[161] Benjamin extrae consecuencias políticas de dicha reacción. Si en *Guerra y guerreros* reprocha al círculo de Jünger haber desplazado al campo de batalla la doctrina de «el arte por

---

156. A este respecto, véase el *curriculum* de 1940. G.S. VI, 225-228.

157. La cita de Valéry con que abre su ensayo indica que, para Benjamin, dicha transformación resume una desestabilización global. Ni materia ni espacio ni tiempo son «desde hace veinte años lo que habían sido antes». G.S. I.2, 472. En el trabajo sobre Fuchs, Benjamin subraya la perspectiva materialista que adopta al considerar el arte de masas. G.S. II.2, 479 s.

158. G.S. I.2, 501.

159. *Ibíd.*, 653.

160. *Ibíd.*, 477. Benjamin define el aura como «manifestación irrepetible (*einmalig*) de una lejanía». *Ibíd.*, 479. En *Sobre algunos motivos en Baudelaire*, Benjamin asocia esa definición a las imágenes de la memoria involuntaria. *Ibíd.*, 646. En una de sus reflexiones sobre el hachís, Benjamin se refiere a un aura «auténtico» que aparece en todas las cosas y diferente del aura de que hablan teósofos y místicos. G.S. VI, 588.

161. G.S. I.2, 481.

el arte», aquí afirma que dicha doctrina prepara una estetización de la política. Observa que fotografía y cinematografía encuentran en los movimientos de masa y en la guerra sus objetos de contemplación preferidos ya que «se exponen más claramente ante los aparatos que ante el ojo humano».[162] Masas y guerra se convierten en colosales ornamentos ante el ojo mecánico. De este modo, a las contradicciones sociales se da no una solución política, sino un enmascaramiento estético. A juicio de Benjamin, «el orden de la propiedad» impide que la sociedad haga «de la técnica su órgano»;[163] pero la estetización consigue desviar a las masas de su meta natural, el socialismo, que es reemplazado por la guerra. Ésta consigue «movilizar todos los medios técnicos» e invertir «los movimientos de masas de gran escala, conservando a la vez las condiciones heredadas de la propiedad».[164]

De acuerdo con *Sobre algunos temas en Baudelaire*, el aura puede ser caracterizada como «las representaciones que, asentadas en la memoria involuntaria, pugnan por agruparse en torno a un objeto sensible».[165] Esa definición es complementaria de la que el ensayo sobre la obra de arte propone de la autenticidad de una cosa como «la cifra de todo lo que desde el origen puede transmitirse en ella desde su duración material hasta su testificación histórica».[166] Esta cifra y aquellas representaciones se pierden, a juicio de Benjamin, en la copia. Con el aura de un objeto se destruyen su origen, los testimonios acumulados en su duración, la tradición que genera. «La técnica reproductiva desvincula lo reproducido del ámbito de la tradición», escribe Benjamin.[167] De ahí que Benjamin encuentre en el cine «la liquidación del valor de la tradición en la herencia cultural».[168] En este sentido, la crisis del aura es una crisis de la historia.

---

162. *Ibíd.*, 506. «Hágase el arte, aunque perezca el mundo»; tal es, según Benjamin, un lema del fascismo. *Ibíd.*, 508. En *París, capital del siglo XIX*, la doctrina de «el arte por el arte» es presentada como reacción a la mercantilización del arte y como intento de «impermeabilizar el arte frente al desarrollo de la técnica». G.S. V.1, 56.

163. G.S. I.2, 507.

164. *Ibíd.*, 506.

165. *Ibíd.*, 644. El aura viene a ser, por tanto, la carga de tradición —es decir, de experiencia—, y no una suerte de aureola fantasmal.

166. *Ibíd.*, 477.

167. Ídem.

168. *Ibíd.*, 478. Benjamin observa que los dadaístas, con su pintura y su literatura, intentan producir en el público los mismos efectos que el cine. *Ibíd.*, 501.

Benjamin y Jünger dan, por tanto, respuestas distintas a la pregunta por el aura en el dominio de la técnica. Jünger ve en éste un fenómeno aurático del que nada queda fuera; tampoco el arte, que no constituye un ámbito exterior al trabajo. Para Benjamin, en cambio, la técnica, haciendo posible la reproducción de la obra de arte, aniquila su carga aurática y desvincula al presente de la tradición.[169]

Tan diversos puntos de vista se reflejan en los talantes con que Benjamin y Jünger caminan por los espacios de la movilización total. Jünger ve en las grandes ciudades «gigantescos talleres de figuras».[170] Por doquier contempla el rostro intemporal del trabajador. Los ojos de Jünger, que buscan una figura siempre idéntica a sí misma, asisten al espectáculo del mundo sin implicarse moralmente en él.[171] Bien distinta es la tensa mirada de Benjamin, dividida en dos esfuerzos: quiere ser actual y mirar desde el pasado fallido. La tensión quiere salvar lo que entre uno y otro tiempo se perdió. El sentido de las víctimas depende del ojo que mira.

---

169. Según Steil, si el fundamento de la obra de arte aurática era su integración en el ritual del culto, Jünger intenta atribuir funciones de éste al trabajo. Steil, 1984, 107 y 111 s.

170. *El trabajador*. Jünger, 1990, 162.

171. Indudable acento hegeliano tienen las siguientes palabras de *Sobre el dolor*: «Las víctimas reclamadas por el proceso técnico se nos aparecen necesarias porque se adecuan a nuestro tipo, es decir: al tipo del trabajador». Jünger, 1995*b*, 69. Molinuevo ve en Jünger y en sus protagonistas un *ethos* que evoluciona hacia una «estética moral secreta». Molinuevo, 1996, 54, 121, 132, 169.

CAPÍTULO IV

TEOLOGÍAS POLÍTICAS DE LA MODERNIDAD: EL ESTADO DE EXCEPCIÓN COMO MILAGRO

La de Carl Schmitt es una obra compleja, nutrida de fuentes dispares. Parece enmascararse como si su autor, llevando a la práctica su teoría, quisiese mantenerse irreducible a las categorías de cualquier posible enemigo. Por otro lado, los debates sobre la obra de Schmitt siempre corren el riesgo de disolverse en disputas en torno a su biografía, en la que es inevitable distinguir tres fases: antes, en y después del nacionalsocialismo. Suele reconocerse que, en la primera, Schmitt acuña conceptos fundamentales para la ciencia del derecho y para la filosofía política. Más discutida es su pretensión de haber sido, durante el Tercer Reich, el último representante del *Ius Publicum Europaeum*.[1] Para construir tal autoimagen, se ha servido de una figura literaria: la de Benito Cereno. Procede de la novela homónima de Hermann Melville: en apariencia, Cereno está al mando de un barco de esclavos que, amotinados, se han dado a la piratería; en realidad, Cereno finge a la espera de una ocasión para devolver el buque a la ley. Aunque aparentemente haya trabajado para el nacionalsocialismo, Schmitt quiere haber sido un Benito Cereno del derecho.[2] Un exiliado interior, e incluso

---

1. La autocomprensión de Schmitt como último representante del derecho público europeo es visible en *Ex Captivitate Salus*. Schmitt, 1960, 59 ss. Para un estudio general del análisis schmittiano de la crisis del *Ius Publicum Europaeum*: Portinaro, 1982.
2. Melville, 1990, 35-104. Acerca de la lectura schmittiana del personaje de Melville: Rüthers, 1990, 93; Schwab, 1989, 141 ss. La soledad de Schmitt después de la guerra le lleva a acuñar otra analogía entre su propia marginación y el retiro de Maquiavelo de la vida pública. A este respecto, véase Rüthers, 1990, 94 s. Acerca de una tercera autoimagen de Schmitt como un Epimeteo cristiano: Meier, en Quaritsch, 1988, 155. El no arrepentimiento de Schmitt es visible en el prólogo a la edición

—a partir de 1936— un opositor, denunciador de la política expansionista de Hitler.[3]

Lo cierto es que algunos de sus escritos son intentos de legitimación del régimen nazi. En coherencia con su alternativa amigo/enemigo, Schmitt nunca deja de tomar partido, y lo hace asumiendo las aspiraciones del sistema hitleriano.[4] Se ha intentado explicar desde la coyuntura biográfica —esto es: desgajar del resto de la obra— los escritos de Schmitt durante el período nazi. Se ha hablado de su oportunismo y de su afán por situarse en la vanguardia espiritual del régimen. Tales factores son ciertamente visibles cuando Schmitt califica el programa del partido nazi como fuente del derecho, o a Hitler como señor del derecho y legislador supremo. También cuando asume la defensa de la pureza del pueblo alemán ante la amenaza judía. En lo que parece una versión racista de la teología política, Schmitt llega a afirmar que la pertenencia a un pueblo o a una raza determina la forma de pensar del individuo: el tipo en cuyas condiciones existenciales se ha formado determina su tipo de comprensión.[5]

---

española de *Ex Captivitate Salus.* Schmitt, 1960, 9-12. En este libro afirma que el héroe melvilleano Benito Cereno «se elevó en Alemania a símbolo de la situación de la inteligencia en un sistema de masas». *Ibíd.*, 25 s.

3. La hipótesis de un alejamiento de Schmitt del régimen nazi es difícilmente compatible con textos como *Gran espacio contra universalismo —Großraum gegen Universalismus. Der völkerrechtliche Kampf und die Monroedoktrin* (1939); Schmitt, 1988, 295 ss.— o *La situación de la ciencia jurídica europea —Die Lage der europäischen Rechtswissenschaft* (1944); Schmitt, 1985, 386 ss.

4. Sin embargo, Maschke caracteriza a Schmitt como «pirómano y bombero», siempre alerta contra las consecuencias de su pensamiento. Maschke, 1988, 216. Véase también su discusion con Gründer en Quaritsch, 1988, 230. Por su parte, Kennedy quiere mostrar que algunas ideas schmittianas eran lugares comunes en su tiempo (Kennedy, 1986, 386) y presenta el concepto schmittiano de lo político como resultado de la observación de los movimientos de masas de la época (en Quaritsch, 1988, 256). En este contexto, véase la discusión de Jay con Ulmen, Schwab y Bendersky: Jay, 1987, 548.

5. A partir de 1933, Schmitt da importancia al hecho de que un jurista —incluso conservador— sea judío. Su posición antijudía es notoria en el congreso sobre *El judaísmo en la ciencia jurídica alemana*, donde juzga al emigrante judío como carente de espíritu y subraya la necesidad de liberar el espíritu alemán de las falsificaciones judías. Schmitt explica que el pensamiento judío tiene una relación parasitaria, táctica y mercantil con el espíritu alemán, y hace propuestas para proteger a los estudiantes frente a aquél: purificar las bibliotecas, no citar a un autor judío sin explicitar su condicion de tal, elaborar una bibliografía de autores jurídicos en que se señale a los judíos... En *La ciencia jurídica alemana en lucha contra el espíritu judío —Die deutsche Rechtswissenschaft im Kampf gegen den jüdischen Geist* (1936)— afirma que las opinio-

Pero más allá de cualquier oportunismo, textos apologéticos como *El Führer salvaguarda el derecho* pueden leerse —independientemente de que, con mayor o menor sinceridad, Schmitt repudiase luego este período de su producción— si no como básicos dentro de la teoría schmittiana, sí como coherentes con ella. La homogeneización de la ciencia jurídica y del poder judicial obedece a la lógica del conjunto de la obra de Schmitt.[6]

La pregunta de si el período de colaboración con los nazis —en particular, desde su defensa del golpe de 1932— constituye un mero paréntesis coyuntural, se hace más interesante a la vista de la posterior repercusión de la obra schmittiana, que trasciende el campo jurídico.[7] Se ha llegado a hablar de un schmittianismo de izquierdas. La crítica de Schmitt a las instituciones liberales, ¿puede haber alimentado el antiliberalismo de izquierdas?; ¿hasta qué punto sirven las categorías schmittianas para el análisis izquierdista del Estado en la sociedad industrial?; ¿cabe reconstruir la teoría schmittiana desde un punto de vista izquierdista?[8]

---

nes de autores judíos son inferiores en rango que las de autores no judíos. A su juicio, el alemán sólo puede conocer del judío la desproporción con su propio tipo. Schmitt enfatiza que el alemán no busca sino ese su tipo propio, la pureza de su pueblo, su raza, y recomienda la lectura de las opiniones de *Mein Kampf* sobre la cuestión judía, principalmente respecto a la dialéctica judía. Otro escrito a considerar en este contexto es *Estado, movimiento, pueblo —Staat, Bewegung, Volk* (1933).

6. Se ha querido relacionar esa homogeneización de la ciencia jurídica con el proyecto global proclamado en Freiburg por el rector Heidegger. Rüthers, 1990, 25. Sobre la solicitud de colaboración que Heidegger dirige a Schmitt para reorientar la Facultad de Derecho, véase Heidegger, 1987, 132.

7. Acerca de la supervivencia de la obra schmittiana, véase Mehring, 1989, 228. Parece que incluso el ministro de justicia israelí busca orientación en ella en 1949 a la hora de esbozar una constitución para el nuevo estado. Véase Taubes, 1987, 19 y 66. Taubes también llama la atención sobre los efectos de la obra schmittiana en Estados Unidos. *Ibíd.*, 17. Schmitt puede haber influido sobre la constitución y el derecho público y, en general, sobre el pensamiento político de la República Federal de Alemania. A este respecto, véase Kennedy, 1986, 419; Römer, 1990, 384. Dicha influencia ha sido considerada prueba de cierta continuidad entre fascismo y liberalismo. Steil, 1984, 9 s. y 60. Sobre la repercusión de la obra schmittiana en España: Beneyto, 1983.

8. En este contexto deben ser mencionadas las reflexiones de Kennedy sobre Otto Kirchheimer, Franz Neumann, Herbert Marcuse, Jürgen Habermas y Walter Benjamin. Kennedy, 1986. Según Kennedy, la obra de Schmitt es una fuente principal para los frankfurtianos hasta su repudio por el artículo de Marcuse *La lucha contra el liberalismo en la concepción totalitaria del Estado*; recíprocamente, la teoría schmittiana de la dictadura se nutre del pensamiento marxista. La tesis de que la dictadura del proletariado es la verdadera democracia, influye, a juicio de Kennedy, en la comprensión schmittiana de la democracia, contrapuesta a la liberal. En este contexto, no está de más recordar que en *Catolicismo romano y forma política* (1925) —*Römischer Katholizismus und poli-*

Como izquierdista y como judío, Benjamin fue víctima de un proceso del que Carl Schmitt fue corresponsable.[9] Ello puede convertir en escandalosa, a ojos de algunos, cualquier asociación de las obras de ambos.[10] Sin embargo, no debería ser necesario subrayar que el reconocimiento de analogías entre las formas de pensar benjaminiana y schmittiana no implica atribuir a Benjamin, por ejemplo, el análisis que Schmitt propone del problema de la soberanía, ni mucho menos su solución decisionista. Lo cierto es que el propio Benjamin llama la atención sobre esas analogías. Benjamin informa de que la presentación que Schmitt hace de la doctrina de la soberanía en el siglo XVII ha impregnado su libro sobre el *Trauerspiel*. Reconoce que obras de Schmitt sobre teoría del Estado, especialmente el libro sobre la dictadura, transitan una vía paralela a la que él mismo sigue en crítica de arte. Y en un lugar tan íntimo como un *currículum* pone en correspondencia su propia metodología con la de Schmitt. Se refiere a que tanto sus propios ensayos sobre arte como el análisis schmittiano de las estructuras políticas intentan integrar manifestaciones en apariencia inconexas. Así como él hace una consideración integral de la obra de arte, más allá de los límites impuestos por las disciplinas científicas, así Schmitt busca un análisis integral de la forma política.[11]

---

tische Form—, Schmitt caracteriza a Marx y Engels como pensadores fuertemente influenciados por concepciones tradicionales. Schmitt, 1925, 51. Para una lectura contraria a la sostenida por Kennedy: Jay, 1987; Gransow y Miller, 1989, 429 y 434; Preuß, 1987. Sobre una posible lectura socialdemócrata de Schmitt, véase Römer, 1990, 380.

9. Para un debate moral sobre los textos y la persona de Schmitt: Gransow y Miller, 1989, 427 y 433; Holczhauser, 1990, 259 ss. En una anotación de *Radiaciones*, Jünger da cuenta de un encuentro con Schmitt. Lo que más llama la atención de Jünger en Schmitt es «la buena factura y el orden de sus pensamientos: producen la impresión de un poder que está ahí presente, de un poder presencial». Jünger añade que «lo adorable de Carl Schmitt, lo que incita a quererlo, es que aún es capaz de asombrarse, pese a haber sobrepasado los cincuenta». Jünger, 1995a, 55 s.

10. El propio Schmitt es consciente de la dificultad de leer sin prejuicios a determinados autores: «Todas las antipatías que inspira la palabra dictadura, y que incluso hacen sospechoso a quien considere ese régimen con la máxima objetividad, tienen que acumularse contra Donoso Cortés, y tanto a él como a cuantos tratan de hacerle justicia les alcanza el viejo axioma latino *rumor dictatoris iniucundus bonis*». En *Interpretación europea de Donoso Cortés*. Schmitt, 1963, 121. El teólogo católico Ottmar John advierte contra cualquier búsqueda de armonías entre Schmitt y Benjamin. John, 1991, 19. En el marco de esta investigación, interesa mencionar que Benjamin probablemente recibe a Sorel de Ball, quien quizá recibe a su vez a Sorel de Schmitt. A este respecto, véase Ball, 1983, 107 y 114.

11. En 1930, Benjamin envía a Schmitt su libro sobre el *Trauerspiel* y reconoce su

Tan interesante como lo que esta afinidad metodológica esclarece es, en el contexto de la presente investigación, lo que el conocimiento de la obra schmittiana aporta a una lectura política de la benjaminiana. El concepto benjaminiano de lo político no puede deducirse de juicios concretos sobre el tipo de asuntos comúnmente llamados políticos. Éstos apenas parecen interesarle.[12] Sin embargo, Benjamin siempre busca el núcleo político de cualquier asunto que trate. Lo político no aparece en su obra circunscrito a un ámbito, sino vinculado a una intensidad. En efecto, es dentro de una concepción intensional de lo político donde pueden cobrar tal carácter palabras como, por ejemplo, «peligro». De ahí el interés del concepto schmittiano de lo político, asimismo determinado por una intensidad y no por un ámbito.

Una lectura comparativa de las obras de Schmitt y Benjamin puede incluso mostrar que a ambas subyacen interpretaciones teológico-políticas de la modernidad en las que el concepto de interrupción es el centro. Si en la obra de Benjamin late una experiencia judía del pasado, a la de Schmitt subyace

---

deuda para con él. G.S. I.3, 887. El *currículum* mencionado es de 1928 —G.S. VI, 217-219, 219. Benjamin alude allí, junto a Schmitt, a Alois Riegl, e identifica en Benedetto Croce a un pionero de la consideración concreta de la obra de arte. A su vez, Schmitt cita *El origen del drama barroco alemán* en *Hamlet o Hécuba. La irrupción del tiempo en el drama* —*Hamlet oder Hecuba. Der Einbruch der Zeit in das Spiel* (1956); Schmitt, 1994, 5—, y se ocupa de Benjamin en el excurso de dicho libro, titulado *Sobre el carácter bárbaro del drama shakespeareano* (*ibíd.*, 51-55). En este excurso, Schmitt contesta la visión que sostiene Benjamin de Hamlet como príncipe cristiano. Según Schmitt, «Benjamin no concede la importancia suficiente a la diferencia entre la situación general insular inglesa y la europeo-continental y, con ello, a la diferencia entre el drama barroco inglés y el drama barroco alemán del siglo XVII» (*ibíd.*, 53). A juicio de Schmitt, «la Inglaterra de Shakespeare aparece todavía como bárbara», esto es, como «pre-estatal» (*ibíd.*, 55).

12. Según Scholem, la primera aproximación política explícita de Benjamin a la realidad de su tiempo se encuentra en 1923, en el texto *Viaje por la inflación alemana*, recogido en *Calle de dirección única* —G.S. IV.1, 94-101. Scholem, 1987, 126. Para calibrar la huella que deja en Benjamin el fenómeno inflacionario, conviene atender a la carta a Lieb de 9 de julio de 1937. *Briefe* II, 732-734, 732. Scholem da testimonio de la indiferencia de Benjamin hacia la República de los Consejos de Munich de 1919, y de su defensa, en torno a 1918, de la monarquía como forma legítima de Estado en determinadas condiciones. Asimismo, Scholem señala que, entre otras, las obras de Bloch y del republicano radical Ball primero, las figuras de Rang y Lieb más tarde, parecen guiar a Benjamin hacia la política. Scholem, 1987, 88 ss., 124 y 211. Según Scholem, Benjamin valora los *Escritos políticos* de Dostoiewski «como el escrito político más importante de la época moderna que él conociera». *Ibíd.*, 90. En carta a Scholem de enero de 1921, caracteriza el libro de Unger *Política y metafísica* como el más relevante escrito sobre política de aquel tiempo. *Briefe* I, 251-256, 252.

una comprensión católica de la historia. Lo que a la obra de Benjamin es la espera del Mesías, lo es a la de Schmitt la lucha con el Anticristo.

Schmitt parece hacer suya, entre las posibles visiones cristianas de la historia, aquella centrada en la figura del *Kat-echon*. Dicha figura aparece en la Segunda Carta a los Tesalonicenses de san Pablo. Es el que retiene al Inicuo y defiende la cosmovisión cristiana. El motivo de la carta es la inquietud de los tesalonicenses por el retraso de la Parusía: «Que nadie en modo alguno os engañe, porque antes ha de venir la apostasía y manifestarse el hombre impío, el Destinado a la perdición, el Adversario, que se levantará contra todo lo que se llama Dios o envuelve carácter religioso, hasta llegar a sentarse en el santuario de Dios, haciéndose pasar a sí mismo por Dios. ¿No recordáis que, estando todavía entre vosotros, os decía ya esto? Vosotros sabéis muy bien qué es lo que le retiene ahora, impidiendo su aparición hasta su tiempo. Realmente, el misterio de iniquidad está ya en acción; sólo falta que el que ahora le retiene sea quitado de en medio. Entonces se manifestará el Inicuo, a quien el Señor Jesús hará desaparecer con el soplo de su boca y aniquilará con el resplandor de su venida».[13]

Schmitt alude a este «misterioso pasaje de San Pablo» en *Tres posibilidades de una visión cristiana de la historia*. En la figura del *Kat-echon* ve Schmitt «la idea de una fuerza que detiene el advenimiento del fin y reprime el espíritu del mal».[14] Añade que el imperio medieval alemán se comprendía a sí mismo históricamente como *Kat-echon*. Schmitt expone también la doctrina del *Kat-echon* en *El Nomos de la Tierra en el Derecho de Gentes del «Jus publicum europaeum»*, en la sección «El Imperio cristiano como barrera contra el Anticristo». Según Schmitt, «el imperio de la Edad Media cristiana perdura mientras permanece activa la idea del *Kat-echon*».[15] A su juicio, no es «posible, para una fe originalmente cristiana, ninguna otra visión histórica que la del *Kat-echon*. La creencia de que una barrera retrasa el fin del mundo constituye el único puente que conduce de la paralización escatológica de todo acontecer hu-

---

13. Segunda Carta a los Tesalonicenses, 2, 3-8. Pablo, 1982, 1387.
14. Schmitt, 1951*b*, 239.
15. Schmitt, 1979, 37-42.

154

mano a una fuerza histórica tan extraordinaria como la del imperio cristiano de los reyes germanos».[16] La convicción básica es que «únicamente el Imperio romano y su prolongación cristiana explican la persistencia del eón y su conservación frente al poder avasallador del mal».[17] Lo que llama Schmitt «la tragedia» surge cuando, a partir del siglo XII, se separa «a la Iglesia y al mundo en dos formas de sociedad perfecta», quebrándose la unidad de la *Res publica christiana*.[18] También en *La unidad del mundo* se refiere Schmitt, entre las posibilidades de una visión cristina de la historia, a «la doctrina del apóstol San Pablo sobre el hombre y la fuerza que reprime el poder del mal y del Anticristo, retardando así el comienzo de la catástrofe definitiva. Es la doctrina de lo que San Pablo llama con una palabra griega el *Kat-echon*. [...] Siglos enteros de la historia medieval cristiana y de su idea del Imperio se basan en la convición de que el Imperio de un príncipe cristiano tiene el sentido de ser precisamente un tal *Kat-echon*. Magnos emperadores medievales, como Otón el Grande y Federico Barbarroja, vieron la esencia histórica de su dignidad imperial en que, en su calidad de *Kat-echon*, luchaban contra el Anticristo y sus aliados, y aplazaban así el fin de los tiempos».[19] Conviene considerar, por último, el capítulo «Historiographia in nuce: Alexis de Tocqueville», de *Ex Captivitate Salus*. Constituye, entre otras cosas, una reflexión sobre la idea de que «la historia la escribe el vencedor». Allí califica Schmitt a Tocqueville como «el más grande historiador del siglo XIX» y como un vencido que, estando predestinado a ser «un Epimeteo cristiano», careció sin embargo del «sostén religioso que salvase de la desesperación a su idea histórica de Europa. Europa estaba perdida sin la idea de un *Kat-echon*. Tocqueville no sabía de ningún *Kat-echon*. [...] Así llegó a ser un vencido que acepta la derrota».[20]

La interpretación histórica del tema teológico del *Kat-echon* ha de ayudar a entender la importancia que tiene para Schmitt —y, a través de Schmitt, para Benjamin— la figura jurídica del

16. *Ibíd*.
17. *Ibíd*., 39.
18. *Ibíd*., 40 s.
19. Schmitt, 1956, 34.
20. Schmitt, 1960, 29-37, 31 y 35 s.

estado de excepción. Su comprensión de dicha figura es indisociable de que la que antes propone Juan Donoso Cortés.

En 1849, Donoso se vale de la analogía entre el milagro como fenómeno excepcional en la naturaleza y la dictadura como situación excepcional en el Estado, para argumentar que circunstancias excepcionales exigen decisiones excepcionales.[21] Pero ya en 1837, el entonces liberal Donoso, sin servirse de correspondencias teológicas, ha defendido la eventual necesidad de la decisión excepcional.[22] Puede comprobarse que, entre ambas fechas, la teologización del pensamiento de Donoso crece paralela al miedo a la revolución. Hay una continuidad fundamental en Donoso: su fidelidad a los intereses de una clase. En su discurso siempre pueden detectarse dos figuras contrapuestas: «estado de excepción» e «interrupción revolucionaria».

Al recuperar la analogía donosiana, Schmitt señala que lo milagroso del estado de excepción no reside en la dictadura emergente, sino en la quiebra de la continuidad jurídica.[23] Para él, «el estado excepcional tiene en la jurisprudencia análoga significación que el milagro en la teología».[24] Pero la posición de Schmitt no debe ser identificada con la de Donoso, a quien un ideal absoluto de justicia aparta del decisionismo puro. En Schmitt, el estado de excepción suspende el derecho para preservar el orden; en Donoso, realiza una justicia que no cabe en el derecho.

En Benjamin, el estado de excepción interrumpiría un orden injusto. La huelga general, tal y como Georges Sorel la tematiza, le sirve de modelo para concebir un «verdadero estado de excepción».[25] Dictadura y huelga general son tan opuestas como los ojos con que Donoso y Benjamin leen la fórmula «Contra catástrofe, estado de excepción». Para el católico Donoso, el estado de excepción defiende el continuo frente a la catástrofe; para el judío Benjamin, interrumpe la continua ca-

---

21. *Discurso sobre la Dictadura*. Donoso, 1970, (En lo sucesivo: Donoso) II, 305-323, 309.

22. *Lecciones de Derecho político*. Donoso I, 327-445, 389.

23. *La Dictadura —Die Diktatur. Von den Anfängen des Modernen Souveranitätsgedankens bis zum proletarischen Klassenkampf* (1922). Schmitt, 1968a, 184.

24. *Teología política. Cuatro capítulos sobre la doctrina de la soberanía —Politische Theologie, Vier Kapitel zur Lehre von der Souveranität* (1934). Schmitt, 1990a, 49.

25. En el fragmento VIII de *Sobre el concepto de historia*. G.S. I.2, 697.

tástrofe. Dos teologías —una de la encarnación, otra de la esperanza en la desesperación— orientan dos políticas —la que defiende el orden establecido por Dios y la que busca en el orden la grieta por la que entrará el Mesías. Más allá del derecho, ambas se tensan hacia una idea de justicia. Absoluta o absolutamente otra.

El concepto en su raíz: ¿un lenguaje absolutamente otro?

El esfuerzo de Schmitt por pensar radicalmente el concepto es tan intenso como el de Benjamin por orientarse hacia un lenguaje absolutamente otro que el convencional. Además, Schmitt parece muy cerca del proyecto benjaminiano de exponer la idea en su historia natural, entendiendo por ésta un recorrido a través de sus extremos. Pues Schmitt piensa el concepto en su caso extremo, en su frontera. El suyo es también un pensamiento negativo, construido a contrapelo, desde la excepción, que suele ser desatendida por el concepto basado en el caso normal.

En particular, Schmitt, igual que Benjamin, ve en el caso extremo el sitio sobre el que fundar un lenguaje para la política. A juicio de Schmitt, la política puede realizarse en cualquier ámbito, siempre que en él se defina un antagonismo intenso. La afirmación schmittiana de que todo concepto político es un concepto polémico, que existe frente a otro, tampoco parece distante de Benjamin, cuya escritura se construye sobre oposiciones —progreso frente a catástrofe, tiempo vacío frente a tiempo lleno, violencia divina frente a violencia mítica...— desde las que despliega su discurso político. En este contexto, acaso sea útil para leer la obra benjaminiana uno de los rótulos bajo los que se ha situado la schmittiana: expresionismo político.[26] Hay que recordar que, para Benjamin, lo común del dra-

---

26. Para Kennedy, *El concepto de lo político* es la más importante exposición política del expresionismo. Kennedy, 1988, 246 ss. Según Spinner, el dadaísmo, en tanto que crítica del racionalismo occidental, es más influyente sobre Schmitt que el expresionismo. A juicio de Spinner, las tres notas que Schmitt destaca en el catolicismo romano —alta formalidad, racionalidad específica y representación simbólica— coinciden en una indiferencia en cuanto al contenido que también se da en la antiliteratura del expresionismo, en el antiarte del dadaísmo y en el antinormativismo del decisionismo jurídi-

ma barroco y del expresionista es el carácter exagerado de ambos: la amanerada violencia de su estilo.[27]

Como Benjamin, Schmitt se empeña en hacer visible el concepto y, finalmente, en superar el concepto por la imagen. Ésta es capaz de recoger lo irreducible a aquél.[28] Tal orientación pictórica es una de las causas por las que puede parecer que su escritura se resiste a un acceso analítico e incluso inducir una caracterización de Schmitt como irracionalista. Él no se tiene por tal, y presume de que su pensamiento busca una máxima cercanía a la realidad.[29] A su juicio, un pensamiento concreto sólo puede hacerse desde lo particular que ninguna generalidad absorbe. En este contexto ha de leerse la afirmación de que «todos los conceptos de la esfera del espíritu, incluido el concepto mismo de espíritu, [...] se entienden únicamente a partir de la existencia política concreta. [...] Todas las ideas esenciales en la esfera espiritual del hombre son algo existencial, no normativo».[30]

El esfuerzo de Schmitt por pensar radicalmente el concepto ha de entenderse a partir de la convicción, de raíz donosiana, de que la estructura política de una época sólo puede ser comprendida desde su estructura teológica. La teología política schmittiana parte de la afirmación de que «la metafísica es la expresión más intensa y más clara de una época». Schmitt establece una correspondencia entre la representación metafísica dominante en un tiempo y la forma de su organización política. A su juicio, «la imagen metafísica que de su mundo se forja una época determinada tiene la misma estructura que la forma de la organización política que esa época tiene por evidente». Schmitt pone como ejemplo la monarquía del XVII, que respon-

por lo que lo sivo es lo formal, el modo en que algo es representado, no el contenido. Spinner ve aquí un rasgo esencial de lo que llama «estetizaciones políticas»: la representación es más importante que el contenido subyacente. En Quaritsch, 1988, 253.

27. En el libro sobre el *Trauerspiel*. G.S. I.1, 235.

28. Sobre la capacidad de Schmitt para ligar conceptos a imágenes, véase Quaritsch, 1988, 260 ss.

29. A juicio de Mohler, esta cercanía es un rasgo que comparten los principales autores de la revolución conservadora. Mohler, 1988, 151 s. Hoffmann distingue en Schmitt una primera fase normativista y una segunda «concreta», e interpreta ésta como el paso de un «platonismo *ante rem*» a un «aristotelismo *in re*». Hofmann, 1964, 172.

30. En *La era de las neutralizaciones y de las despolitizaciones* —*Das Zeitalter der Neutralisierungen und Entpolitisierungen* (1929). Schmitt, 1932a, 71.

de al estado de conciencia de la humanidad occidental de aquel tiempo. Aquella monarquía resultaba tan «evidente» a los hombres como lo fue luego la democracia.[31]

Igual que Benjamin, puede decirse que Schmitt piensa los conceptos —por ejemplo, el de dictadura— en su historia. Como Benjamin en las representaciones artísticas, es el espíritu de una época lo que Schmitt busca en las representaciones jurídicas. El derecho se constituye para él en *medium* entre el momento espiritual y la esfera de lo político. El derecho es parte del movimiento espiritual de la época, en la medida en que la estructura jurídica de la misma corresponde a su estructura metafísica. Por decirlo de otro modo, la estructura de los conceptos metafísicos dominantes es isomorfa a la configuración jurídica de la sociedad. De cada concepto jurídico, Schmitt quiere extraer su matriz metafísica, para desde ella acceder a la estructura espiritual de la sociedad. En este sentido, la teología política es una sociología de los conceptos.[32]

El horizonte de la sociología de los conceptos jurídicos es la «conceptualidad radical», «la deducción de la última consecuencia en el plano metafísico y teológico».[33] Schmitt lleva el concepto a su caso extremo. Allí, su núcleo metafísico —teológico— aparece despojado, desnudo. Hasta allí ha de ser desplegada su lógica. Schmitt piensa el concepto desde su límite, donde se revela su forma. Desde su frontera. Desde su exterior. Desde el caso excepcional. Los conceptos schmittianos fundamentales —el de soberanía o el de lo político, por ejemplo— son conceptos-frontera, pensados desde casos extremos —el estado de excepción o la enemistad radical, respectivamente.[34]

---

31. *Teología política*. Schmitt, 1990a, 59.

32. La concepción del derecho como forma es fundamental en Schmitt. En *La Dictadura* subraya que lo esencial al derecho es, justamente, la forma. Schmitt, 1968a, 228.

33. *Teología política*. Schmitt, 1990a, 59.

34. Es buen momento para recordar que Benjamin caracteriza a Gide como poeta del caso excepcional. Lo hace tras conversar con él «sobre modos de conducta, sobre caracteres, que con su mera existencia ponen nuestras viejas normas fuera de curso. Una gran parte de nuestras decisiones, tanto cotidianas como extraordinarias, se sustrae de la valoración moral tradicional». Benjamin sitúa a Gide, en tanto que educador moral, al lado de Pascal, «un hombre al que en el siglo XVII, con la superficial terminología clínica de nuestro tiempo, seguro que habrían designado como un "caso particular", un enfermo». Según Benjamin, en la plural Francia —a diferencia de lo que sucede en la estandarizada Alemania— el caso excepcional es la instancia iluminadora y educadora por antonomasia. En *Conversación con André Gide*. G.S. IV.1, 508 s.

La superioridad epistemológica de lo anormal es para Schmitt el principio básico de un pensamiento concreto. Según Schmitt, éste ha de iniciarse en una excepción real. Sobre la excepción real se basa el concepto-frontera, en que se encuentran lo formal y lo concreto. El pensamiento de lo extremo es, para Schmitt, el pensamiento más concreto. Una «filosofía de la vida concreta» ha de interesarse sobre todo por el caso excepcional o extremo. Pues «la regla vive por completo de la excepción», ya que si «lo normal nada prueba, la excepción lo prueba todo». La vida concreta no aparece en la generalidad del concepto, sino en el caso excepcional, que quiebra la costra de la repetición mecánica —interrumpe el continuo. Schmitt cita como antecedente de esta perspectiva a Kierkegaard, quien descubre que «la excepción explica lo general y a sí misma», y no con cómoda superficialidad, sino «con enérgica pasión».[35]

Schmitt hace suya la perspectiva kierkegaardiana cuando define al soberano como «aquel que decide sobre el estado de excepción». Esta definición, a su juicio, «es la única que se ajusta al concepto de la soberanía como concepto límite». Schmitt entiende por tal un concepto que «pertenece a la órbita más extrema» y cuya definición, por tanto, «no puede referirse a un caso normal, sino extremo».[36] El estado de excepción marca precisamente un extremo, un límite. En su libro sobre la dictadura, Schmitt se refiere a él como uno de los dos casos —junto al indulto— de excepción concreta a la ley. Desde el punto de vista schmittiano, lo que caracteriza formalmente a la dictadura es la suspensión del derecho en esa excepción concreta. A juicio de Schmitt, la dictadura, como otras decisiones extraordinarias, es bien comprendida por quien conoce la radical anormalidad del mundo. No lo es, en cambio, por el convencido de, pequeños trastornos aparte, su normalidad. Éste calificará la dictadu-

---

35. *Teología política*. Schmitt, 1990a, 22. Schmitt caracteriza como teólogo de lo excepcional a Kierkegaard, a quien en otro lugar llama «el contemporáneo histórico de Donoso en el Norte». En *Interpretación europea de Donoso Cortés*. Schmitt, 1950b, 107. Cabe decir que Schmitt se sitúa cerca del Benjamin del libro sobre el *Trauerspiel*: por ser lo marginal, desde el punto de vista del conocimiento, superior a lo central, las cosas se conocen mejor en su descomposición que en su esplendor. En este sentido, la de conocimiento es en Schmitt una categoría apocalíptica.

36. *Teología política*. Schmitt, 1975, 35. Ya en *Catolicismo romano y forma política* asocia Schmitt soberanía a decisión. Schmitt, 1925, 42.

ra, como cualquier decisión tomada en una situación anormal, de irracional.[37]

Pero el caso excepcional no sólo interesa a Schmitt porque tenga «un significado especialmente decisivo e iluminador del núcleo de las cosas», sino también porque «desde esta posibilidad extrema gana la vida de los hombres su tensión específicamente política».[38] El concepto intensional de lo político que Schmitt maneja se corresponde con esa segunda característica del caso extremo. Lo político no se define por un ámbito —una clase de instituciones, sistemas o teorías— sino por una intensidad: en la opción entre dos posiciones antagónicas, la vida alcanza una tensión política. La diferencia amigo/enemigo señala «la más extrema intensidad de una unión o de una separación». El adjetivo «político» es aplicable a un grupo de hombres si alcanzan cierta intensidad en su asociación frente a otro grupo. Lo político aparece cuando la diferencia es convertida en conflicto. El heterogéneo, llevado al extremo, es convertido en enemigo: «Simplemente es el otro, el extraño, y basta a su ser que sea existencialmente algo otro y extraño en un sentido especialmente intenso, de modo que en el caso extremo sea posible tener conflictos con él».[39] Así concebida, la política se orienta no al consenso entre diferentes, sino al combate entre ellos. El derecho es comprendido desde la violencia y orientado a la exclusión del no idéntico.

Desplazado al extremo de su alteridad, el otro, extremadamente otro, amenaza. No importa que no amenace actualmente; basta con que amenace «en el concepto».[40] De hecho, la obra

---

37. Schmitt se tiene por el primero en haber tratado sistemáticamente el problema de la excepción concreta en la teoría general del derecho. *La Dictadura*. Schmitt, 1968a, 27 s.

38. *El concepto de lo político*. Schmitt, 1932a, 23. En este contexto ha de prestarse atención al escrito de 1938 *Sobre la relación entre los conceptos de guerra y enemigo —Über das Verhältnis der Begriffe Krieg und Feind*. Schmitt, 1988, 244-251. Una anticipación de dicho texto se encuentra en el de 1937 *Enemigo total, guerra total, estado total —Totaler Feind, totaler Krieg, totaler Staat*. Schmitt, 1988, 235-239. Sobre la guerra como situación política extrema en *El concepto de lo político*: Kennedy, 1986, 401. Spinner compara el interés por lo extremo en Schmitt y Clausewitz. Spinner, 1986, 929 y 934.

39. *El concepto de lo político*. Schmitt, 1932, 14 s.

40. En este contexto, conviene recordar las siguientes palabras de Donoso: «Generalmente se me achaca a mí el recurrir a las teorías y a los principios. Debo hacer una confesión franca y explícita. Creo que en los hechos no hay claridad verdadera, que es aparente, y que fuera de los principios no hay claridad ninguna. ¿Sabéis lo que es acercar los principios a los hechos? Pues es acercar la luz a las tinieblas; por

de Schmitt se desarrolla sobre dicotomías conceptuales que no sólo son adialécticas —no hay diálogo entre los conceptos que constituyen el par—, sino también ahistóricas. Así, del enfrentamiento abstracto entre el concepto de democracia (basado en la identidad de gobernantes y gobernados) y el concepto de liberalismo (basado en la representación parlamentaria de los gobernados), deduce la necesidad del enfrentamiento concreto entre democracia e instituciones liberales. Dando por probada la antítesis entre los principios del liberalismo y las aspiraciones democráticas, ni siquiera como horizonte busca Schmitt un lugar para la democracia en el sistema liberal.[41]

Como sugiere el título *Posiciones y conceptos en la lucha con Weimar-Genf-Versailles*, los conceptos determinan para Schmitt posiciones en lucha. Schmitt afirma que la lucha por los conceptos es una lucha por la actualidad: no «una disputa por palabras vacías, sino una guerra de enorme realidad y presente».[42] El concepto político se determina frente a un enemigo; su significado sólo es captable a través de la concreta lucha en la que surge. A juicio de Schmitt, los conceptos políticos nacen de un conflicto concreto, sin el que son meras abstracciones. En *El concepto de lo político* escribe que «todos los conceptos, representaciones y palabras políticas tienen un sentido polémico; tienen a la vista un antagonismo concreto, están vinculadas a una situación concreta cuya consecuencia última es una agrupación de amigos o enemigos (que se expresa en guerra o en revolución) y devienen abstracciones vacías y fantasmales cuando esta situación desaparece. Palabras como estado, república, sociedad, clase, e incluso soberanía, estado de derecho, absolutismo, dictadura, plan, estado neutral o estado total, etc., son incomprensibles si no se sabe quién en concreto debe ser alcanza-

---

eso acudo a los principios para la elevada apreciación de los hechos». En el *Discurso sobre la restitución de los bienes de la Iglesia*, pronunciado el 14 de marzo de 1845. Donoso II, 106-120, 114.

41. Preuß encuentra en la obra schmittiana una simplificación de conceptos complejos, que son abstraídos de su contexto histórico y sistemático. A su juicio, Schmitt ve las instituciones como encarnaciones de principios, desconsiderando su carácter social. A la noción schmittiana de democracia contrapone Preuß la de Habermas, para quien la democracia es no el liberalismo, sino la promesa que éste sostiene. Preuß, 1987, 408 ss. Schmitt es también contrapuesto a Habermas en Gransow y Miller, 1989, 430.

42. *Posiciones y conceptos*. Schmitt, 1988, 125.

do, combatido, negado y refutado con esa palabra».[43] El significado del concepto lo determina su enemigo, su concreta antítesis. Pero la lógica amigo/enemigo no sólo afecta a los conceptos comúnmente adscritos a la política, en la medida en que para Schmitt, como se ha dicho más arriba, los conceptos de la esfera espiritual «sólo son comprensibles desde la existencia política concreta».[44] Al observar ésta, Schmitt descubre bajo cada diferencia la pugna de visiones del mundo tan inconciliables como las combatientes en las antiguas guerras de religión. Para él, sólo la lucha concreta frente a un contraconcepto salva al concepto de hundirse en la abstracción. Puede pensarse, sin embargo, que le condena a ella. Pues hace depender la realidad del concepto de la construcción de un enemigo que no lo es actual, concretamente.

La justicia de Dios. El estado de excepción en Donoso

En la sexta de sus *Lecciones de Derecho político*, mucho antes de su conversión política y religiosa, el entonces liberal Donoso justifica la dictadura en el caso excepcional. «Cuando los que obedecen se insurreccionan contra los que mandan [...], ¿no será necesaria la omnipotencia para que se salve a la sociedad entera conmovida en sus cimientos?», se pregunta, y diagnostica que «sin duda un poder omnipotente es entonces necesario para que pueda decir a la revolución como Dios a la mar embravecida: "No pasarás de aquí..."». No es fácil a Donoso precisar de dónde pueda surgir ese poder omnipotente, «porque cuando las revoluciones aparecen, las Constituciones pasan, los pueblos pasan, los reyes pasan, y en lugar de las Constituciones, de los reyes y de los pueblos, que se retiran de la escena, invade la escena el caos». Sólo acierta a situarlo «en el hombre fuerte e inteligente que las Constituciones no adivinan, y que el destino reserva ignorado de sí propio e ignorado de los pueblos, para oponer sus hombros de Hércules al grave peso del edificio que cae, de la sociedad que se desploma; en el hombre fuerte e inteligente, que aparece como una divinidad, y a cuya aparición las nubes hu-

---

43. *El concepto de lo político*. Schmitt, 1932a, 18.
44. *La era de las neutralizaciones y de las despolitizaciones*. Schmitt, 1932a, 71.

yen, el caos informe se anima, el Leviatán que ruge en el circo calla, las tempestades se serenan. Así se forma, así nace, así aparece el poder constituyente; él no pertenece al dominio de las leyes escritas, no pertenece al dominio de las teorías filosóficas; es una protesta contra aquellas leyes y contra estas teorías».[45]

En la caracterización de esta «excepción terrible» que «no cabe en los libros y rompe el cuadro de las constituciones»[46] aparecen ya temas fundamentales del Donoso reaccionario: la defensa de la sociedad frente a la revolución, la crisis de la legitimidad monárquica, la incapacidad de la ley para prever la respuesta al caso excepcional. Aparece, sobre todo, la analogía entre el «hombre fuerte» y Dios. Como en el *Discurso sobre la Dictadura* de 1849, hay que distinguir dos planos en esta analogía:

a) La acción del dictador tiene, en lo jurídico, la misma forma que el milagro en lo teológico.

b) El dictador encarna un ideal absoluto de justicia más allá del derecho.

A pie de página, Donoso matiza que «el poder constituyente, colocado en una sola mano en medio de una crisis social, no es una excepción, es una confirmación del principio de la soberanía de la inteligencia».[47] El concepto «inteligencia» es tan central en el primer Donoso como lo es el concepto «verdad» en el segundo. De la «inteligencia» a la «verdad» se pasa a través de un giro teologizante que coincide con un cambio de enemigo. El Donoso liberal —el de las *Lecciones* y las *Consideraciones sobre la Diplomacia*— adopta la bandera de la soberanía de la inteligencia (a la que asocia el proyecto de una monarquía apoyada sobre las clases medias propietarias) frente a la del derecho divino de los reyes (esto es: frente al Antiguo Régimen) y frente a la de la soberanía popular. Los sucesos revolucionarios de 1830 y 1835 ponen al descubierto una tensión entre libertad y orden que se resuelve en las *Lecciones* con una noción de gobierno como arma defensiva de lo que Donoso llama «la sociedad»: «El hombre, absolutamente libre, destruiría la sociedad que su inteligencia ha hecho necesaria, porque la libertad

---

45. Donoso I, 389 s.
46. Ídem.
47. *Ibíd.*, 391.

164

es por su naturaleza un principio disolvente de toda asociación. La sociedad necesita, pues, de un arma para defenderse contra el principio que la invade; este arma es el Gobierno». En este contexto, Donoso define el Gobierno como una resistencia: el Gobierno actúa «resistiendo al principio invasor».[48] El espíritu liberal quiere salvarse con la afirmación de que tal resistencia no es indefinida: «Siendo su objeto defender a la sociedad de las invasiones de la individualidad humana, su acción no debe extenderse más de lo que sea necesario para evitar semejantes invasiones».[49] La justicia, límite del gobierno, «exige la conservación simultánea de la sociedad y de la libertad del hombre».[50] Donoso dará su paso decisivo cuando abandone esta noción liberal de justicia por otra, católica, en la que el ideal de libertad desaparece.

La misión del gobierno de conservar la sociedad exige inteligencia. Tal es la máxima del optimista liberal, que habla con desdén de aquellos que «abrieron sus ojos a la luz para presenciar catástrofes y para medir abismos».[51] Sin embargo, el propio Donoso tenderá luego al catastrofismo tanto como al autoritarismo. Ambas tendencias reflejan el creciente desorden social. En 1838, Donoso ya sustituye «inteligencia» por «verdad»: achaca a su falta de confianza en poseer la verdad la propensión cismática del liberalismo.[52] Firme en su objetivo, que sigue siendo la perpetuación de «la sociedad», Donoso da cada vez más importancia a la religión como base social.[53] Descubre que la verdad religiosa es la «única que puede servir de indestructible fundamento a las sociedades humanas».[54] Donoso ha sido racionalista hasta que ha descubierto que el racionalismo no frenará las revoluciones. Frente a éstas —el fruto más dañino de la secularización— sólo será fuerte el catolicismo, civilización completa[55] y garante de paz social, que «puede reconocer sin injusticia la desigualdad entre los hombres, porque les ofrece la igualdad en el cielo».[56]

---

48. *Ibíd.*, 333.
49. *Ibíd.*, 333 ss.
50. *Ibíd.*, 334.
51. *Ibíd.*, 445.
52. *España desde 1834* (1838). Donoso I, 511-525, 521 ss.
53. Especialmente desde *De la monarquía absoluta en España* (1838). Donoso I,. 526-580.
54. *Consideraciones sobre el cristianismo* (1838). Donoso I, 653-662, 653.
55. *Discurso sobre la situación de España* (1850). Donoso II, 478-498, 492 s.
56. *Curso de historia de la civilización de España* (1843). Donoso II, 15-30, 25.

El compromiso del pensamiento donosiano con los intereses de una clase se hace notorio en el debate sobre la expropiación que las órdenes religiosas habían sufrido en 1835.[57] Donoso proclama que, aun cuando las revoluciones son el crimen por excelencia, satánicas, introducen cosas positivas en la historia, lo que las hace providenciales.[58] Añade luego que la propiedad de los bienes eclesiásticos no es, como la de los particulares, inviolable.[59] ¿Giro a la izquierda de Donoso? Más bien, continuidad en el apoyo a los nuevos propietarios.

Defensa de la sociedad: éste es el motivo común del Donoso liberal y del nostálgico del orden cristiano. La tensión entre libertad y excepcionalidad de la lección VI de 1837 alcanza, diez años más tarde, el centro de su comprensión de la historia: «La Historia, considerada en general, es la narración de los acontecimientos que manifiestan los designios de Dios sobre la Humanidad y su realización en el tiempo, ya por medio de su intervención directa y milagrosa, ya por medio de la libertad del hombre».[60] El *Discurso sobre la Dictadura* es coherente con esta comprensión de la historia. El orden social está entre los designios de Dios, que han de realizarse aunque sea milagrosamente. Ante el desorden, la autoridad ha de concentrarse en un solo hombre. Pero «derecho común para tiempos buenos, derecho excepcional para tiempos excepcionales» era ya lema en el Donoso racionalista.[61] La salvación de la sociedad era prioritaria a la defensa de cualquier derecho para un Donoso convencido —ya en 1839— «de que cuando se disuelven los vínculos sociales, naufragan todos los derechos en un naufragio común; de que la acción social tiende siempre a reconcentrarse cuando la sociedad tiende a disolverse; de que cuando la fuerza loca y desatenta se burla de la mansedumbre de la ley, la ley debe buscar a su vez el omnipotente amparo de la fuerza; y de que, si

57. *Discurso sobre dotación del culto y del clero* (1845). Donoso II, 94-105, 94. Valverde, editor de las *Obras completas de Donoso Cortés*, quiere entender la participación de éste en dicho debate como «una de las características oscilaciones de todo proceso psicológico humano».

58. Donoso II, 95.

59. *Discurso sobre la restitución de los bienes de la Iglesia* (1845). Donoso II, 106-120, 108 ss.

60. *Estudios sobre la Historia* (1847). Donoso II, 226-277, 234.

61. Ídem.

la ley no le buscara, la sociedad le buscaría en el momento del peligro».[62]

Entre los dos momentos de Donoso no cambia el objetivo político. Cambia el tamaño del enemigo democrático. Con la amenaza de éste, crece la desconfianza en el racionalismo y en su escenario, el parlamento, que de ser considerado espacio de la discusión inteligente pasa a ser visto como teatro de la indecisión. El pesimismo ante la época se hace perspectiva ante la historia: el mal avanza y sólo puede ser derrotado por la acción directa, personal, soberana de Dios.

Pero ahí no se agota el significado de una conversión que, según el propio Donoso, se debe «en primer lugar, a la misericordia divina, y después, al estudio profundo de las revoluciones».[63] Asociar el pensamiento de Donoso a los intereses de las clases propietarias ayuda a entender tanto su evolución como sus vacilaciones. Pero sería simplificador presentar a Donoso como intelectual orgánico de una clase a la que fueron funcionales, antes, el liberalismo oligárquico, y después, la sacralización del poder. Para el último Donoso, secularización significa derrota no sólo de la obediencia, sino también de la caridad.[64] Tan cierto resulta para Donoso que el catolicismo santifica la autoridad[65] como que es incompatible con el despotismo, pues hizo a los gobernantes «ministros de Dios y servidores de los pueblos».[66] «Cuando el hombre llegó a ser hijo de Dios, luego al punto dejó de ser esclavo del hombre»,[67] afirma este Donoso que sostiene un ideal cristiano de justicia. Desde ese ideal critica a la burguesía, que, según él, ha olvidado la virtud de la caridad,[68] solución del problema de distribución de la riqueza.[69]

El primer Donoso ofrece una definición de la legitimidad del soberano como «la conformidad de sus acciones públicas con la

---

62. En el artículo *Proyecto de Ley de Estados excepcionales presentado a las últimas Cortes por el Ministerio de Diciembre* (1839). Donoso I, 706-719, 718.

63. En la carta de 26 de mayo de 1849 enviada desde Berlín al Conde de Montalembert. Donoso II, 324-330, 327.

64. *Discurso sobre la situación general de Europa* (1850). Donoso II, 450-466, 464 s.

65. *Ensayo*. Donoso II, 525.

66. *Ibíd.*, 510.

67. Ídem.

68. En la carta a la reina madre María Cristina de 26 de noviembre de 1851. Donoso II, 722-729, 724.

69. *Lecciones de Derecho político*. Donoso I, 429 s.

justicia, que, si bien es siempre una, no por eso deja de ser diversa en su aplicación a las sociedades modificadas por los siglos. En cada época de la Historia la justicia está representada por el principio llamado a la dominación, que es la expresión viviente de la armonía entre el derecho absoluto y las necesidades sociales».[70] En el segundo Donoso, la legitimidad del gobierno se fundamenta en la justicia de sus acciones, justicia que ahora es la exigida por el orden divino. Ese ideal absoluto de justicia anima al Donoso que, en 1849, ve la dictadura como un milagro.

La justicia del fuerte. El estado de excepción en Schmitt

Schmitt interpreta así la analogía milagro - estado de excepción: «Se ha dicho de la dictadura que es un milagro, con lo cual se fundamenta el que la suspensión de las leyes sea comparada a la suspensión de las leyes naturales. En realidad, este milagro no lo constituye la dictadura, sino la ruptura de la continuidad jurídica que implica tal dominación recién establecida».[71]

La ruptura de la continuidad jurídica puede ser necesaria para la continuidad del orden. Si hay un rasgo constante en el pensamiento schmittiano, éste es su aversión al desorden.[72] En tal aversión coincide con Donoso, quien en 1849 afirma que «se trata de escoger entre la dictadura de la insurrección y la

---

70. *Consideraciones sobre la diplomacia* (1834). Donoso I, 226-281, 264.

71. *La Dictadura*. Schmitt, 1968a, 184. En *Teología política*, Schmitt señala el origen reaccionario de la analogía al subrayar que «la idea del moderno Estado de derecho se afirmó a la par que el deísmo, con una teología y una metafísica que desterraron del mundo el milagro y no admiten la violación con carácter excepcional de las leyes naturales implícita en el concepto de milagro y producido por intervención directa, como tampoco admiten la intervención directa del soberano en el orden jurídico vigente. El racionalismo de la época de la Ilustración no admite el caso excepcional en ninguna de sus formas. Por eso la convicción teísta de los escritores conservadores de la Contrarrevolución pudo hacer el ensayo de fortalecer ideológicamente la soberanía personal del monarca con analogías sacadas de la teología teísta». Schmitt, 1975, 65 s.

72. Tucker relaciona el concepto schmittiano de lo político con el análisis foucaultiano del nacimiento del concepto clínico de enfermedad de espíritu: en el paso del XVIII al XIX, dicha enfermedad es interpretada como excepción a dominar, a fin de encarrilar el poder desordenante de lo inconsciente. Tucker, 1988, 97. Por su parte, Sombart propone una analogía entre el modelo político schmittiano y la represión sexual. Sombart, 1990, 649.

dictadura del gobierno».[73] La invalidez de las instituciones liberales ante el desorden revolucionario es el argumento fundamental de Donoso en el *Discurso sobre la Dictadura*. A ojos de Schmitt, el siglo XX confirma la profecía donosiana de una bipolarización radical. En esta centuria vuelve a escucharse aquella que es, según Schmitt, la frase más extrema del siglo XIX: «Llega el día de las negaciones radicales y de las afirmaciones soberanas».[74] Schmitt recupera a Donoso como el pensador que «ha formulado definitivamente todos los puntos de vista decisivos» contra el parlamentarismo, el que ha sabido caracterizar a la burguesía como «clase discutidora» y el que ha opuesto «al intento de fundar un Estado sobre la discusión, el pensamiento de la decisión».[75] La tesis donosiana de que sólo la dictadura puede resistir a la revolución, es recobrada por Schmitt, aunque ya no contra el socialismo proudhoniano, sino contra el marxista.[76]

Schmitt puede parecer un premoderno cuyas ideas teologizantes resultan inadecuadas a la sociedad industrial. Puede asimismo parecer que su visión decisionista del Estado se contrapone a la racionalidad moderna, orientada al compromiso entre fines concurrentes. Sin embargo, el pensamiento jurídico-político schmittiano no se desarrolla de espaldas a la sociedad industrial, y es tan útil como el de Donoso a los intereses de una clase. Su persuasión pudo animar la apuesta de la burguesía industrial alemana por el régimen de Hitler.[77] En todo caso, el decisionismo schmittiano puede ser útil a la economía capitalista en una fase en que necesita la intervención del Estado y la teme en su virtualidad democratizadora.[78] Un ejecutivo

---

73. *Discurso sobre la Dictadura*. Donoso II, 322. Donoso refuerza el dilema con una imagen: se trata de escoger entre la dictadura del puñal y la dictadura del sable. *Ibíd.*, 323.

74. *Interpretación europea de Donoso Cortés*. Schmitt, 1963, 112.

75. *Ibíd.*, 132.

76. Así lo ve Korsch en su comentario a la traducción alemana del *Ensayo*. Korsch, 1933, 266. En el capítulo IV de *Teología política*, dedicado a la filosofía política de la contrarrevolución, Schmitt presenta a Donoso como el antagonista de Proudhon y Bakunin. Schmitt, 1975, 80-93.

77. En este plano hay que considerar los argumentos que Schmitt maneja en, por ejemplo, *Prolongación del desarrollo del Estado total en Alemania —Weiterentwicklung des totalen Staates in Deutschland* (1933)—, ensayo basado en una conferencia pronunciada ante los industriales del Ruhr. Schmitt, 1985, 359 ss.

78. Ésta es la interpretación de Ingeborg Maus. Maus, 1986. Rüthers, en cambio, no ha captado lo que de moderno tiene el pensamiento schmittiano. Rüthers, 1989,

independiente frente a las instituciones liberales —cuyo control parecía estar perdiendo la burguesía de la Alemania de Weimar—, tal como Schmitt lo diseña, atiende a esa necesidad y decide en el enfrentamiento político. Juzgando el régimen parlamentario constitucional como inapropiado a la economía moderna, la industria alemana opta por emanciparse del derecho. Al estado de crisis permanente sólo pueden responder políticas *ad hoc* sostenedoras del orden. La schmittiana revolución permanente del derecho sirve a un sistema económico-social en crisis frecuente. Un «Führer sin Constitución» frena al enemigo revolucionario y se legitima como más adecuado que el derecho escrito ante una realidad en que la excepción se ha vuelto cotidiana e imprevisible. Aunque se presente como interrupción de la historia, el estado de excepción decisionista —Estado máximo ante el revoltoso y Estado mínimo ante el capital— defiende el continuo.

El hecho de que importantes elementos del decisionismo schmittiano puedan ser asimilados por una racionalidad técnico-económica, no debe ocultar en qué posición se sitúa Schmitt respecto de ésta. Esa posición merece ser comparada con la de Benjamin en *Sobre el concepto de historia*. En dicho texto, la experiencia judía del tiempo es enfrentada a las ideologías progresistas, en particular a la santificación socialdemócrata del trabajo. En *Catolicismo romano y forma política*, Schmitt opone al pensamiento técnico-económico el pensamiento católico.[79] Schmitt —para quien el socialismo se ha convertido en la religión del proletariado industrial— señala que al concepto de naturaleza del creyente en el progreso técnico se opone el concepto católico, que desconoce el dualismo naturaleza/espíritu. Schmitt descubre en la Iglesia una racionalidad que, a diferencia de la capitalista, no quiere dominar la materia. Al racionalismo orientado a la satisfacción del irracional consumo, opone Schmitt ese racionalismo católico, que da una orientación en la oscuridad. Schmitt afirma que «ninguna gran oposición social

102 s. En este contexto, conviene atender a *El dieciocho Brumario de Luis Bonaparte*, donde Marx se refiere a la costumbre de «decretar periódicamente el estado de sitio y salvar transitoriamente a la sociedad por encargo de esta o aquella fracción de la burguesía». Marx, 1982, 36.

79. Schmitt, 1925, 14 ss. Para una lectura del libro de Schmitt como respuesta a *La ética protestante y el espíritu del capitalismo*, de Weber: Ulmen, 1988.

puede ser solucionada económicamente»,[80] y caracteriza el pensamiento económico como impolítico, al contrario que el católico, «político en sentido eminente».[81] Mientras que el dominio del capital conduce a una despolitización del Estado, la Iglesia permanece como «la única portadora de pensamiento político y forma política».[82] Según Schmitt, la Iglesia se orienta a una «*societas* perfecta», y no a una agregación de egoístas.

En el mismo contexto, conviene atender a las observaciones de Schmitt sobre fenómenos que Jünger trata como señales del dominio del trabajador y Benjamin como rasgos de la pérdida de experiencia. En otro sentido que los frankfurtianos, Schmitt observa dialécticamente la Ilustración. Schmitt ve el capitalismo, la mecanización y la masificación como factores de neutralización del espíritu. A su juicio, el mundo contemporáneo es un mundo desalmado.[83] Pero este diagnóstico no debe hacernos ver a Schmitt sólo como alguien nostálgico de aquel viejo mundo dominado por representaciones trascendentes. Conforme a su noción de teología política, de la crisis de esas representaciones hay que extraer consecuencias jurídico-políticas para el presente. Al vacío espiritual puede contestar la manipulación colectiva a través de mitos. El gesto decisivo de un dictador aclamado por el pueblo convierte a éste en destino y sustituye el alma desplazada por la técnica. Si Benjamin caracteriza el fascismo como estetización de la política, Schmitt ve en la mitologización de ésta una compensación del vaciamiento del mundo trascendente.

En coherencia con la noción de teología política, la reconstrucción schmittiana del proceso configurador del estado moderno puede leerse como una interpretación metafísica de la modernidad.[84] Tal reconstrucción depende de un concepto de lo

---

80. *Ibíd.*, 24.

81. *Ibíd.*, 22.

82. *Ibíd.*, 34.

83. Kennedy se ha ocupado del trabajo de Schmitt sobre el *Nordlicht* de Däubler («*Nordlicht» de Theodor Däubler. Tres estudios sobre los elementos, el espíritu y la actualidad de la obra —Theodor Däublers «Nordlicht». Drei Studien über die Elemente, den Geist und die Aktualität des Werkes* [1916]—) y de su reseña al libro de Rathenau de 1912, *Zur Kritik der Zeit*. En este libro, la uniformización de la vida por la técnica o la invasión del lenguaje por la jerga periodística son interpretadas como síntomas de agotamiento cultural. Kennedy, 235 ss. y 241 ss.

84. En *El Nomos de la tierra*, la dualidad tierra/mar aparece como determinante para el nacimiento del Estado moderno. *El Nomos de la Tierra en el Derecho de Gentes*

político basado en el par amigo/enemigo. En un pie de página de *La Dictadura*, Schmitt esboza un paisaje de las opciones políticas de la modernidad.[85] El eje de ese paisaje es la centralización racionalista, y sus regiones —cuyas formas dependen de la posición que adoptan respecto de dicho eje— el anarquismo, la democracia asamblearia, la dictadura del proletariado y la dictadura decisionista. Desde el punto de vista de Schmitt, no todas estas opciones tienen igual vigencia en el siglo XX. En particular, el parlamentarismo no puede sobrevivir. La configuración de la nueva época dependerá, según Schmitt, de qué agrupación política sea lo bastante fuerte para apropiarse de la técnica. En torno a ésta pueden articularse diversas agrupaciones de amigos y enemigos, sólo algunas de las cuales serán capaces de organizarla.[86] En cuanto al parlamento, queda fuera de la definición schmittiana de lo político: el liberalismo sólo es viable en tiempos impolíticos. Pues el ser de lo liberal es la negociación, la esperanza de que «el enfrentamiento definitivo, la sangrienta batalla decisiva, pueda transformarse en un debate parlamentario y quede eternamente suspendida en una discusión eterna».[87] Esa eterna suspensión es lo contrario de lo que

---

del «*Ius publicum europaeum*» —*Der Nomos der Erde im Völkerrecht des Ius Publicum Europaeum* (1955); Schmitt, 1979. Esa dualidad es asimismo importante en *Hamlet o Hecuba*, donde la toma del mar por Inglaterra se opone a la toma de tierra por Europa. Mientras que la isla se distancia de la forma política del Estado europeo al convertirse en un poder marítimo e imperial, la toma de tierra por Europa implica la formación de líneas de amistad y exige a los estados continentales la racionalización de la guerra y la creación del derecho público europeo.

85. *La Dictadura*. Schmitt, 1964, 147 ss.

86. *La era de las neutralizaciones y de las despolitizaciones*. Schmitt, 1932a, 80. La visión schmittiana de la técnica puede abordarse también desde *La unidad del mundo* (Schmitt, 1956, 17 ss.) y desde *Catolicismo romano y forma política*. En este último libro se afirma que la máquina carece de tradición (*es traditionslos*) y de ahí que la técnica sea, según Schmitt, el único principio verdaderamente revolucionario. Pero acaso la observación más interesante en este contexto sea la de que hay una inadecuación entre la técnica del siglo XX y un pensamiento económico que no renuncia a la primacía de lo privado. Schmitt, 1925, 38 s. Maus ve un núcleo marxista —el argumento «base-superestructura»— en la afirmación schmittiana de que el desarrollo técnico invalida las instituciones liberales. Maus cree que no es éste el único argumento marxista que recoge Schmitt, y llama la atención sobre cómo la teoría schmittiana de la dictadura incluye los resultados de la discusión marxista en torno a ese concepto. Maus, 1986, 145 y 155. Por otro lado, resulta tentador comparar la visión schmittiana de la técnica como lo único «sin tradición» con la jüngeriana, que contempla la técnica como una fuerza elemental.

87. *Teología política*. Schmitt, 1975, 90. Esta caracterización de lo liberal procede, de nuevo, de Donoso. Según recuerda Schmitt, Donoso ve al catolicismo y al socialis-

exige la actualidad, que Schmitt describe como una situación de enfrentamiento extremo.

Según Schmitt, los procedimientos de legitimación del modelo parlamentario no consiguen responder a la moderna crisis de fundamentación de la soberanía. De ella deriva Schmitt la necesidad de un poder personal fuerte. Schmitt cree ser testigo de la crisis de una ciencia del derecho organizada sobre los conceptos de constitución, ley, legalidad, legitimidad y soberanía. En el marco de esa crisis, en polémica con el legalismo liberal, presenta su definición de soberanía fundada en el caso excepcional: soberano es el que decide sobre el estado de excepción.[88]

La tesis de que la decisión no gana su legitimidad al subsumirse en una ley general, sino que nace, desde el punto de vista normativo, de la nada, parece incompatible no sólo con toda visión positivista del derecho, sino con cualquier proyecto racionalista.[89] La negación de que exista un último fundamento —jurídico, político, moral— puede dar pie a que se caracterice a Schmitt como nihilista. Su teoría no parece compatible con la ordenación de una comunidad por reglas racionalmente justificadas ante criterios universalmente válidos. Incluso puede parecer que Schmitt establece no sólo la imposibilidad de encontrar un fundamento racional último del derecho, sino, en general, la de fundamentar racionalmente.

Desde otra perspectiva, puede considerarse la schmittiana como una teoría racional que subraya la necesidad de un permanente viaje de ida y vuelta entre las instituciones jurídicas y la vida concreta, histórica. De acuerdo con este tipo de interpretación, Schmitt concibe el derecho como una estructura cuyas reglas han de ser actualizadas por una voluntad legislativa co-

---

mo ateo dirimiendo una «sangrienta y decisiva batalla», ante la que «consustancial al liberalismo burgués es no decidirse por uno ni por otro en la contienda y, en su lugar, tratar de entablar una discusión». *Ibíd.*, 86.

88. Para Maus, esta definición refleja la desconfianza, en aquel tiempo muy extendida tanto en la izquierda como en la derecha, frente al manipulable aparato de justicia. Maus, 1986, 84.

89. Se suele presentar como contrafigura de Carl Schmitt a Hans Kelsen, con quien aquél polemiza en *Teología política*. En particular, Schmitt, 1975, 48 ss. y 69 ss. La crítica de Kelsen a las posiciones schmittianas puede abordarse desde *¿Quién debe ser el defensor de la Constitución? —Wer soll der Hüter der Verfassung sein?* (1931); Kelsen, 1995—, respuesta a *El defensor de la Constitución —Der Hüter der Verfassung* (1931).

nectada con el orden concreto.[90] Y lo cierto es que, desde tempranos trabajos, el centro de la obra schmittiana está ocupado por la tensión entre, de un lado, derecho, norma, principios, y de otro, realidad, mundo empírico.[91] En polémica con el derecho abstracto normativo de la sociedad liberal, Schmitt perfila su noción de un pensamiento que aparece como respuesta a preguntas surgidas de situaciones concretas.[92]

En todo caso, sería simplificador decir que, frente a la comprensión del derecho como un conjunto de normas abstractas, Schmitt defiende la arbitraria toma de decisiones. El decisionismo de Schmitt no puede ser reducido a una apología de la acción caprichosa. En este sentido, resulta esclarecedora su crítica al romanticismo político. Schmitt descarta el modo romántico de enfrentamiento a la realidad en tanto que disolución ocasionalista de ésta. Si Malebranche entiende el mundo como ocasión de la acción divina, para el romántico el mundo es ocasión de una subjetividad humana. El romanticismo absolutiza el conocimiento estético de una sentimentalidad privada irresponsable que, incapaz de tratar objetivamente el mundo, lo disuelve en ocasiones para la productividad de su fantasía. Schmitt parece concebir el decisionismo como esa respuesta política seria que el romanticismo no es capaz de dar a la modernidad.[93]

El concepto schmittiano de lo político se orienta a la elimi-

90. Taubes ha situado a Schmitt y a Bloch en una línea de pensadores concretos iniciada por Simmel. Taubes, 1987, 63. Según Mohler, el pensamiento schmittiano constituye un retorno a la realidad. Mohler, 1988, 145 y 150.

91. La distancia entre la idea de justicia y el caso particular también es asunto de *Catolicismo romano y forma política*. Schmitt, 1925, 41. Kiefer ha rastreado desde la tesis doctoral de Schmitt, *Ley y juicio —Gesetzt und Urteil. Eine Untersuchung zum Problem der Rechtspraxis* (1912), un tema matriz de la obra schmittiana: la no identidad entre la verdad y el hombre concreto. Kiefer, 1990. En la contraposición entre la idea de derecho y su realidad se ha querido ver un reflejo de los dualismos románticos pensamiento/ser, materia/espíritu. Kennedy, 1988, 245.

92. En este contexto alude Mohler al lema «Cada frase es verdad sólo una vez». Mohler, 1988, 144 s. Llevando al extremo este lema, los textos de Schmitt escritos durante el Tercer Reich no podrían ser juzgados desde otro tiempo: se deben a un pensamiento concreto que no presume de contener verdad más allá del instante en que se produce.

93. *Romanticismo político —Politische Romantik* (1919); Schmitt, 1991. Steil atribuye al pensamiento de Schmitt cierto carácter romántico. Steil, 1984, 125. Por su parte, Freund cree que los análisis de Schmitt en *Romanticismo político* se basan en conceptos bergsonianos. Freund, 1932, 335.

nación de todo conflicto a través de la eliminación de toda diferencia. Se orienta a la construcción de un ámbito protegido frente a la guerra civil. En este sentido puede entenderse la distinción que propone entre un pensamiento político, como el suyo, y un pensamiento agonal. De acuerdo con el segundo, el hombre no está llamado a la paz; el primero, en cambio, ve la guerra como una vía hacia el dominio, el orden, la paz.[94]

Entre otros descubrimientos, Schmitt atribuye a Donoso haber percibido en 1848 la imposibilidad de un conservadurismo paneuropeo, debido a que la naturaleza del conservadurismo lo vincula a diferenciaciones históricas, religiosas y nacionales. Según Schmitt, los elementos conservadores —religión, idioma, cultura— se configuran en Europa con marcas· diferenciales que impiden la formación de una unidad homogénea equiparable a la de la revolución internacional, cuyo racionalismo elimina las diferencias de tradición.[95] Conforme a este punto de vista, la revolución sólo podría ser detenida por una fuerza tan homogénea como ella. Su modelo, espiritual y visible, podría ser la Iglesia Católica.[96]

La Iglesia también es el modelo de Donoso, pero no sólo en cuanto forma política. La común caracterización de Donoso y Schmitt como guardianes del continuo no debe ocultar esa diferencia fundamental entre ambos. La lectura decisionista que hace Schmitt de Donoso ignora el ideal de justicia que subyace

---

94. A este respecto, véase el párrafo inicial de *Sobre la relación entre los conceptos de guerra y enemigo*. Schmitt, 1988, 244. Un ejemplo de pensamiento agonal puede encontrarse en la afirmación de Jünger en *Fuego y movimiento* de que «así como no es la guerra una parte de la vida, sino que otorga expresión a la vida, en toda su violencia, así esta vida misma es de naturaleza enteramente bélica en su fondo». Jünger, 1995*b*, 129.

95. *Interpretación europea de Donoso Cortés*. Schmitt, 1963, 118. Acerca de la percepción por Donoso de los sucesos de 1848 como principio del fin del sistema metternichiano: Neill, 1955, 401.

96. En *Teología política*, Schmitt observa que para De Maistre soberanía e infalibilidad son sinónimas. Fijándose en el primer capítulo de *Del papa*, Schmitt hace notar que en De Maistre «el valor del Estado estriba en que decide, el de la Iglesia en ser decisión última, inapelable. La infalibilidad constituye a sus ojos la esencia de la decisión inapelable; infalibilidad del orden espiritual y soberanía del orden político son esencialmente una misma cosa; ambos vocablos, infalibilidad y soberanía, son *parfaitement synonimes*. La soberanía obra siempre como si fuese infalible, todo gobierno es absoluto». Añade Schmitt que los anarquistas invierten este principio: el poder es corrupto y el pueblo es bueno. Schmitt, 1975, 82 s. Acerca de la familiaridad de Donoso con los escritos de De Maistre, sobre todo a partir de su estancia en París entre 1840 y 1843: Neill, 1955, 389.

a la obra de éste. Ese ideal es incompatible con la dictadura schmittiana en cuanto «reducción del Estado al factor decisión; consecuentemente, a una decisión pura, que no razona ni discute ni se justifica, es decir, creada de la nada y absoluta».[97] Ese ideal es, en cambio, coherente con el discurso del 30 de diciembre de 1850 en que, por razones de justicia, Donoso ataca a Narváez, el mismo general al que dos años antes había apoyado en el *Discurso sobre la Dictadura.*[98]

Entre Donoso y Schmitt media un siglo en que la idea de soberanía popular avanza. Si Donoso funda la legitimación de la dictadura sobre una idea absoluta de justicia, Schmitt quiere justificarla conforme al principio democrático. Ello le conduce a la teoría de la representación caudillista como alternativa a la teoría de la representación parlamentaria. En Schmitt tiene lugar un vaciamiento de la analogía milagro - estado de excepción, que queda reducida a forma. La teología es desplazada a un mundo sin Dios. En ese sentido hay que leer la fórmula «todos los conceptos sobresalientes de la moderna teoría del Estado son conceptos teológicos secularizados».[99] Tales conceptos, junto con su estructura sistemática, viajan de la teología a la teoría del Estado. En particular, «el estado de excepción tiene en la jurisprudencia análoga significación que el milagro en la teología».[100] Nos encontramos ante una correspondencia formal. Es todo lo que Schmitt acepta ver cuando afirma de Donoso que su «modo teológico [...] está en la línea del pensamiento medieval, cuya estructura es jurídica. [...] La actitud científica naturalista del siglo XIX es para Donoso ininteligible, como ininteligibles son para esa actitud científica el decisionismo y el rigor lógico específico de un pensamiento que culmina en una decisión personal».[101] Semejante interpretación quiere ignorar los valores cristianos que animan al Donoso del Ensayo, a quien Schmitt desprecia como profano metido a teologías.[102]

---

97. *Interpretación europea de Donoso Cortés.* Schmitt, 1950*b*, 39 s.
98. *Discurso sobre la situación de España.* Donoso II, 479-497.
99. *Teología política.* Schmitt, 1990*a*, 49.
100. Ídem.
101. *Ibíd.,* 66.
102. *Interpretación europea de Donoso Cortés.* Schmitt, 1950*b*, 69 s.

Teología política y teología de la historia

Schmitt nunca deja de reconocer su deuda hacia Donoso. Sitúa a éste entre los fundadores del pensamiento político moderno y en ocasiones descubre en él a un visionario.[103] Desdeña, en cambio, el *Ensayo sobre el catolicismo, el liberalismo y el socialismo* con el reproche de que Donoso hace allí mala teología.[104] Sin embargo, la continuidad entre dicho texto —publicado en 1851— y otros escritos donosianos muy apreciados por Schmitt —en particular, el *Discurso sobre la Dictadura* de 1849— exige indagar si la obra schmittiana es dependiente de una comprensión de la historia no tan alejada de la que inspira al último Donoso. ¿Hasta qué punto su teoría de la dictadura o su concepto de lo político dependen de una teología católica de la historia?

Una respuesta a esa pregunta puede partir de la afirmación schmittiana de que «todo intento de autocomprensión se resuelve hoy día en una determinación de la propia posición histórico-filosófica o en utópica estimación errónea de la misma». Schmitt presenta este enunciado en *Tres posibilidades de una visión cristiana de la historia*, donde también escribe que el marxismo es «hasta un grado tan intenso, filosofía de la historia, que todo contacto con el mismo se resuelve en una polémica filosófico-histórica».[105] Junto a estas palabras debe ser considerada la afirmación de *La unidad del mundo* de que «hay muchas posibilidades de una visión cristiana de la historia, cuya riqueza es infinitamente superior a la filosofía marxista del

---

103. Véase, por ejemplo, *Interpretación europea de Donoso Cortés*. Schmitt, 1963, 109 s. Sin embargo, en el prólogo a dicho libro, Schmitt afirma no considerar a Donoso un profeta. *Ibíd.*, 30. Neill reconoce el éxito de la predicción donosiana sobre la evolución política francesa en lo que se refiere a la crisis de la Segunda República y al golpe de Estado de Napoleón III. Discute, por el contrario, que Donoso estuviese tan acertado en su análisis sobre el futuro de Rusia. Neill, 1955, 406 s. Parte de este análisis puede encontrarse en el *Discurso sobre la situación general de Europa*. Allí, Donoso no vislumbra el auge del socialismo; se refiere, en cambio, a la posibilidad de que Europa occidental, disuelto el sentimiento patriótico por el socialismo, quede a merced de una confederación eslava liderada por Rusia. Donoso II, 450-466, 460 ss.

104. El propio Schmitt puede parecer un teólogo aficionado en *Teología política II* —*Politische Theologie II. Die Legende von der Erledigung jeder Politischer Theologie* (1970). Por lo demás, el carácter del *Ensayo* donosiano es controvertido. Korsch lo lee como un libro antes político que filosófico y religioso. Korsch, 1934, 266.

105. Schmitt, 1951*b*, 237. El texto empieza por ser un comentario del libro de Karl Löwitz *Significado en historia*, que Schmitt considera extraordinario.

Oriente y el progresismo del Occidente. Estas posibilidades cristianas no son utopías ni ucronías». Son, cree Schmitt, «las únicas que hacen posible la historia». Para Schmitt, ésta no es «un decurso de reglas y normas científico-naturales, biológicas o de cualquier otra índole. Su contenido esencial y específico es el acontecer que sólo una vez sucede y no se repite. [...] El acontecimiento histórico sucede sólo una vez, y su singularidad es destruida por la filosofía de la historia del racionalismo». Schmitt cree que «la singularidad de las acciones humanas sólo se hace inteligible en cuanto se la refiere a la singularidad infinita de los sucesos centrales de la historia cristiana». A su juicio, «la religión cristiana se distingue esencialmente de todas las demás religiones en que sus misterios no son simples doctrinas, símbolos o mitos, sino acontecimientos históricamente concretos, únicos e irrepetibles. Esta irrupción concreta de lo eterno en el tiempo; ese encuadramiento de lo divino en la humanidad, fue lo que hizo posible la singularidad de lo histórico y, a la vez, nuestra idea de la historia».[106]

Es un hecho que, pese a permanecer Schmitt católico hasta el final, la presencia de referentes teológicos en su obra decae al mismo tiempo que Donoso pierde peso frente a Hobbes. Lo que constituye un giro importante, pues, aun cuando los argumentos de ambos abocan a una defensa de la dictadura, los de Donoso están vinculados a la creencia en una verdad encarnada en la Iglesia, mientras que los de Hobbes tienen por objetivo la paz y son indiferentes ante la verdad.[107] Pero incluso en la época más marcada por Donoso, Schmitt parece orientarse sobre todo a la defensa del orden. Ello puede alimentar la imagen de un Schmitt maquiavélico, en la medida en que *El príncipe* tematiza las estrategias de una política exitosa desde una visión no cristiana del Estado y sostiene un concepto no cristiano de virtud encaminado a la obtención y conservación del poder político.[108]

---

106. Schmitt, 1956, 35 s. En este contexto puede también leerse *Tierra y mar*. Schmitt, 1952.

107. Acerca de la influencia de Hobbes sobre Schmitt: Maschke, 1988, 207; Quaritsch, 1988, 223. Sobre la continuidad del interés de Schmitt por Donoso, véase la opinión de Medem en Quaritsch, 1988, 227. La fidelidad de Schmitt al catolicismo parece confirmada por su trabajo de 1951 *La unidad del Mundo* y por su *Teología política II* de 1970.

108. Maschke califica *El concepto de lo político* como *El príncipe* alemán. En Quaritsch, 1988, 262.

Sin embargo, en *Catolicismo romano y forma política*, Schmitt toma distancia respecto del concepto maquiavélico de la política, que, a su juicio, reduce ésta a mera técnica. Schmitt niega que lo político pueda ser determinado por el solo dominio de factores de poder. Según Schmitt, no hay política sin idea, porque no la hay sin autoridad y ésta no existe sin un «*ethos* de la convicción».[109] La política es, a juicio de Schmitt, la «reivindicación de un modo específico de validez y autoridad».[110] Estas declaraciones han de ser tenidas en cuenta antes de reducir la relación de la obra de Schmitt con la de Donoso a una mera contaminación estilística. Conforme a dicha reducción, bastaría limpiar a Schmitt de retórica apocalíptica para hallar una teoría del Estado sin dependencias teológicas.[111] En el mismo sentido, se ha negado que lo que Schmitt llama teología política tenga algo que ver con la teología, y hasta se ha descartado cualquier conexión entre ella y la tradición judeocristiana.[112]

Lo cierto es que Schmitt subraya explícitamente su coincidencia con los teóricos católicos de la reacción en un principio antropológico fundamental: el hombre es problemático, peligroso o, sencillamente, malo.[113] De acuerdo con *El concepto de lo político*, toda teoría política parte de una decisión antropológica extrema: la de si el hombre es por naturaleza bueno o por naturaleza malo. El mismo par de valoraciones antagónicas subyace en *Teología política* a la contraposición de dos familias

---

109. Schmitt, 1925, 22 s.

110. *Ibíd.*, 24.

111. A este respecto, véase la opinión de Neumann en Quaritsch, 1988, 224 s.

112. John, 1991, 19. En cambio, Taubes lee *Teología política* como un tratado teológico-político. Taubes, 1987, 14.

113. Si bien *Catolicismo romano y forma política* introduce un matiz: mientras que para el protestantismo el hombre es malo, para el catolicismo el hombre se ha corrompido. Schmitt ve en esta diferencia la clave de la mayor adaptabilidad del catolicismo a diversas formas políticas. Schmitt, 1925, 11. El comentario de Hugo Ball sobre *Teología política* subraya la importancia que en esta obra tiene la contraposición de convicciones antropológicas. Ball, 1983. Según Sombart, también a la obra de Engels subyacen las ideas de que el hombre es malo y de que la esencia del Estado reside en el miedo de la humanidad hacia sí misma. Sombart, 1990, 650 s. En el mismo contexto, conviene tener en cuenta el esfuerzo de Kramme por mostrar una continuidad argumentativa entre la teoría antropológica de Plessner y la teoría política de Schmitt. Ésta conduce, según Kramme, a un Estado que satisface la necesidad que de una fuerza sobrepersonal equilibradora tienen los individuos competitivos plessnerianos. Kramme, 1989. De hecho, Schmitt se refiere elogiosamente a la antropología política plessneriana en *El concepto de lo político*. Schmitt, 1932a, 47 s.

de teóricos del Estado: la de Rousseau y los anarquistas, por una parte, y la de los teóricos católicos, por otra. La correspondencia entre valoración antropológica y teoría del Estado aparece también en la contraposición que Schmitt establece entre Donoso y Proudhon.

Lo más importante, a juicio de Schmitt, es que la creencia en la bondad natural del hombre conduce a la negación del Estado. Esta negación desemboca en aquello que más teme Schmitt: el desorden. Él se pone al lado de los que suponen la maldad natural del hombre y desarrolla una teoría política consecuente. En *Teología política*, liga la legitimación de la dictadura a esa tesis de la maldad natural, y recuerda que Donoso toma el dogma del pecado original como punto de partida. Schmitt subraya que, cuando Donoso se refiere a la malicia y a la indignidad natural del hombre, trata no de exponer un dogma, «sino de tomar una decisión política de la más tremenda actualidad», dirigiéndose «contra el anarquismo ateo y su axioma del hombre bueno». Schmitt hace notar que aquí Donoso supera con mucho a De Maistre y Bonald —«Su desprecio al hombre no tiene límites»—, hasta el punto de que le parezca tan natural el triunfo del mal sobre el bien que sólo un milagro podría evitarlo.[114]

Esta perspectiva aparece también en *El concepto de lo político*. A juicio de Schmitt, «la fe en la "bondad natural" está en conexión con la negación radical del Estado», mientras que «todas las teorías políticas propiamente dichas presuponen que el hombre es "malo", y lo consideran como un ser no sólo problemático sino "peligroso"». A este respecto menciona Schmitt a Maquiavelo, Hobbes, Bossuet, De Maistre, Donoso y Taine. El pesimismo antropológico de esos autores también está en la base de la comprensión schmittiana de la historia. Según Schmitt, «desde el momento en que la esfera de lo político se determina en última instancia por la posibilidad real de que exista un enemigo, las representaciones y argumentaciones sobre lo político difícilmente podrán tomar como punto de partida un "optimismo antropológico"». Cabe decir que existe una isomorfía entre el dogma teológico del carácter pecaminoso del hombre y el concepto schmittiano de lo político, pues

---

114. Schmitt, 1975, 83 ss.

ambos obligan «a clasificar a los hombres, a "tomar distancia"», conduciendo a un pesimismo realista en que siempre se mantiene ante los ojos «la existencialidad concreta de un posible enemigo».[115]

A Schmitt la Iglesia Católica le ofrece un paradigma opuesto al del parlamento, que él ve menos como espacio dialógico orientado al compromiso que como disolvente del orden. La lectura de *Catolicismo romano y forma política* revela que Schmitt puede haber desarrollado su concepto de lo político a partir de una reflexión sobre la forma de la Iglesia. El tema del libro es la fuerza de la idea política del catolicismo. Al reflexionar sobre la «elasticidad», el «hermafroditismo» y la «promiscuidad espiritual» de la Iglesia, no ve oportunismo en ésta. Para él, la universalidad de la Iglesia permite cualquier pacto local que no ponga en peligro su centro. Schmitt caracteriza a la Iglesia como una *complexio oppositorum* capaz de abrazar muy distantes objetos.[116] Lo importante es que esa enorme pluralidad se reunifica en una voluntad dogmática de decisión, voluntad que culmina en la doctrina de la infalibilidad papal. En este sentido, Schmitt puede haber encontrado en la Iglesia un modelo del Estado decisionista, así como de un pensamiento concreto que no se deja superar por la realidad: una forma que se adapta a cada situación histórica.[117] De ahí que no le preocupe que la actual situación no sea favorable a la Iglesia, pues a ésta «ninguna enfermedad lleva a la muerte».[118]

En todo caso, el supuesto antropológico de que el hombre es malo resulta incompatible con el modelo de progreso, que Schmitt juzga central en la filosofía política del XIX. Schmitt observa que el despotismo educativo de la Ilustración se basa en la creencia en la perfectibilidad del género humano, fundamentada sistemáticamente por Hegel y Comte. Reconoce en Turgot y Condorcet antecedentes de esa sistematización, pero distingue entre la noción de progreso del XVIII, entendido como obra de la actividad humana consciente y orientada por un dic-

---

115. Schmitt, 1932*a*, 46 ss.
116. Schmitt, 1925, 5 ss., 10.
117. *Ibíd.*, 12 ss.
118. *Ibíd.*, 31. Una anticipación de estas reflexiones puede encontrarse en *Visibilidad de la Iglesia* (1917) —*Sichtbarkeit der Kirche*. A propósito de la cronología de ambas obras, véase Mehring, 1989, 83.

tador, y la concepción de un progreso inmanente tal y como se formula en el XIX. En este cambio de una noción mecánica de progreso a otra orgánica señala como clave la intervención de Kant.[119] Schmitt parece muy lejos de ambas nociones. Más bien cabe ver bajo su obra una teología de la historia en la edad de la muerte de Dios. Una teología negativa de la historia. Para cuyo esclarecimiento, la teología donosiana de la historia ofrece pistas fundamentales.

No sólo en el *Ensayo*, sino en diversos textos de sus años postreros, Donoso sostiene una filosofía de la historia en el sentido repudiado por los historicistas, en la medida en que se interesa menos por los hechos que por sus significados. Se trata de una teología de la historia, en la medida en que otorga significado a los hechos atendiendo a su contenido teológico de verdad o de error. Es una teología cristiana de la historia en la medida en que presenta el tiempo dividido en dos por Cristo.

Aun cuando Donoso la defina como una combinación de libertad y providencia, la historia se le aparece como espejo de Dios y escenario de su señorío.[120] La historia está «suspendida» en las manos de Dios.[121] Al hombre puede atribuírsele la trama de las acciones «contrarias a los divinos mandamientos», mas sólo un papel de mero cooperador en la trama de las acciones «conformes a la voluntad divina».[122] Por tanto, la verdadera libertad coincide, según Donoso, con la obediencia a Dios.

Difícilmente podrían encajar estas convicciones en un mo-

---

119. *La Dictadura*. Schmitt, 1964, 146 s. Por otro lado, en *Tres posibilidades de una visión cristiana de la historia* dice Schmitt que «la fe progresista de la Ilustración y del positivismo no fue sino judaísmo y cristianismo secularizados». Schmitt, 1951*b*, 238. En *La era de las neutralizaciones y de las despolitizaciones*, al describir las etapas del espíritu europeo en los cuatro últimos siglos, afirma: «No estoy hablando de la cultura de la humanidad en su conjunto, ni del ritmo de la historia universal, ni estoy en condiciones de decir nada sobre los chinos, los indios o los egipcios. Por eso mismo la secuencia de desplazamientos de los centros de gravedad no debe pensarse tampoco como una línea ascendente e ininterrumpida de "progreso", ni como lo contrario. Querer ver aquí una escala de arriba a abajo o de abajo arriba, un ascenso o un declive, es otra cuestión. [...] Lo que existe siempre es más bien una cierta existencia pluralista de etapas que ya han sido recorridas». Schmitt, 1932*a*, 68.

120. Donoso escribe en el *Ensayo*: «Fuera de la acción de Dios no hay más que la acción del hombre, fuera de la Providencia divina no hay más que la libertad humana. La combinación de esta libertad con aquella Providencia constituye la trama variada y rica de la historia». Donoso II, 548.

121. *Pensamientos varios*. Donoso II, 980-984, 982.

122. En la *Carta al cardenal Fornari*. Donoso II, 744-762, 760.

delo de historia como escenario del avance de la humanidad. A diferencia de otros pensadores de su siglo, Donoso rechaza «el dogma filosófico de la perfectibilidad indefinida».[123] ¿Qué significa progreso, si Dios habló al primer hombre?, parece preguntarse Donoso. Ello no le convierte en un pesimista. La confianza en el gesto providencial divino le impide asumir una visión de la historia como permanente caída. Afirma: «Toda mi doctrina está aquí: el triunfo natural del mal sobre el bien y el triunfo sobrenatural de Dios sobre el mal».[124] Y es que, aun cuando el hombre no sea capaz de percibirlo, Dios sólo ha creado unidad y concierto.[125] Las calamidades no son sino instrumentos divinos.[126] Por eso, «ninguna catástrofe es poderosa para poner turbación en la Divinidad y para alterar la quietud inefable de su rostro».[127]

A los historiadores Donoso les asigna la tarea de recordar los sucesos en que Dios ha manifestado sus designios para la humanidad; sucesos que acontecen tanto por su intervención directa y milagrosa como por la acción del hombre. A este respecto, elogia la sencillez con que los escolásticos escribieron la historia. Donoso culpa a los filósofos de haber echado a perder esta simplicidad, al convertir la historia en un campo de batalla donde enfrentar teorías sociales y sistemas. De tanta confusión resultó que los hombres no pudiesen distinguir la verdad del error, ni tener certeza alguna sobre Dios o sobre sí mismos.[128]

Donoso intenta reconstruir el punto de vista teológico. Su comprensión de la historia tiene como mayor antecedente la de Agustín, acaso nutrida por la de Vico.[129] A su juicio, entre los que se han escrito sobre la historia desde una perspectiva cató-

---

123. *Pensamientos varios*. Donoso II, 982.
124. *Polémica con la prensa española*. Donoso II, 331-342, 337. Se trata de una carta de 16 de julio de 1849 dirigida a los redactores de *El País* y *Heraldo*.
125. *Ensayo*. Donoso II, 580.
126. Escribe en el *Ensayo*: «Las guerras, las inundaciones, las pestes, las conquistas, las hambres, el infierno mismo son un bien, como quiera que todas estas cosas se ordenan convenientemente entre sí con relación al fin último de la creación y que todas ellas sirven de provechosos instrumentos de la justicia divina». *Ibíd.*, 584.
127. *Ensayo. Ibíd.*, 583.
128. *Estudios sobre la historia* (1847). Donoso II, 226-277, 233.
129. A la filosofía de la historia de Vico dedica Donoso en 1838 una serie de artículos. *Filosofía de la historia. Juan Bautista Vico.* Donoso I, 619-652. Acerca de la influencia de Vico sobre Donoso, véase Neill, 1955, 398.

lica, *La ciudad de Dios* «es aún hoy día el libro más profundo».[130] Cabe rastrear en Donoso el esquema agustiniano de las dos ciudades: la de la verdad revelada y la de los errores humanos. Donoso ve la historia como una larga disputa entre la verdad y el error. Este modelo dualista es dinamizado conforme a una secuencia que recuerda a los ciclos de Vico. Cuando se imponen las verdades católicas, la civilización vive una fase afirmativa; cuando los errores vencen, la fase es negativa. Aunque Donoso llame a la primera fase «de progreso», más que avances o retrocesos parece ver una constante debilidad humana a la que responde con mayor o menor intensidad la restricción religiosa. Cuando ésta no funciona, a la caída del hombre en la profundidad del mal sólo puede contestar una decisión salvífica de Dios.

El *Discurso sobre la situación general de Europa* expone el esquema histórico subyacente a la teología política de Donoso. La causa de que los pueblos europeos se hayan vuelto ingobernables reside en que «ha desaparecido la idea de autoridad divina y de la autoridad humana». Donoso argumenta a partir de tres afirmaciones: «Primera afirmación: existe un Dios, y ese Dios está en todas partes. Segunda afirmación: ese Dios personal, que está en todas partes, reina en el cielo y en la tierra. Tercera afirmación: este Dios, que reina en el cielo y en la tierra, gobierna absolutamente las cosas divinas y humanas». Según Donoso, «en donde hay esas tres afirmaciones en el orden religioso, hay también estas otras tres en el orden político: hay un rey que está en todas partes por medio de sus agentes; ese rey que está en todas partes reina sobre sus súbditos, y ese rey que reina sobre sus súbditos gobierna a sus súbditos». Para Donoso, «la afirmación política no es más que la consecuencia de la afirmación religiosa». En las tres afirmaciones religiosas antedichas concluye el «período de la civilización», «afirmativo», «de progreso», «católico». A ese período sigue otro «negativo», «revolucionario», en que dominan las negaciones correspondientes a aquellas tres afirmaciones: «deísmo», «panteísmo» y «ateísmo». De estas negaciones derivan, en el plano político, la monarquía constitucional, el republicanismo y el proudhonismo. Éste es visto por Donoso como la negatividad absoluta.

---

130. *Ensayo*. Donoso II, 520.

El proudhoniano es un tiempo para el que «Dios no existe», lo que implica que «No hay gobierno».[131]

El diagnóstico que hace Donoso de la actualidad no es disociable de su comprensión de la historia. No puede establecerse una brecha entre el teólogo de la historia y el analista político. También éste abunda en el tono catastrofista y apocalíptico.[132] Sus contemporáneos se le aparecen divididos en dos bandos, cada uno de los cuales ha perdido la virtud cristiana que le corresponde: los ricos, la caridad; los pobres, la paciencia. La descristianización está en la base de la guerra social.[133]

Para Donoso, la civilización moderna «no es otra cosa, en el orden religioso, político y moral, sino una decadencia constante».[134] Donoso vincula el programa ilustrado al espíritu de la reforma protestante, que él concibe como un «gran escándalo político y social, tanto como religioso».[135] Descubre en la modernidad la eterna ciudad del demonio, enemiga de la ciudad de Dios. Prevé que el proyecto de una civilización racionalista va a concluir en una centralización uniformadora y, finalmente, en una tiranía pagana. Vislumbra que «el gran imperio anticristiano será un colosal imperio demagógico, regido por un plebeyo de satánica grandeza, que será el hombre de pecado».[136] Si caracteriza a Robespierre como el vanidoso por antonomasia es porque la revolución constituye para Donoso la máxima vanidad humana, «el último término adonde ha llegado el orgullo».[137] A su

---

131. El discurso fue pronunciado el 30 de enero de 1850. *Ibíd.*, 450-466, 457 ss.

132. Ese tono es visible, por ejemplo, en la carta al cardenal Fornari: «Si un pavor religioso no me impidiera poner los ojos en estos tiempos formidables [...]». *Ibíd.*, 755.

133. Según explica en 1851 Donoso a la reina madre María Cristina, «pobres y ricos ha habido siempre en el mundo; lo que no ha habido en el mundo hasta ahora es guerra universal y simultánea entre los ricos y los pobres. Las clases menesterosas, señora, no se levantan hoy contra las acomodadas sino porque las acomodadas se han resfriado en la caridad para con las menesterosas. Si los ricos no hubieran perdido la virtud de la caridad, Dios no hubiera permitido que los pobres hubieran perdido la virtud de la paciencia. La pérdida simultánea de esas virtudes cristianas sirve para explicar los grandes vaivenes que van dando las sociedades y los ásperos estremecimientos que está padeciendo el mundo». *Ibíd.*, 722-729, 724. La intención de la carta es persuadir a la reina de que las celebraciones con motivo de su próximo alumbramiento se orienten en beneficio de los pobres.

134. En carta de 15 de noviembre de 1852 al director de *Revue des Deux Mondes. Ibíd.*, 769.

135. *Discurso sobre la Dictadura. Ibíd.*, 317 s.

136. En la *Carta al cardenal Fornari. Ibíd.*, 755.

137. *Ensayo. Ibíd.*, 532.

juicio, «el mundo sueña en cierta unidad gigantesca que Dios no ve con buenos ojos, y que este Señor no permitirá, porque esa unidad sería el templo del orgullo». Del siglo se ha apoderado un «delirio por la unidad», que se concreta en «unidad de códigos, unidad de modas, unidad de civilización, unidad administrativa, unidad comercial, industrial, literaria y lingüística».[138] Según Donoso, «dos veces ha tenido el hombre esa intención satánica: la primera, cuando quiso erigir la torre de Babel; y la segunda, el mismo día de hoy, en el cual una democracia insensata pretende constituir el mundo de esa manera unitaria». Donoso anticipa que «Dios no permitirá que haya otra unidad que la unidad de la Cruz», por lo que «la Babel democrática tendrá la misma suerte que la Babel de los libros santos», y «antes que esté acabada la torre, Dios castigará las naciones y dispersará los pueblos».[139]

En este marco observa Donoso el duelo que enfrenta a socialismo y catolicismo. Entre uno y otro, el liberalismo no representa una alternativa. Lo que Donoso llama «escuela liberal» acomete la imposible empresa de «gobernar sin pueblo y sin Dios». Según él, «sus días están contados, porque por un punto del horizonte asoma Dios y por otro asoma el pueblo. Nadie sabrá decir dónde está en el tremendo día de la batalla y cuando el campo todo esté lleno con las falanges católicas y las falanges socialistas».[140] En el *Ensayo*, la inferioridad liberal es descrita como inferioridad lógica. El autoanálisis debería llevar al liberalismo hacia el catolicismo o hacia el socialismo.[141] Así como la superioridad lógica de la escuela católica frente a la socialista debería convertirse, finalmente, en superioridad histórica.[142]

Cuando Donoso habla de socialismo, se refiere fundamen-

---

138   No sin ironía, escribe: «El telégrafo, los caminos de hierro y el "comité democrático" de Londres: ved ahí tres grandes síntomas de esa revolución». En *Pensamientos varios*. *Ibíd.*, 981.

139. Ídem.

140. *Ensayo. Ibíd.*, 599 s. La perspectiva bipolar también aparece cuando, en 1851, expresa a Luís Napoleón «que los partidos monárquicos son impotentes, y que entre usted y la revolución no hay nada». Así lo refiere el propio Donoso en un despacho diplomático desde la Embajada de España en París, el 11 de octubre de 1851. Donoso II, 821-823, 822. Para una consideración de esa misión diplomática, que ofrece a Donoso una perspectiva privilegiada desde la que observar la situación francesa: Schramm, 1937.

141. *Ensayo.* Donoso II, 618.

142. A juicio de Donoso, al catolicismo «si Dios no le llevara por la mano, su lógica

talmente al de Proudhon, que él interpreta como un moderno maniqueísmo basado en la convicción de «que Dios es el mal, que el hombre es el bien, que el poder humano y el divino son dos poderes rivales y que el único deber del hombre es vencer a Dios, enemigo del hombre».[143] Para Donoso, los males políticos y sociales de la época proceden de ese error teológico: la negación de la providencia de Dios y la creencia en la bondad natural del hombre. Este error puede conducir a un futuro de desorden y tiranía. En realidad, únicamente la limosna solucionaría el problema de la distribución económica, «que es el problema de la humanidad y de la historia» y que, por tanto, sólo Dios puede resolver.[144]

En ausencia de la restricción religiosa, interior, se hace precisa una restricción exterior. Es en este argumento donde el Donoso del *Discurso sobre la Dictadura*, analista político, más cerca se halla del Donoso del *Ensayo*, teólogo de la historia. De hecho, en el *Discurso*, Donoso no se limita a analizar la actualidad, sino que se atreve a formular una ley histórica: la represión política necesaria en una época es inversamente proporcional a la represión religiosa. Lo que explica, según él, que Jesucristo acabase con las tiranías de la Antigüedad: «cuando la represión interior era completa, la libertad era absoluta».[145]

Más allá de lo que Schmitt ha querido ver, el decisionismo donosiano puede estar vinculado a una comprensión de la historia que se resume en el *Ensayo* en una imagen terrible: la humanidad atraviesa la historia como una tripulación sublevada que navega por turbias corrientes en un buque sin capitán.[146] Esta imagen se completa con la de la Iglesia como faro. Según Donoso, la Iglesia es «para los que navegamos por este mar del mundo que hierve en tempestades, faro luminoso puesto en escollo emi-

---

le bastaría para caminar triunfalmente hasta los últimos remates de la tierra». *Ibíd.*, 646. En la reflexión de Donoso sobre la lógica de los conceptos políticos puede verse una anticipación del análisis conceptual schmittiano.

143. *Ensayo. Ibíd.*, 563.

144. *Discurso sobre la situación de España* (1850). Donoso II, 478-497, 492.

145. *Discurso sobre la Dictadura. Ibíd.*, 317.

146. *Ensayo. Ibíd.*, 560. Schmitt se ocupa de esta imagen en *Interpretación europea de Donoso Cortés* —Schmitt, 1963, 81— y en *Teología política* —Schmitt, 1975, 86. Asimismo, se interesa en ambos textos por una imagen afín acuñada por Bonald para representar a la humanidad en la historia: un tropel de ciegos guiado por un ciego que avanza a tientas con su bastón. Schmitt, 1963, 75; Schmitt, 1975, 82.

nente».[147] Desde ese faro escribe Donoso. Desde ese tribunal juzga su actualidad. De ahí que en el *Discurso sobre la situación de España* de 1850 desprecie la voluble opinión popular, insignificante frente a la tradición que él representa: «Yo no sé, señores, si estaré solo; es posible que lo esté; pero, solo y todo, mi conciencia me dice que soy fortísimo; no por lo que soy, señores diputados, sino por lo que represento. Porque yo no represento sólo a doscientos o trescientos electores de mi distrito. ¿Qué es un distrito? ¿Qué son doscientos o trescientos electores? Yo no represento sólo a la nación. ¿Qué es la nación española, ni ninguna otra, considerada en una sola generación y en un solo día de elecciones generales? Nada. Yo represento algo más que eso; represento mucho más que eso; yo represento la tradición, por la cual son lo que son las naciones en toda la dilatación de los siglos. Si mi voz tiene alguna autoridad, no es, señores, porque es mía; la tiene porque es la voz de vuestros padres. Vuestros votos me son indiferentes. Yo no me he propuesto dirigirme a vuestras voluntades, que son las que votan, sino a vuestras conciencias, que son las que juzgan; yo no me he propuesto inclinar vuestras voluntades hacia mí; me he propuesto obligar a vuestras conciencias a estimarme».[148]

Su tradición es la del catolicismo, «inmensa síntesis puesta fuera del espacio y del tiempo».[149] Un orden que la historia no pone en peligro: ése es precisamente el ideal político de Carl Schmitt.

---

147. *Ensayo*. Donoso II, 515. Dios, el catolicismo o el teólogo gobernante aparecen en el *Ensayo* como guías salvadores de los náufragos. Véase, por ejemplo: *ibíd.*, 534. Donoso utiliza la imagen del piloto para referirse a los cardenales Jiménez de Cisneros y Alberoni, ministros de la monarquía española. Del primero dice que «gobernó con mano firme el gran bajel del Estado; y poniendo en silencio a la tripulación turbulentísima que iba con él, le llevó por mares inquietos a otros más apacibles y tranquilos, en donde hallaron el bajel y el piloto quieta paz y sosegada bonanza». *Ibíd.*, 593. Por lo demás, resulta tentador cruzar el tema donosiano de la tripulación sublevada con el tratamiento dado por Schmitt al personaje melvilleano de Benito Cereno.

148. *Discurso sobre la situación de España*. *Ibíd.*, 496 s. Refiriéndose a Francia, Donoso habla en el *Ensayo* de «la comunión de glorias y de desastres entre las generaciones pasadas y las presentes, entre las generaciones presentes y las futuras». *Ibíd.*, 648.

149. *Ibíd.*, 678. En este contexto es asimismo notable la afirmación de que «el catolicismo todo, que explica y contiene todas las cosas, por un milagro de condensación, está explicado y contenido en el primer sacrificio sangriento ofrecido a Dios por un hombre. ¿Qué virtud es esa que está en la religión católica, que la hace dilatarse y condensarse con una dilatación y con una condensación infinitas? ¿Qué cosas son esas que en su inmensa variedad caben todas en un símbolo? ¿Y qué símbolo es ese tan comprensivo y perfecto que contiene tantas y tales cosas?». *Ibíd.*, 672.

Una justicia absolutamente otra. El estado de excepción en Benjamin

Una correspondencia no meramente formal entre religión y política es vislumbrada por Schmitt cuando contrapone a Sorel y Donoso y cita la previsión de éste de que «llega el día de las negaciones radicales o de las afirmaciones soberanas; ninguna discusión parlamentaria podrá frenarlo; el pueblo, empujado por sus instintos, romperá las cátedras de los sofistas». A juicio de Schmitt, «estas observaciones de Cortés podrían proceder, palabra por palabra, de Sorel, salvo que el anarquista se halla de parte de los instintos del pueblo». Schmitt recuerda la previsión de Donoso de que entre los dos enemigos del liberalismo «las contradicciones alcanzarían de nuevo dimensiones espirituales y una tensión realmente escatológica». Si Schmitt alude aquí a lo teológico, no lo hace refiriéndose a una analogía estructural, sino a una experiencia colectiva de intensidad extrema cuyo antecedente es la guerra de religión. Donoso y Sorel representan dos instintos —a ambos lados del liberalismo, incapaz de instinto— de cuyo choque, en la «contradicción directa e intuitiva de las imágenes míticas»,[150] resulta una tensión teológica.

Según Sorel, «los hombres que toman parte en los grandes movimientos sociales se imaginan su acción inmediata en forma de batallas que conducen al triunfo de su causa».[151] Sorel denomina mitos a esas imágenes capaces de evocar, intuitivamente, sentimientos colectivos. Schmitt reconoce la importancia de la teoría soreliana, pero está convencido de que no en la lucha de clases, sino en lo nacional descansan los mitos más fuertes. Constata que «allí donde se ha llegado a un conflicto abierto entre los dos mitos —en Italia— ha vencido, hasta hoy, el mito nacional»,[152] y juzga la pluralidad de mitos como un moderno politeísmo.[153] Pero no desentraña la importancia jurídica del mito soreliano por excelencia: el de la huelga general. Benjamin, en cambio, reconoce en ese mito el anhelo de una

---

150. En *La situación histórico-espiritual del parlamentarismo hoy* —*Die geistesgeschichtliche Lage des heutigen Parlamentarismus* (1923). Schmitt, 1990*b*, 82.
151. Sorel, 1950, 32.
152. Schmitt, 1926, 88.
153. *Ibíd.*, 89.

justicia absolutamente otra. Y a través de él, la dimensión religiosa, no mítica, del socialismo.

Schmitt hace una interpretación teológico-política de la izquierda. Según él, «desde el instante en que los escritores de la Restauración desarrollaron una teología política, la lucha ideológica de los adversarios radicales del orden existente se centró, con conciencia cada vez más clara, en torno a esa creencia en Dios, expresión fundamental y extrema de la fe en el mando y en la unidad».[154] Benjamin contraría este diagnóstico. Adversario radical del orden existente, Benjamin no entra en batalla contra Dios. Por el contrario, la religión ocupa un lugar central, aunque complejo, en su pensamiento. Ya se ha dicho que éste se reconoce empapado por la teología como un papel secante por la tinta de un texto cuyas sentencias, sin embargo, no fuesen legibles en él.[155] Con la cautela que semejante autointerpretación impone, cabe observar cómo la analogía milagro - estado de excepción reaparece en su obra. Y lo hace saciada de una noción de justicia —ya no absoluta, como en Donoso, sino absolutamente otra— que en Schmitt se había perdido.

Una tormenta irresistible es el lugar poético en que Donoso y Benjamin coinciden. En 1837, en la sexta de sus *Lecciones de Derecho político*, el liberal Donoso sitúa el caso excepcional en el momento en que «esa mar borrascosa a que se llama muchedumbre, agitada por recios huracanes, hiere, rompe sus diques, azota los cimientos de los tronos que vacilan e inunda los alcázares de los reyes que naufragan; cuando el poder constituido y limitado desaparece de la sociedad cual leve arista que arrebata la tormenta».[156] El Donoso reaccionario conserva la imagen de la tempestad. Pero en el *Ensayo*, esa imagen expresa no ya una excepción, sino la regla de que «entre la perfección y la libertad del hombre hay contradicción patente, incompatibilidad absoluta».[157] Los hombres «no saben ni adónde van, ni de dónde vienen, ni cómo se llama el buque que los lleva, ni el viento que los empuja. Si de vez en cuanto se levanta una voz lúgubremente profética, diciendo: "¡Ay de los navegantes! ¡Ay del buque!" ni

---

154. *Teología política*. Schmitt, 1975, 63 s. En *Catolicismo romano y forma política*, Schmitt afirma que el anarquismo es siempre ateo. Schmitt, 1925, 44.

155. En el fragmento N 7 a, 7 del trabajo sobre los pasajes. G.S. V.1, 588.

156. Donoso, I, 388.

157. Donoso II, 549.

se para el buque ni la escuchan los navegantes; y los huracanes arrecian, y el buque comienza a crujir, y siguen las danzas lúbricas y los espléndidos festines, las carcajadas frenéticas y el insensato clamoreo, hasta que en un momento solemnísimo todo cesa a la vez: los festines espléndidos, las carcajadas frenéticas, las danzas lúbricas, el clamoreo insensato, el crujir del buque y el bramar de los huracanes. Las aguas están sobre todo, y el silencio sobre las aguas, y la ira de Dios sobre las aguas silenciosas».[158]

La imagen de la humanidad como enloquecida tripulación de un buque sin capitán encuentra su contraimagen en el *Angelus Novus* de *Sobre el concepto de historia*. La tormenta llamada progreso se arremolina en sus alas tan firmemente que él no puede plegarlas.[159] «En el diluvio se ahogarán todos menos yo»,[160] afirma Donoso; Benjamin, en cambio, se cuenta entre los náufragos. Para éstos, sólo vislumbra una oportunidad si se liberan de la fe en el progreso. La sociedad emancipada que anhela no es la meta del progreso, sino su interrupción.[161]

En la actualidad de Benjamin, el progreso se identifica con el avance del capitalismo. Benjamin hace de éste una interpretación teológico-política: se trata de un culto que no sirve «para expiar en él la culpa, sino para hacerla universal, meterla a la fuerza en la conciencia y, por último y sobre todo, abarca a Dios mismo en esa culpa para interesarle a Él, al final, en la expiación». Según Benjamin, el capitalismo es una religión que conduce «hasta la culpabilización final de Dios». Con paradójico optimismo, observa «la expansión de la desesperación a esta-

---

158. *Ibíd.*, 560. Si en el rechazo de la ideología del progreso no debe confundirse a Donoso y a Benjamin, tampoco cabe hacerlo en el uso de la imagen como núcleo del texto. La imagen en Donoso no es dialéctica. Es un símbolo que no requiere interpretación, al modo de las pinturas didácticas de las iglesias. Por otro lado, vale la pena recordar que, si *Sobre el concepto de historia* cierra la obra de Benjamin, Donoso publica el *Ensayo* sólo dos años antes de su muerte.

159. G.S. I.2, 697 s. La figura del ángel aparece en la obra de Donoso. En el *Discurso sobre la situación de España*, afirma que «nunca han faltado, para los pueblos corrompidos, ángeles exterminadores». Donoso II, 490.

160. En carta de 10 de junio de 1851 a Gabino Tejano, director de *El Orden*. Esta carta no está publicada en las *Obras completas* editadas por Valverde, pero sí en las *Obras de Donoso* editadas en 1855 por el propio Gabino Tejada —Volumen V, 144.

161. A este respecto, el fragmento N 9 a, 7 del trabajo sobre los pasajes señala el único progreso que Benjamin concibe: «El progreso no está en casa en la continuidad del curso del tiempo, sino en sus interferencias: allí donde algo verdaderamente "nuevo" se hace por primera vez sensible con la sobriedad de la madrugada». G.S. V.1, 593.

do religioso mundial del cual ha de esperarse la redención. La trascendencia de Dios se ha derrumbado. Pero Dios no está muerto, está comprendido en el destino humano».[162]

Esta interpretación debe ser examinada en contraste con la que el propio Benjamin ofrece de la estructura teológica del Barroco. Como Schmitt en los constructos jurídicos, Benjamin indaga en las manifestaciones artísticas de una época la estructura metafísica de ésta. Su estudio sobre el *Trauerspiel* constituye, en este sentido, una investigación metafísica sobre el Barroco. Benjamin descubre en la formación del *Trauerspiel* «el desarrollo de las necesidades contemplativas inherentes a la situación teológica de la época». Destaca entre estas necesidades la de hallar consuelo ante la «merma de toda escatología». Si en la Edad Media la historia es una etapa en el camino de la salvación, el *Trauerspiel* habla de una existencia terrena sin consuelo. Según Benjamin, la crisis de la escatología, característica del drama en Europa, se completa en Alemania con una «huida irreflexiva a una naturaleza abandonada por la gracia».[163]

Benjamin ve en su propia época la culminación de ese desconsuelo y, al tiempo, una recomposición de la esperanza. Se trata de una esperanza paradójica, asociada a la desesperación extendida por el capitalismo. Una extraña reentrada de lo teológico en la modernidad, cuyo paradójico carácter quieren recoger el *Fragmento teológico-político* y el fragmento inicial de *Sobre el concepto de historia*. En la pérdida de toda experiencia descubre Benjamin la paradójica ocasión de una experiencia a la vez teológica y revolucionaria.

Dos teologías, dos políticas. Donoso niega el progreso porque la sociedad proviene de Dios y, por tanto, el hombre sólo puede empeorar su estado original. La redención «constituye al hombre en un estado de civilización perfectísimo e incomparable».[164] Desde ese punto de vista, la negación del progreso lleva al repudio de la revolución. Ésta es, como el pecado, una interrupción del orden establecido por Dios: «Las revoluciones son la misma cosa en lo político que en lo moral el pecado».[165] En

---

162. En *Capitalismo como religión —Kapitalismus als Religion*; G.S. VI, 100-103, 100 s.
163. G.S. I.1, 259 s.
164. *Estudios sobre la Historia* (1847). Donoso II, 226-277, 272.
165. *Historia de la regencia de María Cristina* (1843). Donoso I, 933-1031, 935.

Benjamin, en cambio, la negación del progreso coincide con el más intenso anhelo de revolución. No se trata de defender el orden establecido por un Dios encarnado, sino de suspender el orden que cierra la puerta al Mesías.

En ambos autores vale la fórmula «Frente a catástrofe, estado de excepción». Donoso y Benjamin coinciden en que sólo un milagro puede interrumpir la tormenta, pero entienden diversamente qué es la catástrofe y qué la excepción. Cada uno percibe como catástrofe su propio momento de peligro, que impide pensar la historia en términos de progreso. Dice Donoso: «Estamos tocando con nuestras manos la mayor catástrofe de la Historia»;[166] que no es otra que la crisis del orden revelado por Dios. Por su parte, Benjamin ve en la derrota de la izquierda no sólo la de una estrategia partidaria, sino la de toda una cultura que no ha sabido pensar el fascismo. Para Donoso, la revolución es la catástrofe, y la defensa del continuo, el estado excepcional. Benjamin, en cambio, hace suya la perspectiva de los oprimidos, es decir, la de aquellos estratos para los que las relaciones estables son «la miseria estable».[167] Para él, el continuo es la catástrofe que sólo una revolución podría interrumpir. Así lo declara en el fragmento VIII: «La tradición de los oprimidos nos enseña entre tanto que el "estado de excepción" en que vivimos es la regla».[168]

A la visión de la catástrofe como regla subyace, en Donoso, una teología providencialista de la historia (el mal triunfa naturalmente y sólo lo interrumpe una decisión soberana de Dios); en Benjamin, un mesianismo profano cuya esperanza nace en la extensión de la desesperación. En ambas construcciones, el Juicio Final aparece como imagen de la interrupción de la historia; como estado de excepción que interrumpe un continuo de barbarie: hace justicia. Esta justicia se identifica, en Donoso, con el orden establecido por Dios en el principio, y sirve al orden actual. En Benjamin, por el contrario, se resiste a él. Para Donoso, «el Juicio Final, en el cual el bien triunfará del mal para siempre, es como la coronación de todos los mila-

---

166. En la carta que envía desde Berlín, el 24 de agosto de 1849, a monseñor Gaume, vicario general de la diócesis de Montauban. Donoso II, 345-346, 346.

167. En *Viaje por la inflación alemana*, una de las secciones de *Calle de dirección única*. G.S. IV.2, 94 s.

168. G.S. I.2, 697.

gros».[169] Para Benjamin, en cambio, el Juicio Final, latente en el aquí y en el ahora, irrumpiría empujado por la memoria del pasado fallido.[170]

Benjamin invierte la autointerpretación fascista: el fascismo no interrumpe el continuo, lo prolonga.[171] En su búsqueda de un verdadero estado de excepción, Benjamin concede importancia al descubrimiento soreliano de la singularidad jurídica del derecho de huelga: éste atribuye derecho a la violencia a un sujeto distinto del Estado.[172] El anhelo proletario de huelga general es el inverso de la dictadura, ya que «se plantea como único objetivo la destrucción del poder del Estado».[173] Llegando más lejos que Sorel, Benjamin concibe un orden que, haciendo justicia al pasado fallido, haga justicia al presente: «Puesto que toda forma de concebir una solución de las tareas humanas —por no hablar de un rescate de la esclavitud de todas las condiciones históricas de vida pasadas— resulta irrealizable si se excluye absolutamente y por principio toda y cualquier violencia, se plantea el problema de la existencia de otras formas de violencia que no sean la que toma en consideración toda teoría jurídica».[174] Esa violencia fundaría «una nueva época histórica».[175] Una violencia revolucionaria: ése es el milagro para Benjamin. Quien en *Calle de dirección única* escribe que «ya sólo queda, en la esperanza permanente del asalto final, dirigir la mirada hacia lo único que aún puede aportar salvación: lo extraordinario. Pero ese estado de atención extrema y resignada que la situación exige, podría, ya que mantenemos un misterioso contacto con las fuerzas que nos asedian, provocar realmente el milagro».[176]

---

169. *Polémica con la prensa española.* Donoso II, 333

170. Como sostiene el fragmento III de *Sobre el concepto de historia*. G.S. I.2, 694.

171. En este contexto, véase el fragmento *El partido de Macheath* en el artículo *La novela de cuatro cuartos de Brecht.* G.S. III, 440-449, 444 s.

172. *Para la crítica de la violencia.* G.S. II.1, 183.

173. G.S. II.1, 194. En su relato *La huelga general*, Jack London imaginó los padecimientos de los grupos dominantes en un San Francisco paralizado. En el relato de London, los burgueses no aciertan a calificar esa parálisis que los obreros viven como fiesta: ¿sedición?, ¿revolución?, ¿anarquía? London, 1991, 14.

174. *Para la crítica de la violencia.* G.S. II.1, 196.

175. G.S. II.1, 202.

176. G.S. IV.1, 95. Forma asimismo paradójica tiene la afirmación del ensayo sobre el surrealismo de que «la miseria (y no sólo la social, sino la arquitectónica, la miseria del interior, las cosas esclavizadas y que esclavizan) se cambia bruscamente en nihilismo revolucionario». G.S. II.1, 299.

El doble rostro del estado de excepción tiene su reflejo en la historia de la bandera roja. Sorel la refiere así: «Esa enseña se utilizaba, en tiempos de disturbios, para avisar que se iba a aplicar la ley marcial; el 10 de agosto de 1792 se transformó en símbolo revolucionario, con miras a proclamar "la ley marcial del pueblo contra los rebeldes del poder ejecutivo"».[177] Análogamente, los desesperados de Benjamin son la inversión del dictador decisionista. También ellos tendrían su oportunidad, si reconociesen la exigencia de redención que les lanza el pasado fallido. Según Benjamin, una experiencia tal del pasado es incompatible con una concepción ateológica de la historia.[178] A diferencia del dictador schmittiano —cuyo gesto, por ser el gesto del más fuerte, crea derecho—, la decisión de las víctimas benjaminianas, como la del dictador donosiano, se orienta a una justicia que no cabe en el derecho. En Benjamin aspira a la construcción de una historia verdaderamente universal, en que quepan las víctimas del pasado, conforme al modelo de la Historia Sagrada. Mientras que Donoso niega cualquier posibilidad a la Babel democrática y sólo concibe unidad en la cruz,[179] Benjamin llama revolución a la reunión de las víctimas de la historia.[180]

En *Tres posibilidades de una visión cristiana de la historia*, Schmitt afirma que «el cristianismo, en su quintaesencia, no es una moral ni una doctrina, ni una religión en el sentido de la ciencia comparada de las religiones, sino un suceso histórico de infinita, inapropiable e inocupable unicidad. Es la encarnación en la Virgen. [...] El cristiano contempla retrospectivamente sucesos consumados y halla en ellos la razón e imagen esenciales en cuya activa contemplación el oscuro sentido de nuestra historia sigue creciendo».[181] La imagen de la encarnación es para Schmitt la de un tiempo colmado tanto como para Benjamin lo es la imagen del Mesías. Y Benjamin podría decir de la imagen

---

177. *Reflexiones*. Sorel, 1950, 255.
178. En el ya mencionado fragmento N 8, 1 del trabajo sobre los pasajes. G.S. V.1, 589.
179. *Pensamientos varios*. Donoso II, 981.
180. En la novela de Scheerbart *Lesabéndio*, de la que Benjamin pretendía hacer una lectura política, los hombres son convocados a la construcción de una torre. El interés político de Benjamin por Scheerbart radica en que en la literatura de éste reconoce la idea de una técnica que no explota ni a la naturaleza ni a los hombres. *Sur Scheerbart*. G.S II.2, 630-632.
181. Schmitt, 1951*b*, 240.

mesiánica de la historia lo que Schmitt dice de la imagen mariana: que es «una fuerza histórica, opuesta a la neutralización de la historia».[182]

Catolicismo romano y mesianismo judío pueden subyacer a distintas teologías políticas de la modernidad. La una se educa en la imagen del Dios encarnado; la otra, en la del Mesías ausente. La primera puede orientarse a la restauración de un orden premoderno —un origen— a través de una decisión fundadora de derecho;[183] la segunda, a una humanidad que emergería en la interrupción de la barbarie y de la que sólo cabe un conocimiento negativo.[184] En la primera, el estado de excepción impone la identidad; en la segunda, recupera lo no idéntico. La dictadura, escribe Donoso, «aparece como el rayo que rasga el seno de la nube, inflama la atmósfera, hiere a la víctima y se extingue».[185] Su contrafigura es la violencia revolucionaria que, según Benjamin, como el juicio de Dios «golpea sin preaviso, sin amenaza, fulmíneamente».[186]

182. Ídem. Acerca del carácter mariano del catolicismo de Schmitt: Mohler, 1988, 144 ss.

183. *La Dictadura*. Schmitt, 1968a, 34 s.

184. A este respecto, conviene tener en cuenta algunos esbozos del fragmento XVII de *Sobre el concepto de historia*. G.S. I.3, 1.232.

185. En la sexta de las *Lecciones de Derecho político*. Donoso I, 390.

186. *Para la crítica de la violencia*. G.S. II.1, 199.

CAPÍTULO V

LA CIUDAD DETENIDA:
IMAGEN DE UN MUNDO SIN PROGRESO

En 1908, el político y pensador monárquico Georges Valois intenta hacer ver a Sorel la proximidad de sus proyectos. Sueña con un cascanueces cuyos brazos serían los monárquicos y los sindicalistas; la nuez a reventar es la democracia parlamentaria. Sorel centra su negativa respuesta en lo que, según él, constituye objeción insalvable: en mayo de 1871, en París, los monárquicos masacraron a más de treinta mil hombres. Valois replica que los responsables de la matanza no fueron los monárquicos, sino Thiers. La respuesta con que Sorel cierra el diálogo es un nudo de significación: lo importante no es la realidad de la Comuna, sino su imagen en las mentes de los proletarios. «Para el pueblo —dice Sorel—, la Comuna es la revuelta de los parisinos contra la realeza y concluyó en la masacre de los trabajadores en nombre de la realeza».[1] Ninguna razón valía contra esa imagen.

Puede reconocerse en las respuestas de Sorel ciertos temas que preocupan a Benjamin hasta vertebrar *Sobre el concepto de historia*: los límites de la objetividad historiográfica, la relación entre los oprimidos del presente y los del pasado, el valor de lo sentimental en los movimientos sociales. Una lectura más profunda muestra que esos lugares lindan con otros compartidos por Sorel y Benjamin: el rechazo de la idea de progreso, la crítica de la socialdemocracia, el proyecto de una cultura de productores fundada en el imaginario colectivo.

---

1. Valois, 1908, 148 ss. Contiene dos cartas de Sorel. Merece la pena recordar que Benjamin entrevista en 1927 a Valois, cuando éste ya está intentando organizar a los fascistas franceses. *Por la dictadura —Für die Diktatur*; G.S. IV.1, 487-492.

El heterodoxo marxismo de Benjamin se educa en, entre otras escuelas, el heterodoxo marxismo de Sorel. La presencia de éste es fundamental en *Para la crítica de la violencia*, quizá el primer trabajo benjaminiano netamente político.[2] En este texto de 1920, algunos hallazgos de las sorelianas *Reflexiones sobre la violencia*[3] son desplazados hacia una investigación metafísica de la violencia revolucionaria en el cuadrilátero mito-religión-justicia-derecho. Benjamin apenas cita a Sorel después de *Para la crítica de la violencia*, y en 1938 lo hace reconociendo en él un preparador de la retórica fascista.[4] Sin embargo, sus opiniones acerca de la dirección de la izquierda parecen haber ido acercándose a las sorelianas. A ello puede haber contribuido decisivamente la experiencia del exilio en Francia, donde muchos obreros se alejaron del Frente Popular. Benjamin está muy cerca de Sorel cuando subraya que la dirección obrera ha sustraído a los trabajadores el fundamento de su acción instintiva: el sentido para pasar de una acción legal a una ilegal y de una ilegal a una violenta.[5]

La cercanía a Sorel es asimismo visible en *Sobre el concepto de historia*. Soreliana parece la invocación en el fragmento XII al odio y a la voluntad de sacrificio como virtudes nutridas del recuerdo. También la crítica del fragmento X a la pedagogía

---

2. *Zur Kritik der Gewalt*; G.S. II.1, 179-203. De una carta de 1920 a Scholem puede inferirse que *Para la crítica de la violencia* debía ser el segundo capítulo de una *Politik*. Una crítica filosófica de la novela de Paul Scheerbart *Lésabendio* habría constituido el primer capítulo; *Teleologie ohne Endzweck* habría sido el título del tercero. *Briefe I*, 245-248, 247. Véase también la carta a Sholem de enero de 1921. *Briefe I*, 251-256, 252. Scholem afirma que Benjamin se ocupa de las *Reflexiones* a partir de 1905, a las que llega influido por Ball y Bloch. Scholem, 1987, 102.

3. Las *Reflexiones sobre la violencia* aparecieron en forma de artículos en *Le Mouvement Socialiste* en 1905.

4. Escribe Benjamin en *El París del Segundo Imperio en Baudelaire*: «El *culte de la blague*, que se encuentra en Sorel y que se ha convertido en un componente irrenunciable de la propaganda fascista, forma en Baudelaire sus primeros ovarios». G.S. I.2, 516. En 1927, sin embargo, considera incompatibles el sindicalismo soreliano y el fascismo. En *Por la dictadura*. G.S. IV, 491. Kambas se ha ocupado de las presencias explícitas de Sorel en la obra de Benjamin. Kambas, 1984. Incluye una carta de Benjamin a Max Nettlau en que aquél expresa su deseo de leer las *Reflexiones* de Sorel con vistas a un ensayo sobre la supresión de la violencia. *Ibíd.*, 88 s. Schuster afirma que el concepto benjaminiano de revolución tiene menos que ver con el del marxismo-leninismo ortodoxo que con las teorías anarcosindicalistas de Blanqui y Sorel. Schuster, 1982. Véase también Zons, 1982.

5. Véase a este respecto la carta a Lieb de diciembre de 1937, citada en Kambas, 1986, 85. También la carta a Lieb de 9 de julio de ese mismo año. *Briefe* II, 732-734, 732 s.

administrada a sus bases por las fuerzas antifascistas. Pero, sobre todo, Benjamin parece coincidir con Sorel en que la lucha revolucionaria es, antes que una lucha en la teoría, una lucha en el imaginario. La imagen dialéctica benjaminiana coincide en importantes atributos con el mito social soreliano: en ambos casos se trata de construcciones, cargadas de experiencia, de la imaginación colectiva. En particular, el mito soreliano de la huelga general sirve probablemente de modelo a Benjamin para configurar la imagen del freno de alarma en que expone su idea de una detención de la historia.

A pesar de todo ello, cualquier lectura que relacione a Benjamin con Sorel se enfrenta —además de al gesto antisemita del segundo—[6] a un prejuicio fundamental: el que presenta a Sorel como falsificador del marxismo. Ese prejuicio se basa en la pretensión soreliana de compensar el déficit de conocimientos experimentales que, en su opinión, Marx camufla bajo el lenguaje abstracto de la filosofía alemana.[7] A su juicio, Marx, buen conocedor de la sociedad burguesa, carece en cambio de experiencia para entender la organización del proletariado. Dicha insuficiencia desvía al marxismo de su verdadera naturaleza, a la que Sorel quiere reconducirlo.[8] Sus esfuerzos desembocan en la teoría del mito social, que le asegura una tierra de nadie entre el anarquismo, el fascismo y el marxismo.

Desde este último suele menospreciarse a Sorel como un pequeñoburgués que resuelve su desclasamiento en rebeldía irracional.[9] Sin embargo, las desviaciones de Sorel hacen que

---

6. El enfrentamiento de Sorel con lo judío es, por lo demás, ambivalente. A este respecto, véase Berlin, 1976, 47; Petrucci, 1984, 194 s. Acerca de la posición de Sorel en el caso Dreyfuss: Jennings, 1985, 83 y 129; Salomon, 1928, IX.

7. *Reflexiones*. Sorel, 1950, 202 s.

8. *Ibíd.*, 263.

9. Lenin parece ver la obra soreliana como una coctelera reaccionaria en que se mezcla a Marx con, entre otros, Proudhon, Bergson y Nietzsche. A este respecto, véase Berding, 1969, 13. El propio Berding se ocupa de la muy negativa caracterización que de Sorel propone Lukács. *Ibíd.*, 9. Sin embargo, Paris encuentra anticipadas en Sorel importantes posiciones de *Historia y conciencia de clase*, y califica de «soreliano» el clima de la obra de Lukács hasta 1923. Paris ve la influencia de Sorel en cierto rechazo del progreso, así como en la crítica del reformismo y, hasta 1921, en la rehabilitación de la violencia asociada a la estrategia de la lucha de clases, en el antiparlamentarismo, en la puesta en cuestión de la herencia hegeliana, en la distinción entre marxismo vulgar y marxismo auténtico y, sobre todo, en la cuestión del sentido del socialismo. A juicio de Paris, Lukács plantea esta última cuestión en el lenguaje de Sorel cuando afirma que el socialismo, aparentemente, carece de la fuerza religiosa del cristianismo

se pueda ver en él no sólo un no marxista, sino también uno de los marxistas más originales.[10] En su afán por corregir el tratamiento de epifenómeno que, según él, da Marx a la conciencia, puede verse acaso una romantización del movimiento proletario, pero también una anticipación de lo que luego se ha conocido como corriente cálida del marxismo. El marxismo de Sorel es tanto más interesante cuanto más autónomo: el de un autodidacta que se educa en Marx, pero también en otras muchas fuentes.[11] En particular, las influencias ejercidas por Bergson, Proudhon y Vico pueden haber sido fundamentales en tres inflexiones del marxismo soreliano: el paso a la conciencia, la preocupación moral y cierta comprensión cíclica de la historia.[12]

A la pluralidad de las fuentes de Sorel corresponde la complejidad de su recepción.[13] Su influencia sobre el mundo sindical, al que tantos esfuerzos consagra, parece haber sido escasa.[14] Menor, en cualquier modo, que la ejercida sobre algunas concepciones corporativas del Estado.[15] Al contrario que Le-

primitivo, o que la significación de la lucha de clases va más allá de su descripción sociológica, puesto que ningún conjunto de hechos basta para justificar el carácter ineluctable de la revolución, ya que los hechos no pueden servir de guía a una acción dotada de sentido. Paris, 1985, 351 ss. Sobre el rechazo de Lukács a la teoría del mito social, véase también Goisis, 1983, 258.

10. Croce llega a considerarlo el único pensador original que, aparte de Marx, había tenido el socialismo. Cit. en Berlin, 1976, 7; Freund, 1932, 7.

11. Freund alude a Taine, Proudhon, Le Play, Renan, William James, Burke, Carlyle, Stendhal, Nero, Treitschke, Nietzsche, Bernhardi, Pareto y Görres, entre otros. Freund, 1932. Berlin menciona a Rousseau, Fichte, Proudhon y Flaubert. Berlin, 1976, 44.

12. En el *Estudio sobre Vico* sobresale el interés de Sorel por mostrar la orientación ética del napolitano. Sorel, 1896a. Sorel también reflexiona sobre Vico en *El sistema histórico de Renan*. Sorel, 1905, 75 ss.

13. Ha sido considerado pesimista, existencialista, irracionalista, futurista. Las *Reflexiones* incluyen la siguiente autoimagen: «Yo no soy ni catedrático, ni vulgarizador, ni aspirante a la jefatura de un partido; soy un autodidacta que ofrece a algunas personas los cuadernos de apuntes que le han servido para su propia instrucción». Sorel, 1950, 7.

14. Berlin considera a Sorel un intelectual solitario. Berlin, 1976, 46 y 54. Jennings reduce su implicación en el discurrir del sindicalismo a su participación en *Le Mouvement socialiste*. Jennings, 1985, 118 y 143. Jaurès tenía a Sorel por «metafísico del sindicalismo». Cit. en Salomon, 1928, 11. Sobre el carácter idealista de la obra soreliana, véase Freund, 1932, 313.

15. En una carta a Missiroli, Sorel escribe: «Los fascistas no se han equivocado completamente al invocar mis opiniones, porque su poder demuestra, de una forma muy clara, el valor de la violencia triunfante». Sorel, 1973, 731. Sin embargo, la obra soreliana también puede haber nutrido la noción gramsciana de bloque histórico. La

nin, Mussolini responde a la admiración de Sorel.[16] En la misma dirección parece apuntar el eco de sus ideas entre monárquicos y conservadores católicos en la fase embrionaria del fascismo francés.[17] Resulta indudable que tanto de la noción de violencia acuñada por Sorel como de sus argumentos antiintelectualistas se ha hecho una lectura fascista, así como que su noción de mito social puede ser integrada en una teoría maquiavélica sobre manipulación de masas. Sin embargo, en su concepción de una violencia no utópica y opuesta a la fuerza represiva del Estado, Sorel también da pie a una interpretación anarquista. En efecto, en su obra resulta central la distinción «entre la fuerza que camina hacia la autoridad y trata de conseguir una obediencia automática, y la violencia que desea quebrar esa autoridad».[18]

---

ambivalente valoración que de él hace Gramsci nos lleva a pensar en un Sorel de dos rostros. Comentando una edición de escritos póstumos de Sorel —*Ultime meditazioni* (1920); Sorel, 1973, 413-434—, Gramsci escribe que en ellos se «resumen todas las virtudes y todos los defectos de Sorel: es tortuoso, brusco, incoherente, superficial, silibino, etc., pero da o sugiere puntos de vista originales, encuentra nexos en que nadie habría pensado pero que son ciertos, obliga a pensar y a profundizar». Gramsci, 1986, 142 ss., 143. Gramsci cree incluso que Sorel puede haber «entrevisto una concepción de la filosofía de la praxis como reforma popular moderna». *Ibíd.*, 113. Acerca de la relación Gramsci-Sorel, véase Goisis, 1983, 405-432 y 441 ss.; Roth, 1980, 252 s. Sobre la lectura antidemocrática de Sorel en Italia, véase Salomon 1928, 13. En este contexto, conviene mencionar que el libro de Labriola sobre Marx fue prologado por Sorel, como recuerda Freund, 1975, 10. Sobre la influencia de Sorel en Alemania: Prat, 1985, 403-421. Acerca de la difusión de Sorel en España: Paris, 1985, 344 ss. Paris quiere ver en Ortega un soreliano por sus actitudes y contradicciones e interpreta *La rebelión de las masas* como una revisión de las reflexiones sorelianas sobre la violencia. Se fija en el prefacio de Ortega a la edición francesa: «Si l'on reconstitue un jour la genèse de notre temps, on remarquera que les premiers sons de cette mélodie particulière se firent entendre, aux environs de 1900, dans les groupes syndicalistes et royalistes français qui inventèrent la formule et l'expression "action directe"». *Ibíd.*, 347.

16. En *La dottrina del fascismo*, Mussolini afirma que «nel grande fiume del fascismo trovere i filoni che si dipartirono dal Sorel, dal Péguy, dal Lagardelle del *Mouvement Socialiste* e della coorte dei sindacalisti italiani». Cit. en Petrucci, 1984, 72. Acerca del sorelismo de Mussolini: Goisis, 1983, 400 ss.; Petrucci, 1984, 71 ss. Sorel ha sido vinculado al culto d'annunziano de la fuerza. Freund, 1932, 213. Merece la pena recordar aquí la afirmación de Benjamin, arriba reseñada, de que el sindicalismo soreliano y el fascismo son incompatibles.

17. Steil llega a afirmar que Valois desarrolló el proyecto soreliano en su modelo de Estado fascista. Steil, 1984, 45. Sobre la relación de Sorel con Valois, véase también Freund, 1975, 10; Jennings, 1985, 147; Salomon, 1928, 12.

18. *Reflexiones*. Sorel, 1950, 263. Sorel afirma que la entrada de los anarquistas en los sindicatos constituye «uno de los mayores acontecimientos que se han producido en nuestro tiempo». *Ibíd.*, 56. Bernstein ve en las *Reflexiones* la resurrección de posiciones defendidas por los anarquistas en la Primera Internacional. Prat, 1985, 406 s. Al contrario, Freund se refiere al rechazo de Sorel hacia la «barbarie asiática» de Baku-

201

Esa ambigüedad hace muy interesante su lectura en el contexto de la presente investigación. En su complejidad, Sorel reúne elementos fundamentales de la revolución conservadora.[19] La expresión «conservadurismo revolucionario» fue pronto utilizada para caracterizar su proyecto, al entender éste como un intento de, mediante fuerzas renovadoras, evitar la decadencia de valores tradicionales.[20] En un sentido semejante se ha dicho que Sorel defiende, bajo forma revolucionaria, contenidos restauradores. Pero también cabe verlo como un socialista que frecuenta temas usualmente considerados propios del pensamiento conservador, abordándolos con una radicalidad que lo convierte en maestro de reaccionarios.

Sorel es, en todo caso, uno de los autores más influyentes de su época. En su obra late la crisis de Europa, el momento de peligro en que se forma Benjamin.[21] Atravesar *Sobre el concepto historia* con las *Reflexiones* es leer aquel texto desde otro que lo alimenta. Devolverlo a una de sus fuentes no significa reducirlo a tratado de movilización de masas, a «guía de acción revolucionaria en sentido técnico-político».[22] Se trata de una operación de lectura a la que puede servir la interpretación que del mito social soreliano propone Carl Schmitt. A través de esa operación, la imagen mítica y la imagen dialéctica pueden ser interpretadas como figuras de, respectivamente, una teología po-

---

nin. Freund, 1932, 42. Salomon, por su parte, quiere ver en el caso Ferrer la causa de la separación de Sorel de sus antiguos amigos anarquistas. Salomon, 1928, 11.

19. Mohler ha llamado a Sorel «prototipo de la revolución conservadora». Mohler, 1988, 130.

20. En este sentido ha de entenderse el título del libro de Michael Freund de 1932: *Georges Sorel. Der revolutionäre konservatismus*. Freund describe a Sorel como «el más grande conservador de nuestro tiempo». *Ibíd.*, 7. En opinión de Prat, el análisis de Freund favoreció el encuentro del fascismo italiano con las corrientes anticapitalistas de extrema derecha de Weimar. Prat cree que la llegada al poder del nazismo y la consecuente asfixia intelectual colapsaron la difusión de Sorel en Alemania. Prat, 1985, 412 s. Gramsci se muestra crítico con el libro de Freund. A su juicio, el espontaneísmo de Sorel impide cualquier conclusión conservadora a partir de sus opiniones. Cit. en Paris, 1985, 343.

21. El libro de Michael Freund es caracterizado por Julien Freund como un intento de historia espiritual de la crisis europea que precede a la Primera Guerra Mundial. Freund, 1975, 36. Por su parte, Charzat llama la atención sobre *El doctor Faustus*, donde Thomas Mann se refiere a un sector de la juventud alemana que, en torno a 1914, considera las *Reflexiones* como «el libro de este tiempo», anunciador de la ruina del parlamentarismo, de la anarquía, de la guerra y de la emergencia de mitos de combate. Charzat, 1977, 65.

22. La expresión es de Onufrio, quien la adjudica a las *Reflexiones*. Onufrio, 1979.

lítica de la encarnación o de la identidad y una teología política
mesiánica o de la no identidad.

El mito social: ¿un lenguaje absolutamente otro?

En la obra de Sorel es constante la llamada a la observación
de los fenómenos.[23] También lo es el anhelo de un lenguaje lo
bastante flexible para captar la fluidez de lo real.[24] Esa visión
fluente de la realidad explica que Sorel no asigne a la filosofía,
entre sus tareas primordiales, la de dar definiciones. Por el contrario, Sorel juzga que los problemas importantes se resisten a
ser acotados. En las *Reflexiones* arguye que «quizá, después de
todo, la filosofía no sea más que un reconocimiento de los abismos entre los que circula el sendero seguido por el hombre vulgar con la serenidad de los sonámbulos».[25] Cree que «en todo
conjunto complejo cabe distinguir una región clara y otra oscura, y que ésta es quizá la más importante. El error de los mediocres consiste en admitir que esta segunda parte tiene que desaparecer con el progreso de las luces».[26]

Esos elementos de la vida humana que se resisten a la razón
son los que más interesan a Sorel. De ahí la atención que presta
a Bergson. En éste, la filosofía tiene, a juicio de Sorel, un renacimiento esplendoroso, frente al intento positivista de disolverla en
la ciencia. De la cual defienden las *Reflexiones* una noción instrumental: la ciencia no se orienta a conocer las cosas, sino a definir relaciones con las que manejar las fuerzas del mundo; es un
artificio, un producto de la imaginación que sirve para dominar
la naturaleza.[27] A juicio de Sorel, en Bergson se revitaliza un
pensamiento irreducible a ciencia y cuyos procedimientos son
distintos de los de ésta.[28] Diversos motivos bergsonianos pueden
haber ayudado a Sorel a configurar su propio pensamiento: la

---

23. Por ejemplo, en las *Reflexiones*. Sorel, 1950, 53.
24. Salomon ve en Sorel un bergsoniano y anticartesiano que juzga al intelecto
incapaz de concebir la realidad viva. En este contexto trae a colación la idea de Tarde
de que no lo homogéneo, sino lo heterogéneo, está en el corazón de las cosas: existir es
diferir. Salomon, 1928, 14.
25. *Reflexiones*. Sorel, 1950, 12.
26. *Ibíd.*, 211.
27. *Ibíd.*, 220.
28. Sorel presenta a los positivistas como mediocres, vanidosos y pedantes. *Refle-*

distinción entre un conocimiento analítico y otro sintético, basado en la simpatía con las cosas; la idea de una intuición de la realidad —una simpatía espiritual con su interior, más allá de sus manifestaciones superficiales—; el mandato de enfrentar las ideas recibidas a la materialidad bruta de los hechos.[29]

Sin duda, debe mucho a la inspiración bergsoniana la noción misma de mito social: una imagen de origen no racional y capaz de aglutinar fuerzas afectivas de un grupo. Desde luego, cabe relacionar la teoría soreliana del mito con diversas corrientes sociológicas;[30] por ejemplo, con la durkheimiana, que vincula la cohesión del grupo a la vigencia de representaciones sociales espontáneamente generadas.[31] Con todo, la influencia de Bergson es la más notable entre las que aquí recibe Sorel.[32] La oposición entre un yo interior y un yo social o la localización de lo mítico en un estrato profundo de la conciencia pueden ser consideradas en este contexto.[33] En particular, Bergson puede haber influido sobre la concepción soreliana del movimiento proletario en tanto que voluntad colectiva que se expresa como un todo en la imagen de la huelga general. Es decir, sobre la concepción catastrófica del socialismo que Sorel quiere alentar en el proletariado. Dado que la creencia en la catástrofe del capitalismo no procede, según Sorel, de los datos de la experiencia, sino que es un producto de la imaginación creadora ligado a emociones colectivas.[34]

---

xiones. Sorel, 1950, 208 s. Freund compara la relación Bergson-Sorel con la relación Hegel-Marx. *Ibíd.*, 148.

29. En las *Reflexiones*, Sorel menciona la noción bergsoniana de «experiencia integral». Sorel, 1950, 188.

30. Berlin habla de Loisy, de Tyrrel, de James, de Vaihinger; Salomon la relaciona con Platón. Los antecedentes de James, Le Bon y Proudhon parecen incuestionables. Berlin, 1976, 39; Salomon, 1928, 253 ss. Loose alude a Hamann e incluye la teoría de los mitos sociales dentro de una tradición que se extiende hasta Jünger y que atiende a una imagen que hay que conocer en su totalidad, no susceptible de análisis conceptual. Loose, 1957, 250 ss. Loose no está aquí lejos de Berlin, quien, por la primacía que da Sorel a la imagen sobre el concepto, lo vincula a los románticos —además de a Bergson. Berlin, 1976, 36.

31. Berlin, 1976, 36 ss.

32. *Reflexiones*. Sorel, 1950, 49 y 173. Vernon minimiza el bergsonismo de Sorel y cree que éste se distancia de Marx no de la mano de Bergson, sino de la de Hegel. Vernon, 1978, 54 ss. Freund caracteriza la obra soreliana como una renovación hegeliana del sistema marxista, pero cree fundamental la influencia que sobre Sorel tiene Bergson. Freund, 1932, 164 y 203.

33. *Reflexiones*. Sorel, 1950, 34 s.

34. *Ibíd.*, 174. Stanley establece una correspondencia entre el acto de voluntad

A la confianza soreliana en un conocimiento poético, imaginativo, puede subyacer también una teoría epistemológica inspirada en Vico de acuerdo con la cual el hombre sólo conoce lo que crea: lo artificial.[35] En este contexto merece la pena recordar que, antes de escribir las *Reflexiones*, Sorel se interesa por la capacidad que, según él, tienen los judíos para edificar un pensamiento basado en la construcción, distorsión y asociación libre de imágenes sin referencia real. A juicio de Sorel, esa libertad explica las dificultades que entrañó traducir textos hebreos al griego, así como que los judíos no hayan sido, según él, pintores y escultores, dado que a sus imágenes poéticas no se les puede dar precisión material.[36]

Por su asociación con lo instintivo y lo sentimental antepone Sorel las imágenes a las palabras. La superioridad de aquéllas sobre éstas es un tema recurrente en las *Reflexiones*, que enfrentan al discurso argumentativo la poesía social.[37] Sorel encuentra en el mito social un lenguaje colectivo, espontáneo, cargado de experiencia y basado no en la palabra sino en la imagen. Al análisis conceptual se contrapone una imagen que se acepta o se rechaza como un todo. Precisamente porque consiste en una imagen, el mito es inmediatamente captable, así como indivisible. «Lo único que importa es el mito en conjunto», escribe Sorel.[38]

En la oposición del mito social a la utopía se explicita el gesto antiteórico soreliano.[39] Sorel ve en el primero pensamien-

---

bergsoniano, que resuelve la disyuntiva entre pasividad introspectiva y automatismo mecánico, y la huelga general, asimismo un acto de voluntad que rompe la disyuntiva entre el quietismo marxista y el automatismo del trabajador. Por lo demás, y el propio Stanley lo recuerda, Sorel vio a Bergson como un anticuado en asuntos laborales. Stanley, 1981, 138 ss. y 161.

35. Freund relaciona esa teoría epistemológica nada menos que con Gentile y Lenin. Freund, 1932, 299 y 310.

36. A este respecto, véase el análisis de Stanley sobre *Contribución al estudio profano de la Biblia —Contribution à l'étude profane de la Bible* (1889). Stanley, 1981, 161 s.

37. Acerca de la noción «poesía social»: Stanley, 1981, 91.

38. *Reflexiones*. Sorel, 1950, 177 s. Sorel pone límites a la descripción verbal de las obras pictóricas y arquitectónicas. A su juicio, «la impotencia del discurso procede de que el arte vive sobre todo de misterios, de matices, de indeterminación; cuanto más metódica y perfecta es, mayor probabilidad tiene de suprimir todo aquello que distingue a una obra maestra: la reduce a las proporciones del producto académico». *Reflexiones*. Sorel, 1950, 211.

39. Antes que en las *Reflexiones*, Sorel ya se ha ocupado de la utopía en *La ciencia en la educación —La science dans l'éducation*; Sorel, 1896b, 222 y 231 ss.

to concreto; en la segunda, racionalismo abstracto. La utopía es una construcción del intelectual solitario; el mito, en cambio, coincide con la voluntad del grupo y se expresa espontáneamente en el lenguaje de éste: en movimiento, en violencia.[40] A juicio de Sorel, una revolución orientada por la utopía de los intelectuales está de antemano condenada, pues, al contrario que el mito social, es incapaz de invocar el heroísmo. El mito, que inspira una acción entusiasta y muestra al colectivo el sentido de la misma, no puede ser contradicho por una crítica argumentativa. En este contexto merece ser tenida en cuenta la atención que Sorel dedica al primer cristianismo, cuyo valor como fuente de heroicidad decae, según él, conforme es dominado por teología y filosofía en lugar de por el mito. Pero Sorel aclara que el mito no es ni sólo propio de sociedades primitivas ni un sucedáneo de la religión.[41]

Para Sorel, ninguna movilización social puede ser inspirada por un lenguaje argumentativo, sino por otro basado en imágenes cuya mera intuición invoque las convicciones del grupo. También el sindicalismo ha de apelar a «imágenes capaces de evocar, en conjunto y por mera intuición, antes que cualquier análisis reflexivo, la masa de los sentimientos» socialistas. El pensamiento socialista sólo puede ser concreto, tal y como lo es el de un sindicalismo que habla el «lenguaje de huelgas».[42] A juicio de Sorel, en el mito de la huelga general se expresa espontáneamente, sin mediación de los intelectuales, la clase de los productores.

Así pues, el gesto antiteórico es determinante en la voluntad soreliana de hacer del marxismo un pensamiento concreto, nacido de los hechos del proletariado. En las *Reflexiones* defiende la vía realista que, según él, conduce a Marx a sus mayores descubrimientos. Por el contrario, denuncia que el socialismo oficial haya convertido a Marx en una suerte de jefe de

---

40. Valdría la pena considerar esta visión dinámica del mito a la luz de las reflexiones de Benjamin sobre el movimiento de masas como objeto de reproducción óptima para la cámara cinematográfica. Esas reflexiones pueden abordarse desde el epílogo de *La obra de arte en la época de su reproducibilidad técnica*. G.S. I.2, 506-508.
41. *Reflexiones*. Sorel, 1950, 34 s. Salomon habla de imagen-fuerza, y afirma que Sorel quizá la concibió influido por la noción de idea-fuerza de Fouillé. Salomon, 1928, XIX.
42. En el *Apéndice II. Apología de la violencia*. Sorel, 1950, 434.

secta atendiendo a lo menos marxista de su obra y usando su lenguaje con olvido de su pensamiento. Sorel postula un retorno a Marx basado en una orientación al espíritu, que no al texto.[43] Ve en las dificultades de Marx para entender la organización revolucionaria del proletariado un ejemplo de que sólo se puede pensar lo que tiene bases reales en la vida.[44] A su juicio, Marx encuentra en Inglaterra material para comprender la historia del capitalismo y la evolución burguesa, pero no para reflexionar sobre la organización del proletariado. De ahí que describa el proceso revolucionario refugiándose en fórmulas abstractas. En general, Sorel rechaza la línea cientificista de Marx, desarrollada por Engels. Del marxismo, él no quiere defender su pretendida cientificidad, sino su espíritu. Por eso lo caracteriza como una nueva metafísica. Conceptos sostenidos por Marx como científicamente fundados son vistos por Sorel como un conjunto de imágenes poéticas. En este sentido encuentra en Marx una anticipación del mito social. Le interesa mucho menos el analista del desarrollo y de la caída del capitalismo que el constructor de una imagen catastrófica capaz de inducir a los hombres a la acción. El socialismo científico, incapaz de pasar a la acción, ha de ser superado por una poesía social movilizadora.[45]

En la medida en que privilegia el problema de la acción del proletariado sobre el de la fundamentación científica del análisis social, cabe ver en Sorel un pionero de lo que se ha llamado la corriente cálida del marxismo. Él quiere partir de la psicología del proletariado; de lo interior, lo intuitivo y lo espontáneo. Su revisión de Marx ha de ser entendida en la polémica con los intentos, que él tacha de escolásticos, de la socialdemocracia alemana por perfeccionar el marxismo. Esos intentos operan con un armazón teórico incapaz, según Sorel, de dar cuenta de las transformaciones contemporáneas del proletariado. Para evitar su «descomposición», el pensamiento marxista se debe desarrollar en continua adaptación a hechos virtualmente revolucionarios. En particular, ha de ser reinterpretado en torno del

---

43. *Reflexiones*. Sorel, 1950, 11, 72, 187 y 244.
44. *Ibíd.*, 267. Según Sorel, Marx no consigue conectar la infraestructura económica a la superestructura ideológica. *Ibíd.*, 263.
45. *Ibíd.*, 204. Petrucci cree que Sorel es influido por las críticas de Bernstein y Sombart al fatalismo determinista del marxismo. Petrucci, 1984, 53 s.

mito de la huelga general, según él dominante en el proletariado francés de la época. En los ambientes en que ha madurado
la noción de huelga general, puede hacerse la distinción —des-
conocida por Marx— entre fuerza burguesa y violencia proletaria.[46] De ahí que Sorel vea en el sindicalismo revolucionario
francés el verdadero socialismo de su tiempo.[47]

Recíprocamente, cree que sólo desde la obra de Marx es
inteligible la noción de huelga general. Sorel sitúa en la lucha
de clases «el punto de partida de toda reflexión socialista».[48]
En realidad, también sitúa en él el punto de llegada. La imagen
de la huelga general es una abreviatura de la lucha de clases.
Antes de cualquier análisis, esa imagen evoca, como una totalidad indivisible, un sentimiento de guerra contra la sociedad
burguesa. En este sentido, el mito de la huelga general constituye una mónada del socialismo. Lo decisivo es que el proletariado vea cada huelga como una batalla en la guerra social, a
la espera de la huelga general, que Sorel compara con una
batalla napoleónica. La huelga general apunta a un cambio de
régimen: a la eliminación de los patronos y del Estado por los
productores organizados.[49] Su sola imagen unifica espontáneamente la acción de éstos, al hacerles ver la revolución como un
todo indivisible.

Por lo demás, conviene tener en cuenta desde ahora que
Sorel anticipa lo fundamental de estas ideas en su reflexión sobre el lenguaje poético de los mitos nacionales.[50] E importa subrayar que, desde su punto de vista, las diferencias nacionales
explican por qué sólo en unos países y no en otros los actos de
violencia se agrupan en torno a la idea de huelga general, pro-
duciendo una ideología socialista.[51] A un socialismo internacionalista, abstracto, opone Sorel el concreto hacer de los proleta-

46. *Reflexiones*. Sorel, 1950, 189, 266 y 329. La visión organicista del marxismo
como un cuerpo en peligro de descomponerse puede encontrarse sobre todo en *La
descomposición del marxismo —La décomposition du marxisme* (1908); Sorel, 1982,
211-256.

47. Mientras que el bernsteiniano es, según él, un falso socialismo. *Reflexiones*.
Sorel, 1950, 206.

48. *Ibíd.*, 189.

49. En el *Apéndice II. Apología de la violencia. Ibíd.*, 434.

50. De nuevo, es aquí fundamental el texto de 1889 *Contribución al estudio profano
de la Biblia*.

51. *Reflexiones*. Sorel, 1950, 329.

riados nacionales. En este sentido habla de un socialismo nacional, creador, frente a la abstracción estéril de una comunidad internacional de proletarios. Oponiendo al idealismo socialista el proletario histórico, concreto, Sorel repite el gesto historicista. Significativamente, en las *Reflexiones* cita la crítica que dirigió de Maistre contra la pretensión de forjar leyes «para el hombre»: una constitución «que está hecha para todas las naciones, no está hecha para ninguna: es una abstracción, una obra escolástica».[52]

El mito de la Comuna y la comunidad del mito

La Comuna ha sido observada con interés, pero no sin reservas, desde la tradición marxista. Lenin llama la atención sobre el carácter desorganizado de ese movimiento y sobre la presencia de elementos blanquistas y proudhonianos, que él juzga inconsistentes. A la influencia proudhoniana achaca Lenin la indecisión final del proletariado, que se deja seducir por los sueños de instauración de una justicia superior en un país unido por un fin nacional. Sin embargo, Lenin valora positivamente la simpatía de las masas obreras hacia la Comuna, y reconoce una base común de ésta y de la revolución soviética: la Comuna reveló el carácter históricamente limitado de la democracia burguesa, incapaz de sobrevivir a la revolución proletaria.[53]

También para Benjamin la Comuna manifiesta la disociación proletariado/burguesía. En *París, capital del siglo XIX*, observa que «gracias a ella se disipa la apariencia de que la revolución proletaria tenga por cometido consumar mano a mano con la burguesía la obra de 1789». Según Benjamin, esta apariencia domina al proletariado desde el levantamiento de Lyon de 1831; no así a la burguesía, cuya lucha contra los derechos

---

52. *Ibíd.*, 402. También en *Las ilusiones del progreso* se refiere Sorel a la crítica de Maistre al quimérico hombre abstracto. Sorel, 1947*a*, 10.

53. Para comparar las valoraciones de la Comuna hechas por Sorel, Lenin y Kautsky: Malatesta, 1985, 109 ss. Malatesta conecta la interpretación antidemocrática y obrerista que hace Sorel de la Comuna con la de Marx en *La guerra civil en Francia*. Por su parte, Sombart caracteriza la Comuna como un intento de realizar la utopía anarquista. Sombart, 1990, 638 s. De la importancia de aquel hecho histórico se hace cargo Jünger cuando afirma en *Sobre el dolor* que «el aplastamiento de los miembros de la Comuna se prolongó hasta finales de la guerra mundial». Jünger, 1995*b*, 54.

sociales del proletariado, aunque enmascarada por la filantropía, comienza ya en la gran revolución. Aun cuando Benjamin reconoce en la Comuna un extraordinario entusiasmo por el establecimiento de una nueva sociedad, «la desgracia de los antiguos movimientos obreros es que ninguna teoría revolucionaria les señala el camino», por lo que ese entusiasmo «gana a veces para los obreros los mejores elementos de la burguesía, pero a la postre les lleva a someterse a los peores».[54]

Sorel coincide con Lenin en interpretar la experiencia de la Comuna como prefiguradora del autogobierno obrero. También él ve una correspondencia entre los sucesos de 1871 y la revolución de Octubre: en ambos casos, el orden democrático es quebrado por una minoría que anuncia la elección de una nueva asamblea constituyente. Sorel hace notar que ese anuncio es el que suele seguir a un golpe de Estado. Desde su punto de vista, de la Comuna brota una corriente antidemocrática que sería interrumpida por la idea de democracia social impulsada en la Segunda Internacional. A su juicio, la mayor virtud de la Comuna fue la de hacer accesible a las masas la idea de separación de las clases. Sorel señala esta idea como de origen proudhoniano —origen que él, al contrario que Lenin, observa con simpatía.[55]

En el contexto de este trabajo, importa especialmente el hincapié que pone Sorel en la huella dejada por la experiencia de la Comuna sobre la memoria colectiva del proletariado. El pasado aparece como constructo de una actualidad en la que, a su vez, aquél despierta sentimientos muy fuertes, impermeables a ningún argumento. El recuerdo del pasado fallido puede así contribuir a la acción presente.

La lectura de las Reflexiones llevó a Valois a ver en Sorel un esfuerzo paralelo al suyo y a proponer la confluencia de ambos: los movimientos monárquico y sindicalista debían entenderse

---

54. En *París, la capital del siglo XIX*. G.S. V.1, 58. Según Benjamin, «Rimbaud y Courbert profesan la Comuna. El incendio de París es la digna conclusión de la obra de destrucción de Haussmann». *Ibíd.*, 58. Acerca de la Comuna, véase también *El París del Segundo Imperio en Baudelaire* —G.S. I.2, 517—, así como las citas recogidas por Benjamin en torno a ella y agrupadas en la sección K del trabajo sobre los pasajes —G.S. V.2, 949-960.

55. Véase a este respecto *El mito de la Comuna —Il mito della Comune* (1921); Sorel, 1973, 389-392.

en tanto que enemigos del parlamento. Sin embargo, ya en ese libro advierte Sorel que el recuerdo de la Comuna ha creado un imperecedero afecto antimonárquico en el proletariado francés.[56] Sorel ve en ese recuerdo un obstáculo insalvable para el encuentro deseado por Valois. La revuelta de los trabajadores contra la realeza acabó con la masacre de aquéllos en nombre de ésta. La memoria de aquella violencia domina el pensamiento del proletariado francés, haciéndole ver el bando monárquico como su enemigo. Sorel subraya que lo dominante entre los trabajadores no es la realidad de la Comuna, sino su leyenda, frente a la que no caben razonamientos.

Esta observación sitúa a Sorel muy cerca de un asunto fundamental de *Sobre el concepto de historia*: la distancia entre la imagen que un colectivo se hace del pasado y la presentación que de éste propone el historiador positivista. La imagen de la matanza de la Comuna es, según Sorel, constitutiva del sindicalismo francés. Más aún: éste consiste, ante todo, en el mito de la Comuna. El continuo de odio que se prolonga desde aquella matanza hasta las mentes proletarias remite a la reflexión que acerca de la citación del pasado aparece en el fragmento XII de *Sobre el concepto de historia*. Cuando se refiere a la Comuna, Sorel parece creer, como Benjamin, que el socialismo halla su fuerza mirando hacia el pasado.

Es decir, de espaldas al futuro. En la carta a Halevy que sirve de prólogo a las *Reflexiones*, hace notar cuán peligrosos son los optimistas que sueñan una edad de oro para sus semejantes: tras la utopía anida el Terror.[57] A juicio de Sorel, el fanatismo del teórico sacrifica el presente a la promesa de felicidad futura. Su denuncia de toda hipótesis sobre el porvenir recuerda a la que sostiene Benjamin en el fragmento B al comentar la

56. Sorel glosa las siguientes palabras de Drumont: «Los que vengan, traerán mucho más odio, maldad y deseo de venganza que los hombres de 1871. En lo sucesivo, un sentimiento nuevo se ha apoderado del proletariado francés: el odio». Sorel, 1950, 143. Conviene traer a colación el juicio de Gramsci de que la derrota de la Comuna «creó al antijacobino Sorel y el movimiento sindicalista "antipolítico". El curioso antijacobinismo de Sorel, sectario, mezquino, antihistórico, es una consecuencia de la sangría popular de 1871; de ésta viene una curiosa luz para comprender sus *Reflexiones sobre la violencia*. La sangría de 1871 cortó el cordón umbilical entre el "nuevo pueblo" y la tradición de 1793; Sorel quería ser el representante de esta ruptura entre el pueblo y el jacobinismo, pero no lo consiguió». Gramsci, 1896, 149.

57. *Reflexiones*. Sorel, 1950, 17.

prohibición judía de investigar el futuro. Sorel coincide asimismo con Benjamin en el rechazo de la fe en el progreso.[58] La del reformismo socialdemócrata, por solidaria con la cultura burguesa; pero también la de un marxismo evolucionista.[59]

En este contexto polémico debe entenderse el valor que concede a lo sentimental e instintivo en la revolución. Sobre ese valor descansa uno de sus principales argumentos contra la utopía y en favor del mito: ni éste ni los sentimientos colectivos que genera son discutibles. El entusiasmo decide, el razonamiento no. Carl Schmitt parafraseará así a Sorel: «De la profundidad de los auténticos instintos vitales, no de un razonamiento o de una consideración de conveniencia, proceden el gran entusiasmo, la gran decisión moral y el gran mito».[60]

La importancia que asigna al mito de la Comuna puede animar a ver en Sorel, como en Benjamin, la idea de una movilización colectiva puesta en marcha por una imagen cuajada de sentimientos: la imagen de los antepasados oprimidos, cuyo recuerdo nutre el odio de los oprimidos del presente.

En este contexto debe tenerse en cuenta que Sorel, como Marx, subraya las diferencias entre el movimiento proletario y los antiguos levantamientos de esclavos.[61] También merece la pena aludir a la oposición que establece entre el antiguo movimiento plebeyo y el moderno movimiento proletario, desde la que se puede intentar una lectura no reaccionaria de su obra. Sorel diferencia un movimiento puramente proletario, de productores, de los movimientos de masas descontentas que, desprovistas de proyecto político, se dejan dominar por demagogos que manipulan sus sentimientos.[62] Además, mucho antes de es-

---

58. Goisis descubre en Sorel un Naphta —el antagonista de Settembrini en *La montaña mágica* de Thomas Mann— que, queriendo disociar los conceptos de revolución y progreso, incurre en el gesto romántico de aproximar revolución y reacción. Goisis, 1983, 285. Por cierto, en carta a Scholem de 6 de abril de 1925, Benjamin ensalza la novela de Mann, hacia el que reconoce, sin embargo, haber sentido gran antipatía. *Briefe I*, 377 s.

59. *Reflexiones*. Sorel, 1950, 112.

60. Schmitt, 1926, 80.

61. *Reflexiones*. Sorel, 1950, 199. Freund se refiere a la constelación Lutero-Espartaco y reflexiona sobre la visión de Kautsky de los levantamientos de pobres en tiempos de la Reforma (por ejemplo, el de Thomas Münzer) como precursores del socialismo moderno. Freund, 1932, 159 y 305.

62. En este sentido, cabe ensayar una crítica del nacionalsocialismo a partir de la teoría soreliana. Prat, 1985, 412. Por su parte, Scherrer recuerda que Rosa Luxemburg

cribir las *Reflexiones*, Sorel ya ha meditado sobre la afirmación de *El dieciocho Brumario de Luis Bonaparte* de que la revolución proletaria, a diferencia de revoluciones anteriores, no necesita entrar en constelación con ningún pasado para convencerse de su propia importancia.[63] Y en las *Reflexiones* recuerda que Marx juzga como reaccionarias las utopías que incorporan elementos del pasado.[64] Conviene añadir que, cuando Sorel relaciona el proletariado con un momento del pasado y no con otro, es la oposición violencia/fuerza —oposición fundamentalmente moral— la que le guía. De ahí que en las *Reflexiones* separe la violencia proletaria de los actos de fuerza jacobinos, que quieren justificarse por la razón de Estado, y la asocie, en cambio, a la guerra heroica de los antiguos griegos.[65]

Por lo demás, puede reconocerse en la obra soreliana la elección de una visión intuitiva de la historia frente al positivismo historiográfico. De hecho, el libro de Sorel sobre Renan fue considerado promotor de una escritura histórica no historicista; por decirlo de otro modo: un ejemplo de intuitivismo construccionista frente al positivismo reconstruccionista que Benjamin ataca en los fragmentos V, VI y VII.[66] Sorel se interesa por el tejido narrativo que la memoria construye entre el presente y el pasado, pero es un escéptico en cuanto a la posibilidad de un conocimiento completo de éste. Las afirmaciones sobre la historia son para él construcciones subjetivas y auxiliares. En todo caso, entiende que el historiador no puede limitarse a registrar hechos, sino que ha de dar forma a un material que carece de ella. Por eso, su misión está entre la del científico y la del artis-

---

define la huelga de masas como «la forma natural de la revolución puramente proletaria». Scherrer, 1985, 376.

63. A este respecto, véase Stanley, 1981, 91. Debe tenerse en cuenta, sin embargo, la afirmación de *La descomposición del marxismo* de que la acción actual se fundamenta sobre todo en «recuerdos que a menudo son más presentes a nuestro espíritu que los hechos actuales». Sorel, 1982, 243.

64. En este contexto recuerda la acusación de reaccionario que Marx dirige al presuntamente revolucionario Beesly. *Reflexiones*. Sorel, 1950, 199.

65. *Ibíd.*, 160 y 247.

66. *El sistema histórico de Renan —Le système historique de Renan* (1905). Acerca de la acogida que dio Péguy al libro de Sorel, véase Goisis, 1983, 246 ss. A ojos de Péguy, el libro de Sorel presenta la «intuición de un Renan como más adecuada a la inestabilidad del devenir histórico que la reconstrucción positivista —de seguridad sólo aparente— de grandes sucesos históricos». *Ibíd.*, 246. En el mismo contexto puede considerarse la aspiración de Sorel a una historia no historicista del cristianismo. Jennings, 1985 199.

ta. No puede tratar el pasado con científica objetividad, sino con libertad: el pasado está abierto.[67]

Esta noción constructiva de la historia puede haber sido influida por la idea de Vico de que el hombre sólo conoce lo que construye. También puede haber recogido la crítica de Bergson al positivismo en historia, así como su distinción entre tiempo humano y tiempo material. Esta distinción resulta muy cercana a los fragmentos XIV, XVI, XVII y XVIII de *Sobre el concepto de historia*. Si Benjamin distingue el tiempo humano del tiempo físico-matemático, las *Reflexiones* subrayan la distinción bergsoniana entre la duración como propiedad de la vida y el tiempo como propiedad de la materia; entre el tiempo subjetivo de la conciencia individual y el tiempo objetivo del mundo externo; «entre la *duración*, que transcurre y en la cual se manifiesta nuestra persona, y el *tiempo* matemático, según la medida del cual la ciencia alinea los hechos consumados».[68]

En las *Reflexiones* Sorel afirma que «la filosofía intelectualista posee verdaderamente una incompetencia radical para la explicación de los grandes movimientos históricos».[69] Él considera que la misión del historiador es «*comprender lo que es menos individual* en los acontecimientos».[70] A su juicio, tal tarea exige reconocer en cada época los mitos dominantes, aquellos que proporcionan motivos para la acción colectiva.[71] En particular, el historiador revolucionario ha de ver los conflictos de clase asociándolos a la idea de huelga general. Según Sorel, «todos los acontecimientos se nos mostrarán, entonces, bajo una forma ampliada». En cualquier caso, el horizonte del historiador

---

67. *Reflexiones*. Sorel, 1950, 23 s. y 44 s. Sorel nunca es tan claro como en una carta a Croce de 27 de diciembre de 1905: «La historia no es útil y seria sino a condición de reconocer su carácter de arte constructivo subordinado a fines extracientíficos y en el que las huellas son la parte más inútil». Sorel, 1928-1930, 93. Para una consideración extensa de la idea soreliana de la historia, véase también *Historia y ciencia social —Storia e szience sociali* (1902)—, así como *La ruina del mundo antiguo —La Ruine du monde antique. Conception matérialiste de l'histoire* (1902). Jennings llama la atención sobre *El sistema histórico de Renan*, donde Sorel señala en el pueblo judío un ejemplo del papel de la escritura histórica en la resistencia frente a influencias foráneas. Jennings, 1985, 108 ss. Según Freund, para Sorel toda concepción de la historia es idealista. Freund, 1932, 339.

68. *Reflexiones*. Sorel, 1950, 42. Esa distinción bergsoniana puede subyacer a la que recurrentemente aparece en Sorel entre el tiempo del individuo y el tiempo del proceso social.

69. *Ibíd.*, 38.

70. *Ibíd.*, 63.

71. *Ibíd.*, 32.

revolucionario no ha de ser la objetividad científica, sino la escisión social. La idea de huelga general permite «fomentar la noción de lucha de clases mediante incidentes que les parecerían mediocres a los historiadores burgueses».[72]

El constructo llamado historia puede desencadenar la acción o paralizarla. «Hay que juzgar los mitos como medios de actuar sobre el presente», escribe Sorel.[73] A este respecto, resulta muy interesante que haga suya la afirmación de Renan de que el historiador, que toca los problemas más profundos de la naturaleza humana, ha de ser un hombre completo, con todas sus pasiones, entre ellas las políticas.[74] Al primar la política sobre la historia, Sorel se ve en la estela de Marx. Si la comprensión marxiana de la historia inscribe las acciones actuales en un proceso, el mito social impone una orientación al enjambre de los hechos presentes. Construyendo el pasado al escoger una de sus posibles interpretaciones, proyectándolo sobre el futuro, los individuos y grupos sociales establecen el significado del presente. La historia es intervención sobre la actualidad. Como para Benjamin, cabe decir que la historia es para Sorel una construcción actual de índice político.[75]

En este contexto ha de entenderse su rechazo del modelo de progreso. Las *Reflexiones sobre la violencia* son indisociables de *Las ilusiones del progreso*. Si allí se esfuerza por erradicar el dogma del progreso del mundo de los productores, aquí Sorel hace su crítica en tanto que núcleo de la ideología burguesa. En el prólogo de 1908 a *Las ilusiones* afirma: «La teoría del progreso ha sido recibida como un dogma en una época en la que la burguesía era la clase conquistadora; habrá por tanto que verla como doctrina burguesa; el historiador marxista deberá por tanto investigar cómo depende de las condiciones en las que se observa la formación, la ascensión y el triunfo de la burguesía. Sólo abarcando toda esta gran aventura social se podrá verdaderamente dar cuenta del lugar que el progreso ocupa en la filosofía de la historia».[76] Poco después, expresa su pretensión

---

72. *Ibíd.*, 279.
73. *Ibíd.*, 180.
74. Berding llama la atención sobre este juicio que Sorel cita en *La Ruine du monde antique*. Berding, 1969, 80.
75. *Reflexiones*. Sorel, 1950, 180 y 279.
76. *Les illusions du progrès* (1908). Sorel, 1947a, 5 s. Berlin ve en la ideología del

de someter ese «charlatanesco» dogma «a una crítica conducida conforme al único método que puede garantizarnos contra todo engaño, es decir, una crítica fundada sobre una investigación histórica de las relaciones entre clases».[77]

Sorel sitúa el origen del dogma en la querella entre antiguos y modernos, iniciada por Perrault. En torno a esa disputa aparece una definición de progreso referida al conocimiento intelectual, cuyo avance parece seguro. El dogma es, por tanto, de origen ilustrado, y llega a convertirse en elemento central del racionalismo moderno y de la ideología de la clase burguesa. Lo que empezó como polémica literaria derivó en una filosofía de la historia. En *Las ilusiones*, Sorel ataca lo que él que ve como una segunda vulgarización de la vulgarización dieciochesca. Sorel la asocia a la democracia y al gobierno centralizado, y la cree llamada a decaer con éstos.[78]

En este marco hay que considerar el rechazo de Sorel a las promesas de futuro difundidas por la socialdemocracia, comparable al de Benjamin en *Sobre el concepto de historia*. A juicio de Sorel, lo prometido por los socialdemócratas sólo es la transmisión del poder de una clase privilegiada a otra, sin que la clase de los productores deje de soportar jefes. Pero lo peor desde el punto de vista soreliano es que la ideología socialdemócrata del progreso conduce a un pacífico optimismo.[79]

El escepticismo de Sorel respecto del futuro es visible en las *Reflexiones*: «Empleo la palabra "progreso" porque la hallo en el uso corriente para designar ciertos cambios, que no todos son tan admirables».[80] En la carta a Halevy que les sirve de prólogo se aparta del optimismo que, ligado al desarrollo económico, empapa el mundo contemporáneo.[81] Pero Sorel también recha-

---

progreso, a su juicio dominante en los tres últimos siglos, una amalgama de fe hebraica y metafísica aristotélica, y sitúa el pensamiento de la historia de Sorel frente a dos tradiciones: la grecoilustrada de la salvación por el conocimiento y la teológica de la teodicea. Berlin, 1976, 19 s.

77. Sorel, 1947a, 10 s.

78. *Ibíd.*, 15 ss. y 332 ss. En este contexto, véase también el comentario de Sorel sobre Hartmann, quien niega el progreso de la felicidad humana. *Reflexiones*. Sorel, 1950, 289.

79. *Ibíd.*, 265. Sorel afirma que, de imponerse la socialdemocracia, el Estado no perdería nada de su fuerza, y los nuevos amos «serían mucho más duros e insolentes que sus predecesores».

80. *Ibíd.*, 405.

81. *Ibíd.*, 15. También en el crecimiento económico en torno a 1780 descubre Sorel una falsa base para la confianza en el progreso. *Ibíd.*, 125.

za las teorías biologizantes de la historia que describen ésta como un organismo al que un principio inmanente asegura su evolución.[82]

Al repudiar el modelo de progreso como núcleo de la ideología de la clase burguesa, Sorel tiene en cuenta a Marx. En las *Reflexiones* recuerda que, en *Miseria de la filosofía*, Marx advierte sobre el carácter dialéctico del proceso capitalista: la anarquía de la producción es, simultáneamente, causa de progreso y de miseria.[83] Sin embargo, Sorel también marca distancias respecto del optimismo organicista de cierto Marx. De acuerdo con éste, la naturaleza del capitalismo conduce al mundo futuro con el rigor de la evolución de la vida orgánica, hasta crear la causa de su propia destrucción: el proletariado.[84] Para Sorel, en cambio, el futuro del capitalismo no está determinado por ningún destino inexorable. No hay tendencias que configuren inevitablemente el futuro; éste está abierto.[85]

De ahí que Sorel critique los momentos en que Marx ofrece previsiones. Si bien recuerda que el propio Marx llega a tachar de reaccionaria la formulación de programas para el futuro. A juicio de Sorel, la de determinar las condiciones de la sociedad futura es una aspiración burguesa en que Marx no suele incurrir. En cambio, Sorel ironiza sobre la inquietud de Kautsky respecto de quién produciría al día siguiente de la revolución. Para Sorel, el pensamiento marxista está dominado por la idea de continuidad tecnológica, que hace innecesarios los programas de futuro, pues éstos ya están inscritos en la fábrica. Como la revolución deberá descansar sobre la organización de los medios de producción desarrollados por el capitalismo, el proletariado ha de adquirir las destrezas precisas para la dirección de

---

82. A la crítica del evolucionismo dedica Sorel la sección III del capítulo V de *Las ilusiones del progreso*. Sorel llama la atención sobre la proximidad de los puntos de vista de Savigny y Darwin y atribuye a la influencia del historicismo que «la asimilación de la historia a un ser vivo haya tenido tanta influencia sobre el pensamiento de los escritores políticos durante una gran parte del siglo XIX». Sorel, 1947a, 238-250, 250.

83. *Reflexiones*. Sorel, 1950, 121.

84. *Ibíd.*, 112.

85. En *Las ilusiones del progreso* Sorel sostiene que defender el determinismo histórico es incurrir en «charlatanería y puerilidad». Sorel, 1947a, 9. Y en el *Apéndice II* de dicho libro reconoce que «la marcha al socialismo no se producirá de una forma tan simple, tan necesaria y por tanto tan fácil de describir anticipadamente como Marx lo había supuesto». *Ibíd.*, 373. Sorel liga el determinismo de Marx a la herencia hegeliana.

la industria. Debe seguir no las lecciones de los intelectuales acerca de su futuro, sino, simplemente, el curso del capitalismo. Sólo en este sentido cabe decir que el progreso industrial hará posible el socialismo.[86]

Pero la revolución no puede realizarse conforme a un modelo. La renuncia a pensar el futuro es fundamental en las *Reflexiones*, donde Sorel centra la discusión sobre el socialismo «en las condiciones que permiten el desarrollo de las fuerzas específicamente proletarias: es decir, en *la violencia iluminada por la idea de la huelga general*». Opone este planteamiento a las inútiles «disertaciones abstractas acerca del futuro régimen socialista». Según Sorel, este giro es un paso «al terreno de la historia real, a la interpretación de los hechos, a las evaluaciones éticas del movimiento revolucionario».[87] Asimismo, subraya como diferencia fundamental entre la huelga general sindicalista y la huelga general política el hecho de que la primera puede despreocuparse de la planificación de la sociedad: para ser proclamada, no necesita un esquema de la organización futura.[88]

Respecto del futuro no cabe ninguna seguridad científica, sino sólo una visión indeterminada expresable en lenguaje imaginativo, artístico. El futuro es para Sorel asunto de poesía, no de ciencia. De ahí el interés con que las *Reflexiones* se refieren a las representaciones del mañana que aparecen en la poesía popular.[89] Presentado en el lenguaje de la imaginación, el futuro puede mover al presente a la acción. De hecho, para actuar, el hombre puede necesitar una imagen del futuro. Puede serle precisa una imagen de la batalla venidera y de su victoria. Lo de menos es si esa imagen responde o no a una realidad.

A este respecto, pocos textos son tan explícitos como *La descomposición del marxismo*. Sorel defiende allí a Marx de la

---

86. *Reflexiones*. Sorel, 1950, 176 s., 199, 205 y 368.
87. *Ibíd.*, 389.
88. *Ibíd.*, 237.
89. *Ibíd.*, 139. A juicio de Vernon, la posición de Sorel respecto de la apertura del futuro es más cercana a Bergson que a Marx. Vernon, 1978, 55. Stanley se fija en *Pro e contro el socialismo*, donde Sorel afirma que «la historia está enteramente en el pasado; no hay ningún medio de transformarlo en una combinación lógica que nos permita predecir el futuro». Stanley, 1981, 117.

acusación de «haber hablado en un lenguaje lleno de imágenes que no parecía convenir a una investigación que pretendía ser científica». A su juicio, «la observación de los hechos que se manifiestan en el proletariado» lleva a comprender el valor de esas imágenes empleadas por Marx. Sorel subraya que no hay que esperar que el movimiento revolucionario siga «una dirección convenientemente determinada con anticipación, que pueda ser conducido siguiendo un sabio plan, que pueda ser estudiado científicamente sino en su presente». Añade que, precisamente por el carácter imprevisible del movimiento, «hay que guardarse de dar otras fórmulas que fórmulas míticas», pues sólo éstas no son desmentidas por los hechos. En este punto, a Sorel le vale como ejemplo la historia de la Iglesia, que ha atravesado mil accidentes. Ello ha ocurrido, a su juicio, gracias a los sucesivos rejuvenecimientos —renovaciones del mito fundador— liderados por las órdenes religiosas, con las que Sorel quiere comparar a los sindicatos. Sorel concluye su meditación con las siguientes palabras: «La prodigiosa experiencia que nos ofrece la historia de la Iglesia puede animar a aquellos que ponen grandes esperanzas en el sindicalismo revolucionario y que aconsejan a los obreros no buscar ninguna alianza política con los partidos burgueses —porque la Iglesia se ha aprovechado más de los esfuerzos que tendían a separarla del mundo que de las alianzas entre los papas y los príncipes».[90]

El mito es una construcción perfectamente clara que se presenta indivisible en una imagen no reemplazable por definición o análisis; en esa imagen, el grupo reconoce el sentido de su acción y contempla la historia entera.[91] Es un constructo cercano a la imagen colectiva que Benjamin tematiza en *Sobre el concepto de historia* —en particular, en los fragmentos XV y XVIII. Pero en el texto benjaminiano es fundamental la conexión entre la emancipación actual y la emancipación del pasado fallido. A partir de esa conexión puede reconocerse lo que separa a Benjamin de Sorel. Las opciones poéticas de uno y otro son, finalmente, opciones políticas. La distancia entre éstas arranca de la distancia entre aquéllas. La imagen dialéctica no

---

90. *La descomposición del marxismo*. Sorel, 1982, 252 ss.
91. *Reflexiones*. Sorel, 1950, 173, 185, 209 s., 218 y 231.

es una imagen mítica. Se encuentra, sin embargo, en algún lugar de la elipse cuyos polos son las imágenes míticas de la Comuna y de la huelga general.

La ciudad dividida

Sorel, observador de la psicología del proletariado, cree que el llamado marxismo científico, experto en el hombre económico, poco sabe del hombre concreto. Comprender qué mueve a éste es la pasión de Sorel.[92] Rastreando la historia halla imágenes que han sido capaces de reformar la voluntad y de provocar acción. En los grandes movimientos sociales, los hombres se han representado su acción bajo imágenes de batallas. A estas construcciones llama Sorel mitos. Según él, «siempre han existido mitos capaces de arrastrar a los hombres a la rebelión».[93] Entre tales imágenes míticas menciona las acuñadas por la Revolución Francesa, por los mazzinianos y, de modo eminente, por el cristianismo primitivo.[94] También en la Biblia encuentra imágenes cuya capacidad de dar pasión combativa fue probada durante la Reforma. Para Sorel, la revolución proletaria es causa perdida sin el concurso de esas construcciones: «Puede hablarse indefinidamente acerca de rebeliones mientras no haya mitos aceptados por las masas».[95]

Buscando en el siglo XX una de esas construcciones que, en su capacidad movilizadora, tan eficaces se han mostrado a lo largo de la historia, Sorel encuentra la imagen de la huelga general. Ésta evoca todos los sentimientos correspondientes «a las diversas manifestaciones de la guerra entablada por el socialismo contra la sociedad moderna». El sindicalismo consigue concentrar «todo el socialismo en el drama de la huelga general», eliminando la posibilidad de «conciliación de los contrarios» a la que quiere conducir «el galimatías» de lo que él llama «los *sabios oficiales*».[96] La imagen de la huelga general constituye una representación perfecta siempre que no se la

---

92. *Ibíd.*, 38.
93. *Ibíd.*, 50.
94. *Ibíd.*, 32.
95. *Ibíd.*, 45.
96. *Ibíd.*, 173.

intente fragmentar.[97] Pues «es preciso *aprehender su totalidad indivisa y concebir el paso del capitalismo al socialismo como una catástrofe cuyo proceso no es susceptible de descripción».[98] En todo caso, «poco importa que la huelga general sea una realidad parcial, o solamente el fruto de la imaginación popular». Lo importante es que esa imagen que domina el alma obrera contiene «todo lo que la doctrina socialista espera del proletariado revolucionario».[99] La imagen motriz de la huelga general viene a constituir una representación monadológica del socialismo. Se trata de la imagen, perfectamente clara, de una batalla victoriosa.[100]

Sorel cree que esta visión poética del socialismo es inaugurada por el mejor Marx con su apocalíptica imagen de la catástrofe capitalista. Desde el punto de vista de Sorel, el aspecto más importante de la obra marxiana es su visión de la lucha de clases. Según Sorel, el socialismo necesita de la separación absoluta de las clases. Dicha separación es obstaculizada por el capitalismo humanitario y por los partidos socialdemócratas. Estos últimos son vistos por Sorel como una cabeza de playa de la cultura burguesa en la isla proletaria. A través de ellos se introduce en el mundo de los productores la fe en el progreso, que induce al quietismo. El mito de la huelga general, en cambio, promueve acción, violencia. La noción que de ésta desarrolla Sorel y su contraposición a la fuerza burguesa están íntimamente unidas a la polémica con la socialdemocracia. A juicio de Sorel, el pensamiento socialista debe renunciar a la perspectiva reformista y orientarse a la expresión del antagonismo entre el proletariado y la burguesía.[101] Los socialdemócratas son presentados por Sorel como buscadores en el mercado electoral. Les atribuye rasgos semejantes a los que Donoso ve en los parlamentarios burgueses: charlatanería e indecisión. Si Donoso llama a la burguesía la «clase discutidora»,

---

97. *Ibíd.*, 185 y 231.
98. *Ibíd.*, 217.
99. *Ibíd.*, 181.
100. *Ibíd.*, 184. Acerca de la noción de Pelloutier de la huelga general como una universal y simultánea suspensión de la fuerza productiva: Stanley, 1981, 226.
101. *Reflexiones*. Sorel, 1950, 434. En este contexto, Sternhell ha recordado el desprecio de Pouget y Griffuelhes hacia el sufragio universal y la visión de Lagardelle de la democracia como forma de dominación burguesa. Sternhell, 1985, 92.

Sorel afirma de los socialdemócratas que carecen «de todo sentido de la discusión honrada» y que tienden al «lenguaje embarullado» y a las «frases rimbombantes»; los caracteriza, en fin, como embaucadores y sembradores de confusión.[102] Los tacha además de inconsecuentes por pedir al pueblo confianza en el parlamentarismo y, al tiempo, excitarle con alusiones a la revolución.[103]

Su antítesis es el sindicalismo revolucionario, que, libre de decadentes y advenedizos, «se esfuerza por no dejar nada en la indecisión».[104] Así como *Las ilusiones del progreso* y *La descomposición del marxismo*, las *Reflexiones* se inscriben en el auge del sindicalismo francés, antes de que una serie de fracasos debiliten el entusiasmo por la huelga general.[105] Reflejan la tensión del mundo socialista entre dos tendencias: una se orienta al parlamentarismo; otra, a la guerra social.[106] Sorel defiende la segunda, que será finalmente derrotada por un modelo sindical posibilista e incluso burocratizado.[107] Su concepción antiparlamentaria y antiintelectualista de la autonomía obrera se nutre además de experiencias como las Bolsas de Trabajo, y tiene un referente mayor en la insurrección de la Comuna. Su objetivo es fortalecer como movimiento revolucionario la masa de los productores, fácilmente manipulable por los demagogos. A dicho objetivo sirve la imagen de la huelga general. Gracias a ese mito puede el proletariado construirse como clase.[108]

La imagen de la ciudad detenida capta monadológicamente el movimiento socialista. Es la imagen de un estado de excepción en el continuo. Ella misma constituye una excepción en

---

102. *Reflexiones*. Sorel, 1950, 169 s.

103. *Ibíd.*, 140.

104. *Ibíd.*, 172. Antes, Sorel se ha referido irónicamente a los «socialistas (llamados revolucionarios) del parlamento». *Ibíd.*, 109.

105. El congreso de la C.G.T. de 1906 es el momento fundamental de ese período. Jennings sitúa la crisis en torno a 1908. Jennings, 1985, 117 s. y 143.

106. En la segunda opción pueden ser mencionados Griffuelhes, Pouget, Delesalle y Lagardelle. Acerca de la participación de la socialdemocracia alemana en este debate: Prat, 1985, 406.

107. En *El sindicalismo francés —Il sindacalismo francese* (1920)—, Sorel lamenta la degeneración de los sindicatos en máquinas políticas. Sorel, 1973, 299.

108. Las Bourses du Travail parecen haber sido un modelo para Sorel. A este respecto, véase su prefacio al libro de Pelloutier *Historia de las Bolsas del Trabajo*; Sorel, 1946. Sobre este fenómeno típico del proletariado francés y su ambiguo carácter: Schöttler, 1985, 54 ss.

el continuo cultural. A diferencia de la utopía, que prolonga ese continuo. Por eso rechaza Sorel a Fourier[109] y a Owen.[110] Según él, de la utopía —«un falaz espejismo»—[111] la burguesía no tiene nada que temer. En la oposición mito/utopía, así como en su aversión a los intelectuales, Sorel está cerca del juicio benjaminiano de que el continuo de cultura es solidario con el continuo de poder (fragmentos VII, XVII). El empeño de Sorel por expulsar lo utópico del socialismo corresponde a la voluntad benjaminiana de forjar una cultura al margen de la hegemonía burguesa (fragmentos VI, VII, X, XI, XIV). Pero si Benjamin busca un espacio común de productores e intelectuales —en tal sentido puede leerse *El autor como productor*—, Sorel ve los unos enfrentados a los otros.[112] Quiere «una filosofía de brazos y no una filosofía de cabezas»,[113] que se exprese en la imagen mítica del colectivo y no en la descripción utópica del intelectual. El mito de la huelga general no nace de la ocurrencia de un genio, sino de la experiencia del sindicalismo francés. El mito «es idéntico a las convicciones de un grupo, y constituye la expresión de esas convicciones en lenguaje de movimiento».[114] Tal formulación encierra las notas que lo privilegian frente a la utopía: es obra de la colectividad (y no de un individuo), expresión de una voluntad actual (y no descripción de un estado futuro), innegociable (no tiene partes) e indiscutible (se acepta o se rechaza, sin más).

Imagen mítica e imagen utópica importan aquí porque, en su fricción, arrojan luz sobre una tercera: la imagen dialéctica de *Sobre el concepto de historia*.[115] Esta imagen aparece cuando la actualidad cita un pasado fallido. La citación del pasado fallido es asimismo relevante para Sorel en la medida en que lo es la leyenda de la Comuna. Cuando Salomon prologa las *Reflexiones* sorelianas, hace notar que el concepto maniqueo y guerre-

109. *Reflexiones*. Sorel, 1950, 380.

110. *Ibíd.*, 344.

111. *Ibíd.*, 183.

112. *Ibíd.*, 366 s.

113. *La descomposición del marxismo*. Sorel, 1982, 250. Acerca de la coincidencia de Sorel en este campo de ideas con los fundadores del Cercle Proudhon, véase Sternhell, 1985, 95.

114. *Reflexiones*. Sorel, 1950, 46 s.

115. Sorel reconoce que las fronteras entre imagen mítica e imagen utópica no son siempre nítidas. *Ibíd.*, 45.

ro de «ejército de los desheredados» emerge de los fusilamientos de la Comuna.[116] Tal concepto parece cercano al benjaminiano de la «clase oprimida que combate» (fragmento XII). También en Benjamin, la imagen de la catástrofe de aquéllos a quienes se reconoce como antepasados es capaz de aglutinar al proletariado en un cuerpo combativo. En tal imagen conviven el autoconocimiento de la clase y el reconocimiento del enemigo. Una división maniquea de la historia, como de la ciudad, en opresores y oprimidos, parece operar en los fragmentos II, IV, VII, VIII y XII. Acaso indagar en el maniqueísmo soreliano pueda aportar algo al lector de Benjamin.

El dualismo del *Manifiesto Comunista* se hace proyecto en Sorel. La concepción jurídica que éste tiene del socialismo no responde a un espíritu legalista, sino a la voluntad de reforzar la escisión social. Según Sorel, los proletarios deben dotarse de códigos que los conformen como unidad frente a la burguesía.[117] La lucha de clases es un enfrentamiento de concepciones jurídicas que definen dos sociedades irreconciliables, dos ciudades. La clase existe en la medida en que combate, para lo que precisa un enemigo. Es en la escisión radical donde el proletariado revolucionario se construye. El mito maniqueo concentra la historia en una sola imagen: la de la batalla final.[118]

La imagen de la huelga general libera al proletariado de intelectuales que piensen por él.[119] A diferencia de la escolástica marxista,[120] tal imagen aporta «al conjunto de los pensamientos revolucionarios una precisión y un rigor que no hayan podido darle otros modos de pensar».[121] Se trata de una representación del socialismo en la que «la razón, las esperanzas y la percep-

---

116. Salomon, 1928, XXII

117. En *La descomposición del marxismo*, Sorel interpreta la organización del proletariado descrita por Marx en el primer volumen de *El Capital* como un proceso de constitución jurídica sin la cual no cabe decir «que haya una clase plenamente desarrollada». Sorel, 1982, 242. En *La idea jurídica en el marxismo* —*L'idea giuridica nel marxismo*—, hace depender el triunfo marxista del desarrollo de ideas jurídicas en el proletariado. Sorel 1899a. Una noción de derecho obrero es manejada por Sorel en carta a Lagardelle. Sorel, 1933, 761. Acerca del artículo *Los aspectos jurídicos del socialismo* —*Les aspectes juridiques du socialisme*—, véase Jennings, 1985, 76 ss.

118. *Reflexiones*. Sorel, 1950, 96 y 433. En este sentido, Sorel parece converger con el Schmitt de *El concepto de lo político*.

119. *Ibíd.*, 200.

120. *Ibíd.*, 208.

121. *Ibíd.*, 180.

ción de los hechos particulares parecen formar ya una indivisible unidad»[122] de que carecen en el lenguaje convencional. Para Sorel, es en la versión monadológica y maniquea y no en la dialógica y pactista en la que el socialismo puede avanzar.[123] La imagen de la ciudad detenida impone al pensamiento, más claramente que cualquier fórmula, que «la sociedad está efectivamente dividida en dos bandos, y solamente en dos, en un campo de batalla».[124] La mónada «huelga general» supera la dispersión de los conflictos en la imagen de una sola escisión catastrófica,[125] del mismo modo que los primeros cristianos vinculaban cada persecución al Apocalipsis.[126]

La referencia al Apocalipsis recuerda al fragmento VI de *Sobre el concepto de historia*: «El Mesías viene no sólo como el Salvador; viene como el vencedor del Anticristo».[127] La dramatización de la historia sobre dos actores de que fue capaz la mitología del Anticristo del siglo I es recuperada por Sorel para la Europa del XX. Como en el modelo, la escisión es sólo actual en el sentido de que sus actuales signos alimentan la ansiedad de la batalla definitiva. Los individuos son vistos como ministros de Satán o de su Vencedor. La victoria de Cristo sobre el Príncipe del Mal es la de sus elegidos.[128] Sorel cree que la imagen maniquea ha probado su eficacia a lo largo de la historia. El cuerpo colectivo se forma en torno a una convicción basada «en la competencia de comuniones, cada una de las cuales se cree el Ejército de la Verdad llamado a combatir los Ejércitos del Mal».[129]

Las correspondencias entre Sorel y Benjamin hasta aquí presentadas podrían apoyar una reconstrucción de *Sobre el concepto de historia*. Conforme a ella, el momento de peligro en que, según Benjamin, el proletariado se convierte en sujeto del

---

122. *Ibíd.*, 181.
123. *Ibíd.*, 184 s.
124. *Ibíd.*, 197.
125. *Ibíd.*, 279.
126. *Ibíd.*, 424. Sorel parafrasea aquí a Renan.
127. En la visión benjaminiana del fascismo como un nuevo Anticristo ha sido probablemente decisiva la influencia de Lieb. A este respecto, véase Kambas, 1986, 97.
128. *Reflexiones*. Sorel, 1950, 278 s. y 424.
129. *Ibíd.*, 320. Obra clave en la formación de estas ideas es *El sistema histórico de Renan*, donde Sorel reflexiona acerca de la imagen de guerra a Dios que se hacían los cristianos de sus persecuciones. En esa imagen, Nerón aparecía como Anticristo. Sorel, 1905, 314 ss., 321 y 376 ss.

conocimiento histórico, sería análogo a lo que Sorel ve como aparición catastrófica en las mentes proletarias de una cultura distinta de la burguesa. El conflicto entre los dos mundos se resolvería en las mentes obreras en la lucha entre dos mitos que, como mónadas, expresan dos culturas: el mito burgués del progreso (que involucra el pacto) y el proletario de la detención (que implica la escisión). La de clase sería una definición fundamentalmente cultural: el proletariado constituiría un estado de excepción en el continuo cultural burgués; su lenguaje sería la unidad misma del grupo expresada en violencia. El fragmentado cuerpo colectivo se recompondría en torno a una sola imagen: su cohesión dependería de la imagen de la colisión catastrófica contra su complementario.[130]

Lo que sigue es la crítica de esa reconstrucción.

La ciudad virtuosa

Igual que Benjamin, Sorel vincula el socialismo a la idea de salvación. Pero Sorel piensa en una salvación moral. A diferencia de Benjamin, no escribe volcado hacia la oportunidad de una inversión social. El último acto de su dramatización histórica no es la revolución de la sociedad, sino de los corazones.[131]

No cabe separar en Sorel al sindicalista del moralista. De hecho, las *Reflexiones* pueden ser leídas como un libro fundamentalmente moral. El propio Sorel las caracteriza en *Las ilusiones del progreso* como «una filosofía moral fundada sobre la observación de hechos que se producían en el sindicalismo revolucionario».[132] Acaso sea la intensidad de su preocupación moral el rasgo que hace más raro a Sorel entre los marxistas. Esa preocupación determina su desprecio hacia el sentimiento

---

130. *Reflexiones*. Sorel, 1950, 381 s.
131. *Ibíd.*, 388 s.
132. *Las ilusiones del progreso*. Sorel, 1947a, 335. Sorel añade que «no es necesario decir que este libro ha permanecido ininteligible para los demócratas y, en general, para todas las personas que no comprenden las leyes de la grandeza y la decadencia». En carta de 6 de mayo de 1907, Sorel escribe a Croce: «Usted ha reconocido notablemente bien cuál es la gran preocupación de toda mi vida: la génesis histórica de la moral». Sorel, 1928-1930, 100. Berth ve en Sorel un moralista proudhoniano, y se refiere particularmente al significado moral de *La ruina del mundo antiguo*. Berth, 1922a, 496. Goriely caracteriza las *Reflexiones* como tratado moral. Goriely, 1985, 153.

de venganza que en el proletariado quieren despertar los demagogos. Si en sus primeros escritos afirma que el odio sólo lleva a la sustitución de una tiranía por otra, más tarde rechaza la manipulación que del recuerdo de la masacre de la Comuna hacen los socialdemócratas.[133] Sorel lamenta que la demagogia de éstos haya arrebatado popularidad a un socialismo de corte proudhoniano, orientado por problemas morales y jurídicos.[134]

Sorel nunca deja de ser discípulo de Proudhon, de cuyo socialismo se nutre tanto como del marxista.[135] Donoso ve en Proudhon el mayor pecador de todos los tiempos, la síntesis de las contradicciones modernas y un dogmático de la tiranía.[136] Por su parte, Carl Schmitt observa que la crítica proudhoniana del parlamentarismo y del liberalismo conduce, a través de Sorel, al estado corporativo y al sistema soviético.[137] Para evaluar su influencia sobre Sorel, conviene recordar que Proudhon descubre en la guerra el fenómeno más elevado de la vida moral. Esta visión de la guerra como fenómeno moral —que, por otro lado, remite al tema jüngeriano de la guerra como vivencia interior— se deja reconocer en la noción soreliana de violencia.[138] Sorel ve en la lucha de clases la fuente de una renovación moral colectiva. Horrorizado por la decadencia moral burguesa, se convence de que el ideal proudhoniano de justicia sólo podría

---

133. Véase Stanley, 1981, 242. En las *Reflexiones* se refiere Sorel al anhelo de revancha de los judíos como ejemplo de esperanza de los perseguidos. Sorel, 1950, 361.

134. *Ibíd.*, 243 s.

135. En el *Apéndice III* de las *Reflexiones*, Sorel reconoce que éstas son de inspiración proudhoniana. Sorel, 1950, 452. Cabe decir que el objetivo último de Sorel es fundar la república proudhoniana. De hecho, en *Últimas meditaciones* se refiere al mundo obrero como realización de la «República fundada sobre el derecho y la libertad» de Proudhon. Sorel, 1973, 430. Gramsci hace notar que Sorel incurre en contradicción cuando, por un lado, exalta como modelo para el proletariado a Proudhon y, por otro, observa que éste tiene la cabeza «llena de recuerdos de la vida campesina». Gramsci, 1896, 147. Sin embargo, Gramsci valora positivamente el aprecio de Sorel por la orientación psicológica de Proudhon, consistente en la "fusión" con los sentimientos populares (campesinos y artesanos) que pululan concretamente por la situación real en que el ordenamiento económico-estatal ha colocado al pueblo; en la "penetración" en éstos para comprenderlos y expresarlos en forma jurídica, racional». *Ibíd.*, 150.

136. *Ensayo*. Donoso II, 657.

137. *Interpretación europea de Donoso Cortés*. Schmitt, 1963, 129.

138. Bohrer relaciona el punto de vista proudhoniano con la comprensión por Marinetti y Jünger de la guerra como transformadora del alma. Bohrer, 1978, 107 y 112. En este contexto, ninguna obra de Proudhon resulta tan reveladora como *La guerra y la paz*. Acerca de ella, véase Freund, 1932, 195 y 203.

realizarse en la tensión guerrera engendrada por un mito maniqueo.[139] Su proyecto es el de una antisociedad aislada del espíritu decadente de la sociedad burguesa y, por tanto, de sus instituciones; su estrategia, la violencia iluminada por la imagen de
la ciudad detenida.[140]

La preocupación moral es determinante en la opción de Sorel por el mito frente a la utopía. Al contrario que ésta, el mito sí
es capaz de crear una moral. Dominado por la imagen de la
huelga general, el proletario viene a ser un superhombre moral
frente al burgués.[141] Sorel se fijará también en los monárquicos
y en las virtudes fecundadas por la tradición y por los mitos
nacionales.[142] Tal interés esclarece el que tiene por el proletariado, al que ve como una excepción moral en el mundo moderno.[143] Sorel ha encontrado en él una de esas comunidades vir-
tuosas que a veces se asoman a la historia, una clase casta en la
catástrofe moral burguesa. Hay en su obra una escatología moral, una apocalíptica interior que parece corresponder en Benjamin al momento en que los vencidos escapan de la cultura de
los vencedores, articulada alrededor del mito de progreso. Pero
en Benjamin, la interrupción del continuo cultural tiene su correlato en la interrupción de la catástrofe histórica. Ambos estados de excepción coinciden en el momento de peligro. El socialismo como estado mental colectivo, como unidad de la conciencia en torno a una sola imagen, tiene en Benjamin voluntad
de irrumpir en la historia. De ahí que el fragmento XII elogie a
Blanqui, cuyo gesto decisivo no cabe, sin embargo, en un Sorel
encerrado en los límites del anarquismo.[144]

---

139. *Reflexiones*. Sorel, 1950, 37 s., 61, 317 s., 354 y 364. Debe ser tenido en cuenta,
sin embargo, el artículo *Proudhon y el renacimiento del socialismo*, donde Sorel sostiene que la represión de la Comuna engulló casi todo lo que las enseñanzas de Proudhon
habían comenzado a producir. Sorel, 1992.

140. *Reflexiones*. Sorel, 1950, 56 s. y 389.

141. Ya Salomon caracterizó el pensamiento de Sorel como un nietzscheanismo
francés, además de como un jansenismo social. Salomon, 1928, XIX. Acerca del posible fondo nietzscheano de la renovación soreliana del marxismo, véase Prat, 1985, 406
s. Se ha establecido una analogía entre la moral de señores y de esclavos nietzscheana
y la de productores y consumidores soreliana. Berding, 1969, 88.

142. Véase Jennings, 1985, 152.

143. *Reflexiones*. Sorel, 1950, 345.

144. En *La descomposición del marxismo*, Sorel caracteriza el blanquismo como
«la revuelta de los pobres conducida por un estado mayor revolucionario». Dado que
una revuelta tal puede tener lugar en cualquier época y bajo cualquier régimen de producción, no debe ser confundida con la revolución prevista por Marx, «hecha por un

La obsesión por preservar la pureza moral del proletariado señala el punto en que el camino de Sorel se separa del de Benjamin. Pero la brecha entre ambos se prefigura ya en la separación de sus comprensiones de la historia. Pese a su rechazo del modelo de progreso, Sorel está empapado de él en lo que Benjamin considera su reescritura: el modelo de decadencia. Para Benjamin, ambos modelos son frutos de una misma conciencia histórica. En el trabajo sobre los pasajes parisinos, escribe: «La superación del concepto "progreso" y del concepto "tiempo de decadencia" son sólo dos lados de una y la misma cosa».[145]

Sorel, en cambio, parece ver el de decadencia como el movimiento natural, ante el que sólo cabe un pesimismo heroico.[146] El modelo de Vico de *corsi* y *ricorsi* reaparece en él en forma de una decadencia moral tan tenaz como el progreso técnico y sólo interrumpida por retornos catastróficos a un *ethos* de combate. En particular, la idea de decadencia —social, económica, política, ideológica, moral— impregna fuertemente la visión soreliana de la sociedad capitalista. Pero la violencia de la clase obrera aún puede devolver el capitalismo a sus orígenes manchesterianos, de modo que la confrontación entre clases liquide los factores de decadencia: el socialismo parlamentario, la democracia y la paz social. «Todo puede ser salvado —dice Sorel— si, mediante la violencia, logra el proletariado consolidar de nuevo la división en clases y devolver a la burguesía algo de su energía».[147]

---

proletariado de productores que han adquirido la capacidad económica, la inteligencia del trabajo y el sentido jurídico bajo la influencia misma de las condiciones de la producción». Sorel, 1982, 242. A pie de página, Sorel aclara que por blanquismo quiere designar no tanto las ideas de Blanqui como la tradición jacobina así nombrada por Bernstein. Por su parte, Benjamin se ocupa de Blanqui en, entre otros lugares, *El París del Segundo Imperio en Baudelaire*. Allí se hace eco de su dudosa fama. Por un lado, Blanqui es visto desde el marxismo como un intento que intenta «adelantarse al proceso revolucionario en desarrollo, empujarlo artificiosamente a la crisis e improvisar una revolución, sin que haya condiciones para ella»; por otro lado, Blanqui es presentado como un competidor de los conspiradores profesionales. G.S. I.2, 517 s. Del interés de Benjamin por Blanqui dan idea varias anotaciones del trabajo sobre los pasajes. G.S. V.1, 205 s.

145. Fragmento N 2,5. G.S. V.1, 575. La identidad profunda de decadencia y progreso también es señalada en *Calle de dirección única*: «La decadencia no es en nada menos estable, en nada más sorprendente que la ascensión». G.S. IV.1, 95.

146. Onufrio encuentra «pesimismo activo» en la *Carta a Halevy* de Sorel. Onufrio, 1979, 313 y 317 ss. En este contexto, merece la pena recordar el tema benjaminiano de la «organización del pesimismo».

147. *Reflexiones*. Sorel, 1950, 130. Sorel menciona, de hecho, la teoría de Vico.

Al fin y al cabo, Sorel nunca deja de sentirse fascinado por la primera comunidad cristiana, formada en una región que había permanecido impermeable a la cultura grecolatina y en un lenguaje, el bíblico, que expresaba los sentimientos de una revuelta absoluta. La Biblia es, a su juicio, el mejor ejemplo de poesía apropiada a una edad heroica.[148] Lo importante para Sorel es que, en el peor mundo posible, haya un grupo de hombres preservado de la corrupción. El esfuerzo de esa minoría es capaz de impulsar moralmente a la humanidad entera. En este sentido, cuando en las *Reflexiones* se refiere a los anónimos artistas de las catedrales, Sorel sí concibe una posibilidad de progreso: «Ese esfuerzo hacia lo mejor, que se manifiesta en ausencia de toda recompensa personal, inmediata y proporcional, constituye la *virtud secreta* que garantiza el progreso continuo en el mundo».[149]

El proletariado es para Sorel, como para Benjamin, la comunidad capaz de salvar al mundo de la barbarie. Pero «barbarie» tiene en Benjamin distinto significado que en Sorel. Dos modelos de historia —la historia como decadencia y la historia como catástrofe— subyacen a dos visiones de la revolución: la restauración de la pureza moral y la interrupción del continuo de injusticia. En Sorel se impone la citación no del pasado fallido, sino de un héroe original, mítico. En cada eslabón en la cadena de decadencia, aparece una clase casta —los primeros cristianos, los proletarios...— que devuelve a la humanidad al buen origen.

Ibíd., 129. En carta a Croce de 25 de enero de 1911 señala que lo fundamental de su comprensión de la historia aparece en *Las ilusiones del progreso*: los movimientos de grandeza son forzados; los de decadencia, naturales. Sorel, 1928-1930, 343.

148. En carta a Lagardelle, Sorel afirma que el proletariado ha de orientarse a la escisión como hicieron los cristianos en los dos primeros siglos. Sorel, 1933, 761 ss. Por lo demás, la lectura de Renan parece haber influido decisivamente en la analogía soreliana entre proletariado y primer cristianismo. A este respecto, véase Jennings, 1985, 111. La importancia que adjudica Sorel a la ideología de la escisión en el triunfo del cristianismo, así como su deuda respecto de Vico, fueron tempranamente subrayadas por Berth. Berth, 1922b.

149. *Reflexiones*. Sorel, 1950, 384 s.

La ciudad sin nombre

Esta investigación ya ha aludido a un paisaje político de la modernidad esbozado por Schmitt. Las opciones que Schmitt presenta son la dictadura reaccionaria, la dictadura del proletariado, la democracia asamblearia y el anarquismo.[150] Dentro de este último sitúa Schmitt a Sorel. Pero tal ubicación ha de ser matizada, en la medida en que Sorel, si bien no aspira a conquistar el Estado, tampoco trabaja por su muerte. De sumandos fundamentalmente marxistas, proudhonianos y bergsonianos resulta su marxismo libertario. El propio Sorel se interpreta como seguidor de un Marx cuya primera enseñanza es, según aquél, la de que «toda la preparación del proletariado depende únicamente de la organización de una resistencia obstinada, creciente y apasionada contra el orden de cosas existente».[151] La idea bernsteiniana de que la meta no es nada, el movimiento lo es todo, se convierte en Sorel en modelo social: el de la tensión permanente entre dos polos constituidos por un mito maniqueo. Esa tensión se expresa en la figura del Judío Errante, símbolo para Sorel de «las más elevadas aspiraciones de la humanidad».[152]

Determinar la posición de Benjamin respecto del marxismo soreliano exige tomar en serio la pregunta de si subyace a su comprensión de la historia una construcción del tipo amigo-enemigo. Los textos en que Benjamin parece no ver un tercero entre el burgués y el paria,[153] la dramatización Mesías-Anticristo de *Sobre el concepto de historia*, justifican esta pregunta.

La lectura que del mito soreliano hace Schmitt nos ayuda a responderla. Schmitt lee así la teoría del mito social: «En inmediata intuición, una masa entusiasmada crea la imagen mítica, que empuja su energía hacia delante y le da tanto la fuerza para el martirio como el coraje para el empleo de la violencia».[154]

---

150. *La Dictadura*. Schmitt, 1964, 147 s.

151. *Reflexiones*. Sorel, 1950, 196.

152. *Ibíd.*, 24. Refiriéndose a Sorel, Goisis habla de «visión del mundo que privilegia el movimiento». Goisis, 1983, 152.

153. Véanse, por ejemplo, *Para una imagen de Proust* y *Sobre la presente situación social del escritor francés*. G.S. II.1, 319; II.2, 790.

154. *La situación histórico-espiritual del parlamentarismo hoy*. Schmitt, 1926, 80. Schmitt anticipa su lectura de Sorel en el artículo *La teoría política del mito* —*Die politische Theorie des Mythos* (1930). Schmitt, 1988, 9-18.

Schmitt hace una lectura decisionista de las *Reflexiones*, interpretando la imagen de la huelga general como una nueva versión de la imagen de la batalla decisiva que en 1848 conjuraban los rivales del parlamentarismo: los tradicionalistas —cuyo capitán era Donoso Cortés— y los socialistas —liderados por Proudhon.[155] De la confrontación de imágenes míticas resulta una tensión comparable a la de las antiguas guerras de religión.

En *La situación histórico-espiritual del parlamentarismo hoy*, Schmitt afirma que ya al socialismo de Marx subyace una construcción mítica: la del burgués como último enemigo de la humanidad.[156] Este diagnóstico se prefigura en *Catolicismo romano y forma política*, donde Schmitt escribe que «mientras la idea de humanidad conservó una fuerza original, encontraron sus representantes también ánimo para imponerse con inhumana grandeza».[157] Schmitt añade que «la idea de humanidad, tan pronto como se realiza, sucumbe a la dialéctica de toda realización» y se convierte en inhumana.[158] Esas palabras deben ser tenidas en cuenta al leer *El concepto de lo político*, donde Schmitt pone como ejemplo eminente de «antítesis bipolar» y de «contraposición dual» el intento de Marx «de concentrar todas las luchas de la historia universal en una única lucha final contra el último enemigo de la humanidad. En ella se reúnen todas las diferentes burguesías de la tierra en una sola y todos los proletariados igualmente en uno solo, y se obtiene de este modo una grandiosa agrupación amigo-enemigo».[159]

---

155. En *Catolicismo romano y forma política*, Schmitt discute la opinión de Sorel sobre las graves consecuencias que para el catolicismo ha tenido la pérdida de toda visión escatológica. Schmitt menciona a Donoso como representante de una renovada escatología católica, para la que aún están vivas la imagen del Anticristo y la expectativa del Juicio Final. Schmitt, 1925, 17 y 21

156. Schmitt, 1926, 71 ss.

157. Schmitt, 1925, 46.

158. *Ibíd.*, 48.

159. Schmitt, 1932a, 60 s. Desde una perspectiva contraria, en *El París del Segundo Imperio en Baudelaire*, Benjamin comenta la caracterización reaccionaria de los proletarios como «clase infrahumana que había surgido de un cruce de ladrones y prostitutas». G.S. I.2, 523. En este contexto resultan interesantes las reflexiones de Marquard acerca de la relación entre filosofía de la historia y maniqueísmo. Marquard caracteriza la moderna filosofía de la historia como un maniqueísmo tras la muerte de Dios. A su juicio, la filosofía de la historia hereda los problemas de la teodicea y recupera para ellos soluciones maniqueas. Lo fundamental según Marquard es la división de los hombres en «aquellos que son responsables del mal existente y aquellos que se ocupan de la salvación futura». Unos hombres, que se presentan como salvadores, atribuyen a

Conforme a la interpretación schmittiana, lo fundamental del marxismo no es la comprensión materialista de la historia, sino la noción de clase, sobre la que se edifica un maniqueísmo extremo: la lucha éntre proletariado y burguesía es la última de la humanidad, pues en ella se superarán todas las contradicciones. La caracterización del burgués como enemigo de la humanidad supone la del proletario como único ser humano. El proletariado, la clase que no participa de la plusvalía, encarna la negación absoluta de la burguesía, que lo es de la humanidad. Según Schmitt, tal construcción mítica desencadena una fuerza instintiva formidable, pero menor que los mitos basados en lo nacional.[160] Pues la diferencia más fuerte, dice Schmitt, es la de nación y no la de clase. En la Italia de Mussolini, la demonización del ruso ya había demostrado su superioridad movilizadora frente a la demonización del burgués. La citación del César y no la de Espartaco había sido la primera capaz de abatir un parlamento.[161] Con lo que el envío anarquista de Sorel se había metamorfoseado en base para una nueva autoridad.

El nudo de la argumentación schmittiana: la diferencia —de clase, de nación...— se hace contradicción, y ésta, batalla decisiva.

La lectura que hace Schmitt del mito soreliano ilumina el punto en que Benjamin y Sorel se separan. Schmitt convierte el mito en clave de un pensamiento de la identidad, es decir, de la exclusión. La imagen dialéctica es, en cambio, clave de un pensamiento de la no identidad, de la inclusión. Si en Schmitt la humanidad es el único concepto no político —pues excluye el de enemigo—,[162] en Benjamin es el único concepto propiamen-

otros la responsabilidad del mal, convirtiéndolos en encarnación de lo inhumano y declarándoles un conflicto absoluto. Marquard, 1983, especialmente 165 ss. En el mismo contexto puede considerarse la reflexión de Tucker acerca de la estetización de grupos de amigos —comunidad popular, internacional proletaria, raza, clase— y la deshumanización de grupos de enemigos —capitalistas, imperialistas, judíos, bolcheviques, fascistas. Tucker, 1988, 101.

160. *La situación histórico-espiritual del parlamentarismo hoy*. Schmitt, 1926, 88. En este contexto, merece la pena recordar que Jünger afirma la superioridad del sentimiento de *Arbeitertum* sobre el de *Arbeiterschaft*. Acerca de esta contraposición jüngeriana: Woods, 1982, 228.

161. Si el Robespierre de Benjamin cita a Roma (fragmento XIV), de Mussolini dice Sorel: «Es un italiano del siglo XV, un condottiere». Cit. en Freund, 1932, 8. El propio Mussolini completa el gesto: «Nuestro mito es la nación». Schmitt lo recuerda al final de su ensayo sobre el parlamentarismo. Schmitt, 1926, 88.

162. Schmitt escribe en *El concepto de lo político*: «La humanidad como tal no

te político. Si para Schmitt la posesión de un mito es la señal de que un grupo entra en la historia,[163] el tema de Benjamin es la inclusión en la historia de los olvidados. A las víctimas en el peligro, sólo a ellas y sólo entonces, reconoce Benjamin capacidad para una inclusión semejante.[164] La citación de toda la humanidad, de cada momento de su pasado, sólo tendrá lugar en la interrupción de lo que engañosamente se llama progreso. Benjamin cree capaces de gesto interruptor tan enorme a las víctimas actuales si entran en constelación con el pasado oprimido. El lugar donde ese presente y ese pasado se encuentran es la imagen dialéctica, en la que según Benjamin reside una débil, pero preciosa fuerza mesiánica. La esperanza de la humanidad reside así, paradójicamente, en los desesperados.

Para la crítica de la violencia revela que *Sobre el concepto de historia* encierra menos una metodología para historiadores que una interpretación metafísica del capitalismo. En aquel texto, Benjamin hace una lectura teológica de la reflexión soreliana sobre el derecho de huelga. Para Sorel, este derecho señala un corte histórico, pues rompe el monopolio del Estado sobre la violencia. De ahí la importancia de la oposición huelga general revolucionaria / huelga general política. Sorel ve una continuidad entre esta segunda y el Estado: una huelga general política siempre prepara otro poder; no restando fuerza al Estado, sólo ofrece a los productores un cambio de amo. La huelga general revolucionaria, en cambio, tiene por horizonte único —lee Benjamin en Sorel— la destrucción del poder del Estado, «razón de ser de los grupos dominantes».[165]

Benjamin eleva la posibilidad de una huelga general revolucionaria a posibilidad de interrupción del tiempo mítico, que el capitalismo prolonga. Esa posibilidad abre un cambio epocal,

---

puede hacer una guerra, pues carece de enemigo, al menos en este planeta. El concepto de la humanidad excluye el del enemigo». Schmitt, 1932*a*, 42.

163. *La situación histórico-espiritual del parlamentarismo hoy.* Schmitt, 1926, 80. Schmitt está aquí parafraseando a Sorel.

164. La coincidencia de conocimiento y acción en el momento de peligro, que Benjamin atribuye a las víctimas, es atribuida por Schmitt al dictador: «El Führer defiende el derecho de su peor abuso cuando, en el momento de peligro, en virtud de su liderazgo, como supremo señor del tribunal, crea derecho inmediatamente». Se trata del artículo *El Führer protege el derecho —Der Führer schützt das Recht.* Schmitt, 1934, 945-950, 946.

165. G.S. II.1, 193 s.

en la medida en que «sobre la interrupción de este ciclo que se desarrolla en el ámbito de las formas míticas del derecho, sobre la destitución del derecho junto con las fuerzas en las cuales se apoya, al igual que ellas en él, es decir, en definitiva, del Estado, se basa una nueva época histórica».[166]

El par soreliano violencia/fuerza es así llevado al centro de la filosofía de la historia. La oposición entre un verdadero estado de excepción y el falso del fascismo —en *Sobre el concepto de historia*— puede leerse como una versión extrema —en un momento de peligro— de la distinción entre violencia pura y violencia impura en *Para la crítica de la violencia*.[167] Lo que une ambos textos es el anhelo de interrupción del continuo mítico, cuya encarnación actual es el derecho. El entusiasmo hacia la huelga general descrito por Sorel se transforma en Benjamin en esperanza de un estado de excepción que interrumpa el continuo: al detener la ciudad, se querría parar la historia.[168]

Benjamin describe su época como un tiempo oscuro. Habla de «impotencia y decadencia del intelecto»,[169] y se alarma por el ataque de que son objeto no sólo los hombres, sino también su conciencia de ser atacados.[170] Observa que la crisis del conocer se traduce en debilidad ante las circunstancias que la provocan.[171] El

---

166. *Ibíd.*, 202.

167. Resulta interesante contrastar la crítica benjaminiana de la violencia con la blochiana. Ésta puede abordarse desde «Sobre el derecho del bien a la violencia», sección de *Thomas Münzer, teólogo de la revolución*. Bloch, 1968, 138 ss. Para un debate acerca de la oposición violencia/fuerza en Sorel: Charzat, 1977, 141 ss.; Jennings, 1985, 136. Stanley compara dicha oposición con la sostenida por Camus en *El rebelde* entre rebelión, como acto de rechazo a la represión existente, y revolución, como ataque contra el orden existente con un plan de organización futura. La rebelión se pone límites a sí misma, al reducirse a negación de la autoridad. Stanley, 1981, 243. En este sentido, también cabe establecer una correspondencia entre el par rebelión/revolución de Camus y el par violencia divina / violencia mítica de Benjamin. Por otro lado, conviene recordar aquí la distancia que toma Benjamin respecto de los pacifistas. Por ejemplo, en *Teorías del fascismo alemán*. G.S. III, 249.

168. El entusiasmo es un tema kantiano. Junto al entusiasmo hacia la huelga general, Benjamin menciona el que suscita el gran criminal en tanto que individuo capaz de derrotar al derecho. La figura del gran criminal como único hombre libre ha sido tratada por Bernard-Marie Koltès en su obra teatral *Roberto Zucco*. Koltès, 1990. Conviene atender también al uso que, para presentar la deconstrucción, hace Derrida de la imagen soreliano-benjaminiana de la huelga general como modelo de suspensión de toda autoridad. Derrida, 1990.

169. *Calle de dirección única*. G.S. IV.1, 96.

170. *¿Qué es el teatro épico?* G.S. II.2, 522 s.

171. *André Gide y su nuevo enemigo*. G.S. III, 489. En este contexto presta atención Benjamin a los efectos hipnóticos de la monumentalidad fascista.

fascismo —que nace en la lucha de clases para negarla—[172] consigue ocultar su catastrófico carácter.[173] Si arrebata a los desesperados incluso la experiencia de su desesperación, constituirá la catástrofe en absoluto. Su éxito supondrá no sólo la prolongación del continuo de injusticia, sino también la clausura del pasado oprimido. Pues, desde el punto de vista de Benjamin, de las víctimas actuales depende la historia entera. Sólo ellas, en la experiencia de la catástrofe de su tiempo, pueden hacer experiencia de la historia como catástrofe.

En *París, la capital del siglo XIX*, Benjamin reflexiona sobre las imágenes de deseo en que un colectivo se oculta su realidad social o la transfigura. En esas imágenes, «lo nuevo se interpenetra con lo viejo»: la imagen inconsciente de una sociedad sin clases, al encontrarse con lo actual, genera la utopía colectiva, de la que Benjamin ve huellas «en mil configuraciones de la vida, desde edificios duraderos hasta modas fugaces».[174] En este contexto conviene considerar el rechazo de Adorno a la psicologización de la imagen dialéctica. Refiriéndose a las investigaciones de Benjamin sobre Baudelaire, critica la concepción de la imagen dialéctica como contenido de conciencia. Argumenta que dicha concepción «inmanente» de la imagen dialéctica amenaza no sólo al poder original, teológico, del concepto, sino también a su contenido de verdad. A su juicio, cuando Benjamin traslada la imagen dialéctica a la conciencia, psicologiza aquélla. En su opinión, «una restitución de la teología, o mejor, una radicalización de la dialéctica del rescoldo teológico» conduciría a «una extrema agudización de los motivos social-dialécticos e incluso económicos».[175] Adorno subraya que las imágenes dialécticas no son productos ideológicos o sociales, «sino constelaciones objetivas, en las que la situación social se representa a sí misma».[176]

---

172. Véase la mencionada entrevista de Benjamin a Valois. G.S. IV.1, 491.

173. Benjamin encuentra en el teatro de Brecht —en particular, en *Terror y miseria del Tercer Reich*— estrategias eficaces contra ese enmascaramiento. A este respecto, véase *El país en que no se permite nombrar al proletariado*. G.S. II.2, 514-518.

174. *París, la capital del siglo XIX*. G.S. V.1, 47. Véase también: *ibíd.*, 55. Conviene recordar que, en el ensayo sobre Fuchs, Benjamin distingue los intereses conscientes de los individuos de los modos inconscientes de comportamiento de la clase. G.S. II.2, 495.

175. En carta a Benjamin de 2 de agosto de 1935. *Briefe II*, 671-683, 676.

176. *Ibíd.*, 678. Para distinguir diversos significados de la noción «imagen dialéctica» a lo largo de la obra benjaminiana: Greffrath, 1981, 61 ss. Lucas relaciona las

Teológica es la tensión pasado/actualidad en *Sobre el concepto de historia*. Aquí, la imagen dialéctica se tensa entre la memoria del pasado fallido y el anhelo de una actualidad emancipada. Una construcción tal consumaría la lucha política por las imágenes emprendida entre los surrealistas, cuyo esfuerzo se orienta a «ganar para la revolución las fuerzas de la ebriedad».[177] La imagen dialéctica es, en el último Benjamin, la verdadera imagen del pasado. Está limpia de restos utópicos: «Sólo imágenes dialécticas son auténticamente históricas, es decir, no imágenes arcaicas».[178]

En la pregunta por la verdad de la imagen, la separación entre Benjamin y Sorel se hace nítida. A Sorel no le importa esa verdad.[179] Para él, la virtud tiene menos que ver con la razón que con el corazón. De ahí que su voluntad no sea tanto la de romper el sueño del progreso como la de sustituirlo por otro, moralizante. La imagen mítica de Sorel es un factor de moralización, no una expresión de la verdad.

La imagen dialéctica concebida por Benjamin es, en cambio, una verdad que interrumpe la conciencia mítica. Un despertar colectivo que aparece no en la segura estabilidad del conocer, sino en su puesta en peligro. Como la imagen mítica, tiene capacidad movilizadora. Posee la eficacia del último mito: reside en el sueño, pero contiene la fuerza del despertar. Convencido de que éste no puede ser una transición progresiva, sino un salto —esto es, una catástrofe— en terreno enemigo (fragmento XIV), Benjamin busca el caballo de Troya capaz de reventar el sueño desde dentro:[180] la imagen de las víctimas de la historia el día de su redención. Tal día es el de la revolución, el tiempo de la verdad.[181] En el que no viven los proletarios de Sorel.

Como la violencia divina en *Para la crítica de la violencia*, la

---

imágenes dialécticas benjaminianas con los «contenidos del mundo» de Simmel. Lucas, 1992, 153.

177. *Sobre la presente situación social del escritor francés*. G.S. II.2, 798. Sin embargo, Greffrath considera las críticas de los frankfurtianos como factor decisivo en la eliminación de rasgos surrealistas de la imagen dialéctica. Greffrath, 1981, 61 ss.

178. En el fragmento N 3,1 del trabajo sobre los pasajes. G.S. V.1, 578.

179. *Reflexiones*. Sorel, 1950, 180 s.

180. El fragmento K 2, 4 del trabajo sobre los pasajes dice: «El despertar futuro está, como el caballo de madera de los griegos, en la Troya de los sueños». G.S. V.1, 495.

181. A este respecto, véase los fragmentos N 9, 7 y N 18, 4 del trabajo sobre los pasajes. G.S. V.1, 591 s. y 608.

imagen dialéctica en *Sobre el concepto de historia* representa un estado de excepción en el continuo mítico. Es la imagen de una teología política mesiánica, de la no identidad, contrapuesta a una teología política de la encarnación, de la identidad, cuya imagen es el mito. El pensamiento de la identidad vive en la certeza de un Dios presente. El pensamiento de la no identidad, de Dios sólo sabe que no está aquí.

Para la tradición premoderna en que milita Donoso Cortés, el orden social tiene el valor del orden divino, cuya defensa legitima la suspensión de la ley. A los mismos intereses que la teología política de Donoso sirve la mitología política de Schmitt. La imagen mítica responde al problema de la fundación del orden tras la secularización. El mito identitario nacionalista genera un nuevo sentimiento de jerarquía y disciplina, necesario en una hora en que el soberano ya no lo es por la gracia de Dios. Sorel, al tiempo que la energía moral movilizable por el mito maniqueo, está cerca de descubrir en la modernidad un anhelo colectivo de intensidad semejante a la que en tiempos premodernos despertaba el milagro: el anhelo de una justicia que no cabe en el derecho, que sólo cabe en su excepción. El gesto con que el dictador defiende el orden o el entusiasmo de los desesperados por suspenderlo tienen un significado teológico que Sorel no llega a descubrir detrás de las imágenes míticas de la marcha sobre Roma y de la huelga general. El deseo de ésta, que es finalmente deseo de suspensión del derecho, cumple en una teología política de la espera funciones correspondientes a las de la dictadura en una teología política de la encarnación.

¿Hay en la modernidad un tiempo teológico absolutamente otro que el tiempo mítico? Benjamin lo encuentra en el momento de máxima extensión de la desesperanza: el capitalismo lleva a «un estado mundial de desesperación por el que precisamente se espera».[182] El anhelo de detención de la ciudad puede ser tan intenso como el de un milagro que interrumpa el continuo. El derecho se opone entonces no a una justicia encarnada, como aquélla en que cree Donoso, sino a una justicia absolutamente otra, que se aguarda. La primera se identifica con el orden; la segunda, con su interrupción. La primera juzga que el mundo está bien hecho; la segunda lo ve como un fragmento.

---

182. *Capitalismo como religión*. G.S. VI, 101.

La polisemia del estado de excepción reproduce la de la bandera roja, que de símbolo de la ley marcial pasó a ser signo de la revolución.[183] En Benjamin, es signo de su anhelo. Anhelo que nace en el peligro. Por eso en él conviven el pánico y la fiesta.[184] Es visible en una imagen tensionada entre el presente y el pasado. La imagen dialéctica es un no lugar. Como el desierto por el que el pueblo camina con una única certeza: Dios no está aquí.

183. *Reflexiones*. Sorel, 1950, 255. En este contexto alude Sorel a la fórmula de los bonapartistas «Salir de la legalidad para entrar en el derecho».

184. En el fragmento de *Sombras breves* titulado *Bello horror*, Benjamin escribe: «¿No espera esa multitud sorda una desgracia, lo bastante grande para que de su tensión festiva salte la chispa, incendio o fin del mundo, algo que transformase ese murmullo aterciopelado de mil voces en un único grito, como cuando un golpe de viento descubre el forro escarlata de la capa? Porque el agudo grito del horror, el terror pánico son la otra cara de todas las fiestas de masas. [...] Para las masas, en su existencia más honda, inconsciente, las fiestas de la alegría y los incendios son sólo un juego en el que se preparan para el instante enorme de la llegada a la madurez, para la hora en la que el pánico y la fiesta, reconociéndose como hermanos, tras una larga separación, se abracen en un levantamiento revolucionario». G.S. IV.1, 434 s.

CAPÍTULO VI

EL TOPO EN LA HISTORIA: LA ESPERANZA EN UN MUNDO SIN PROGRESO

De acuerdo con la opinión más extendida, los personajes de Kafka viven en universos cerrados a toda esperanza. A este respecto, la novela *América* suele ser citada como la excepción que confirma la regla: la expectativa de movilidad social en el nuevo continente genera un optimismo hacia el futuro que no se encuentra en el resto de sus obras. Es cierto que, por lo general, los hombres kafkianos no esperan nada del futuro. Más bien lo temen, como el protagonista de *Un golpe a la puerta del cortijo*. «Este hombre me da lástima», oye decir al juez; y el hombre piensa: «Sin duda alguna, no se refería con esto a mi estado actual sino a lo que me esperaba».[1] Tampoco Kafka cree que su propio futuro albergue nada bueno para él. «Cuanto mayores son mis éxitos, peor acabará todo», se dice.[2]

El progreso no es, desde luego, el tema favorito de Kafka. Quizá por eso sus relatos no se sostienen sobre progresiones argumentales, sino sobre aplazamientos de la primera página.[3] El mismo efecto lo hallamos en la vida de este indeciso contumaz que posterga indefinidamente el futuro. La multiplicidad de futuros posibles le paraliza. Sus noviazgos nunca consumados son un buen ejemplo de esa resistencia al porvenir, de la que es consciente. Cuando Felice, su prometida, le pregunta por sus planes, él responde: «No tengo ningún plan, ninguna pers-

---

1. *Der Schlag ans Hoftor*. Kafka, 1983, I, 333-334, 334.
2. *Brief an den Vater*. Kafka, 1983, I, 570-618, 605. Para una crítica kafkiana del concepto de progreso, véase las *Consideraciones sobre el camino verdadero* 48 y 52. *Betrachtungen über den wahren Weg*. Kafka, 1983, 374-386, 378.
3. Así lo señala Benjamin en su ensayo *Franz Kafka*. G.S. II.2, 409-438, 427.

pectiva; soy incapaz de avanzar caminando hacia el futuro; puedo, eso sí, precipitarme en el futuro, rodar hacia él, dirigirme hacia el futuro a trompicones, y lo mejor que puedo hacer es quedarme tendido. Pero planes y perspectivas no tengo ninguno; cuando las cosas me van bien, el presente me colma enteramente; si en cambio me van mal, maldigo el presente y ¡cómo no! también el futuro».[4]

Esa misma resistencia al futuro parece atribuirla Kafka a la humanidad entera. Se percibe en su lectura de la leyenda de Babel: la torre no sólo no se concluye, sino que no llega a ser iniciada, pues los hombres no pueden ponerse de acuerdo siquiera para levantar los cimientos.[5] Este ejemplo se refiere a una cooperación fallida de muchos hombres. De hecho, Kafka piensa que también está abocada al fracaso la colaboración de sólo dos hombres. Si tomamos en serio a Kafka —y Kafka no puede ser tomado sino en serio—, un hombre no puede esperar nada de otro hombre.[6] Cualquier intento de ayudar acaba revelándose inútil o peligroso para alguna de las partes. El protagonista de *Un médico rural*, queriendo socorrer a su criada, descubre que la breve distancia que lo separa de ella se ha vuelto, de pronto, infinita;[7] la ayuda que recibe el protagonista de *El maestro de pueblo* sólo empeora su situación;[8] Gregorio Samsa, ya metamorfoseado en insecto, intentando apoyar el talento musical de su hermana, es malentendido por ésta, quien lo empuja a la muerte.[9] En *El proceso* el tema de la imposibilidad de la ayuda es recurrente. Cada acusado rinde cuentas solo, sin poder contar con los otros.[10] Al final de la novela, el capellán reprocha a K. su confianza en la ayuda de los demás, «especialmente de las mujeres», a lo que el acusado todavía contesta: «Las mujeres pueden mucho».[11] Como se sabe, ni siquiera ellas conseguirán

4. Kafka, 1970, 320.

5. *Das Stadtwappen*. Kafka, 1983, I, 346-347.

6. Según Benjamin, para Kafka sólo un loco puede ayudar y sólo la ayuda de un loco es verdadera. Benjamin y Scholem, 1987, 248.

7. *Ein Landartz*. Kafka, 1983, I, 200-206. Es interesante leer este relato junto a *El pueblo más cercano*, cuyo asunto es la brevedad de la vida. *Der nächste Dorf. Ibíd.*, 218.

8. *Der Dorfschullehrer —Der Riesenmaulwurf*. Kafka, 1983, I, 423-428.

9. *Die Verwandlung*. Kafka, 1983, I, 112-168, 157 ss.

10. *Der Prozeß*. Kafka, 1983, II, 281-517, 440. Conviene también atender a las afirmaciones de otro personaje, el pintor Titorelli, quien, después de decir que presta ayuda a algunos acusados, afirma que los inocentes no la necesitan. *Ibíd.*, 410 ss.

11. Kafka, 1983, II, 474.

evitarle la ejecución. Kafka describe así los momentos previos a ésta: «Su mirada recayó en el último piso de la casa que colindaba con la cantera. Como un centelleo de luz se abrieron en lo alto los postigos de una ventana, y una figura humana, débil y borrosa desde aquella altura y lejanía, se asomó de pronto, bastante fuera, y estiró aún más los brazos. ¿Quién sería? ¿Algún amigo? ¿Una buena persona? ¿Algún defensor? ¿Alguien que deseaba ayudar? ¿Sería uno solo? ¿Serían todos? ¿Cabría esperar ayuda?».[12]

Nadie expresa mejor la perversidad de la ayuda que el desdichado cazador Grachus cuando dice: «La idea de quererme ayudar es una enfermedad y debe guardarse cama para curar de ella».[13] De hecho, los personajes kafkianos no sólo no pueden prestarse ayuda sino que no llegan a encontrarse. Cada uno es un apátrida que excava su particular patria subterránea, un laberinto solitario, como el protagonista de *La construcción*.[14] Un día, este hombre-topo cree oír a otra criatura con el mismo afán excavador. Pero nunca llega a cruzarse con ella; ni siquiera está seguro de que ese otro ser, del que sólo conoce un vago rumor, exista realmente. A veces, un personaje kafkiano cree comunicarse con su sociedad, pero siempre resulta ser un iluso envuelto por una multitud que no lo entiende, como Josefina, la cantante.[15] El protagonista de *Un médico rural* resume muy bien el problema: «Es fácil escribir recetas, pero es difícil entenderse con la gente».[16]

El propio Kafka vive en una soledad sin fisuras. Por eso puede llevar al papel el viaje más hondo a la soledad, el que hace el acusado K. caminando por una ciudad indiferente hasta el lugar de ejecución. Su miedo es tan grande como la indiferencia de la ciudad. Precisamente miedo e indiferencia —incapacidad de ayudar— son los dos sentimientos que Kafka reconoce abrigar hacia los demás hombres.[17] Si Kafka ha sido elevado a la

---

12. *Ibíd.*, 488 s. Merece la pena comparar este fragmento final de *El proceso* con el relato *Un fratricidio*, en que un hombre observa un crimen como si de un espectáculo se tratara, sin intentar evitarlo. *Ein Brudermord*. Kafka 1983, I, 225-227.

13. *Der Jäger Gracchus*. Kafka 1983, I, 463-468, 468.

14. *Der Bau*. Kafka, 1983, I, 532-569.

15. *Josefine, die Sängerin oder Das Volk der Mäuse*. Kafka, 1983, I, 264-282.

16. Kafka, 1983, I, 203.

17. Así lo manifiesta en la *Carta al padre*. Kafka, 1983, I, 603. Una indiferencia casi

categoría de primer testigo de la modernidad quizá sea porque la indiferencia y el miedo son las experiencias fundamentales del hombre moderno. En Kafka se reducen a una sola, la experiencia kafkiana fundamental: la experiencia que hace del poder el que no lo tiene, el impotente. La experiencia de la humillación —que no es la experiencia de la humildad. Lo asombroso es que Kafka hace de esa experiencia fundamento de esperanza.

El gran tema de Kafka es el poder.[18] Pero si Kafka sabe tanto acerca del poder es porque el ser de Kafka es la impotencia. Tiene una intensa percepción de sí mismo como hombre flaco, frágil, vulnerable. De ahí que nada le sea tan importante como identificar el poder en cualquiera de sus formas y apartarse de él. Especialmente, la *Carta al padre* y las cartas a Felice Bauer están escritas por un ser que anhela ponerse más allá de todo dominio. En ellas descubrimos a un humillado que desplaza su humillación al centro de su escritura.

Así empieza la *Carta al padre*: «Querido padre: No hace mucho me preguntaste por qué digo que te tengo miedo. Como de costumbre, no supe qué contestarte; en parte, precisamente, por el miedo que te tengo».[19] Kafka anhela una relación amorosa entre un hijo «libre, agradecido, inocente, sincero» y un padre «tolerante, nada tiránico, comprensivo, satisfecho».[20] Por el contrario, su experiencia es la de uno que es nada ante otro, omnipotente, que podría aniquilarlo. El hijo conserva su vida por la misericordia del padre. El padre es el poder.[21] Es, también, la norma para juzgar el mundo y, por ello, la causa de la vergüenza del hijo. En efecto, la sola presencia del padre, «me-

---

absoluta hacia todos y hacia todo es lo que declara Frieda en *El castillo*. Du. (h hluji. Kafka, 1983, II, 519-884, 572.

18. En la consideración 57, Kafka afirma que el lenguaje «sólo trata de la posesión y sus relaciones». Kafka, 1983, I, 379. A este respecto, véase el ensayo de Canetti *El otro proceso de Kafka*. Canetti, 1981, 175. Canetti cree que la visión kafkiana del universo se resume bien en el siguiente fragmento: «Yo estaba indefenso frente a esa figura que, sentada tranquilamente a la mesa, tenía la mirada fija en el tablero. Empecé a dar vueltas a su alrededor y sentí que me estrangulaba. En torno a mí daba vueltas un tercero, que se sentía estrangulado por mí. En torno al tercero daba vueltas un cuarto, que se sentía estrangulado por él. Y así hasta las esferas celestiales e incluso más allá. Todo y todos sentían que algo los tenía aferrados por el cuello». *Ibíd.*, 182.

19. Kafka, 1983, I, 603. Acerca del miedo, véase la consideración 92. *Ibíd.*, 383.

20. *Ibíd.*, 613.

21. Según Benjamin, Kafka identifica el mundo de los funcionarios y el de los padres. G.S. II.2, 411.

dida de todas las cosas», le hace sentirse avergonzado «ante el mundo entero».[22] Pues si en el padre coinciden poder y ley, el hijo, impotente, queda fuera de la ley, es culpable. La sensación de culpa del hijo es indisociable del misterio del poder del padre, el enigma de los tiranos, «cuya razón se basa en su persona, no en su pensamiento».[23]

Al Kafka adulto le sigue humillando la mera presencia de su padre. Se ha hecho hombre sin haber llegado a descubrir la ley que subyace a ese poder: «Años después seguía martirizándome aún la idea de que el hombre gigantesco, mi padre, la última instancia, podía venir a mí casi sin motivo alguno, sacarme de la cama en plena noche y llevarme a la terraza, o sea que yo no era absolutamente nada para él».[24] Kafka nunca deja de verse como un esclavo, siempre avergonzado por tener que obedecer leyes creadas sólo para él o por no ser capaz de obedecerlas. A infinita distancia, el padre da órdenes y se enfurece porque éstas no son cumplidas. Sólo en un tercer mundo viven hombres «felices y libres de órdenes y de obediencia».[25]

El refugio ofrecido por la madre ahonda el sentimiento de culpa del hijo: le hace más consciente de que es un ser sin derecho, que ha de buscar su espacio al margen de la ley. Para escapar del padre, el hijo debe escapar de la familia. Esto es lo que Kafka llama un sentido «absolutamente negativo» de la familia, consistente en la «íntima separación» del padre.[26] El sentimiento de miedo y de culpa del niño determinan en la vida adulta también su incapacidad de fundar una familia propia. Kafka describe el matrimonio como el mayor terror de su vida, al tiempo que su mayor —aunque fracasado— intento de salvación. Al casarse, el hijo se convertiría en un igual del padre, tan inocente como él. Sin embargo, descubre que no ganará su independencia en el matrimonio, por ser éste el dominio propio del padre. No puede casarse porque mantener y conducir una familia exige de él ser como su padre. El esfuerzo por distanciarse de su novia lo es contra la adaptación de su vida al mundo paterno.[27]

---

22. Kafka, 1983, I, 575.
23. *Ibíd.*, 576.
24. *Ibíd.*, 574.
25. Kafka, 1992, 578 s.
26. Kafka, 1983, 596.
27. Canetti ha analizado minuciosamente este proceso. Canetti, 1981.

¿No hay un espacio al margen del padre? Kafka escribe a éste: «A veces imagino el mapamundi desplegado y a ti extendido sobre él. Entonces me parece que, para vivir yo, sólo puedo contar con las zonas que tú no cubres o que quedan fuera de tu alcance».[28]

En la escritura cree encontrar Kafka un tiempo, un espacio indominados. No un medio de comunicación, sino una madriguera bajo el suelo paterno, de la que los cuentos *La construcción* y *Josefina la Cantante* ofrecen alegorías.[29] Kafka afirma que su padre está en lo cierto cuando ataca su actividad como escritor, pues en ella ha conquistado cierta independencia: «En cierto modo, me sentía a salvo, podía respirar».[30] Allí sí puede tomar algunas —aunque insignificantes— decisiones. Intenta preservar esa pequeña independencia a toda costa; en particular, frente al peligro del matrimonio. La escritura es el esfuerzo más serio de quien reconoce haber dedicado todo su ser, desde niño, a afirmar espiritualmente su existencia, dejando a un lado todo lo demás.[31] Sus esfuerzos han de volcarse a esa facultad, abandonando cualquier otra. Lo ha explicado en su *Diario*: «Esto era necesario, porque mis energías, en su totalidad, eran tan escasas que únicamente reunidas podían ser medianamente utilizables para la finalidad de escribir».[32] Sin embargo, Kafka acaba dándose cuenta de que incluso esta emancipación sólo lo es en apariencia. Porque el poder del padre alcanza a todos los pensamientos del hijo, especialmente a aquéllos en los que están en desacuerdo. Kafka no olvida reconocerlo ante su padre: «Mis escritos trataban de ti; en ellos exponía las quejas que no podía formularte directamente, reclinándome en tu pecho».[33]

En efecto, lo que se configura una y otra vez en la obra kafkiana es la experiencia de un ser impotente frente a un poder misterioso del que sólo conoce su propia humillación.

Se trata de un poder que inculpa: como coincide con la ley,

28. Kafka, 1983, I, 614.
29. Martín Garzo interpreta *La construcción* como una alegoría de la lectura. Martín Garzo, 1996.
30. Kafka, 1983, I, 602.
31. *Ibíd.*, 603.
32. Kafka, 1967, 163. Se trata de una anotación del 3 de enero de 1912.
33. Kafka, 1983, I, 602.

hace de los impotentes culpables. Excede tanto al humillado que incluso excede a su conocimiento; precisamente en eso demuestra su enormidad. En *La construcción de la gran muralla china*, los obreros no saben quién dirige la obra; tampoco quién es el Emperador.[34] El tribunal de *El proceso* se oculta; ni siquiera son accesibles los «grandes abogados» que tienen trato con él.[35] Tampoco se muestran las autoridades de *El castillo*. La aldea pertenece al castillo, pero también ella está fuertemente jerarquizada. Fuera de la jerarquía, nada poderoso, el agrimensor K., el forastero. El alcalde de la aldea es muy consciente de la proporcionalidad entre poder y misterio: no hará del caso de K. ningún secreto oficial porque no es «lo bastante funcionario para ello».[36] K. se da cuenta de que, en la aldea, el poder es más temible cuanto menos evidente: «Sabía que ahí no lo amenazaban con verdadera coacción, él no temía la fuerza, y menos en ese lugar; pero la violencia que ejercía el ambiente desalentador, la resignación a los desengaños; la violencia de los influjos imperceptibles de cada instante, esa violencia sí la temía, claro».[37] Recela de lo aparentemente satisfactoria que es su situación porque comprende que justo en eso radica el peligro.[38] Lo decisivo es que «en ninguna parte había visto K. tan mezcladas la autoridad y la vida».[39]

Es la profunda soledad de cada personaje de Kafka ante ese enigma lo que hace necesaria la lectura política de su obra.[40] Pues, como Benjamin observa, el tema fundamental de Kafka —la cuestión que le resulta más misteriosa y, por tanto, más interesante— es el modo en que la vida y el trabajo en la comunidad humana se organizan como destino.[41]

En Kafka, el poder es un misterio. Por eso puede tomar cualquier rostro: el del verdugo, el del policía o el del funciona-

34. *Beim Bau der chinesischen Mauer*. Kafka, 1983, I, 473-488.

35. Kafka, 1983, II, 444. En este punto relaciona Benjamin a Kafka con el Gran Inquisidor de Dostoievski, según el cual los hombres no deben someterse sino al secreto y al misterio. G.S. II.2, 422.

36. Kafka, 1983, II, 578.

37. *Ibíd.*, 544.

38. *Ibíd.*, 576.

39. *Ibíd.*, 577.

40. Para una aproximación al significado de la soledad en Kafka, véase las consideraciones 70/71 y 106. Kafka, 1983, I, 380 y 385. Para una lectura política de Kafka, téngase en cuenta la conversación de Brecht y Benjamin en G.S. VI, 526.

41. G.S. II.2, 420.

rio, pero también el del padre, el del niño y el de la esposa. De él no cabe esperar nada. En particular, no hay esperanza dentro del derecho: la inocencia nunca resulta de los procedimientos legales. Como la madre en la Carta, los funcionarios en *El proceso* ofrecen una falsa salida: sólo se les puede corromper, lo que no conduce a la demostración de la inocencia.[42] Tampoco corromper al guardián sirve al campesino de *Ante la ley* para entrar en ésta.[43]

Kafka renuncia a negociar con el poder, así como a combatirlo. Dedica todas sus fuerzas a apartarse de él. Ése es el punto en que su fragilidad se convierte en tenacidad.

La tenacidad es un rasgo que Kafka comparte con sus protagonistas.[44] Muchos de éstos podrían hacer suya la presunción del ayunador de *Un artista del hambre*: «Podía resistir aún mucho tiempo más, un tiempo ilimitado».[45] Pacientes son el artista del trapecio,[46] el excavador de *La construcción*, los obreros que levantan la gran muralla china. Paciente es el agrimensor K., que, después de cada fracaso, intenta cumplir la función que se le encomendó en el castillo. Igual que en el encuentro del campesino y el guardián en *Ante la ley*, el conflicto kafkiano consiste en ver cuál de las partes lleva más lejos su pa-

---

42. Véase también G.S. II.2, 412. Según Benjamin, en Kafka el castigo está en el procedimiento legal. *Ibíd.*, 427. En *El proceso*, el acusado K. llega a la conclusión de que nada puede hacer por él su abogado. La descripción que éste hace de la administración de justicia acaba de convencerle de ello. Kafka, 1983, II, 383 ss. Al acusado Block, cada uno de sus muchos abogados le da una pequeña esperanza, aunque a causa de ellos se haya arruinado. *Ibíd.*, 438. Para completar la comprensión kafkiana del derecho, léase *En la colonia penitenciaria —In der Strafkolonie*; Kafka, 1983, I, 168-198. Es interesante comparar los argumentos que en dicho relato sostiene el torturador con la observación de Jünger de que en el siglo XIX por primera vez se ha hecho experiencia «de que todo racionalismo lleva al mecanicismo y de que todo mecanicismo conduce a la tortura, que es su consecuencia lógica. En el siglo XIX no se llegó todavía a ver eso». En *La emboscadura*. Jünger, 1988, 151. La mutilación del cuerpo humano aparece como signo de nuestro tiempo en la novela de Jünger *Abejas de cristal*. En el mismo contexto puede considerarse la observación que hace Jünger de que Poe es el primer autor del siglo XX, por haber sido el primero en describir la mecanización total. En *Radiaciones*. Jünger, 1995a, 62.

43. *Vor dem Gesetzt*; Kafka, 1983, I, 209-211, 210. También dentro de *El proceso* en Kafka, 1983, II, 476-477, 476.

44. Ya el primer comentador de Kafka, Max Brod, relaciona su obra con el bíblico Job. En este contexto, véase el sexto capítulo del libro de Brod, dedicado a la evolución religiosa de Kafka. Brod, 1954, 205-238.

45. *Ein Hungerkünstler*; Kafka 1983, I, 254-264, 257.

46. *Erstes Leid*; Kafka, 1983, I, 243-246.

ciencia. Cuando un personaje kafkiano la pierde, otro se la reclama.[47] Todos parecen persuadidos, como el propio Kafka, de que la impaciencia es el peor pecado de los hombres: «Por la impaciencia han sido expulsados del paraíso; por la impaciencia no regresan».[48]

Sólo algunos personajes kafkianos parecen saber a qué se orienta su tenacidad. Uno de los más conscientes es el simio protagonista de *Un informe para una Academia*, que imita tenazmente en busca de una salida.[49] La repetición tenaz que busca una salida es un tema kafkiano fundamental. Se formula radicalmente en *Abogados*. «El tiempo que se te ha acordado es tan corto que, si pierdes un segundo, pierdes tu vida entera», dice el protagonista, que añade: «Si has comenzado un camino, sigue adelante en cualquier circunstancia». La única oportunidad radica en no desesperar. «Si no hallas nada detrás de las puertas, hay otros pisos; si no encuentras nada arriba, no importa; continúa subiendo. Mientras no dejes de subir no terminarán los escalones; bajo tus pies que ascienden, ellos crecen hacia lo alto».[50] La vida ha de reducirse a un solo gesto. Es tan corta que la esperanza no puede estar en el futuro, sino en la repetición de ese único gesto que quizá —aunque muy improbablemente— descubra una salida; interrumpir la repetición, sólo eso es un fracaso seguro.

La tenacidad de Kafka se orienta a separarse de todo poder. Ello implica restarse todo poder a sí mismo. En este sentido puede entenderse su afirmación de que nunca se expondría «al riesgo de ser padre».[51] Pues serlo es participar del pecado hereditario del poder, que se adscribe al padre a través del hijo.[52] Tanto como le es posible, Kafka desaparece. Se asemeja al artista del hambre, que se hace más y más diminuto.[53] Y a los asis-

---

47. Por lo demás, los escritos kafkianos parecen exigir de sus lectores la misma paciencia en la interpretación que reclama el capellán a K. respecto del cuento *Ante la ley*. Kafka, 1983, II, 477.

48. Consideración 3; Kafka, 1983, I, 374. Véase también la consideración 2. *Ibíd.*, 374.

49. *Ein Bericht für eine Akademie*; Kafka, 1983, I, 230-239.

50. *Fürsprecher*; Kafka, 1983, I, 365-366.

51. Canetti ve en la base de la repulsa de Kafka hacia el matrimonio la convicción de que en él no es posible reducirse hasta desaparecer. Canetti, 1981, 132.

52. Véase G.S. II.2, 412.

53. Hay un personaje de Melville con la misma obstinación: Bartleby, el escribiente. Melville, 1990, 1-34.

tentes del agrimensor K., el máximo orgullo de los cuales es «ocupar el menos espacio posible» —a diferencia del gordo alcalde de la aldea y, sobre todo, a diferencia del gordo señor Klamm.[54] Kafka es muy consciente de esta orientación suya. En la *Carta* explica que el refrán de «más vale pájaro en mano que ciento volando» no le es aplicable en absoluto: «En la mano no tengo nada, todos los pájaros están volando, y sin embargo —así lo determinan las condiciones de la lucha y la miseria de la vida— debo elegir esa nada».[55] A su juicio, la vida sólo ofrece dos posibilidades: «Volverse infinitamente pequeño o serlo. Lo segundo es perfección, o sea, inactividad; lo primero, comienzo, es decir, acción».[56] En el mismo sentido se adjudica dos tareas: «Reducir tu círculo cada vez más y comprobar una y otra vez que no te has escondido en algún lugar fuera de tu círculo».[57] Quizá sea éste el aspecto en que su nulidad ante el padre le parece «noble y fecunda».[58] Con razón encuentra Benjamin en el mundo kafkiano la persecución taoísta de «esa nada a partir de la cual algo se hace útil»,[59] y lo relaciona con el mundo confuciano, en que —de acuerdo con Rosenzweig— el sabio es el hombre sin carácter.[60] También Canetti sitúa a Kafka al lado de los chinos. Se refiere sobre todo a la estrategia de metamorfosearse en algo pequeño, es decir, en algo impotente.[61]

En cierta ocasión, Kafka ve a su perro juguetear con un topo. Luego escribirá lo siguiente: «De pronto, cuando el perro volvió a golpearlo con su pata estirada, el topo lanzó un chillido: *ks, kss*, chilló. Y entonces tuve la sensación... No, no tuve sensación alguna. Fue tan sólo una ilusión, pues aquel día la cabeza me colgaba tan pesadamente que por la noche noté, extrañado, que la barbilla se me había arraigado en el pecho».[62]

---

54. Kafka, 1983, II, 563. Benjamin dice de estos asistentes: «Para ellos y sus semejantes, los incompletos e incapaces, existe la esperanza». G.S. II.2, 414.

55. Kakfa, 1983, I, 615.

56. Consideración 90; Kafka, 1983, I, 383.

57. Consideración 94; Kafka, 1983, I, 383 s.

58. *Ibíd.*, 574 s.

59. G.S. II.2, 435.

60. *Ibíd.*, 418.

61. Kafka se caracteriza a sí mismo como chino en una carta a Felice de 1916. Kafka, 1970, 657. Canetti comenta extensamente esta caracterización, así como la envidia de Kafka hacia la pequeñez de los niños. Canetti, 1981, 135, 140 s., 181 ss.

62. Se trata de una carta a Brod de 28 de agosto de 1904. Kafka, 1966, 29. A Canetti se debe una hermosa reflexión sobre este texto. Canetti, 1981, 185 ss.

El miedo del topo transforma a Kafka en topo. Kafka se identifica con los humillados. Desde el punto de vista de los humillados escribe su obra.

La opción por este punto de vista se fundamenta en que sólo lo pequeño puede librarse del poder. Según Canetti, Kafka disminuye de tamaño para escapar a la amenaza del fuerte, haciéndose insignificante, y, al tiempo, para liberarse de todo medio de violencia. Ambos aspectos aparecen en el tema del miedo a la postura vertical: el poder del hombre sobre los animales depende de esta postura, que, por otro lado, hace a aquél visible y atacable; para librarse del miedo, el hombre debería yacer entre los animales.[63]

La interpretación de Canetti ayuda a entender el pensamiento último del protagonista de *El proceso* al verse liquidado «igual que un perro»: «Era como si la vergüenza tuviera que sobrevivirle».[64] Benjamin interpreta esta vergüenza como doble: «La vergüenza no es sólo vergüenza frente al otro, sino que puede ser también vergüenza por el otro».[65] El propio Kafka siente vergüenza no sólo al ser humillado, sino también al ser testigo de humillación. Se despide de su primer empleo porque no puede soportar que se injurie a un viejo trabajador,[66] así como le avergüenza la violencia con que su padre trata a sus empleados.[67]

Precisamente para dar idea de lo que siente ante su padre, Kafka alude en la *Carta* a esas palabras finales de *El proceso* que expresan el miedo de un hombre a ser sobrevivido por la vergüenza.[68] Este hombre sólo deja de resistirse a sus verdugos al ver a la señorita Bürstner, contra la que ha cometido una culpa secreta y posterior a la acusación. Acepta el castigo por esa culpa que sólo él y la ofendida conocen. Muere sin haber reconocido al tribunal, ante el que siempre ha guardado silencio. Se parece a Franz Kafka, quien siempre calla ante su padre y nunca reconoce otro tribunal que el propio Franz Kafka.[69] K. no reconoce a un tribunal ante el que no valen prue-

63. *Ibíd.*, 132 y 183.
64. Kafka, 1983, II, 488. Acerca del perro en la literatura kafkiana: Canetti, 1981, 177.
65. G.S. II.2, 428. Canetti ve la humillación en el carácter público del castigo. Canetti, 1981, 166.
66. Kafka, 1970, 668. Se trata de una carta de 14 de mayo de 1916.
67. Kafka, 1983, I, 589.
68. *Ibíd.*, 597.
69. Según Canetti, en *El proceso* la culpabilidad surge de los esfuerzos por acceder

bas, que nunca absuelve, que jamás abandona la convicción de que el acusado es culpable. En el momento de su arresto, K. afirma no conocer la ley presuntamente infringida. Uno de los policías dice al otro, irónico: «Reconoce que ignora la ley y, al tiempo, afirma que es inocente».[70] La culpabilidad de K. reside en la ignorancia de una ley que se oculta. El mismo sacerdote que le anuncia que su culpabilidad se da por probada, le refiere el relato del campesino y el guardián de la ley. El relato habla de un hombre al que el guardián prohibe entrar en la ley. Su culpa no tiene por origen sus acciones, sino la prohibición que le dirige el poderoso guardián. Utilizando uno de los adjetivos más útiles de Benjamin, se puede decir que la de ese hombre es una culpa mítica.

Es la culpa del protagonista de *La condena*, que cumple la sentencia de muerte dictada por su padre a sabiendas de que el juicio de éste se basa en una falsedad.[71] Es la culpa del condenado de *En la colonia penitenciaria*, que no tiene oportunidad de defenderse ante un juez que sólo lo es porque conoce mejor que nadie la máquina del castigo y que basa sus fallos en el principio de que «la culpa está siempre fuera de toda duda».[72] Kafka describe a este condenado sumiso como un perro: «Aparentemente, se le podría haber dejado correr libre por las laderas circundantes y habría bastado con un silbido para que se presentara a la ejecución».[73] Es la culpa antigua del hijo ante el padre, del impotente ante el poderoso. «Lo que en ti es inocencia, en mí puede ser culpa», escribe Kafka a su padre.[74] La ley fundada en el poder inculpa al impotente.[75]

al tribunal. Canetti, 1981, 176. A su juicio, Kafka ensaya *El proceso* en su relación con Felice. *Ibíd.*, 156 s. En una de sus últimas cartas a Felice, Kafka escribe a ésta que sólo el tribunal de los hombres le importa. Kafka, 1970, 756.

70. Kafka, 1983, II, 288.

71. *Das Urteil*; Kafka, 1983, I, 100-112.

72. Kafka, 1983, I, 174.

73. *Ibíd.*, 169.

74. *Ibíd.*, 608. Kafka se refiere al siguiente episodio: siendo un adolescente, reprocha a sus padres que le hayan dejado en la ignorancia sobre el sexo. El padre responde que podría darle un buen consejo «para salir del paso sin el menor peligro». Según Kafka, su padre se queda así fuera de su consejo, «como un hombre casado, un hombre puro», mientras que lo hunde a él en la inmundicia: «Realmente, era incomprensible que me condenases de aquella forma; lo único que podía explicármelo era una antigua culpa y el más profundo desprecio por tu parte». *Ibíd.*, 608-610.

75. Una de las reflexiones finales de Benjamin en su ensayo sobre Kafka dice así:

Sin embargo, al final de la *Carta*, Kafka ya no ve en su padre a un juez, sino a un ser desamparado, tan inocente como él. Pero ¿quién es el culpable entonces? Eso se pregunta el alcalde de la ciudad a la que llega el desdichado cazador Gracchus, sometido a una condena más allá de la muerte sin, por lo que parece, haber hecho nada malo.[76] La marca de esa culpa antigua, anterior al hombre, pero también la esperanza de la inocencia, hacen que los personajes kafkianos vivan en el mundo moderno con tanta extrañeza.[77] Por normales que parezcan sus vidas, sobre ellos pende una antigua acusación. En tanto no concluya su proceso, al personaje kafkiano nada le resulta extraño porque nada le resulta propio. Su lugar es ese no lugar que adjudica la posadera al agrimensor: «No es usted del castillo, no es usted de la aldea, no es usted nada. Pero, por desgracia, es usted siempre algo: un forastero, uno que sobra y siempre está ahí, molestando».[78] «Lo ajeno, la propia otredad, se ha convertido en amo», escribe Benjamin comparando la estancia del hombre contemporáneo en su cuerpo con la del agrimensor en la aldea.[79] Ese hombre contemporáneo es el propio Kafka, quien ni siquiera sobre su cuerpo tiene alguna seguridad.[80]

Benjamin ve en Kafka las fuerzas del mundo primitivo y ubica *El proceso* en un tiempo anterior al derecho escrito.[81] Se fija en la tensión que sus personajes soportan de fuerzas modernas y premodernas y representa la obra kafkiana como una elipse «cuyos focos, muy alejados entre sí, son determinados, por un lado, por la experiencia mística (que es, sobre todo, la experiencia de la tradición), y por otro, por la experiencia del

---

«El derecho que ya no se practica sino que sólo se estudia, es la puerta de la justicia». G.S. II.2, 437. Quizá esto signifique que, si bien el derecho pertenece al mundo mítico, en su crítica se representa la justicia.

76. Kafka, 1983, I, 468. El mal y el pecado son tema de las consideraciones 7, 27, 51, 83, 85, 100 y 101. *Ibíd.*, 374, 376, 378, 381, 382, 384 y 384.

77. Camus los llama «autómatas inspirados» y encuentra la raíz de su extrañeza en la cita que se da en ellos de lo cotidiano y lo trágico. A su juicio, Kafka hace un planteamiento exhaustivo del problema de lo absurdo, al expresar éste a través de la coherencia y la lógica. Camus, 1996, 337 y 344 s.

78. Kafka, 1983, II, 568.

79. G.S. II.2, 424.

80. Kafka, 1983, I, 604.

81. G.S. II.2, 412 y 426 s. En este punto, merece la pena recordar el juicio de Scholem según el cual la comprensión actual de la Cábala sólo es posible a través de Kafka, en particular a través de *El proceso*. Scholem, 1987, 133.

hombre moderno de la gran ciudad».[82] Para él, lo decisivo es que en Kafka esta experiencia moderna llegue a través de aquella experiencia mística. Pero Benjamin advierte contra lecturas teologizantes que olvidan los rasgos «repulsivos y terroríficos» del mundo superior kafkiano.[83] En ellos también se fija Canetti, que ve poder y fe confundidos en *El castillo* y lee éste como un ataque contra la sumisión a lo superior. Canetti sólo acepta que pueda encontrarse en *El castillo* un elemento religioso si es «desnudo, como una nostalgia insaciable e incomprensible por lo que está arriba».[84] En este punto, su lectura no está lejos de la que propone Camus, quien caracteriza la nostalgia como «la marca de lo humano» y ve en Kafka un melancólico.[85] A su meticulosa búsqueda de lo eterno atribuye Camus la universalidad de la obra kafkiana. En particular, lee en *El castillo* «la aventura de un alma en busca de su gracia».[86] Según Camus, el agrimensor K. intenta encontrar a Dios «detrás de los rostros vacíos y horribles de su indiferencia, de su injusticia y de su odio».[87] Es un teólogo en la estela de Kierkegaard el Kafka de Camus, quien cree que *El castillo* da una salida a *El proceso*.[88] Si *El proceso* diagnostica, *El castillo* ayuda a aceptar; entre una y otra obras hay un «salto brusco» que se funda en la renuncia al orgullo. En ese salto nace la esperanza, cuyas razones brotan de la desesperación misma.

Al preguntar el agrimensor K. cuándo puede ir al castillo, una voz al otro lado del teléfono le responde: «Nunca».[89] Si hay

---

82. Benjamin y Scholem, 1987, 246. Prefiero esta caracterización a la de Camus, para quien el simbolismo kafkiano establece correspondencias entre el mundo de la vida cotidiana y el de la inquietud sobrenatural. En todo caso, me parece más adecuado hablar en Kafka de alegorías (de tensión, por tanto) que de símbolos (es decir, de correspondencias) Camus, 1996, 335.

83. Benjamin y Scholem, 1987, 244. Benjamin rechaza tanto la interpretación naturalista de los textos kafkianos como la sobrenatural, tanto la psicoanalítica como la teológica. G.S. II.2, 425 s.

84. Canetti, 1981, 177. Canetti habla de «falsas interpretaciones religiosas» de la obra kafkiana. *Ibíd.*, 111.

85. Camus, 1996, 344.

86. *Ibíd.*, 337.

87. *Ibíd.*, 340.

88. Camus ve en Kafka la paradoja del pensamiento existencial kierkegaardiano: «Se debe herir mortalmente a la esperanza terrestre, pues solamente entonces nos salva la esperanza verdadera». *Ibíd.*, 341. Véase también 338, así como la opinión de Benjamin en G.S. II.2, 426.

89. Kafka, 1983, II, 541.

Dios en Kafka, se trata de un Dios misterioso ante el que el hombre siempre es culpable; un Dios sólo visible en su ausencia. Si Kafka es un nostálgico, lo es de una ley que no sólo se conozca en el castigo. Benjamin cree que Kafka representa en su obra «una enfermedad de la tradición» por causa de la cual de la sabiduría sólo quedan los restos de su descomposición, «el rumor de las cosas verdaderas (una especie de período de cuchicheos teológicos que trata de lo desacreditado y obsoleto)».[90] ¿Son esos cuchicheos lo que escucha K. al otro lado del teléfono, un canto de lejanísimas voces que parece querer «penetrar más adentro y no solamente en el pobre oído humano»?[91] ¿Los restos de un mensaje, sus ruinas?

Kafka escribe: «Se les dio a elegir entre ser reyes o mensajeros de reyes. Como los niños, todos desearon ser mensajeros. Por eso, sólo hay mensajeros; corren por el mundo y se gritan entre sí los anuncios ya sin sentido, pues no hay ningún rey».[92] En la figura del mensajero sin mensaje reconocemos hasta qué punto la kafkiana es una esperanza trágica. Walter Benjamin descubre esa misma esperanza en el *Angelus Novus* de Klee, un ángel moderno, impotente. Un ser de ambos mundos.[93] Su mensaje es silencio. Como los mayores protagonistas kafkianos, se afana tenazmente en una tarea desproporcionada a sus fuerzas. Tiene un igual en *El castillo*, en el personaje de Barnabás. También éste es un ser de ambos mundos: va cada día al castillo, pero nunca duerme allí. Benjamin piensa probablemente en él cuando afirma que «el mundo de Kafka, frecuentemente jovial y habitado por ángeles, es el complemento exacto de su época».[94]

---

90. Benjamin y Scholem, 1987, 248 y 261.

91. Kafka, 1983, II, 539.

92. Kafka añade: «Con gusto pondrían fin a sus miserables vidas; pero no se atreven, por el juramento de fidelidad al servicio». Se trata de la consideración 47; Kafka, 1983, I, 378. El paradójico nihilismo kafkiano también es visible en el breve *La verdad sobre Sancho Panza*. *Die Wahrheit über Sancho Pansa*; Kafka, 1983, I, 342.

93. La tensión entre ambos mundos es tema del *Fragmento teológico-político* de Benjamin. G.S. II.1, 203-204. También parece serlo de la consideración 66 de Kafka: «Él es un libre e indudable ciudadano de la tierra, porque está sujeto a una cadena suficientemente larga para permitirle alcanzar cualquier lugar terrestre, pero no tanto como para que nada pueda arrastrarlo más allá de los límites de la tierra. Pero es, al mismo tiempo, un libre e indudable ciudadano del cielo, porque está sujeto a una cadena celestial semejante. Si quiere ir a la tierra, le estrangula el collar del cielo; si quiere ir al cielo, el de la tierra». Kafka, 1983, I, 380.

94. Benjamin y Scholem, 1987, 247.

El rasgo decisivo de este ángel es su incapacidad de humillar. Es la contrafigura del padre de Kafka: su presencia no humilla. Ése es su mensaje, que expresa más que sus palabras: «Barnabás era aproximadamente tan alto como K.; sin embargo, su mirada parecía descender hacia K., si bien esto sucedía casi con humildad; pues era imposible que aquel hombre avergonzase a nadie. No era, desde luego, más que un mensajero; ignoraba el contenido de las cartas que debía entregar; sin embargo, también su mirada, su sonrisa, su andar, parecían un mensaje, aunque él nada supiese tampoco de este mensaje».[95] Su mundo es, en efecto, el complemento exacto de esta época: en él no hay humillación.

Kafka deposita toda su esperanza en el impotente: en los acusados que aguardan en la sala de espera de *El proceso*;[96] en los que no son reclutados en *La leva*;[97] en ese bestiario de diminutos animales desde cuya perspectiva escribe. Por eso su fracaso es, paradójicamente, su más preciado bien.[98] Pero nunca se es lo bastante pequeño. Quizá por ello hay «bastante esperanza, infinita esperanza, para Dios, pero no para nosotros».[99]

Finalmente, en *Un artista del hambre*, la alegría es para la pantera que ocupa la jaula del ayunador;[100] en *La metamorfosis*, para la familia liberada del insecto.[101] El destino parece imbatible: «Todavía juegan los perros en el patio; pero no se les escapa la caza, por más que ya corra por el bosque».[102] Sin embargo, los protagonistas kafkianos nunca dejan de enfrentarse a ese

---

95. Kafka, 1983, II, 546.

96. Según Benjamin, en el mundo kafkiano la belleza sólo surge en el acusado. G.S. II.2, 413.

97. *Die Truppenaushebung*; Kafka, 1983, I, 358-360.

98. En palabras de Canetti, es su «don más auténtico» y «su relación particular con el poder». Canetti, 1981, 203 s. Véase también 208. Benjamin ve en Kafka la belleza del fracasado —Benjamin y Scholem, 1987, 249— e interpreta la insatisfacción de Kafka con sus textos como prueba de que «se cuenta entre aquellos condenados al fracaso» —G.S. II.2, 427. Scholem no está tan seguro de que Kafka sea un fracasado. Benjamin y Scholem, 1987, 262.

99. Brod, 1954, 95. A esta frase se refiere Benjamin en G.S. II.2, 414, así como en la carta a Scholem de 12 de junio de 1938, donde afirma de ella que «contiene verdaderamente la esperanza de Kafka. Es la fuente de su radiante serenidad». *Briefe II*, 756-764, 764. La idea de que nunca somos lo bastante pequeños parece cumplirse en un Kafka que, según observa Canetti, ejerce un despotismo espiritual sobre Felice y exige de ella obediencia. Canetti, 1981, 200 s.

100. Kafka, 1983, I, 264.

101. *Ibíd.*, 167 s.

102. Consideración 43; Kafka, 1983, I, 377. En este contexto, véase también la consideración 53; *ibíd.*, 378.

destino. La paciencia de un hombre, sólo ella puede salvar. Toda la escritura de Kafka parece encaminada a probar que «también medios insuficientes e incluso infantiles pueden contribuir a la salvación».[103] Aunque la hermana de Barnabás se duela de «ese camino probablemente inútil, ese día probablemente perdido, esa esperanza probablemente vana»,[104] lo cierto es que en ese «probablemente» nace una esperanza que debe sostenerse más allá de toda razón. Incluso los topos deben esperar.[105] Incluso Kafka espera.[106]

103. Desde luego, eso se propone *El silencio de las sirenas. Das Schweigen der Sirenen*; Kafka, 1983, I, 343-344. Benjamin escucha ese silencio. G.S. II.2, 415. Según Benjamin, Kafka no concibe la salvación como un premio, sino como el último recurso. *Ibíd.*, 423. En *Sobre el concepto de historia*, el propio Benjamin sólo encuentra ocasión para la esperanza en el mayor peligro y en los radicalmente impotentes: las víctimas amenazadas por el olvido. Sobre la paradójica comprensión kafkiana de la historia, véase las consideraciones 6 y 26. Kafka, 1983, I, 374 y 376.

104. Kafka, 1983, II, 697.

105. Cf. Camus, 1996, 345. Camus llama la atención sobre la violencia con que el agrimensor K. se opone a Amalia, el único personaje sin esperanza de *El castillo*. *Ibíd.*, 342.

106. Cf. Canetti, 1981, 130. Conviene aquí citar la consideración 69: «Teóricamente hay una completa posibilidad de felicidad: creer en lo imperecedero de uno mismo y no buscarlo». Kafka, 1983, I, 380.

EPÍLOGO

FRACTURAS DE LA IDENTIDAD: MEMORIA Y ESPERANZA

Hay en Sorel, Jünger y Schmitt un afecto antimoderno. Los tres diseñan saltos atrás, a la espalda de la modernidad: Sorel, una superación colectiva de la decadencia moral; Jünger, el retorno a un hombre elemental, contrafigura del burgués; Schmitt, la recomposición de la unidad política. Benjamin no comparte esa nostalgia premoderna. Y, sin embargo, su experiencia de la modernidad es, ante todo, experiencia de lo excluido por el proyecto moderno. De los muertos de la modernidad.

Las *Reflexiones* sorelianas sobrevivirán al dualismo proletario/burgués. Siempre podrán leerse como meditaciones sobre la difícil construcción de una identidad exterior a la hegemónica. De acuerdo con Sorel, la cultura burguesa intentó ganarse al proletariado por medio de la idea de paz social, que animaban el proteccionismo económico y la acción parlamentaria de los socialdemócratas. A esa asimilación debía oponerse el mito de la huelga general. Escribe Sorel: «La huelga general suprime todas las consecuencias ideológicas de toda política social posible; sus partidarios consideran que las reformas, aún las más populares, poseen un carácter burgués; para ellos, nada puede atenuar la oposición fundamental de la lucha de clases. Cuanto más preponderante se vuelva la política de reformas, más necesitará el socialismo oponer a la perspectiva de progreso que esa política se esfuerza en realizar la perspectiva de la catástrofe total que la huelga general brinda de manera perfecta».[1]

Más allá de una coyuntura histórica determinada, el tema

---

1. *Reflexiones.* Sorel, 1950, 195.

de Sorel es el diseño de estrategias contra la extensión de una cultura global, sin arraigo en la experiencia concreta. La universalización de los valores abstractos del grupo hegemónico —que siempre presentará su progreso particular como universal— es aquello contra lo que se dirige el mito social.[2] Éste provoca una renovación moral en «una clase que trabaja de manera subterránea y se separa del mundo moderno, al igual que el judaísmo se separaba del mundo antiguo».[3] La comparación con el judaísmo es significativa: restringe la renovación a un grupo desgajado de la sociedad.[4] La construcción de una reserva cultural premoderna es el objetivo último de Sorel. Según éste, una identidad colectiva sólo puede construirse en torno a un imaginario ligado a una ética de combate. Tan moral será la acción de esa antisociedad como inmoral la acción de una sociedad que, sustentada en valores abstractos, no pasa de ser una agregación de individualistas. Sorel denomina a la acción de esa antisociedad «violencia»; a la ejercida por la sociedad, «fuerza». La segunda afirma el automatismo, la continuidad; la primera lo interrumpe: es creación, espontaneidad, vida. La vida es el valor único que Sorel enfrenta al repertorio de valores burgueses. Su desdén hacia éstos por abstractos tiene mucho que ver con su desinterés por la idea de una comunidad internacional del proletariado. Sorel busca la verdad del socialismo en el concreto hacer de un movimiento obrero nacional. El internacionalismo proletario es para él una forma abstracta, ideológica, no concreta.

Jünger coincide en este punto con Sorel. Interpreta «el

---

2. El desarrollo, a lo largo del siglo XX, de la producción industrial y de la distribución mercantil de imágenes colectivas, podría suscitar una revisión de la teoría soreliana del mito social. Esa revisión debería empezar interesándose por los mitos infantiles. Las narraciones infantiles ya no se forman y extienden a lo largo de una sedimentación de experiencias que dura décadas. La Fábrica Disney escoge con criterios de mercado qué objeto ocupará, durante el próximo curso económico, el imaginario infantil. Tratando al niño como consumidor homogéneo, escoge personajes susceptibles de convertirse en múltiples formas de mercancía. Incluso cuando trata una historia no occidental, como la de Aladino, la ajusta a las formas narrativas occidentales. Al cabo, la visión que presenta Walt Disney de Aladino es la verdadera, y la versión oriental, no más que un esbozo. Walt Disney es el Gran Abuelo Virtual: el que se sabe de verdad el cuento.

3. *Reflexiones*. Sorel, 1950, 348.

4. En este contexto, conviene recordar la afirmación que, comentando a Renan, hace Sorel de que «precisamente cuando ya no tuvieron patria, los judíos llegaron a darle a su religión una existencia definitiva». *Ibíd.*, 421.

comportamiento muy unitario y nada dogmático que las masas adoptaron cuando estalló la guerra del catorce» como prueba de que los valores presuntamente internacionales del proletariado sólo lo eran en la teoría.[5] Ese comportamiento unitario y nada dogmático ha quedado descrito en *Tempestades de acero*. Protagonista de este texto es el soldado desconocido, en el que se prefigura el trabajador. Sin embargo, resulta difícil ver en el dominio de éste virtudes guerreras, u otras. De acuerdo con la descripción jüngeriana, la acción se realiza, después de 1914, no conforme a valores, sino conforme a férreas determinaciones que encauzan un comportamiento unitario. Los viejos valores burgueses han dejado de regir en el dominio mundial del trabajador sin que otros los reemplacen. En lugar de valores, mandan los rasgos del «tipo». En cuanto a las virtudes guerreras, reaparecerán en las obras de Jünger como restos de un tiempo perdido. La desubicación del guerrero (la del oficial de caballería Richard en *Abejas de cristal*[6]) es el signo de la bancarrota de todos los valores. Hasta que el nihilismo sea superado.[7]

¿Qué cabe esperar, entre tanto? En *La emboscadura* Jünger constata la caducidad de «los conceptos de libertad de 1789» y la incapacidad de esos conceptos para «hacer valer su autoridad frente a la violencia. La Libertad, en cambio, aunque siempre se recubra con los ropajes propios de cada tiempo, es inmortal. A lo cual se añade que es preciso readquirirla una y otra

---

5. *El trabajador*. Jünger, 1990, 233. En *Sobre el dolor* explica que «no obstante su dogmática internacionalista», la socialdemocracia alemana «se componía de trabajadores alemanes», razón por la cual «podía ser movida también por el heroísmo». Jünger, 1995*b*, 115.

6. *Gläserne Bienen* (1957); Jünger, 1985. El desempleado caballero reflexiona así: «Desde el momento en que todo debía basarse en un contrato, que no se fundase en la confianza y el honor, ya no existían ni la fidelidad ni la fe. La disciplina había desaparecido del mundo. La catástrofe la había sustituido». Jünger, 1985, 20. En este contexto, conviene tener en cuenta al intempestivo caballero andante don Quijote, recurrente motivo de meditación para Jünger.

7. Una consideración del nihilismo en Jünger puede empezar por *Sobre el dolor* —*Über den Schmerz* (1934)—, donde Jünger afirma que «nos encontramos en una fase última del nihilismo». Jünger, 1995*b*, 84. Debe continuar por *Sobre la línea* —*Über die Linie* (1950); Jünger, 1994. *El problema de Aladino* —*Aladins Problem*; Jünger, 1987—, *Eumeswill* —*Eumeswill*; Jünger, 1980*a*— y *Heliópolis* —*Heliópolis*; Jünger, 1981— ofrecen desde la narrativa acceso al mismo asunto. Molinuevo distingue el nihilismo pasivo de Martin Venator en *Eumeswill* del nihilismo activo de Lucius en *Heliópolis*. Molinuevo, 1996, 176.

vez. La libertad heredada es menester afirmarla en las modalidades que vienen acuñadas por su encuentro con las cosas que históricamente son necesarias».[8] Se trata de una libertad originaria y, al tiempo, concreta. Pero el más libre de los personajes jüngerianos ha de conformarse con entender y aceptar el principio dinámico que todo lo rige. A cuyas cifras no vale la pena demandar sentido: son máscaras del vacío, señales del dominio del nihilismo. El rasgo del libre no es la acción decisiva, sino una mirada fría y solitaria. El emboscado o el anarca son excepciones en el continuo nihilista cuya constitución política es el Estado Mundial. Sólo les cabe agazaparse «mientras tanto». Desposeídos de acción, aguardan el regreso de los valores. Si en Sorel el retorno es practicado por minorías capaces de renovar la moral, en Jünger sólo lo vislumbran aristócratas aislados que renuncian a la política.[9]

Para Carl Schmitt, en cambio, no hay espacios preservados de la política, reservas impolíticas. Nada hay pre- o postpolítico. Lo político no tiene ámbito propio; es accesible desde cualquier ámbito a través de la distinción entre amigo y enemigo.[10] Ésta es, de hecho, una distinción topológica entre lo interior y lo exterior. La politización total se sigue de una lógica de inclusión/exclusión contraria a la idea de una comunidad universal. Schmitt desdeña la idea de igualdad de los hombres como «una moral y una ideología individualista-humanitaria»,[11] incapaz de dar forma a un Estado. A tal idea de igualdad se opone el principio de identidad, que Schmitt liga a la democracia moderna.[12] De acuerdo con la reconstrucción schmittiana, el Estado homogéneo es el resultado consecuente del movimiento democrático

---

8. *En la emboscadura*. Jünger, 1988, 87.

9. Molinuevo advierte que el anarca no es un solitario: «El solitario es aquel a quien ha expulsado la sociedad, el anarca quien ha expulsado la sociedad de sí mismo». Molinuevo lo distingue del anarquista: el anarca no lucha por ninguna idea; es «pasión sin participación». Molinuevo, 1996, 169 y 172. Parafraseando a Molinuevo, cabe ver en la emboscadura una respuesta a la pregunta ¿cómo vivir en la catástrofe? La salida del nihilismo no se encuentra en la historia, sino en el propio pecho —éste es el bosque. Lo que, por cierto, está muy cerca de la solución de Sorel. De hecho, la Orden de Emboscados de que habla Molinuevo tiene mucho que ver con la comunidad virtuosa soreliana. Molinuevo, 1996, 139, 145 y 151.

10. *El concepto de lo político*. Schmitt, 1932a, 17 ss.

11. *La situación histórico-espiritual...* Schmitt, 1926, 18.

12. Acerca de las nociones de igualdad, identidad y homogeneidad, véase el capítulo 17 de *Teoría de la Constitución*. Schmitt, 1928, 223-238.

surgido de la Revolución Francesa, cuyo resultado inconsecuente es el liberalismo. Schmitt se apoya en Rousseau para defender que la idea democrática lleva al Estado total y no al parlamentarismo: «La *volonté générale*, tal y como Rousseau la construye, es, en realidad, homogeneidad. Es en realidad democracia consecuente. *El contrato social*, a pesar del título y de la construcción pactista introductoria, se basa no en el contrato, sino esencialmente en la homogeneidad. De ella se deriva la identidad de gobernantes y gobernados».[13] La exclusión de lo heterogéneo es necesaria a la democracia porque el pueblo, para ser representado, debe ser homogéneo. En palabras de Schmitt, «toda democracia real consiste en que no sólo lo igual es tratado como igual, sino, con consecuencia inmediata, lo no igual como no igual. A la democracia pertenece así necesariamente primero homogeneidad y segundo —en caso necesario— la exclusión o aniquilación de lo heterogéneo».[14] El diferente ha de ser excluido: «Él es simplemente el otro, el extraño, y es suficiente a su ser que sea existencialmente otro y extraño en un sentido particularmente intenso, de modo que en un caso extremo sea posible tener con él conflictos que no puedan ser decididos ni desde una normativa previamente establecida ni por la sentencia de un tercero "desinteresado" y, por tanto, "imparcial"»[15]

La politización total schmittiana consiste en la movilización de todos los factores de unidad. La homogeneidad frente al otro (el judío, por ejemplo) supera el fraccionamiento social (también el determinado por la propiedad).[16] Frente al diferente, se constituye una comunidad de idénticos. El Estado es la unidad política,[17] que ha de defenderse de todas las fuerzas disgregadoras, entre las que se encuentran los partidos políticos.[18]

---

13. *La situación histórico-espiritual...* Schmitt, 1926, 20.

14. *Ibíd.*, 13 s.

15. *El concepto de lo político.* Schmitt, 1932a, 14.

16. Steil habla de identificación negativa: una masa amorfa gana un momento de identidad imaginaria como sujeto «pueblo» al reflejarse en el contrasujeto «judío». Steil, 1984, 70.

17. *El concepto de lo político.* Schmitt, 1932a, 31 s. En *Teoría de la Constitución*, Schmitt presenta la siguiente definición: «Estado es un determinado status de un pueblo, precisamente el status de la unidad política. La forma de Estado es la manera particular de conformación de esta unidad». Schmitt, 1928, 205.

18. Según afirma Schmitt en *Prolongación del desarrollo del Estado total en Alema-*

Pero no sólo ellos amenazan la unidad, sino cada uno de los hombres «desiguales». La distinción entre lo igual y lo desigual como base de lo político es constitutiva del Estado total, que sabe «distinguir entre amigos y enemigos», no tolera «en su interior ninguna fuerza enemiga paralizadora y fragmentadora» y, coherentemente, reivindica el control absoluto sobre la técnica.[19]

Además, Schmitt deriva de la idea de representación una legitimación del caudillismo. Lo fundamental del argumento se ofrece en el apartado de *Teoría de la Constitución* titulado «Los dos principios de la forma política (Identidad y representación)».[20] Allí afirma Schmitt: «La representación es [...] algo existencial. La idea de la representación descansa sobre el hecho de que un pueblo existente como unidad política tiene una manera de ser más elevada e intensa que la existencia natural de cualquier grupo humano con el que conviva».[21] Más adelante escribe que lo representado es «la unidad política como un todo».[22] Schmitt resume su posición afirmando que el Estado consiste como unidad política en la unión de los principios de identidad —que es, ante todo, la capacidad del pueblo para distinguir amigo y enemigo— y de representación —que ejerce el gobierno. Pero aclara: «Realización del principio de identidad significa tendencia al mínimo de gobierno y al liderazgo personal».[23] De este modo, ambos principios acaban por coincidir.[24]

Nunca como aquí el pensamiento de Schmitt parece prefigurado por *Catolicismo romano y forma política*, donde se afir-

---

nia, los partidos «parcelan la unidad política del pueblo alemán». Schmitt, 1988, 185-190, 187.

19. *Ibíd.*, 186. Escribiendo contra el Estado pluralista, Schmitt añade que todo auténtico Estado es un Estado total». Éste viene a ser, dice, «como una "*societas* perfecta" en este mundo. Resulta tentador comparar esta noción de «sociedad perfecta» que Schmitt maneja con la visión donosiana de la sociedad católica como civilización completa.

20. Schmitt, 1928, 204 ss.

21. *Ibíd.*, 209 s.

22. *Ibíd.*, 212.

23. *Ibíd.*, 214.

24. *Ibíd.*, 216. A este respecto, véase Steil, 1984, 68 ss. Steil se fija en el artículo *Estado, movimiento, pueblo*, donde Schmitt afirma que el concepto de liderazgo (*Führung*), «un concepto de presente inmediato y presencia real», «procede completamente del pensamiento concreto y sustancial del movimiento nacionalsocialista». A juicio de Steil, la identificación mágica del pueblo con su *Führer* (presencia del Ser y figura cúltica) completa la homogeneización frente al judío, antagonista mítico. Steil, 1984, 70 s.

ma que la idea de representación está «dominada por el pensamiento de autoridad personal» y que «representar, en sentido eminente, sólo puede hacerlo [...] una persona autoritaria o una idea que, tan pronto como representa, igualmente se personifica».[25] En ese mismo texto Schmitt subraya que la dignidad y la misión del Papa no son, como las del moderno funcionario, impersonales, sino que proceden en una cadena ininterrumpida desde la persona de Cristo.[26] La Iglesia, dice Schmitt, «representa la *"civitas* humana", representa en cada momento la conexión histórica con la encarnación y el sacrificio en la cruz de Cristo, representa a Cristo mismo, personalmente, a Dios hecho hombre en la realidad de la historia».[27] El catolicismo representa, subraya Schmitt, «no sólo la idea de la justicia, sino también la persona de Cristo».[28] Según Schmitt, «la Iglesia quiere ser la regia novia de Cristo: representa a Cristo regente, reinante, victorioso. Su derecho a gloria y honor descansa, en un sentido eminente, sobre el pensamiento de la representación».[29]

En su defensa de la representación unipersonal de una comunidad de iguales, como en otros elementos de su modelo, Schmitt ha sido probablemente animado por el ejemplo histórico de la Iglesia Católica. En este sentido, *Catolicismo romano y forma política* podría ser leído como subtexto de *Teología política* y de *El concepto de lo político*, e incluso de *Teoría de la Constitución*. Cabe incluso intuir bajo la obra schmittiana una imagen estática de la historia no lejana de la que en el *Ensayo* presenta Donoso. Para éste, el catolicismo es la verdad de Dios encarnada, hoy visible en su Iglesia; verdad universal —verdad para todos y en todo tiempo— que no necesita del diálogo con otros discursos. Schmitt parece ver en la Iglesia Católica un paradigma de la continuidad más allá de toda contingencia: un valor preservado de la caducidad.[30]

25. *Catolicismo romano y forma política.* Schmitt, 1925, 29.
26. *Ibíd.*, 20.
27. *Ibíd.*, 26.
28. *Ibíd.*, 41.
29. *Ibíd.*, 43.
30. En este contexto merece la pena recordar las siguientes palabras de Hegel en las *Lecciones sobre la filosofía de la historia universal*: «La Iglesia es, por este lado, el reino de los cielos en el presente; y el mundo cristiano es el mundo de la perfección; el principio está cumplido, y con esto ha llegado el fin de los días: la idea ya no puede ver en el cristianismo nada insatisfecho». Hegel, 1974, 571.

El naufragio de los valores en la modernidad está, desde luego, en la base de motivación del modelo decisionista. Éste es a menudo visto como residuo de un irracionalismo premoderno. Pero tal caracterización es incompleta si ignora que el decisionismo nace en un debate profundamente moderno. La tesis doctoral de Carl Schmitt[31] —previa a su solución decisionista— intenta establecer condiciones para la decisión justa de un juez. Acaba calificando como tal aquélla que podría ser tomada por «otro juez». En obras posteriores, Schmitt continúa esforzándose por fundamentar la decisión justa. Su fracaso en esa búsqueda es lo que conocemos como decisionismo: la verdad deja su plaza a la decisión del más fuerte. En una conclusión nihilista, Schmitt desvincula la fundación del derecho de toda teoría de la verdad y la establece —en una radicalización del punto de vista hobbesiano— sobre la mera autoridad. Es entonces cuando afirma que «el orden del derecho, como todo orden, descansa sobre una decisión y no sobre una norma».[32]

En Schmitt, el orden acaba por ser el único valor.[33] La defensa de ese valor legitima la interrupción de toda norma. En los años treinta, el orden es el de las relaciones de propiedad contra las que Benjamin escribe *Sobre el concepto de historia*. Pero el antagonismo de Schmitt y Benjamin desborda el marco de aquella coyuntura. En Schmitt, el fin de la política es la formación de una nación homogénea. En Benjamin lo es la recuperación de lo absolutamente heterogéneo: los olvidados de la actualidad y del pasado. Benjamin privilegia la voz de esos invisibles tanto como Schmitt quiere desoírla. Quizá uno y otro talantes dependan de las respectivas teologías en que se educan. Una se forma en la ausencia de un Dios al que está prohibido representar; otra, en la presencia visible de la verdad divina. Nutren dos modos de estar en un mundo en el que ninguna experiencia parece asegurada.

En el siglo XX, diversos pretextos sirvieron para justificar la eliminación de la diferencia a través del desarraigo violento y

---

31. *Gesetz und Urteil. Eine Untersuchung zum Problem der Rechtpraxis*. Schmitt, 1912. Para un comentario de éste y otros textos del Schmitt más joven: Kiefer, 1990.

32. *Teología política*. Schmitt, 1990a, 16.

33. Sin embargo, conviene recordar que Schmitt afirma del *Kat-echon* que «debemos guardarnos de emplear este término como designación generalizadora de tendencias meramente conservadoras o reaccionarias». Schmitt, 1951b, 239.

del exterminio. No menos eficaz que esta eliminación «mecánica» ha sido la «natural» obrada por el mercado. La extensión del capitalismo y su eficacia a la hora de hacer tabla rasa desde la que levantar un futuro homogéneo han sido alegadas como pruebas de que Occidente alberga valores con validez universal. Sin embargo, a través de un vector contrario, la excepción parece avanzar en un mundo totalmente movilizado. ¿No es la crisis lo único permanente? La experiencia se ha vuelto discontinua. Reclaman espacio la espontaneidad frente a la repetición, el fragmento frente al sistema, el conocimiento local y efímero frente a la tradición cultural. La modernidad parece derivar en carnaval, en excepción generalizada.[34] El encuentro de valores toma el aspecto de colisión de mitos. El proyecto moderno mismo llega a ser visto como un mito entre otros. El encuentro de diferentes reclama otro escenario que el de disidentes respetuosos, partícipes de un contexto hermenéutico común, que en el diálogo libre transitan del yo al nosotros. La confrontación con formas de vida heterogéneas obliga cotidianamente a cada hombre a cuestionarse su propia identidad, al presentarle otros modos posibles del ser humano. También puede despertar el anhelo de limpieza, la nostalgia de un mundo homogéneo.

Desde una perspectiva schmittiana, la época puede ser vista como una proliferación de casos excepcionales a los que han de responder otros tantos estados de excepción. Cada caso excepcional revela la insuficiencia de la norma y exige un gesto decisivo soberano. La bancarrota de las reglas es superada en ese gesto, que restaura la unidad antes asegurada por Dios. La unidad se reconstruye en la exclusión de los desiguales y en la identificación personal con aquella decisión, que está por encima de toda norma. Una oferta semejante puede hacerse a cada ser humano que sienta dentro de sí el pánico a una guerra civil en el sujeto. La identidad se le ofrece como valor único. Se reconstruye allí donde la norma no resuelve, en una decisión que —ésa es su secreta norma— excluye lo no idéntico.[35]

---

34. Para una comparación del tema del carnaval en Walter Benjamin y Florenz Christian Rang: Jäger, 1983. Acerca de la semejanza entre el pensamiento benjaminiano y la teoría bajtiniana del carnaval: Lucas, 1995, 83.

35. Desde el punto de vista de Schmitt, la decisión amigo/enemigo es la fundamental no sólo para la nación, sino también para cada hombre. Es desde esa perspectiva individual desde la que en *Ex Captivitate Salus* reflexiona sobre el lema «El enemigo es

La interrupción de la norma es el asunto en que las reflexiones de Benjamin y Schmitt se encuentran.[36] Ambos parecen ver en ella la marca de un tiempo cuya hora cero sitúan en el Barroco; allí arranca una proliferación de significados que desemboca en el caos dialógico moderno.[37] Benjamin lee en Schmitt que, desde el Barroco, la soberanía no se funda sobre creencias colectivas, sino sobre decisiones personales. La crisis de la interpretación teológica de la historia aboca a un vacío normativo: la soberanía se prueba en el estado de excepción. Benjamin asume esta perspectiva cuando identifica en el artículo galicano de 1682 la caída de «la última posición de la teoría teocrática del Estado» y su sustitución por la «doctrina del poder del príncipe».[38] Encuentra el antecedente del hombre moderno en el protagonista del *Trauerspiel*, que se conduce por impulsos. A este príncipe, «en el que la decisión descansa sobre el estado de excepción, [...] una resolución le es casi imposible».[39] El *Fragmento teológico-político* benjaminiano y la *Teología política* schmittiana indagan en esa imposibilidad. No son propuestas teologizantes, sino meditaciones sobre un tiempo en que la decisión política —como toda acción humana, en general— ya no se toma desde una tradición estable, teológicamente enraizada, sino desde una contingente actualidad.

Con distintas perspectivas, las obras de Jünger y Benjamin informan sobre ese proceso de desestabilización de la experiencia. Ambos son testigos de la brusca quiebra de un mundo de experiencia que había durado generaciones. A unas formas de vida orientadas por la tradición suceden otras inestables, efíme-

---

nuestra pregunta adecuada en cuanto forma». Y añade: «Ay de quien no tenga enemigo, porque yo seré su enemigo en el Juicio Final». Schmitt, 1960, 94 s., 95.

36. Según Makropoulos, Benjamin plantea lo nuevo y, por tanto, la modernidad, como excepción, trasponiendo la discusión jurídica de los años veinte y treinta al campo de la teoría de la cultura y de la estética. Makropoulos, 1989, 35.

37. En este contexto conviene considerar el libro de Lucas *El trasfondo barroco de lo moderno*. Lucas, 1992. Makropoulos ha propuesto una periodización en tres fases de la época moderna en la obra de Benjamin: de 1600 a 1750, de 1750 a 1850 y desde 1850. Esta última fase se completa a partir de 1900 y, sobre todo, en el tiempo de entreguerras. Makropoulos, 1989, 21. Acerca de la periodización schmittiana de la modernidad en las fases de pensamiento teológico, racionalismo metafísico, racionalismo económico y racionalismo técnico: Portinaro, 1982, 257. Acerca del papel que Schmitt asigna a la técnica en el proceso modernizador: Schneider, 1957, 285 ss.

38. En el libro sobre el *Trauerspiel*. G.S. I.1, 245.

39. *Ibíd.*, 250.

ras. La época aparece marcada por la tensión entre la limitada experiencia anterior y la densidad de las vivencias actuales, que alimenta la expectativa de realización de todo sueño concebible.[40] Atravesado por la técnica, el mundo es puesto en transición permanente. La desestabilización alcanza a la historia. Volcado en un sueño futurista, el presente se desprende de la memoria como de un lastre.[41] El vértigo de la movilización total le impide reconocer tradiciones, valores, presencias.[42]

Al igual que en el jüngeriano, en el análisis benjaminiano de la Europa posterior a 1914 es central la expectativa de liquidación del tiempo burgués: el fin de la modernidad, o su cambio de fase. Sin embargo, la superación del burgués en el tipo del trabajador, descrita por Jünger, se parece poco a la nueva barbarie vislumbrada por Benjamin. Jünger se percibe como un lúcido espectador al que el naufragio no salpica; Benjamin, como un excluido al que sólo su exclusión da conciencia de la actualidad y voz para comunicarla. El extremo es ocasión de conocimiento y de esperanza: «Alcanzo un extremo. Un náufrago que flota a la deriva sobre los restos del naufragio, mientras trepa hasta la punta del mástil que ya se hunde. Pero le queda la posibilidad de lanzar desde allí una señal para su salvación».[43]

En este testimonio resuena la paradójica esperanza de los *trauerspiele* barrocos. Según Benjamin, el tema del *Trauerspiel* es la desesperanza de la condición terrena, la helada desilusión de la vida humana. Hasta el punto de que cuando el *Trauerspiel* «admite la posibilidad de redención, dicha posibilidad reside en

---

40. Esa tensión tiene su paradigma en la Revolución Francesa, en cuyo proceso toda experiencia política parece factible. En un sentido semejante caracteriza Makropoulos la de Benjamin como una época de posibilidades. Makropoulos alude a la descripción de Koselleck de una «pluralidad simultánea de niveles de cultura», así como a la diferencia creciente entre experiencia y expectativa que propician ciencia y tecnología. El propio Makropoulos habla de una «presencia coetánea de posibilidades heterogéneas de vida». Makropoulos, 1989, 18 y 49 ss.

41. Ese vértigo es recogido en 1851 por Lamartine en la fórmula «No hay historia contemporánea». En efecto, Lamartine escribe en el prefacio de *Historia de la Restauración*: «Ya no hay historia contemporánea. Los días de ayer parecen ya hundidos muy lejos en la sombra del pasado. Las perspectivas retroceden por la grandeza y la multitud de cosas que se interponen entre el ojo y la memoria». Cit. en Makropoulos, 1989, 54 s.

42. Makropoulos ubica la evolución del arte moderno dentro de esta deontologización. Makropoulos, 1989, 22.

43. En carta a Scholem de 17 de abril de 1931. *Briefe II*, 529-532, 532.

lo profundo de esta misma fatalidad, más que en el cumplimiento de un plan divino de salvación».[44] Una paradójica esperanza[45] —esperanza en la desesperación— es también el tema mayor de *Sobre el concepto de historia*.[46] Que convierte la oposición entre violencia mítica y violencia divina (concebida en el molde de la soreliana entre fuerza burguesa y violencia revolucionaria) en oposición entre clausura y apertura de la historia.

Es contradictorio leer este texto de Benjamin como una preceptiva del verdadero conocimiento histórico. De acuerdo con su autor, la verdad de la historia sólo está al alcance de los más vulnerables en un imprevisible peligro. La perspectiva buena es la de los olvidados actuales, únicos capaces de recordar a los olvidados del pasado. Esa afirmación contiene una negación: cualquier otra perspectiva es inadecuada a la verdad de la historia. Ninguna escuela o partido puede reclamarse intérprete de ella. Benjamin ve la cultura como máscara de la verdad; ésta ha de ser buscada allí donde la norma cultural se quiebra. De ahí que *Sobre el concepto de historia* también desestabilice a cualquier cultura que se reclame emancipadora. Sólo puede incorporarse como crítica del lenguaje propio. Como crisis.[47]

---

44. G.S. I.1, 260. En este contexto pueden ser reconsideradas las lecturas que hacen Benjamin y Schmitt de la figura de Hamlet. Schmitt la lee dentro de su interpretación de la historia europea como progresión desde la guerra civil confesional medieval, bárbara, hasta la guerra política del Estado nacional. En cambio, Benjamin parece ver en ella la tristeza ante lo históricamente dado y la añoranza de una salvación no celestial, sino terrena.

45. Benjamin califica como paradójica la esperanza que descubre al acabar su lectura de *Las afinidades electivas*. Allí escribe: «Esa esperanza paradójica, fugaz, aparece finalmente en la luz de la reconciliación, así como a medida que el sol desaparece, brota en el crepúsculo la estrella vespertina que perdura más allá de la noche». G.S. I.1, 200.

46. Para reflexionar sobre el carácter paradójico de la esperanza benjaminiana, la esperanza blochiana ofrece el mejor elemento de comparación. Acerca de la sospecha de Benjamin de haber sido plagiado por Bloch, véase su carta a Scholem de 17 de octubre de 1934. Allí, refiriéndose al libro *Herencia de este tiempo*, de Bloch, compara a éste con Arsène Lupin, «el famoso ladrón de guante blanco». Benjamin y Scholem, 1987, 161-163, 163 —el párrafo que incluye esta despectiva analogía no aparece en *Briefe II*, 624. Alusiones semejantes pueden encontrarse, por ejemplo, en las cartas de 26 de diciembre de 1934 —*Briefe II*, 636-638, 636 s.—, 29 de marzo de 1935 —Benjamin y Scholem, 1987, 174-177, 176—, 20 de mayo de 1935 —*ibíd.*, 177-180, 179; no aparece, en cambio, en *Briefe II*, 179— y 25 de agosto de 1935 –*ibíd.*, 185-188, 185. Véase también Sholem, 1987, 96.

47. Sobre las dificultades para incorporar la comprensión benjaminiana de la historia a la teología católica, véase John, 1991. Acerca de la posibilidad de que *Sobre el concepto de historia* sea especialmente legible para negros, mujeres, homosexuales... en tanto que excluidos del centro blanco, masculino, heterosexual...: Burger, 1982, 4.

Con este significado negativo nombra Benjamin al Mesías, cuya irrupción completaría la historia y daría sentido a cada instante. Sólo él traería el Juicio Final, la citación universal a la que nadie faltaría. Es su absoluta exterioridad respecto del tiempo humano lo que, en primer lugar, le define.[48] El mundo es el lugar del que Él está ausente.

Sobre el concepto de historia tampoco puede ser leído como una versión metafísica —teológica— del esquema que asegura que el proletariado —los hombres sin propiedad, esto es, sin derechos: la nada social— se emancipará a sí mismo y, al hacerlo, emancipará a la sociedad.[49] Benjamin no desplaza tal esquema a la pregunta por el sentido; no afirma que la clase proletaria esté llamada a darse sentido y a dárselo a toda la humanidad y a toda la historia. Si así fuese, el sentido de la historia estaría para Benjamin asegurado: el destino histórico lo garantizaría, independientemente de la acción humana. Sin embargo, Benjamin no se refiere a un proletariado cuya victoria es segura, sino a un proletariado en extremo peligro. Su tema no es un sentido de la historia sobre el que, independientemente de la acción humana, se tiene garantía, sino la pequeña esperanza de que la historia no desoiga la oferta de sentido que le hacen los más impotentes. Lo que asegura la vigencia del texto benjaminiano, más allá de la coyuntura en la que fue escrito.

Tan lejos de Benjamin está un optimismo imbatible como una comprensión pesimista de la historia.[50] Es una alegorización de ésta lo que se construye en *Sobre el concepto de historia*. El de Benjamin es un pensamiento paradójico que hace decisivo lo ausente.[51] No piensa la historia conforme al concepto de

---

48. En su ensayo sobre Kafka, Benjamin atribuye a éste el pensamiento de que el Mesías, cuando llegue, corregirá las deformidades de nuestro espacio y de nuestro tiempo. G.S. II.2, 433.

49. En *Teoría de la Constitución* Schmitt hace notar que, a lo largo de la historia moderna, el pueblo siempre es definido negativamente. En la Revolución Francesa, el Tercer Estado es determinado negativamente frente al clero y a la nobleza. Cuando la burguesía llega al poder, frente a ella aparece el proletariado, que no posee propiedad ni educación. Schmitt, 1928, 242 s. Por otro lado, cabe pensar que la visión de los desposeídos como creadores de sentido se educa en la enseñanza de que los pobres son los más cercanos al Reino de los Cielos.

50. En la que sí incurriría, en cambio, Adorno. A este respecto, véase Kaiser, 1972, 950. También Brumlik, 1983, 228.

51. Werckmeister establece una correspondencia entre el pensamiento negativo de Benjamin y la pintura negativa de Klee. Werckmeister, 1981, 117.

progreso, sino que hace experiencia de ella como dominio del tiempo mítico, en que rige el destino. Pero ve en los excluidos la ocasión de su apertura.

De ahí que *Sobre el concepto de historia* tampoco pueda leerse como una apelación a la solidaridad de los poseedores para con los desposeídos. Benjamin no alberga ninguna esperanza respecto de aquéllos o de su memoria.[52] Sin embargo, del texto benjaminiano sí se deriva un principio para la acción: que ésta sólo sería justa si se asentase sobre el punto de vista de los impotentes. De donde se deduce el imperativo de dar voz al desposeído. Se trata de un mandato muy exigente, que abarca la actualidad y el pasado. El subtítulo del estudio que Benjamin dedica a Kraus, *Hombre universal* —Allmensch—, podría valer como lema de una cultura que recogiese todas las voces. Desde luego, este «hombre universal» no es ni el «hombre general» de las filosofías idealistas ni el «hombre particular» del historicismo. Es un hombre capaz de la entera experiencia de lo humano. Capaz de escuchar a los sin voz. Cuya única posesión es el discurso más fuerte: el silencio del más débil. Esa voz es valiosa precisamente porque está a punto de perderse para siempre.

De acuerdo con Goethe, no es posible juzgar lo que ha tenido efecto, aquello que se ha incorporado a nuestra identidad. Benjamin deduce que está viciada de parcialidad la historia escrita desde el último eslabón de la cadena triunfante. Él cree que la verdad de la historia ha de ser buscada, por el contrario, en las tradiciones interrumpidas.[53] Si Burckhardt juzga que la historia sólo puede ser considerada a partir de «lo que se repite, lo constante, lo típico del ser humano», «algo que resuena en nosotros y que nos es comprensible»,[54] Benjamin la considera a

---

52. Conviene recordar que, en su ensayo sobre Fuchs, Benjamin escribe que «en ningún caso es evidente la "mala conciencia" de los privilegiados en cuanto a las formas anteriores de explotación». G.S. II.2, 495. En polémica con Habermas, Mate, leyendo *Sobre el concepto de historia*, apela a la sensibilidad hacia «los derechos de los vencidos, unos derechos que si no son reconocidos seguirán siendo negados a los débiles del futuro». Mate, 1993, 171 s.

53. El fragmento N 9 a,5 del trabajo sobre los pasajes se refiere a esa búsqueda. A una historia que produce continuidad opone Benjamin otra que se fija en los lugares en que una tradición se interrumpe. G.S. V.1, 592. En este contexto, cabe ver en Benjamin una lectura del tema platónico del conocer como recordar —reconocer— y del olvido como ignorancia.

54. En *Consideraciones sobre la historia universal*. Cit. en Schnädelbach, 1980, 59. Por otro lado, el modelo benjaminiano puede ser entendido como una extensión a los

partir de aquello en que la tradición se quiebra: en su negativo. Si Dilthey intenta escribir la historia conforme al modelo de la biografía, el esfuerzo de Benjamin se asemeja, rebasándolo, al rescate proustiano de lo más profundamente olvidado. Si el modelo historicista se basa en la compenetración con la tradición, Benjamin se esfuerza por encontrar una posición exterior a ella.[55] La descubre en un recuerdo sobre el que ni siquiera sus portadores —los desposeídos— tienen poder. Un recuerdo cuya necesidad nace de sí y no de una intención. Un recuerdo no dominado, libre de violencia. Fundada sobre este recuerdo, la historia evita convertirse en objeto, en propiedad, en mito.

Hay una mirada idólatra de la tradición cuya versión extrema es la mirada reaccionaria hacia un origen mítico. Pero hay otra mirada. En ella, lo idéntico es atravesado por lo otro. Al retorno al origen mítico se opone el recuerdo del pasado fallido. A la lógica de la exclusión, la memoria de los excluidos.[56] Al narcisismo, la prohibición de hacer imágenes. Desde esta segunda perspectiva, lo humano no es continuidad, sino interrupción. Cada caso —igual que cada texto— ha de ser enfrentado como excepción a cualquier regla. En un esfuerzo que no es, sin embargo, ciego. Pues el hombre, si no una identidad, sí tiene una historia. Fallida. Esa historia fallida le ofrece una base para su decisión.

Historia y biografía son aquí palabras intercambiables, de acuerdo con el fragmento II de *Sobre el concepto de historia*. También de acuerdo con el fragmento de *Calle de dirección única* titulado *Torso*: «Únicamente quien supiera contemplar su propio pasado como un producto de la coacción y la necesidad,

---

sin voz del modelo hermenéutico de Droysen, según el cual un hombre participa del mundo moral comprendiendo y siendo comprendido. Cf. Schnädelbach, 1980, 115.

55. No me resisto a mencionar la afirmación que hace Schmitt en *Catolicismo romano y forma política* de que la Iglesia es la heredera de cuanto sobrevive. Schmitt, 1925, 52. La Iglesia es para Schmitt la representante de la tradición; es la tradición encarnada. Benjamin, en cambio, se fija en aquello que nadie ha heredado.

56. En este contexto, resultan muy interesantes los breves artículos de posguerra de Schmitt *Amnistía. Forma original del Derecho* —Schmitt, 1949— y *El final de la guerra civil fría* —Schmitt, 1951a. Schmitt ve el proceso de desnazificación como una guerra civil fría. A su juicio, si el conflicto bélico había exigido la presentación del enemigo como un monstruo, una verdadera paz sólo podía fundarse sobre el olvido. Olvido: ésta es, según Schmitt, la palabra primordial de la paz, su *Unwort*. En tal sentido habla Schmitt del arte del justo olvido. Schmitt ve la guerra como lucha por el establecimiento de un orden, pero esa lucha ha de concluir en amnistía, es decir, en amnesia.

sería capaz de sacarle para sí el mayor provecho en cualquier situación presente. Pues lo que uno ha vivido es, en el mejor de los casos, comparable a una bella estatua que hubiera perdido todos sus miembros al ser transportada y ya sólo ofreciera ahora el valioso bloque en el que uno mismo habrá de cincelar la imagen de su propio futuro».[57]

Lo fallido es una base débil, pero Benjamin deposita en ella toda su esperanza. Una esperanza complementaria, tan extraña como la kafkiana. La lectura de *El proceso* le lleva a escribir: «Yo parto de la pequeña y absurda esperanza, así como de las criaturas a las que, por un lado, corresponde esta esperanza y en las que, por otro, ese absurdo se refleja».[58] Benjamin parece coincidir con Kafka en la persecución de «esa nada a partir de la cual algo se hace útil».[59] Sólo esa persecución hace inteligible aquel enigmático «Bien está» de *Experiencia y pobreza*. Allí, Benjamin consigue lanzar una mirada esperanzada sobre la peor de las crisis europeas, cuando el viejo humanismo es incapaz de contener los vientos de guerra. Benjamin incluso encuentra una razón para reír. Porque, «partiendo de cero», la humanidad se está preparando «a sobrevivir, si así ha de ser, a la cultura. Y lo principal es que lo hace riéndose. Tal vez esta risa suene a algo bárbaro. Bien está».[60]

57. G.S. IV.1, 118.

58. Benjamin y Scholem, 1987, 151.

59. G.S. II.2, 435. A Benjamin le fascina la mirada kafkiana, que se asombra de todo —viene a ser, por así decirlo, complementaria de la indolente mirada historicista. *Ibíd.*, 436.

60. G.S. II.1, 219.

BIBLIOGRAFÍA

ADORNO, T.W. (1975), «Fortschritt», en P. Bulthaup (ed.), *Materialen zu Benjamins Thesen «Über den Begriff der Geschichte». Beiträge und Interpretationen*, Suhrkamp, Frankfurt a.M., 149-169.

— (1992), *Dialéctica negativa*, trad. de J.M. Ripalda, Taurus, Madrid.

— (1995), *Sobre Walter Benjamin*, trad. de C. Fonseca, Cátedra, Madrid.

AGUIRRE, J. (1975), «Walter Benjamin en un camino que no es el de Damasco», prólogo a W. Benjamin, *Tentativas sobre Brecht. Iluminaciones III*, Taurus, Madrid, 9-14.

— (1987a), «Estética y revolución», prólogo a W. Benjamin, *Imaginación y sociedad. Iluminaciones I*, Taurus, Madrid, 1980, 7-14.

— (1987b), «Interrupciones sobre Walter Benjamin», prólogo a W. Benjamin, *Discursos interrumpidos I*, Taurus, Madrid, 7-13.

— (1988), «Walter Benjamin: fantasmagoría y objetividad», prólogo a W. Benjamin, *Un poeta en el esplendor del capitalismo. Iluminaciones II*, Taurus, Madrid, 9-19.

AHRENS, G. (1985), «Triebstruktur und Sprache bei Baudelaire. Eine Revision der materialistischen Ikonographie Walter Benjamins», en N. Bolz y R. Faber (eds.), *Walter Benjamin. Profane Erleuchtung und rettende Kritik*, Königshausen und Neumann, Wurzburgo, 164-179.

ALTHUSSER, L. (1976), *Para leer «El Capital»*, Siglo XXI, México.

ÁLVAREZ JUNCO, J. (1984), «Estudio preliminar», en J. Donoso Cortés, *Lecciones de derecho político*, Centro de Estudios Constitucionales, Madrid, 9-37.

ARAGON, L. (1979), *El campesino de París*, trad. de N. Boer y M.V. Cirlot, Bruguera, Barcelona.

ARENDT, H. (1990), «Walter Benjamin», trad. de C. Ferrari, en ídem, *Hombres en tiempo de oscuridad*, Gedisa, Barcelona, 139-191.

AZANCONT, L. (1989), «Suma de claves. Estudio del pensamiento de Benjamin», *El País-Domingo* (26.2.89), 17.

AZÚA, F. de (1995), «Lecturas para el Siglo XXI», *Babelia* (*El País*, 11.1.95), 5.

BALL, H. (1983), «Carl Schmitts Politische Theologie», en J. Taubes (ed.), *Der Fürst dieser Welt. Carl Schmitt und die Folgen*, Ferdinas Schöning-Wilhelm Fink, Munich, 101-115.

BATHI, T. (1988), «Theories of Knowledge: Fate and Forgetting in the early Works of Walter Benjamin», en R. Nägele (ed.), *Benjamin's Ground. New Readings of Walter Benjamin*, Wayne State University, Detroit, 61-81.

BAUDELAIRE, Ch. (1990), *Las flores del mal*, trad. de A. Martínez Sarrión, Alianza, Madrid.

BENDERSKY, J.W. (1987), «The conservative Revolution», *Telos*, 72, 30-45.

BENEYTO, J.M. (1983), *Politische Theologie als politische Theorie - Eine Untersuchung zur Rechts- und Staatstheorie Carl Schmitts und zu ihrer Wirkungsgeschichte in Spanien*, Duncker und Humblot, Berlín.

— (1993), *Apocalipsis de la Modernidad. El decisionismo político de Donoso Cortés*, trad. de Alfredo Báez, Gedisa, Barcelona.

BENJAMIN, W. (1970), *Sobre el programa de la filosofía futura y otros ensayos*, trad. de R.J. Vernengo, Monte Ávila, Caracas.

— (1971), *Angelus Novus*, Edhasa, Barcelona.

— (1975), *Tentativas sobre Brecht. Iluminaciones III*, trad. de J. Aguirre, Taurus, Madrid.

— (1978a), *Briefe*, 2 vols., ed. y notas de T.W. Adorno y G. Scholem, Suhrkamp, Frankfurt a.M.

— (1978b), *Para una crítica de la violencia*, trad. de M. A. Sandoval, La Nave de los Locos, México.

— (1982), *Infancia en Berlín hacia 1900*, trad. de K. Wagner, Alfaguara, Madrid.

— (1984), *Haschisch*, trad. de J. Aguirre, Taurus, Madrid.

— (1987a), *Dirección única*, trad. de J.J. del Solar y M. Allendesalazar, Alfaguara, Madrid.

— (1987b), *Discursos interrumpidos I*, trad. y notas de J. Aguirre, Taurus, Madrid.

— (1987c), *El Berlín demónico. Relatos radiofónicos*, trad. de J. Parra, Icaria, Barcelona.

— (1988a), *Baudelaire, un poeta en el esplendor del capitalismo. Iluminaciones II*, trad. de J. Aguirre, Taurus, Madrid.

— (1988b), *Diario de Moscú*, editado y anotado por G. Smith, trad. de M. Delgado, Taurus, Madrid.

— (1988c), *El concepto de crítica de arte en el romanticismo alemán*, trad. de J.F. Yvars y V. Jarque, Península, Barcelona.

— (1990a), «Capitalismo como religión», trad. de L. Meana, *Walter Benjamin en la «época del infierno»* (*El País - Temas de nuestra época*, 20.9.90), 5.

— (1990*b*), *El origen del drama barroco alemán*, trad. de J. Muñoz Millanes, Taurus, Madrid.

— (1990*c*), *Imaginación y sociedad. Iluminaciones I*, trad. de J. Aguirre, Taurus, Madrid.

— (1991*a*), *Gesammelte Schriften*, 7 vols., ed. y notas de R. Tiedemann y H. Schweppenhäuser, Suhrkamp, Frankfurt a.M.

— (1991*b*), *Para una crítica de la violencia y otros ensayos. Iluminaciones IV*, trad. de R. Blatt, Taurus, Madrid.

— (1991*c*), *Historias y relatos*, trad. de G. Hernández Ortega, Península, Barcelona.

— (1992*a*), *Cuadros de un pensamiento*, trad. de S. Mayer, Imago Mundi, Buenos Aires.

— (1992*b*), *Sonetos*, texto bilingüe, trad. de P. Estelrich, Península, Barcelona.

— (1993), *La metafísica de la juventud*, trad. de L. Martínez de Velasco, Paidós, Madrid.

— (1995), *Personajes alemanes*, trad. de L. Martínez de Velasco, Paidós, Barcelona.

— (1996*a*), *Escritos autobiográficos*, trad. de T. Rocha, Alianza, Madrid.

— (1996*b*), «Notas sobre Benda», trad. de V. Jarque, *Debats*, 56, 143-146.

— y SCHOLEM, G. (1987), *Correspondencia 1933-1940*, trad. de R. Lupiani, Taurus, Madrid.

BENSÄID, D. (1990), *Walter Benjamin: sentinelle messianique. A la gauche du possible*, Plon, París.

BERDING, H. (1969), *Rationalismus und Mythos*, R. Oldenburg, Munich.

BERLIN, I. (1976), «Prefacio», trad. de M. L. Balseiro, en G. Sorel, *Reflexiones sobre la violencia*, Alianza, Madrid.

BERTH, E. (1922*a*), «Georges Sorel», *Clarté*, 21, 495-496.

— (1922*b*), «Le Tertullein du Socialisme», *La Rivoluzione du Socialisme*, I(37), 139-140.

BLOCH, E. (1968), *Thomas Münzer, teólogo de la revolución*, Ciencia Nueva, Madrid.

— (1980), *El principio esperanza*, trad. de F. González, 3 vols., Aguilar, Madrid.

BOHRER, K.H. (1978), *Die Ästhetik des Schreckens. Die pessimistische Romantik und Ernst Jüngers Frühwerk*, Carl Hauser, Munich.

BOLZ, N. (1985*a*), «Links schreiben», en ídem y R. Faber (eds.), *Walter Benjamin. Profane Erleuchtung und rettende Kritik*, Königshausen und Neumann, Wurzburgo, 9-33.

— (1985*b*), «Voschule der profanen Erleuchtung», en ídem y R. Faber (eds.), *Walter Benjamin. Profane Erleuchtung und rettende Kritik*, Königshausen und Neumann, Wurzburgo, 190-222.

— (1989), *Auszug aus der entzauberten Welt. Philosophischer Extremismus zwischen den Weltkriegen*, Munich.

BOLZ, N.W. y REIJEN, W. van (1991), *Walter Benjamin*, Campus, Frankfurt a.M.

BONVECCHIO, C. (1984), *Decisionismo. La dottrina Politica di Carl Schmitt*, Unicopli, Milano.

BORKENAU, F. (1942), «Sorel, Pareto, Spengler. Three Fascist Philosophers», *Horizon*, V, 420-431.

BRECHT, B. (1978), *Die Stücke von Bertolt Brecht in einem Band*, Suhrkamp, Frankfurt a.M.

BROD, M. (1954), *Franz Kafka. Eine Biographie*, Fischer, Berlín.

BRODERSEN, M. (1990), *Spinne im eigenen Netz. Walter Benjamin: Leben und Werk*, Elster, Bühl-Moos.

BRUMLIK, M. (1983), «Der revolutionäre Messianismus der Frankfurter Schule», *Merkur*, 416, 228-231.

BUCI-GLUKSMANN, C. (1984), *Walter Benjamin und die Utopie des Weiblichen*, Hamburgo.

BUCK-MORSS, S. (1977), *The Origin of Negative Dialectics. Theodor W. Adorno, Walter Benjamin and the Frankfurt Institute*, The Harvester Press, Hassocks.

— (1988), *Walter Benjamin and the Dialectics of Seeing: A Study of the Arcades Project*, MIT, Cambridge-Massachusetts.

BULTHAUP, P. (1975), «Parusie. Zur Geschichtstheorie Walter Benjamins», en ídem (ed.), *Materialen zu Benjamins Thesen «Über den Begriff der Geschichte». Beiträge und Interpretationen*, Suhrkamp, Frankfurt a.M., 122-148.

BURGER, R. (1982), *Fortschritt, Aufstieg und Fall eines Begriffs. Bemerkungen nach Walter Benjamins Thesen «Über den Begriff der Geschichte»*, Verlag des Verbandes des wissenschaftlichen Gesellsschaften Österreichs, Wien.

BUSINO, G. (1985), «Georges Sorel et Vilfredo Pareto», en J. Julliard y S. Sand (eds.), *Georges Sorel et son temps*, Éditions du Seuil, París, 313-332.

CAMUS, A. (1996), «El mito de Sísifo», trad. de L. Echávarri, en ídem, *Obras 1*, Alianza, Madrid, 207-345.

CANETTI, E. (1981), *La conciencia de las palabras*, trad. de J.J. del Solar, Fondo de Cultura Económica, México.

CANO GAVIRIA, R. (1989), *El pasajero Benjamin*, Pamiela, Pamplona.

CARLÓN, J. (1991), «Una comedia en el infierno», *Los libros de El Sol* (*El Sol*, 13.12.91), 3.

CASTRO FLÓREZ, F. (1991), «Narrar la pobreza. Algunos textos fundamentales de Walter Benjamin», *Los libros de El Sol* (*El Sol*, 29.11.91), 75.

CIRLOT, V. (1996), «Todo es ya pasado», *El País* (4.12.96), 38.

CONRAD, J. (1993), *Una avanzada del progreso*, trad. de J. Alfaya y B. McShane, Alianza, Madrid.

CROCE, B. (1983), «La philosophie comme "attitude". Deux lettres inédites de Croce a Sorel», *Cahiers Georges Sorel*, 1, 107-108.

CHARZAT, M. (1977), *Georges Sorel et la Révolution au XXe Siècle*, Hachette, París.

DERRIDA, J. (1985), «Préjuges. Devant la loi», en *La Faculté de juger*, Minuit, París.

— (1987), *Des Tours de Babel*, en ídem, *Psyché. Inventions de l'autre*, Galilée, París, 203-236.

— (1988), *Mémoires -pour Paul de Man*, París.

— (1990), «Force de loi. Le "fondement mystique de l'autorité". / Force of law. The mysttical foundation of authority», *Cardozo Law Review*, 11, 919-1.045.

DILTHEY, W. (2000), *Dos escritos sobre hermenéutica: El surgimiento de la hermenéutica y Esbozos para una crítica de la razón histórica*, trad. y notas de A. Gómez, Istmo, Madrid.

DONOSO, J. (1970), *Obras completas*, 2 vols., ed. y notas de C. Valverde, Biblioteca de Autores Cristianos, Madrid.

DROSTE, V. (1981), *Ernst Jünger: «Der Arbeiter». Studien zu seiner Metaphysik.*, Kümmerle, Göppingen.

EBACH, J. (1985), «Der Blick des Engels. Für eine "Benjaministische" Lektüre der hebräischen Bibel», en N. Bolz y R. Faber (eds.), *Walter Benjamin. Profane Erleuchtung und rettende Kritik*, Königshausen und Neumann, Wurzburgo, 67-101.

ECHEVARRÍA, I. (1992), «La guerra de las palabras de Karl Kraus. Los diálogos inverosímiles de una obra incomparable», *Babelia* (*El País*, 18.1.92), 11-15.

ENGELHARDT, H. (1975), «Der historische Gegenstand als Monade. Zu einem Motiv Benjamins», en P. Bulthaup (ed.), *Materialen zu Benjamins Thesen «Über den Begriff der Geschichte». Beiträge und Interpretationen*, Suhrkamp, Frankfurt a.M., 292-317.

ESTÉVEZ ARAUJO, J.A. (1988), «Schmitt contra Weimar», en J.M. González y F. Quesada (eds.), *Teorías de la democracia*, Anthropos, Barcelona, 197-224.

FABER, R. (1975), *Die Verkündigung Vergils. Reich, Kirche, Staat. Zur Kritik der Politischen Theologie*, Georg Olms, Hildesheim.

— (1985), «"Der Erzähler" Johan Peter Habel», en ídem y N. Bolz (eds.), *Walter Benjamin. Profane Erleuchtung und rettende Kritik*, Königshausen und Neumann, Wurzburgo, 102-163.

— (1987), «Political Theology», *Telos*, 72, 174-186.

FADINI, U. (1985), «Esperienze della modernità: C. Schmitt e W. Benjamin», *La Politica*, 3-4, 43-58.

FERNÁNDEZ DE LA MORA, G. (1986), «Schmitt y Donoso ante la dictadura», *Razón Española*, 17, 311-322.

FERNÁNDEZ MARTORELL, C. (1992), *Walter Benjamin. Crónica de un pensador*, Montesinos, Barcelona.

FERRATER, J. (1982), *Diccionario de Filosofía*, 4 vols., Alianza, Madrid.

FESTA, F.S. (1987), «Monoteismo come problema politico?», en R. Racinaro (ed.), *Tradizione e Modernità nel pensiero politico di Carl Schmitt*, Edizioni Scientifiche Italiane, Napoli, 139-156.

FIETKAU, W. (1986), «Loss of Experience and Experience of Loss: Remarks on the Problem of the Lost Revolution in the Work of Benjamin and His Fellow Combatants», trad. de J. Monroe e I. Wohlfarth, *New German Critic*, 39, 169-178.

FLÓREZ MIGUEL, C. (1989), «Comunidad ética y filosofía de la historia en Kant», en J. Muguerza y R. Rodríguez Aramayo (eds.), *Kant después de Kant*, Instituto de Filosofía CSIC - Tecnos, Madrid, 207-220.

FRAIJÓ, M. (1994), «Walter Benjamin: las reflexiones de una víctima de la violencia», en J.A. Binaburo y X. Etxeberría (eds.), *Pensando la violencia. Desde Walter Benjamin, Hannah Arendt, René Girard y Paul Ricoeur*, Bazeak, 13-36.

FREUND, J. (1975), *Georges Sorel (1847-1922). Geistige Biographie*, Carl Friedrich von Siemens Stiftung, Munich.

FREUND, M. (1932), *Georges Sorel. Der Revolutionäre Konservatismus*, Vittorio Klostermann, Frankfurt a.M.

FRISBY, D. (1992), *Fragmentos de la modernidad*, Visor, Madrid.

FUKUYAMA, F. (1989), «¿El fin de la historia?», *El País* (24.9.89), 10-11.

FUSTEL DE COULANGES, N.M. (1983), *La ciudad antigua*, trad. de C. A. Martín, Iberia, Barcelona.

GARBER, K. (1987), *Rezeption und Rettung. Drei Studien zu Walter Benjamin*, Max Niemeyer, Tubingen.

— (1992), «Voces íntimas. Correspondencia entre Dora Benjamin y Gershom Scholem tras la muerte de Benjamin», *Walter Benjamin en la «época del infierno»* (*El País / Temas de nuestra época*, 20.9.90), 4-6.

GARCÍA, R. y VILLACAÑAS, J.L. (1994), «Hamlet y Hobbes. Carl Schmitt sobre Mito y Modernidad Política», en C. Schmitt, *Hamlet o Hécuba. La irrupción del tiempo en el drama*, trad. de R. García, Pre-Textos - Universidad de Murcia, Valencia, VII-XXII.

GASCHÉ, R. (1988), «Saturnine Vision and the Question of Difference. Reflections on Walter Benjamin's Theory of Language», en R. Nägele (ed.), *Benjamin's Ground. New Readings of Walter Benjamin*, Wayne State University, Detroit, 83-104.

GEISLER, E. (1990), «Ein Text von Ernst Jünger als Replik auf Ernst Jünger», *Text und Kritik*, 105/106, 65-73.

GERBER, H. (1965), *Die Frage nach Freiheit und Notwendigkeit im Werke Ernst Jüngers*, P.G. Keller, Winthertur.

GOETHE, J.W. (1986), *Las afinidades electivas*, trad. de J.M. Valverde, Bruguera, Barcelona.

GOISIS, G.L. (1983), *Sorel e i soreliani. Le metamorfosi dell' attivismo*, Helvetia, Venezia.

GÓMEZ ORFANEL, G. (1988), «Homogeneidad, identidad y totalidad: la visión de la democracia de Carl Schmitt», en J.M. González y F. Quesada (eds.), *Teorías de la democracia*, Anthropos, Barcelona, 175-196.

GORIELY, G. (1985), «Georges Sorel et la révolution», en J. Julliard y S. Sand (eds.), *Georges Sorel et son temps*, Éditions du Seuil, París, 137-156.

GRAHAM, J.F. (1985), *Diference in Translation*, Cornell University, Ithaca.

GRAMSCI, A. (1986), *Introducción a la filosofía de la praxis*, Planeta, Barcelona.

GRANSOW, V. y MILLER, W. (1989), «Carl Schmitt: Feind oder Fundgrube? Zu neueren Rezeption in den USA», *Das Argument*, 175, 427-435.

GREFFRATH, K.R. (1975), «Der historische Materialist als dialektischer Historiker. Zum Motiv der Rettung in Walter Benjamins Thesen "Über den Begriff der Geschichte"», en P. Bulthaup (ed.), *Materialen zu Benjamins Thesen «Über den Begriff der Geschichte». Beiträge und Interpretationen*, Suhrkamp, Frankfurt a.M., 193-230.

— (1981), *Metaphorischer Materialismus. Untersuchungen zum Geschichtsbegriff Walter Benjamins*, Wilhelm Fink, Munich.

GROHMANN, Will (1990), *Paul Klee*, trad. de L. Soldevilla, Julio Ollero.

GUILLÉN, S. (1978), «Prólogo», en F. Kafka, *La condena y otros relatos*, Prisma, México, 7-13.

GURMÉNDEZ, C. (1996), «El compromiso del amor», *El País* (7.9.96), 10.

— (1996), «Los recuerdos y la memoria», *El País* (11.5.96), 12.

HABERMAS, J. (1982), *Conocimiento e interés*, Taurus, Madrid.

— (1986), *Perfiles filosófico-políticos*, trad. de M. Jiménez Redondo, Taurus, Madrid.

— (1989), *El discurso filosófico de la modernidad*, trad. de M. Jiménez Redondo, Taurus, Madrid.

HARTUNG, G. (1985), «Der Strategie im Literaturkampf», en B. Lindner (ed.), *Walter Benjamin im Kontext*, Königstein, 15-29.

HASELBERG, P. von. (1975), «Benjamins Engel», en P. Bulthaup (ed.), *Materialen zu Benjamins Thesen «Über den Begriff der Geschichte». Beiträge und Interpretationen*, Suhrkamp, Frankfurt a.M., 337-355.

HEGEL, G.W.F. (1974), *Lecciones sobre la filosofía de la historia universal*, trad. de J. Gaos, Revista de Occidente, Madrid.

HEIDEGGER, M. (1987), «Carta a Carl Schmitt del 22 de Agosto de 1933», *Telos*, 72, 132.

— (1994), «Hacia la pregunta del ser», en ídem y E. Jünger, *Acerca del nihilismo*, trad. de J.L. Molinuevo, Paidós, Barcelona, 71-127.

— (1996), *La autoafirmación de la Universidad alemana – El rectorado, 1933-1934 – Entrevista del «Spiegel»*, trad. de Ramón Rodríguez, Tecnos, Madrid.

HIETALA, M. (1975), *Der neue Nationalismus in der Publizistik Ernst Jüngers und des Kreises um ihn, 1920-1933*, Suomalainen Tiedeakatemia, Helsinki.

HILLACH, A. (1985), «Der Anteil der Kultur an der Prägung faschistischer Herrschaftsmittel», en N. Bolz y R. Faber (eds.), *Walter Benjamin. Profane Erleuchtung und rettende Kritik*, Königshausen und Neumann, Wurzburgo, 231-265.

HOFMANN, H. (1964), *Legitimität gegen Legalität. Der Weg der politischen Philosophie Carl Schmitts*, Luchterhand, Berlín.

HOHOFF, C. (1962), «Walter Benjamin. Benjamins messianische Spur», *Merkur*, 175, 880-885.

HOLCZHAUSER, V. (1990), *Konsens und Konflikt. Die Begriffe des Politischen bei Carl Schmitt*, Duncker und Humblot, Berlín.

HÖRISCH, J. (1985), «Objektive Interpretation des schönen Scheins», en N. Bolz y R. Faber (eds.), *Walter Benjamin. Profane Erleuchtung und rettende Kritik*, Königshausen und Neumann, Wurzburgo, 52-65.

ÍMAZ, E. (1978), «Prólogo», en E. Kant, *Filosofía de la historia*, Fondo de Cultura Económica, México, 1-23.

IORIO, B. (1987), *Analisis del decisionismo. Carl Schmitt e la nostalgia del tirano*, Giannini, Napoli.

JÄGER, L. (1990), «Dionysos im cristlich - Jüdischen Gespräch: Walter Benjamin und Florens Christian Rang». *Tagung zu Walter Benjamin aus Anlaß seines 50 Todestages*, 27-28.10.90, Katolische Akademie, Friburgo.

JAY, M. (1974), *La imaginación dialéctica. Una historia de la escuela de Frankfurt*, Taurus, Madrid.

— (1987), «Les extremes ne se touchent pas. Eine Erwiderung auf Ellen Kennedy: Carl Schmitt und die Frankfurter Schule», *Geschichte und Gesellschaft*, 13, 542-558.

JENNINGS, J.R. (1985), *Georges Sorel. The Character and Development of his Thought*, MacMillan, Oxford.

JOHN, O. (1978), *Die Unabgeschlossenheit der Vergangenheit. Theologische Betrachtungen zu den Geschitsphilosophischen Thesen von Walter Benjamin*, Universität Münster, Munster.

— (1991), «Fortschrittskritik und Erinnerung. Walter Benjamin, ein Zeuge der Gefahr», en E. Arens, O. John y P. Rottländer, Erinnerung, Befreiung, Solidarität, Patmos, Düsseldorf, 13-80.

JULIARD, J. (1985), «Actualité de Jacques Sorel», en J. Julliard y S. Sand (eds.), *Georges Sorel et son temps*, Éditions du Seuil, París, 13-34.

JÜNGER, E. (1981), *Heliópolis. Visión retrospectiva de una ciudad*, trad. de M. Villanueva, Seix Barral, Barcelona.

— (1962), *Sobre los acantilados de mármol*, trad. de T. La Rosa, Destino, Barcelona.

— (1978), *Werke*, 8 vols., Ernst Klett, Stuttgart.

— (1980), *Eumeswill*, trad. de M. Villanueva, Seix Barral, Barcelona.

— (1987), *Tempestades de acero*, trad. de A. Sánchez Pascual, Tusquets, Barcelona.

— (1988a), *Carta a Carl Schmitt*, Schmittiana I, 116-117.

— (1988b), *La emboscadura*, trad. de A. Sánchez Pascual, Tusquets, Barcelona.

— (1990), *El trabajador. Dominio y figura*, trad. de A. Sánchez Pascual, Tusquets, Barcelona.

— (1992a), *Abejas de cristal*, Alianza, Madrid.

— (1992b), «Ónice», *Babelia* (*El País*, 18.1.92), 16.

— (1994), «Sobre la línea», en ídem y M. Heidegger, *Acerca del nihilismo*, trad. de J.L. Molinuevo, Paidós, Barcelona, 11-69.

— (1995a), *Radiaciones. Diarios de la Segunda Guerra Mundial*, trad. de A. Sánchez Pascual, Tusquets, Barcelona.

— (1995b), *Sobre el dolor - La movilización total - Fuego y movimiento*, trad. de A. Sánchez Pascual, Tusquets, Barcelona.

KAEMPFER, W. (1981), *Ernst Jünger*, Metzler, Stuttgart.

— (1990), «Gewalt und Wohlerhalten. Ernst Jünger und die Revolte der Moderne», *Text und Kritik*, 105/106, 15-24.

KAFKA, F. (1966), *Briefe*, Fischer, Frankfurt a.M.

— (1967), *Tagebücher*, Fischer, Frankfurt a.M.

— (1970), *Briefe an Felice und andere Korrespondenz aus de Verlobungszeit*, Fischer, Frankfurt a.M.

— (1971), *La metamorfosis*, Alianza, Madrid.

— (1978a), *La condena y otros relatos*, trad. de S. Guillén, Prisma, México.

— (1978b), *La construcción de la gran muralla china*, trad. de S. Guillén, Prisma, México.

— (1980), *El proceso*, Editores Mexicanos Unidos, México.

— (1983), *Das erzählerische Werk*, 2 vols., Rütten & Loening. Berlín.

— (1992), *Padres e hijos*, trad. de F. Formosa, Anagrama, Barcelona.

— (1994a), *Meditaciones*, trad. de J.M. Santo Tomás, M.E., Madrid.

— (1995), *Diarios (1910-1923)*, trad. de F. Formosa, Tusquets, Barcelona.

KAISER, G. (1972), «Walter Benjamins "Geschichtsphilosophischen Thesen". Zur Kontroverse der Benjamin-Interpreten», *Deutsche Vierteljahrsschrift*, 46, 577-625.

KAISER, H. (1962), *Mythos, Rausch und Reaktion. Der Weg Gottfried Benns und Ernst Jüngers*, Aufbau-Verlag, Berlín.

KAMBAS, C. (1984), «Walter Benjamin lecteur des "Réflexions sur la violence"», *Cahiers Georges Sorel*, 2, 71-89.

— (1986), «Politische Aktualität; Walter Benjamin's Concept of History and the Failure of the French Popular Front», *New German Critic*, 39, 87-98.

KAMPER, D. (1990), «Weltstaat im Kopf, Wildnis im Herzen. Ernst Jüngers Anmerkungen zum "Post-Histoire"», *Text und Kritik*, 105/106, 82-88.

KANT, E. (1984), *Filosofía de la historia*, trad. de E. Imaz, Fondo de Cultura Económica, México.

KELSEN, H. (1995), *¿Quién debe ser el defensor de la Constitución?*, trad. y notas de R.J. Brie, Tecnos, Madrid.

KENNEDY, E. (1986), «Carl Schmitt und die "Frankfurter Schule". Deutsche Liberalismuskritik im 20. Jahrhundert», *Geschichte und Gesellschaft*, 12, 380-419.

— (1988), «Politischer Expressionismus. Die kulturkritischen und metaphysischen Ursprünge des Begriffs des Polistischen von Carl Schmitt», en H. Quaritsch (ed.), *Complexio Oppositorum - Über Carl Schmitt*, Duncker und Humblot, 233-251.

KIEFER, L. (1990), «Begründung, dezision und Politische Theologie. Zu drei frühen Schriften von Carl Schmitt», *ARSP. Archiv für Rechts und Sozialphilosophie*, LXXVI, n.º 4, 479-499.

KITTSTEINER, H.D. (1975), «Die "Geschichtsphilosophischen Thesen"», en P. Bulthaup (ed.), *Materialen zu Benjamins Thesen «Über den Begriff der Geschichte». Beiträge und Interpretationen*, Suhrkamp, Frankfurt a.M., 28-42.

KODALLE, K.-M. (1983), «Walter Benjamins Politischer Dezisionismus im theologischen Kontext. Der "Kierkegaard" unter den spekulativen Materialisten», en N.W. Bolz y W. Hübener (eds.), *Spiegel und Gleichnis. Festschrift für Jacob Taubes*, Königshausen und Neumann, Wurzburgo, 301-317.

KOLTÈS, B.M. (1990), *Roberto Zucco - Tabataba*, Les Éditions du Minuit, París.

KONERSMANN, R. (1989), *Walter Benjamins Begriff der Geschichte*, Fernuniversität, Hagen.

KÖNNECKER, E. (1976), *Ernst Jünger und das publizistische Echo. Reaktionen zu Person und Werk nach dem Zweiten Weltkrieg*, Adenstedt.

KORSCH, K. (1934), «Donoso Cortés, Der Staat Gottes. Eine katolische Geschichtsphilosophie», *Zeitschrift für Sozialforschung*, año 3, 266.

KRAMME, R. (1989), *Helmuth Plessner und Carl Schmitt - Eine historische Fallstudie zum Verhältnis von Antropologie und Politik in der deutschen Philosophie der zwanziger Jahre*, Duncker und Humblot, Berlín.

KRAUS, K. (1991), *Los últimos días de la humanidad*, trad. de Adan Kovacsics, Tusquets, Madrid.

KRAUSHAAR, W, (1988), «Auschwitz ante. Walter Benjamins Vernunftkritik als eine Subtheorie der Erfahrung», en D. Diner (ed.), *Zivilisationsbruch. Denken nach Auschwitz*, Frankfurt a.M., 201-241.

KRULL, W. (1990), «Im Foyer des Todes. Zu Ernst Jüngers "In Stahlgewittern" und anderen Texten über den Ersten Weltkrieg», *Text + Kritik*, 105/106, 27-35.

LESKOV, N. (1984), *Lady Macbeht de Mtsensk*, trad. de S. Serra, Bruguera, Barcelona.

— (1987), *El zurdo*, trad. de J. Vento, Ráduga, Moscú.

LINDENBERG, D. (1985), «Mouvement prolétarien et révolution religieuse: Georges Sorel critique de Renan», en J. Julliard y S. Sand (eds.), *Georges Sorel et son temps*, Éditions du Seuil, París, 189-202.

LINDNER, B. (1985), «Einleitung», en ídem (ed.), *Walter Benjamin im Kontext*, 7-11.

LONDON, J. (1991), *La huelga general*, Alianza, Madrid.

LOOSE, G. (1957), *Ernst Jünger. Gestalt und Werk*, Vittorio Kolstermann, Frankfurt a.M.

LUCAS, A. (1988), «Walter Benjamin: una teoría de la historia como teoría de la experiencia histórica», *Plural*, 203, 29-33.

— (1989*a*), «La invención de la crítica. Orígenes y desarrollo del juicio en el arte», *El País* (26.3.89), IV.

— (1989*b*), «Walter Benjamin, de la crítica romántica a una teoría estética de la modernidad», *La Balsa de la Medusa*, 8, 88-90.

— (1990*a*), «Como el vino de las uvas. Memoria de un vencido que luchó por fraguar en imágenes el pensamiento», *Walter Benjamin en la época del infierno - El País / Temas de nuestra época* (20.9.90), 14-15.

— (1990*b*), «In memoriam Walter Benjamin. Melancolía barroca, melancolía moderna: La era del antihéroe», *Contrarios*, 4, 158-161.

— (1990*c*), «La alegoría barroca y el lamento silencioso de la naturaleza. Teoría del lenguaje y crítica literaria en Walter Benjamin», *Creación*, 1, 76-80.

— (1990*d*), «Walter Benjamin o la esperanza antiheroica de un melancólico», *Cultura-La Nueva España*, 91, 35-36.

— (1991*a*), «La estética como ética de lo contingente», en J. Muguerza y F. Quesada (eds.), *Ética día tras día. En el ochenta cumpleaños de J.L. Aranguren*, Madrid, 265-270.

— (1991*b*), «La huella imborrable de la aventura a través de las imágenes», *Revista de Occidente*, 116, 150-153.

— (1992), *El trasfondo barroco de lo moderno. Estética y crisis de la Modernidad en la filosofía de Walter Benjamin*, UNED, Madrid.

— (1993), «Introducción», en W. Benjamin, *La metafísica de la juventud*, trad. de L. Martínez de Velasco, Paidós, Barcelona, 9-44.

— (1995), *Tiempo y memoria. Una reflexión sobre la filosofía de la historia de Walter Benjamin*, Fundación de Investigaciones Marxistas, Madrid.

LUEKEN, G.L. (1984), «Spurenlesen und Erwachen. Versuch zu Benjamins Theorie geschichtlichen Erkennens», *Die Aktion*, 30/31, 423-27.

LUKÁCS, G. (1975), *Historia y conciencia de clase*, trad. de M. Sacristán, Grijalbo, Barcelona.

LLOVET, J. (1992), «Prólogo», en F. Kafka, *Padres e hijos*, Anagrama, Barcelona, 7-20.

MAISTRE, J. de (1990), *Consideraciones sobre Francia*, trad. y notas de J. Poch Elío, Tecnos, Madrid.

MAKROPOULOS, M. (1989), *Modernität als ontologischer Ausnhamezustand? Walter Benjamins Theorie der Moderne*, Wilhelm Fink, Munich.

MALATESTA, M., (1985), «Georges Sorel devant la guerre et le bolchevisme», en J. Julliard y S. Sand (eds.), *Georges Sorel et son temps*, Éditions du Seuil, París, 101-122.

MANTHEY, J. (1990), «Ein Don Quijote der Brutalität. Ernst Jüngers "Der Arbeiter"», *Text + Kritik*. 105/106, 36-51.

MARCUSE, H. (1934), «Carl Schmitt, Der Begriff des Politischen», *Zeitschrift für Sozialforschung*, año 3, 102-103.

— (1975), «Revolution und Kritik der Gewalt. Zur Geschitsphilosophie Walter Benjamins», en P. Bulthaup (ed.), *Materialen zu Benjamins Thesen «Über den Begriff der Geschichte»*. *Beiträge und Interpretationen*, Suhrkamp, Frankfurt a.M., 23-27.

MARKNER, R. y WEBER, T. (1993), *Literatur über Walter Benjamin. Kommentierte Bibliographie 1983-1992*, Argument, Berlín.

MARQUARD, O. (1983), «Theodizee, Geschitsphilosophie, Gnosis», en N.W. Bolz y W. Hübener (eds.), *Spiegel und Gleichnis. Festschrift für Jacob Taubes*, Königshausen und Neumann, Wurzburgo, 160-167.

MARTIN, A. von (1948), *Der heroische Nihilismus und seien Überwindung*, Scherpe, Krefeld.

MARTÍN GARZO, G. (1995), «El inquilino de la vida desfigurada», *Babelia* (*El País*, 18.11.95), 14.

— (1996), «El cuarto secreto», *ABC*, 11.11.1996, 3.

MARTÍNEZ DE PISÓN, J. (1995), «Entrevista con Robert Hughes», *Babelia* (*El País*, 11.2.95), 22.

MARX, K. (1934), «Carl Schmitt: Staat, Bewegung, Volk. Die Dreigliederung der politischen Einheit», *Zeitschrift für Sozialforschung*, año 3, 272.

— (1981), *El manifiesto comunista*, trad. de W. Roces, Ayuso, Madrid.

— (1982), *El dieciocho Brumario de Luis Bonaparte*, Ariel, Barcelona.

MASCHKE, G. (1988), «Die Zweideutigkeit der "Entscheidung" - Thomas Hobbes und Juan Donoso Cortés im Werk Carl Schmitts», en H. Quaritsch (ed.), *Complexio Oppositorum - Über Carl Schmitt*, Duncker und Humblot, 193-221.

MATE, R. (1990*a*), «La historia de los vencidos. Un ensayo de filosofía de la historia contra las ontologías del presente», *Analogía*, 1, 33-58.

— (1990*b*), *Mística y política*, Verbo divino, Estella.

— (1991), «Sobre la compasión y la política», en J. Muguerza y F. Quesada (eds.), *Ética día tras día. En el ochenta cumpleaños de J.L. Aranguren*, Madrid, 271-297.

— (1991*a*), «Benjamin o el primado de la política sobre la historia», *Isegoría*, 4, 49-73.

— (1991*b*), *La razón de los vencidos*, Anthropos, Barcelona.

— (1993), «Walter Benjamin, ¿una filosofía política de la historia? o Atenas y Jerusalén ante la identidad europea», en C. Kerik (ed.), *En torno a Walter Benjamin*, Universidad Autónoma Metropolitana, México, 155-172.

— (1994*a*), «Dos cultura enfrentadas. Una autocrítica filosófica», *Arbor*, 147, 75-96.

— (1994*b*), «Mito, logos y religión en Walter Benjamin», *Teoría*, 1, 87-110.

— (1994*c*), «Universalidad negativa versus universalimo ilustrado o el "descubrimiento" de Europa desde América».

— (1996*a*), «El muro de Berlín y la "noche de los cristales rotos"», *El País* (9.11.96), 10.

— (1996*b*), «Los "Pasajes" de Walter Benjamin», *Babelia* (*El País*), 258, 16.

— (1997), *Memoria de Occidente. Actualidad de pensadores judíos olvidados*, Anthropos, Barcelona.

— y MAYORGA, J. (2002), «Los avisadores del fuego», en R. Mate (ed.), *La filosofía después del Holocausto*, Riopiedras, Barcelona, 77-104.

MATZ, W. (1990), «Nach der Katastrophe. Jünger und Heidegger», *Text und Kritik*, 105/106, 74-81.

MAUS, I. (1986), *Rechtstheorie und Politische Theorie im Industriekapitalismus*, Wilhelm Fink, Munich.

MAYER, H. (1992), *Walter Benjamin. El contemporáneo*, trad. de G. Muñoz, Alfons el Magnànim, Valencia.

MEHRING, R. (1989), *Pathetisches Denken*, Duncker und Humblot, Berlín.

MEIER, H. (1988), *Carl Schmitt, Leo Sratuss und «Der Begriff des Politischen»*, Metzlersche, Stuttgart.

MELVILLE, H. (1990), *Bartleby - Benito Cereno*, Dover, New York.

MENÉNDEZ UREÑA, E. (1989), «Ilustración y conflcito en la filosofía de la historia de Kant», en J. Muguerza y R. Rodríguez Aramayo (eds.), *Kant después de Kant.*, Instituto de Filosofía CSIC - Tecnos, Madrid, 221-232.

MENNINGHAUS, W. (1980), *Walter Benjamins Theorie der Sprachmagie*, Suhrkamp, Frankfurt a.M.

— (1986), *Schwellenkunde. Walter Benjamins Passage des Mythos*, Suhrkamp, Frankfurt a.M.

MENSCHING, G. (1975), «Zeit und Fortschritt in den geschichtsphilosophischen Thesen Walter Benjamins», en P. Bulthaup (ed.), *Materialen zu Benjamins Thesen «Über den Begriff der Geschichte». Beiträge und Interpretationen*, Suhrkamp, Frankfurt a.M., 170-192.

MISSAC, P. (1988), *Walter Benjamin: de un siglo a otro*, trad. de B.E. Anastasi, Gedisa, Barcelona.

MOHLER, A. (1988), «Carl Schmitt und die "Konservative Revolution". Unsystematische Beobachtungen», en H. Quaritsch (ed.), *Complexio Oppositorum-Über Carl Schmitt*, Berlín, 129-151.

MOLINUEVO, J.L. (1994), *La estética de lo imaginario en Jünger*, Tecnos, Madrid.

MOSÈS, S. (1986), «L'idée d'origine chez Walter Benjamin», en H. Wismann (ed.), *Walter Benjamin et Paris. Colloque international 27-29 juin 1983*, Cerf, París, 809-826.

— (1992), *L'ange de l'histoire. Rosenzweig, Benjamin, Scholem*, Seuil, París.

MURO, J.R. (1995), «La idea del progreso como lastre en las filosofías de la historia. Walter Benjamin y Norberto Bobbio», *Historia a debate*, I, 237-248.

— (1996), «Walter Benjamin: quel matérialisme? quelle histoire? Progrès, passé et instant du salut», *European Review of History*, 3-1, 87-99.

NÄGELE, R. (1988), «Benjamin's Ground», en ídem (ed.), *Benjamin's Ground. New Readings of Walter Benjamin*, Wayne State University, Detroit, 19-37.

— (1988), «Introduction: Reading Benjamin», en ídem (ed.), *Benjamin's Ground. New Readings of Walter Benjamin*, Wayne State University, Detroit, 7-18.

NEILL, T.P. (1955), «Juan Donoso Cortés: History and "Prophecy"», *The Catholic Historical Review*, XL-4, 385-410.

NIERAAD, J. (1990), «Walter Benjamins Glück im Untergang: Zum Verhältnis von Messianischem und Profanem», *The German Quaterly*, 63, 222-232.

NIETHAMMER, L. (1989), «Der verblassene Engel. Über die Posthistoire einer Historik der Gefahr», en ídem, *Posthistoire. Ist die Geschichte zu Ende?*, Rowohlts, Hamburgo, 116-153.

NIJHOFF, P. (1985), «Georges Sorel et Émile Durkheim: convergences et divergences, 1849-1899», en J. Julliard y S. Sand (eds.), *Georges Sorel et son temps*, Éditions du Seuil, París, 263-285.

NISBET, R.A. (1976), *Cambio social e historia. Aspectos de la teoría occidental del desarrollo*, trad. de E. Muñoz Latorre, Hispano Europea, Barcelona.

ONUFRIO, S. (1979), *Sorel e il marxismo*, Argalia, Urbino.

ORTEGA, A. (1997), «El alemán de la Moncloa», *El País* (9.6.97), 14.

PABLO (1982), «Segunda Carta a los Tesalonicenses», trad. de J. Pérez Calvo, en *La Santa Biblia*; Ediciones Paulinas, 1386-1388.

PAETEL, K.O. (1949), *Ernst Jünger. Weg und Wirkung*, Ernst Klett, Stuttgart.

PAN, D. (1987), «Political Aesthetics», *Telos*, 72, 152-159.

PAQUOT, T. (1985), «Les écrits économiques de Georges Sorel», en J. Julliard y S. Sand (eds.), *Georges Sorel et son temps*, Éditions du Seuil, París, 203-224.

PARIS, R. (1985), «Géographie du sorélisme», en J. Julliard y S. Sand (eds.), *Georges Sorel et son temps*, Éditions du Seuil, París, 335-370.

PARTSCH, S. (1994), *Paul Klee. 1879-1940*, Benedikt Taschen, Köln.

PÉREZ DEL CORRAL, J. (1977), *El marxismo cálido: Ernst Bloch*, Mañana, Madrid.

PETRUCCI, V. (1984), *Socialismo aristocratico. Saggio su Georges Sorel*, Edizioni Scientifiche Italiane, Napoli.

PETZOLD, J. (1988), «Die Revolutionangst und das Diktaturkonzept Carl Schmitts», *Dialektik*, 15, 208-221.

PFOTENHAUER, H. (1975), «»Eine Puppe in türkischer Tracht». Zur Verbindung von historischem Materialismus und Theologie bei späten Benjamin», en P. Bulthaup (ed.), *Materialen zu Benjamins Thesen «Über den Begriff der Geschichte». Beiträge und Interpretationen*, Suhrkamp, Frankfurt a.M., 254-291.

PORTINARO, P.P. (1982), *La crisi dello jus publicum europaeum. Saggio su Carl Schmitt*, Edizioni di Comunità, Milano.

PORTIS, L. (1985a), «Georges Sorel dans les pays anglo-saxons», en J. Julliard y S. Sand (eds.), *Georges Sorel et son temps*, Éditions du Seuil, París, 395-402.

— (1985b), «La cinématique marxiste de Georges Sorel», en J. Julliard y S. Sand (eds.), *Georges Sorel et son temps*, Éditions du Seuil, París, 173-188.

PRAT, M. (1985), «Georges Sorel en Allemagne», en J. Julliard y S. Sand (eds.), *Georges Sorel et son temps*, Éditions du Seuil, París, 403-421.

PREUß, U.K. (1987), «Carl Schmitt und die Frankfurter Schule: Deutsche Liberalismuskrittik im 20. Jahrhundert», *Geschichte und Gesellschaft*, 13, 400-418.

PROUST, M. (1993-5), *En busca del tiempo perdido*, trad. de P. Salinas, Alianza, Madrid.

PRÜMM, K. (1974), *Die Literatur des Soldatischen Nationalismus der 20er. Jahre (1918-1933). Gruppenideologie und Epochenproblematik*, Scriptor, Kronberg.

RACINARO, R. (1987), *Tradizione e Modernità nel pensiero politico di Carl Schmitt.*, Edizioni Scientifiche Italiane, Napoli, 27-48.

REMARQUE, E.M. (1929), *Im Westen nichts neues*, Propyläen, Berlín.

ROCHLITZ, R. (1992), *Le désenchantement de l'art. La philosophie de Walter Benjamin*, Gallimard, París.

RODRÍGUEZ ARAMAYO, R. (1989), «El auténtico sujeto moral de la filosofía kantiana de la historia», en J. Muguerza y R. Rodríguez Aramayo (eds.), *Kant después de Kant.*, Instituto de Filosofía CSIC - Tecnos, Madrid, 235-42.

ROMANO, S. (1985), «Georges Sorel et Benedetto Croce», en J. Julliard y S. Sand (eds.), *Georges Sorel et son temps*, Éditions du Seuil, París, 249-262.

RÖMER, P. (1990), «Tod und Verklärung des Carl Schmitt», *ARSP. Archiv für Rechts- und Sozialphilosophie*, LXXVI-3, 373-399.

ROTH, J. (1980), *The cult of violence. Sorel and the Sorelians*, University of California Press, Berkeley.

RÜFFER, U. (1985), «Benjamins Programm der Kritik», en N. Bolz y R. Faber (eds.), *Walter Benjamin. Profane Erleuchtung und rettende Kritik*, Königshausen und Neumann, 34-39.

— (1985), «Organisierung des Pessimismus», en N. Bolz y R. Faber (eds.), *Walter Benjamin. Profane Erleuchtung und rettende Kritik*, Königshausen und Neumann, 223-230.

RÜTHERS, B. (1989), Carl Schmitt im Dritten Reich - Wissenschaft als Zeitgeistverstärkung?, Beck, Munich.

SAHL, H. (1972), «Walter Benjamin im Lager», en S. Unseld (ed.), *Zur Aktualität Walter Benjamins. Aus Anlaß des 80. Geburtstags von Walter Benjamin*, Suhrkamp, Frankfurt a.M., 74-81.

SALOMON, G. (1928), «Vorwort», en G. Sorel, *Über die Gewalt*, Wagner, Insbruck, VII-XXIII.

SÁNCHEZ PASCUAL, A. (1988), «Prólogo», en E. Jünger, *La emboscadura*, Tusquets, Barcelona.

SAND, S. (1983), «Quatre lettres inédites de Bergson à Sorel», *Cahiers Georges Sorel*, 1, 109-123.

— (1985), «Lutte de classes et conscience juridique dans la pensée de Georges Sorel», en J. Julliard y S. Sand (eds.), *Georges Sorel et son temps*, Éditions du Seuil, París, 225-245.

SCHEERBART, P. (1986), *Lesabéndio. Ein Asteroiden-Roman*, Suhrkamp.

SCHERRER, J. (1985), «Georges Sorel en Russie: le cas des bolcheviks de gauche», en J. Julliard y S. Sand (eds.), *Georges Sorel et son temps*, Éditions du Seuil, París, 371-394.

SCHIAVONI, G. (1985), «Von der Jugend zur Kindheit. Zu Benjamins Fragmenten einen proletarischen Pädagögik», en B. Lindner (ed.), *Links hatte noch alles sich zu enträtseln. Walter Benjamin im Kontext*, 32-61.

SCHLAFFER, H. (1985), «Walter Benjamins Idee der Gattung», en N. Bolz y R. Faber (eds.), *Walter Benjamin. Profane Erleuchtung und rettende Kritik*, Königshausen und Neumann, 42-49.

SCHMITT, C. (1912), *Gesetz und Urteil. Eine Untersuchung zum Problem der Rechtpraxis*, Berlín.

— (1925), *Römischer Katholizismus und politische Form*, Theatiner, Munich.

— (1926), *Die geistesgeschichtliche Lage des heutigen Parlamentarismus*, Duncker und Humblot, Munich.

— (1928), *Verfassungslehre*, Duncker und Humblot, Munich.

— (1930), *Donoso Cortés. Su posición en la historia de la filosofía del Estado europea*, Centro de Intercambio Intelectual Germano-Español, Madrid.

— (1931), *Der Hüter der Verfassung*, J.C.B. Mohr, Berlín.

— (1932a), *Der Begriff des Politischen*, Duncker & Humblot, Munich.

— (1932b), *Legalität und Legitimität*, Duncker und Humblot, Munich.

— (1934), «Der Führer schützt das Recht. Zur Reichtagsrede Adolf Hitlers vom 13. Juli 1934», *Deutsche Juristen-Zeitung*, 39, 945-950.

— (1949), «Amnestie - Urform des Rechts», *Christ und Welt*, 45, 1-2.

— (1950a), *Der Nomos der Erde im Völkerrrecht des Jus Publicum Europaeum*, Greven, Köln, 28-32.

— (1950b), *Donoso Cortés in gesamteuropäischer Interpretation. Vier Aufsätze*, Köln.

— (1951a), «Das Ende des Kalten Bürgerkrieges. Im Zirkel der tödlichen Rechtaberei - Amnestie oder die Kraft des Vergessens», *Der Fortschritt*, 40, 1.

— (1951b), «Tres posibilidades de una visión cristiana de la historia», trad. de F.A. Caballero, *Arbor*, 62, 237-241.

— (1952), *Tierra y mar. Consideraciones sobre la historia universal*, trad. de R. Fernández-Quintanilla, Instituto de Estudios Políticos, Madrid.

— (1956), *La unidad del mundo*, Ateneo, Madrid.

— (1960), *Ex Captivitate Salus, 1945-47*, trad. de A. Schmitt, Porto, Santiago de Compostela.

— (1963), *Interpretación europea de Donoso Cortés*, Madrid.

— (1964), *Die Diktatur*, Berlín.

— (1968a), *La dictadura*, trad. de J. Díaz García, Alianza, Madrid.

— (1968b), *Legalidad y legitimidad*, Madrid.

— (1970), *Politische Theologie II. Die Legende von der Erledigung jeder Politischer Theologie*, Duncker und Humblot, Berlín.

— (1975), *Estudios políticos*, Madrid.

— (1979), *El Nomos de la Tierra en el Derecho de Gentes del «Jus publicum europaeum»*, trad. de D. Schilling, Centro de Estudios Constitucionales, Madrid.

— (1982), *Teoría de la constitución*, trad. de F. Ayala, Alianza, Madrid.

— (1983), *La defensa de la Constitución. Estudio acerca de las diversas especies y posibilidades de salvaguardia de la Constitución*, trad. de M. Sánchez Sarto, Tecnos, Madrid.

— (1985), *Verfassungsrechtliche Aufsätze aus den Jahren 1924-1925*, Duncker und Humblot, Berlín.

— (1988), *Positionen und Begriffe: im Kampf mit Weimar-Genf-Versailles; 1923-1939*, Duncker und Humblot, Berlín.

— (1990a), *Politische Theologie, Vier Kapitel zur Lehre von der Souveranität*, Duncker und Humblot, Berlín .

— (1990b), *Sobre el parlamentarismo*, trad. de T. Nelsson y R. Grueso, Tecnos, Madrid.

— (1991a), *El concepto de lo político*, trad. de R. Agapito, Alianza, Madrid.

— (1991b), *Politische Romantik.*, Duncker und Humblot, Berlín.

— (1994), *Hamlet o Hécuba. La irrupción del tiempo en el drama*, trad. de R. García, Pre-Textos - Universidad de Murcia, Valencia.

— (2000), *Catolicismo y forma política*, trad. y notas de C. Ruiz Miguel, Tecnos, Madrid.

SCHMITZ, M. (1965), *Die Freund-Feind-Theorie Carl Schmitts. Entwurf und Einleitung*, Westdeutscher, Köln und Opladen.

SCHNÄDELBACH, H. (1980), *La filosofía de la historia después de Hegel. El problema del historicismo*, trad. de E. Garzón Valdés, Alfa, Buenos Aires.

— (1983), *Philosophie in Deutschland 1831-1933*, Suhrkamp, Frankfurt.

SCHNEIDER, P. (1957), *Ausnahmezustand und Norm. Eine Studie zur Rechtslehre von Carl Schmitt*, Deutsche Verlags-Anstalt, Stuttgart.

SCHNEIDER, W. (1990), «Messianissche Nähe. Über theologischen Sinn und atheologischen Gebrauch von Messianismus und Materialismus bei Walter Benjamin», *Tagung zu Walter Benjamin aus Anlaß seines 50 Todestages*, 27-28.10.90, Katolische Akademie, Friburgo.

SCHOLEM, G. (1972), «Walter Benjamin und sein Engel», en S. Unseld (ed.), *Zur Aktualität Walter Benjamins*, Suhrkamp, Frankfurt, 87-138.

— (1987), *Walter Benjamin. Historia de una amistad*, trad. de J.F. Yvars y V. Jarque, Península, Barcelona.

— (1988), «Prólogo», trad. de M. Delgado, en W. Benjamin, *Diario de Moscú*, Taurus, Madrid, 1988, 7-11.

— (1996), *Las grandes tendencias de la mística judía*, trad. de B. Oberländer, Siruela, Madrid.

SCHÖTTLER, P. (1985), «La Commune ouvrière en formation? Georges Sorel et les Bourses du travail», en J. Julliard y S. Sand (eds.), *Georges Sorel et son temps*, Éditions du Seuil, París, 53-74.

SCHRAMM, E. (1937), «Donoso Cortés und Napoleon III. Sechs unveröfentliche diplomatische Berichte eingeleitet und herausgegeben», *Ibero-amerikanisches Archiv*, año 11, 14-38.

SCHULZ, K. (1980), *Thomas Hobbes und Carl Schmitt*, Institut for historie og samfundsforhold, Roskilde.

SCHUSTER, M.-J. (1982), «Andenken gegen die Katastrophe. Perspektiven zu Walter Benjamins Geschichtsverständnis», *Reformatio*, 31, 194-203.

SCHWAB, G. (1989), *The Challenge of the Exception: an introduction to the political ideas of Carl Schmitt between 1921 and 1936*, Greenwood Press, New York.

SCHWARZ, H.P. (1965), *Der konservative Anarchist. Politik und Zeitkritik Ernst Jüngers*, Rombag, Friburgo de Brisgovia.

SCHWEPPENHÄUSER, H. (1972), «Physiognomie eines Physiognomikers», en S. Unseld (ed.), *Zur Aktualität Walter Benjamins. Aus Anlaß des 80. Geburtstags von Walter Benjamin*, Suhrkamp, Frankfurt a.M., 139-172.

— (1975), «Praesentia praeteritorum. Zu Benjamins Geschichtsbegriff», en P. Bulthaup (ed.), *Materialen zu Benjamins Thesen «Über den Begriff der Geschichte». Beiträge und Interpretationen*, Suhrkamp, Frankfurt a.M., 7-22.

SCHWILK, H. (1990), *Das Echo der Bilder. Ernst Jünger zu Ehren*, Klett-Cotta, Stuttgart.

SEDLACEK, P. (1973), *Ernst Jünger und der totale Staat*, Norsted und Söner, Stockolm.

SEVILLA, S. (1989), «Kant: razón histórica y razón transcendental», en J. Muguerza y R. Rodríguez Aramayo (eds.), *Kant después de Kant*, Instituto de Filosofía CSIC - Tecnos, Madrid, 244-264.

SÖLLNER, A. (1986), «Jenseits von Carl Schmitt. Wissenschaftsgeschichtliche Richtigstellungen zur politischen Theorie im Umkreis der "Frankfurter Schule"», *Geschichte und Gesellschaft*, año 12, 502-529.

SOMBART, N. (1990), «Die Angst vor dem Chaos. Zum Carl-Schmitt-Syndrom», *Merkur*, n.° 8, año 44, 244-264.

SONNEMANN, U. (1975), «Geschichte gegen den Stich gebürstet. Die Aporien des Historismus und die Thesen Walter Benjamins über den Begriff der Geschichte», en P. Bulthaup (ed.), *Materialen zu Benjamins Thesen «Über den Begriff der Geschichte». Beiträge und Interpretationen*, Suhrkamp, Frankfurt a.M., 231-253.

SONTAG, S. (1981), *Bajo el signo de Saturno*, Lasser, México.

SOREL, G. (1897), «Préface», en A. Labriola, *Essais sur la conception matérialiste de l'histoire*, Giard et Brère, París, 258-264.

— (1889*a*), *Contribution à l'etude profane de la Bible*, Ghio, París.

— (1889*b*), *Le procès de Socrate. Examen critique des thèses socratiques*, Félix Alcan, París.

— (1892), «Essai sur la philosophie de Proudhon», *Revue philosophique*, XXXIII, 622-638; XXXIV, 41-68.

— (1895), «Faillite de la science bourgeoise (1895)», *L'Herne*, 254-257.

— (1896*a*), «Étude sur Vico», *Le Devenir Social*, II 9, 10 y 11, 785-817, 906-941, 1013-1046.

— (1896*b*), «La science dans l'education», *Le Devenir social*, II(2), 110-141, II(3) 208-239, II(4) 339-365, II(5) 425-461.

— (1899*a*), *L'idea giuridica nel marxismo*, Palermo.

— (1899*b*), «Socialismo e democracia. Conclusione sulla faccenda Dreyfuss», *Rivista crtica del socialismo*, I(11), 964-980.

— (1900*a*), «La science et la morale», en VV.AA., *Questions de morale*, Alcan, París, 1-25.

— (1900*b*), «Les facteurs moraux de l'évolution», en VV.AA., *Questions de morale*, Alcan, París, 74-100.

— (1901), «Internazionalismo», *La Scienza sociale*, 4-5, 189-197.

— (1902), «Storia e szience sociali», *Rivista italiana di sociologia*, año VI, fasc. II-III, 1-16.

— (1905), *Le système historique de Renan*, Jacques, París.

— (1909*a*), «Gli intellettuali contro gli operai», *Il Divenire sociale*, V, 295-297.

— (1909*b*), «La maturità del movimento sindacale», *Il Divenire sociale*, V, 257-261.

— (1909*c*), *La Révolution dreyfussienne*, Rivière, París.

— (1910a), *Le Confessioni (Come divenni sindicalista)*, Il Divenire Sociale, Roma.

— (1910b), «Van Gennepp: Formation des legendes», *Il Divenire Sociale*, 120.

— (1912), «Quelques prétentions juives», *Indépendence*, 1.5, 217-236; 15.5, 277-295; 1.6, 317-336.

— (1928), *La Ruine du monde antique. Conception matérialiste de l'histoire*, Jacques, París.

— (1928-1930), «Lettere a B. Croce», *La Critica*, XXV, 38-52, 101-108, 168-176, 300-312, 360-372; XXVI, 31-39, 92-108, 187-197, 334-348, 432-442; XXVII, 47-52, 114-125, 289-297, 353-361, 438-446; XXVIII, 42-51, 118-121, 189-195.

— (1933), «Lettere di Giorgi Sorel a Uberto Lagardelle (1898-1910)», *Educazione fascista*, XI (3) 229-243, (4) 320-334, (6) 506-518, (8-9) 760-783, (11) 956-975.

— (1935), *D'Aristote à Marx. (L'ancienne et la nouvelle métaphysique)*, Marcel Rivière, París.

— (1946), «Préface», en F. Pelloutier, *Histoire des Bourses du Travail*, Origine, París, 27-67.

— (1947a), *Les illusions du progrès*, Marcel Rivière, París.

— (1947b), *Lettres à Paul Delesalle. 1914-1921*, Bernard Grasset, París.

— (1950), *Réflexions sur la violence*, Marcel Rivière, París.

— (1952), «L'expérience religieuse», *Liberté de l'esprit*, 28, 33-36.

— (1968), «Lettres à Pareto», en G. de Rosa, *Carteggi paretiani*, Banca Nazionale del Lavoro, Roma, 3-44.

— (1972), «Lettres à Gugliem Ferrero (1896-1921)», en M. Simonetti, «Georges Sorel e Gugliem Ferrero fra "cesarismo" borghese e socialismo», *Pensiero politico*, V, 132-151.

— (1973), *Da Proudhon a Lenin - L'Europa sotto la tormenta - Lettres à Mario Missiroli*, Gabrielle De Rosa, Roma.

— (1976), *Reflexiones sobre la violencia*, trad. de F. Trapero, Alianza, Madrid.

— (1982), *La Décomposition du marxisme - Autres essais*, Presses Universitaires de France, París.

- - (1985), «Lettres à Edouard Berth», *Cahiers Georges Sorel*, 3, 77-154; 4, 79-134.

— (1992), «Proudhon et la reinassence du socialisme», *Mil neuf cent*, 10, 117-136.

SOUVIRÓN, J.M. (1953), «Autoridad y libertad, según Donoso Cortés», *Arbor*, 24, 53-72.

SPETH, R. (1991), *Wahrheit und Ästhetik. Untersuchungen zum Frühwerk Walter Benjamins*, Köningshausen und Neumann, Wurzburgo.

SPINNER, H.F. (1986), «Max Weber, Carl Schmitt, Bert Brecht als Wegweiser zum ganzen Rationalismus der Doppelvernunft. Über die beiden äußersten Möglichkeiten, sich in einer irrationalen Welt rational zu orientieren», *Merkur*, año 40, n.º 2, 923-935.

STANLEY, J. (1981), *The sociology of virtue. The political & social theories of Georges Sorel*, University of California Press, Berkeley.

STEIL, A. (1984), *Die imaginäre Revolte. Untersuchungen zur faschistischen Ideologie und ihrer theoretischen Vorbereitung bei Georges Sorel, Carl Schmitt und Ernst Jünger*, Arbeiterbewegung und Gesellschaftwissenschaft, Marburgo.

STEINER, U. (1989), «Allegorie und Allergie. Bemerkungen zur Diskussion um Benjamins Trauerspielbuch in der Barockforschung», *Daphnis*, t. 18, n.º 4, 641-701.

STERNHELL, Z. (1985), «Georges Sorel, le syndicalisme revolutionnaire et la droite radicale au début du siécle», en J. Julliard y S. Sand, *Georges Sorel et son temps*, Éditions du Seuil, París, 75-100.

—, Sznajder, M. y Asheri, M. (1994), *El nacimiento de la ideología fascista*, Siglo XXI, Madrid.

SUBIRATS, E. (1991), «Introducción», en W. Benjamin, *Para una crítica de la violencia y otros ensayos*, trad. de R. Blatt, Taurus, Madrid.

TAUBES, J. (1987), *Ad Carl Schmitt. Gegenstregbige Fügung*, Merve, Berlín.

THIEBAUT, C. (1993), «Cervantes o la melancolía (sobre algunas ideas de Walter Benjamin)», en C. Kerik (ed.), *En torno a Walter Benjamin*, Universidad Autónoma Metropolitana, México, 227-258.

THIESSEN, R. (1985), «Kritik der kapitalistischen Moderne», en N. Bolz y R. Faber (eds.), *Walter Benjamin. Profane Erleuchtung und rettende Kritik*, Königshausen und Neumann, 180-188.

TIEDEMANN, R. (1975), «Historischer Materialismus oder politischer Messianismus? Politische Gehalte in der Geschichtsphilosophie Walter Benjamins», en P. Bulthaup (ed.), *Materialen zu Benjamins Thesen «Über den Begriff der Geschichte». Beiträge und Interpretationen*, Suhrkamp, Frankfurt a.M., 77-121.

TORREVEJANO PARRA, M. (1989), «Libertad e historia», en J. Muguerza y R. Rodríguez Aramayo (eds.), *Kant después de Kant*, Instituto de Filosofía CSIC - Tecnos, Madrid, 264-281.

TRABITZSCH, M. (1985), *Walter Benjamin. Moderne, Messianismus, Politik. Über die Liebe zum Gegenstand*, Verlag der Beeken, Berlín.

TUCKER, B. (1988), «Der Ausnahmezustand. An den Grenzen von Aufklärung und Liberalismus», en K. Hansen y H. Lietzmann (eds.), *Carl Schmitt und die Liberalismuskritik*, Leske und Budrich, Opladen, 93-105.

ULMEN, G.L. (1987), «Return of the Foe», *Telos*, 72, 187-195.

— (1988), «Politische Theologie und politische Ökonomie - Über Carl Schmitt und Max Weber», en H. Quaritsch (ed.), *Complexio Oppositorum - Über Carl Schmitt*, Duncker und Humblot, Berlín, 341-365.

VALOIS, G. (1908), «Enquête sur la monarchie et la classe ouvriére», *Revue critique des idées et des livres*, 1, 145-156.

VALVERDE, J.M. (1988), «Fascinación de Walter Benjamin», *Saber leer*, 19, 1-2.

— (1995), «Introducción», en W. Benjamin, *Personajes alemanes*, trad. de L. Martínez de Velasco, Paidós, Barcelona, 11-18.

VARIOT, J. (1935), *Propos de Georges Sorel*, Gallimard, París.

VERNON, R. (1978), *Commitment and change. Georges Sorel and the idea of revolution*, University of Toronto Press, Toronto.

VIESEL, H. (1988), *Jawohl, der Schmitt. Zehn Briefe aus Plettenberg*, Verlag der Supportagentur Gabler & Lutz, Berlín.

VILLACAÑAS, J.L. (1997), *Historia de la Filosofía contemporánea*, Akal, Madrid.

VOLMERT, J. (1985), *Ernst Jünger: «In Stahlgewittern»*, Wilhelm Fink, Munich.

VOLTAIRE (1990), *Filosofía de la Historia*, trad. de M. Caparrós, Tecnos, Madrid.

WAGNER, G. (1990), «Zum Bilde Benjamins. Aspekte der neueren Rezeption seines kulturhistorischen und geschichtsphilosophischästhetischen Werkens in Westeuropa 1978-1987», *Weimarer Beiträge*, 9, 1.495-1.511.

WAHNÓN, S. (1995), *Lenguaje y literatura*, Octaedro, Madrid.

WELLBERY, D.E. (1988), «Benjamin's Theory of the Lyric», en R. Nägele (ed.), *Benjamin's Ground. New Readings of Walter Benjamin*, Wayne State University, Detroit, 39-59.

WENZEL, U.J. (1990), «Zur Carl-Schmitt-Forschung», *Philosophisches Jahrbuch*, 97, 395-407.

WERCKMEISTER, O.K. (1981), *Versuche über Paul Klee*, Syndikat, Frankfurt.

WILHELM, Dorothee (1989), *Eingedenken - eine gefährdete feministische Kategorie - die Kategorie des Eingedenkens von Walter Benjamin in ihrer Bedeutung für die Antijudaismusdebatte in der feministischen Theologie*, Universität Münster, Munster.

WILLET, J. (1970), *El rompecabezas expresionista*, trad. de J.M. Velloso, Guadarrama, Madrid.

WITTE, B., (1990), *Walter Benjamin. Una biografía*, trad. de A. L. Bixio, Gedisa, Barcelona.

WOHLFARTH, I. (1985), «Der "Destruktive Charakter". Benjamin zwischen den Fronten», en B. Lindner (ed.), *Walter Benjamin im Kontext*, Königstein, 67-76.

— (1986), «Refusing Theology. Some First Responses to Walter Benjamin's Arcades project», *New German Critic*, 39, 3-25.

WOODS, R. (1982), *Ernst Jünger and the Nature of Political Commitment*, Akademischen Verlag Hans-Dieter Heinz, Stuttgart.

YVARS, J.F. y JARQUE, V. (1987), «Scholem en escorzo», prólogo a G. Scholem, *Walter Benjamin. Historia de una amistad*, Península, Barcelona, 5-14.

— y JARQUE, V. (1988), «El romanticismo profético de Walter Benjamin», prólogo a W. Benjamin, *El concepto de crítica de arte en el romanticismo alemán*, Península, Barcelona, 7-21.

ZONS, R. y NITSCHACK, H. (1980), «Walter Benjamins "Thesen Über den Begriff der Geschichte". Ein Kommentar», *Zeitschrift für philosophische Forschung*, tomo 34, 361-384.

ÍNDICE